Jens Peter Hjort / Niklas M. Hjort

Aufhebungsvertrag und Abfindung

Strategien, Tipps und Musterverträge

RECHT AKTUELL

Jens Peter Hjort / Niklas M. Hjort

Aufhebungsvertrag und Abfindung

Strategien, Tipps und Musterverträge

7., überarbeitete und aktualisierte Auflage

BUND
VERLAG

Bibliografische Information der Deutschen Nationalbibliothek
Die Deutsche Nationalbibliothek verzeichnet diese Publikation in der Deutschen Nationalbibliografie; detaillierte bibliografische Daten sind im Internet über *http://dnb.d-nb.de* abrufbar.

7., überarbeitete und aktualisierte Auflage 2023

Umschlag: felixschramm Visuelle Kommunikation, Großostheim
Satz: Dörlemann Satz, Lemförde
Druck: CPI books GmbH, Birkstr. 10, 25917 Leck

ISBN 978-3-7663-7075-4

www.bund-verlag.de

Vorwort

Das Tempo der Veränderungen in den Arbeitsprozessen nimmt zu. Auch in Zeiten steigender Beschäftigung gibt es weiterhin eine hohe Zahl von Arbeitnehmern, die ihren Arbeitsplatz aufgeben müssen. Als probates Mittel der Trennung gilt dabei der Aufhebungsvertrag. Zu seinem Abschluss gehören aber zwei Parteien, die – nicht nur in diesem Zusammenhang – durchaus gegensätzliche Interessen vertreten.

Ziel dieses Buches ist insbesondere die Aufarbeitung der damit verbundenen, zum Teil sehr komplexen Problemlagen aus Arbeitnehmersicht. Wer optimal verhandeln will, braucht nicht nur eine verlässliche rechtliche Grundlage, sondern sollte auch möglichst in der Lage sein, die typischen psychologischen Mechanismen in der Trennungsphase zu durchschauen. Deshalb werden anhand von Praxisbeispielen maßgebliche psychologische Einflussfaktoren analysiert, um Hinweise für situations- und interessensgerechtes Handeln zu geben.

Dieser Praxisratgeber dient als Leitfaden hinsichtlich der arbeitsrechtlichen Rahmenbedingungen von Aufhebungsverträgen, den Bedingungen für einen aktiven Rechtsschutz sowie den sozialversicherungs- und steuerrechtlichen Rechtsfolgen. Ein Ziel ist es, Verhandlungskompetenzen zu stärken, um je nach Lage des Einzelfalls angemessen dotierte Abfindungsleistungen durchsetzen zu können. Von gleichrangiger Bedeutung ist die rechtssichere Gestaltung der Vertragsbedingungen.

Dazu liefert dieses Buch umfangreiche und ausführlich erläuterte – und für die Neuauflage weiterentwickelte – Formulierungshilfen (mit Alternativvorschlägen je nach Einzelfallkonstellation).

Im Anhang des Buches sind diese Vertragsklauseln als Vertragsmuster zusammengefasst, ergänzt um einschlägige Gesetzestexte.

Ko-Autor ist auch in dieser Neuauflage Rechtsanwalt Niklas M. Hjort. Gemeinsam wurde das Buch von beiden Autoren überarbeitet und ergänzt.

Neue Entwicklungen sind insbesondere eingearbeitet bei folgenden Themenstellungen:

- Die Auswirkungen des von der Rechtsprechung entwickelten Gebots fairer Verhandlungsführung bei Aufhebungsverhandlungen
- Versorgungssituation im Alter: In der Verknüpfung sozialrechtlicher Optionen mit steuerlichen Vergünstigungsmöglichkeiten eröffnen sich weitgehend noch unbekannte Handlungsfelder für die Absicherung der Alterseinkünfte
- Aktuelle Entwicklungen und Gestaltungsoptionen rund um die Freistellung
- Gesprächsszenarien mit dem Arbeitgeber: Rechtslage und Tipps zum taktischen Vorgehen
- Umgang mit Sperrzeitrisiken nach dem SGB III
- Steuerliche Gestaltungsmöglichkeiten im Zusammenhang mit der Abfindung

Die aktuelle Gesetzgebung sowie Rechtsprechung und Literatur sind bis einschließlich der ersten Jahreshälfte 2022 eingearbeitet.

In diesem Buch ist der besseren Lesbarkeit wegen überwiegend die männliche Form gewählt worden (»der Arbeitnehmer«, »der Arbeitgeber«, »der Rechtsanwalt« usw.). Eine Diskriminierung wegen des Geschlechts oder der sexuellen Orientierung ist damit jedoch weder verbunden noch beabsichtigt.

Dem Mannheimer Rechtsanwaltskollegen Dietrich Growe und Thomas Tallafuss, Berater bei der Deutschen Rentenversicherung danken wir auch weiterhin für ihre wegweisenden Vorarbeiten zum Thema der Optimierung der Altersversorgung. Ebenso danken wir dem wissenschaftlichen Mitarbeiter Antonio Mamerow für seine Unterstützung bei der notwendigen und umfassenden Aktualisierung dieser Neuauflage.

Hamburg, im September 2022

Jens Peter Hjort
Fachanwalt für Arbeitsrecht

Niklas M. Hjort, LL.M.
(LTU Melbourne)
Rechtsanwalt

Anmerkung:

Die in diesem Buch gegebenen Hinweise und Vorschläge für die sach- und interessensgerechte Abfassung von Aufhebungsverträgen sind praxiserprobt; dennoch weisen sie naturgemäß nur Empfehlungscharakter auf, da jeder Einzelfall in aller Regel spezifische Besonderheiten aufweist. Autoren und Verlag können daher für die vorgestellten Muster und Formulierungsvorschläge keine Haftung übernehmen.

Inhaltsverzeichnis

Abkürzungsverzeichnis

a. A.	anderer Ansicht
a. a. O.	am angegebenen Ort
Abs.	Absatz
a. F.	alte Fassung
AFG	Arbeitsförderungsgesetz
AGG	Allgemeines Gleichbehandlungsgesetz
AiB	Arbeitsrecht im Betrieb (Zeitschrift)
Anh.	Anhang
Anm.	Anmerkung
AnwBl.	Anwaltsblatt (Zeitschrift)
ArbG	Arbeitsgericht
ArbGG	Arbeitsgerichtsgesetz
ArbPlSchG	Arbeitsplatzschutzgesetz
ArbRB	Der Arbeitsrechtsberater (Zeitschrift)
Aufl.	Auflage
AZG	Arbeitszeitgesetz
BABl.	Bundesarbeitsblatt (Zeitschrift)
BAG	Bundesarbeitsgericht
BAG GS	Großer Senat des BAG
BAT	Bundes-Angestelltentarifvertrag
BAnz.	Bundesanzeiger
BB	Betriebs-Berater (Zeitschrift)
BBG	Bundesbeamtengesetz
BBiG	Berufsbildungsgesetz
BEEG	Bundeselterngeld- und Elternzeitgesetz
BetrAVG	Gesetz zur Verbesserung der betrieblichen Altersversorgung
BetrVG	Betriebsverfassungsgesetz
BfA	Bundesversicherungsanstalt für Angestellte
BFH	Bundesfinanzhof

BFH-NV	Sammlung amtlich nicht veröffentlichter Entscheidungen des Bundesfinanzhofs
BGB	Bürgerliches Gesetzbuch
BGBl.	Bundesgesetzblatt
BGH	Bundesgerichtshof
BMAS	Bundesministerium für Arbeit und Soziales
BRAGO	Bundesrechtsanwaltsgebührenordnung
BR-Drucks.	Bundesrats-Drucksache
BSG	Bundessozialgericht
BT-Drucks.	Bundestags-Drucksache
BUrlG	Bundesurlaubsgesetz
BVerfG	Bundesverfassungsgericht
BVerwG	Bundesverwaltungsgericht
BZRG	Bundeszentralregistergesetz
DA	Durchführungsanweisung
DAG	Deutsche Angestellten Gewerkschaft
DB	Der Betrieb (Zeitschrift)
DBlR	Dienstblatt der BA (Bundesagentur für Arbeit) – Rechtsprechung
DGB	Deutscher Gewerkschaftsbund
DStR	Das Steuerrecht (Zeitschrift)
DVBl.	Deutsches Verwaltungsblatt (Zeitschrift)
EU	Europäische Union
EuGH	Europäischer Gerichtshof
EZA	Entscheidungen zum Arbeitsrecht
FA	Fachanwalt Arbeitsrecht (Zeitschrift)
FN	Fußnote
GewO	Gewerbeordnung
GG	Grundgesetz
gem.	gemäß
ggf.	gegebenenfalls
GKG	Gerichtskostengesetz
HGB	Handelsgesetzbuch
HK-ArbR	Handkommentar Arbeitsrecht
h. M.	herrschende Meinung

i. d. F.	in der Fassung
i. d. R.	in der Regel
IG	Industriegewerkschaft
Info *also*	Informationen zum Arbeitslosenrecht und Sozialhilferecht
InsO	Insolvenzordnung
i. V. m.	in Verbindung mit
KSchG	Kündigungsschutzgesetz
LAG	Landesarbeitsgericht
LAGE	Entscheidungen der Landesarbeitsgerichte, Entscheidungssammlung
LG	Landgericht
LSG	Landessozialgericht
LStDVO	Lohnsteuerdurchführungsverordnung
LStR	Lohnsteuerrichtlinien
LVA	Landesversicherungsanstalt
m.H.a.	mit Hinweis auf
MinBl.	Ministerialblatt
MTV	Manteltarifvertrag
MuSchG	Mutterschutzgesetz
m. w. N.	mit weiteren Nachweisen
NJW	Neue Juristische Wochenschrift
NJW-RR	NJW-Rechtsprechungs-Report (Zeitschrift)
NZA	Neue Zeitschrift für Arbeitsrecht
NZA-RR	NZA-Rechtsprechungs-Report (Zeitschrift)
NZS	Neue Zeitschrift für Sozialrecht
OLG	Oberlandesgericht
OVG	Oberverwaltungsgericht
OWiG	Gesetz über Ordnungswidrigkeiten
PersV	Personalvertretung (Zeitschrift)
PersVG	Personalvertretungsgesetz
Rn.	Randnummer
Rspr.	Rechtsprechung
RVG	Rechtsanwaltsvergütungsgesetz

RVO	Reichsversicherungsordnung
Rz.	Randziffer
RzK	Rechtsprechung zum Kündigungsrecht
SGB (I bis XII)	Sozialgesetzbuch (jeweiliges Buch)
SGG	Sozialgerichtsgesetz
str.	streitig
TVöD	Tarifvertrag für den öffentlichen Dienst
TzBfG	Teilzeit- und Befristungsgesetz
umstr.	umstritten
VBL	Versorgungsanstalt des Bundes und der Länder
VerwG	Verwaltungsgericht
VV	Vergütungsverzeichnis
VwGO	Verwaltungsgerichtsordnung
z. B.	zum Beispiel
ZDG	Zivildienstgesetz
ZfA	Zeitschrift für Arbeitsrecht
ZIP	Zeitschrift für Wirtschaftsrecht und Insolvenzpraxis
ZPO	Zivilprozessordnung

Literaturverzeichnis

Annuß/Thüsing, Teilzeit- und Befristungsgesetz, 3. Aufl. 2012

Anton-Dyck/Böhm, Die Höhe der Abfindung bei Auflösungsanträgen nach §§ 9, 10 KSchG – Unberechenbar?, ArbRB 2020, S. 28ff

Ascheid/Preis/Schmidt, Großkommentar zum Kündigungsrecht, 6. Aufl. 2021 (zit.: APS-Bearbeiter)

Bauer, »Spielregeln« für die Freistellung von Arbeitnehmern, NZA 2007, 409ff.

Bauer/Arnold/Zeh, Widerruf von Arbeits- und Aufhebungsverträgen – Wirklich alles neu?, NZA 2016, 449ff.

Bauer/Krieger/Arnold, Arbeitsrechtliche Aufhebungsverträge, 9. Aufl. 2014 (zit.: Bauer)

Ders., Neue Spielregeln für Aufhebungs- und Abwicklungsverträge durch das geänderte BGB?, NZA 2002, 169ff.

Bauer/Günther, Steuerfreie Entschädigung statt steuerpflichtiger Abfindung?, NJW 2007, 113ff.

Bauer/Krets, Gesetze für moderne Dienstleistungen am Arbeitsmarkt, NJW 2003, 537–545

Berkowsky, Die personen- und verhaltensbedingte Kündigung, 4. Aufl. 2005

Bienert, Bemessungsrahmen und Bemessungszeitraum bei unwiderruflicher Freistellung von der Verpflichtung zur Arbeit, info also 2018, 11ff.

Blanke, Der Gesetzentwurf der Bundesregierung über Teilzeitarbeit und befristete Arbeitsverträge, AiB 2000, 728ff.

Boemke/Danko, Vererblichkeit von Abfindungsansprüchen, DB 2006, 2461ff.

Buber, Früher aus dem Job aussteigen, AiB 2020, S. 10ff

Däubler, Obligatorische Schriftform für Kündigungen, Aufhebungsverträge und Befristungen, AiB 2000, 188ff.

Däubler/Deinert/Zwanziger (Hrsg.), Kündigungsschutzrecht, 11. Aufl. 2020 (zit.: KSchR-Bearbeiter)

Däubler/Hjort/Schubert/Wolmerath, Handkommentar Arbeitsrecht, 5. Aufl. 2022 (zit.: HK-ArbR/Bearbeiter)

Däubler/Growe/Söhngen, Die Begründung eines Wertguthabens nach § 7b SGB IV bei Beendigung des Arbeitsverhältnisses, BB 2021, S. 2036ff.

Fitting/Engels/Schmidt/Trebinger/Linsenmaier/Schelz, Betriebsverfassungsgesetz, 31. Aufl. 2022 (zit.: Fitting)

Gabke, Das Ende der Versicherungspflicht oder die Folgen einer einvernehmlichen unwiderruflichen Freistellung, AiB 2005, 575f.

Gagel, Ratschlag: Sperrzeiten vermeiden, FA 2000, 9ff.

v. Gamm, Die neuere Rechtsprechung des BGH zum Handelsvertreterrecht, NJW 1979, 2489ff.

Gemeinschaftskommentar zum Kündigungsschutzgesetz und zu sonstigen kündigungsschutzrechtlichen Vorschriften, 13. Aufl. 2022 (zit.: KR-Bearbeiter)

Growe, Gegen den Absturz, AiB 2018, 34ff.

Growe/Tretow, Das »Mannheimer Modell« – Mehr Rente, weniger Steuern, NZA 2020, S. 1080ff

Grundstein, Widerrufsrecht des Arbeitnehmers bei Abschluss eines Aufhebungsvertrages, FA 2003, 41ff.

Höland/Kahl/Zeibig, Kündigungspraxis und Kündigungsschutz im Arbeitsverhältnis – Eine empirische Praxisuntersuchung aus Sicht des arbeitsgerichtlichen Verfahrens, 2007

Hjort/Richter, AR-Blattei, Gleichbehandlung im Arbeitsrecht I AGG, 2007

Hümmerich, Abschied vom arbeitsrechtlichen Aufhebungsvertrag, NZA 1994, 200ff.

Ders., Die arbeitsgerichtliche Abfindung, NZA 1999, 342ff.

Ders., Steuerliche Abzugsfähigkeit der Kostennote eines Arbeitsrechtsanwalts, FA 2000, 2ff.

Hümmerich/Holthausen, Der Arbeitnehmer als Verbraucher, NZA 2002, 173ff.

Hümmerich/Lücke/Mauer, Arbeitsrecht, 9. Aufl. 2018 (zit.: Hümmerich)

Hümmerich/Spirolke, Die arbeitsrechtliche Abfindung im neuen Steuerrecht, NJW 1999, 1663ff.

Kern, Sozialversicherungsrechtliche Gestaltungsmöglichkeiten in »Schultz-Hoff«-Fällen, ArbRAktuell 2010, 161

Kirchhof/Kulosa/Ratschow, Beck'scher Onlinekommentar, EstG, 12. Edition 2022 (zit.: BeckOK-EstG/Bearbeiter)

Kühling, Freie Unternehmerentscheidung und Betriebsstilllegung, AuR 2003, 92ff.

Kühling/Bertelsmann, Tarifautonomie und Unternehmerfreiheit, NZA 2005, 1017

Küttner, Personalbuch, 29. Aufl. 2022 (zit.: Küttner-Bearbeiter)

Maties, Die sozialrechtlichen Folgen der Beendigung eines Arbeitsverhältnisses, NZS 2006, 73, 80

Mayer/Kroiß, Handkommentar Rechtsanwaltsvergütungsgesetz, 8. Aufl. 2021 (zit.: Mayer/Kroiß-Bearbeiter)

Meier, Die zulässige steuerrechtliche Optimierung von Beendigungsvergleichen, NZA 2018, 1120ff.

Müller-Glöge/Preis/Schmidt, Erfurter Kommentar zum Arbeitsrecht, 22. Aufl. 2022 (zit.: ErfK-Bearbeiter)

Paschke/Ritschel, Erstreikbarkeit von Tarifverträgen aus Anlass von Standortentscheidungen, AuR 2007, 110ff.

Pauly, Neues und Altes zur Kündigungsabfindung der §§ 9, 10 KSchG, AuR 2007, 155ff.

Preis/Schneider, § 1a KSchG – Die sozialrechtliche Aufwertung einer bisher arbeitsrechtlich unbedeutenden Vorschrift, NZA 2006, 1297ff.

Rolfs/Giesen/Kreikebohm/Meßling/Udsching, Beck'scher Onlinekommentar, Sozialrecht, 65. Edition 2021 (zit.: BeckOK-SozR/Bearbeiter)

Schiefer/Köster/Korte, Befristung von Arbeitsverträgen – Die neue Altersbefristung nach § 14 Abs. 3 TzBfG, DB 2007, 1081ff.

Schmidt, Kündigungsschutz und Arbeitslosengeld, NZA 2002, 1380ff.

Schönhöft, Wertguthaben zur Übertragung auf die Deutsche Rentenversicherung – Eine Alternative zur Abfindungszahlung?, BB 2021, S. 1332ff

Schrader/Thoms/Mahler, Auskunft durch den Arbeitnehmer: Was darf er? Was muss er?, NZA 2018, 965

Schubert, Der Anwalt im Arbeitsrecht, 2. Aufl. 2004

Schuldt, Sperrzeit bei betrieblich veranlasster einvernehmlicher Auflösung des Arbeitsverhältnisses, NZA 2005, 861ff.

Siewert, Arbeitszeugnisse: Wie man sie formuliert, interpretiert und von ihnen profitiert, 8. Aufl. 2000

Simon-Widmann, Haftungsgefahren im Zusammenhang mit Entlassungsentschädigungen, AnwBl. 2003, 49ff.

Stahlhacke/Preis/Vossen, Kündigung und Kündigungsschutz im Arbeitsverhältnis, 11. Auflage 2015

Strohner/Schmidt-Keßeler, Zweifelsfragen im Zusammenhang mit der lohn- und einkommensteuerlichen Behandlung von Entlassungsentschädigungen, DStR 1999, 693, 699

Valgolio, Gleichwohlgewährung und Kündigungsschutzprozess, FA 2001, 322ff.

Weber/Ehrich/Burmester/Fröhlich, Handbuch der arbeitsrechtlichen Aufhebungsverträge, 5. Auflage 2009

Winkler, Das ABC des wichtigen Grundes, info *also* 1996, 174ff.

Zimmerling, Kündigungsschutzklage und Schmerzensgeldklage – ein steuerrechtliches Schlupfloch, FA 2006, 136ff.

Zimmermann, Die Rechtspflicht des Arbeitgebers zu fairem Verhalten im Rahmen von ihm angeordneter Personalgespräche, AuR 2020, S. 13ff.

1. Aufhebungsvertrag und andere Formen der Beendigung des Arbeitsverhältnisses

Der Aufhebungsvertrag bezweckt im Gegensatz zur Kündigung die einvernehmliche Beendigung eines Arbeitsverhältnisses. Als Vertrag benötigt er dazu die Zustimmung des Arbeitnehmers[1] und des Arbeitgebers. Die Kündigung als einseitiges Rechtsgeschäft benötigt für ihre Wirksamkeit hingegen nicht die Zustimmung ihres Empfängers.
Um die Bedeutung und die Reichweite eines Aufhebungsvertrages einschätzen zu können, ist er zunächst von anderen Formen der Beendigung des Arbeitsverhältnisses abzugrenzen. Diese Abgrenzung dient als Überblick dazu, die Unterschiede herauszuarbeiten, um die Vorteile, aber auch die Risiken für den betroffenen Arbeitnehmer darzustellen.

1.1 Schriftform als gemeinsame Voraussetzung

Gemeinsam ist den Beendigungstatbeständen des Aufhebungsvertrages, der Kündigung (und zwar unabhängig davon, ob eine solche vom Arbeitgeber oder Arbeitnehmer ausgesprochen wird) sowie der Beendigung durch Befristung, dass diese gemäß § 623 BGB zu ihrer Wirksamkeit der **Schriftform** bedürfen, d.h. dass sie schriftlich erfolgen und eigenhändig unterschrieben werden müssen.[2]
Die Wahrung der Schriftform ist daher nicht gegeben, wenn der Vertrag über die Aufhebung bzw. die Auflösung nur per Fax, E-Mail oder SMS bzw. WhatsApp ausgetauscht wird.[3] Auch eine digitale Erklärung, welche mit einer zertifizierten elektronischen Signatur versehen ist, reicht

1 In diesem Buch ist überwiegend, wenn es um eine/n Arbeitnehmer/in geht, der besseren Lesbarkeit wegen die männliche Form gewählt worden. Eine Diskriminierung ist damit keineswegs verbunden.
2 Vgl. hierzu: Däubler, AiB 2000, 188.
3 HK-ArbR/Schmitt, § 623 BGB Rn. 40.

nicht aus. Für andere Rechtsgeschäfte mag dies ausreichen, aber nicht für einen Aufhebungsvertrag oder eine Kündigung, da hierfür gesetzlich die Schriftform vorgeschrieben ist. Dies wird damit begründet, dass Aufhebungsverträge erhebliche Folgen für die Betroffenen haben können und daher der Schriftform eine Warnfunktion zukommt.

Klageverzichtsvereinbarungen, die im unmittelbaren zeitlichen und inhaltlichen Zusammenhang mit einer Kündigung abgeschlossen werden, sieht das BAG ebenfalls als Auflösungsverträge an.[4] Zu beachten ist, dass es hier an der Wahrung des Schriftformerfordernisses fehlt, wenn nur der Arbeitnehmer einen den Klageverzicht enthaltenden Zusatz auf dem Kündigungsschreiben unterschreibt.

Einen weiteren Sonderfall stellt die gerichtliche Protokollierung eines Vergleichs dar. Oft wollen die Parteien, wenn sie sich (meist schriftlich) über die Bedingungen zur Aufhebung des Arbeitsverhältnisses geeinigt haben, dass diese Einigung, z. B. im Rahmen einer anhängigen Kündigungsschutzklage, gerichtlich protokolliert wird. Immerhin wird dadurch ein Vollstreckungstitel geschaffen. Im Zweifel ist in einem solchen Fall davon auszugehen, dass die Einigung über die Aufhebung, also in diesem Fall der Vergleich, erst mit der Protokollierung vor Gericht abgeschlossen ist. Wer dann bei unterbliebener Beurkundung aus der vorher getroffenen Vereinbarung trotzdem Rechte herleiten will, trägt für das Zustandekommen der Aufhebungsvereinbarung die Beweislast.[5]

Bei einem in Anwesenheit der Parteien und/oder ihrer bevollmächtigten Prozessvertreter vor Gericht **protokollierten Vergleich** über eine Aufhebung des Arbeitsverhältnisses ist wegen der **Gleichstellung** des Protokolls **mit einer notariellen Beurkundung** nach § 126 Abs. 4 BGB somit in jedem Fall die Schriftform gewahrt. Dies gilt auch dann, wenn ohne Anwesenheit der Parteien und ohne gerichtliche Verhandlung ein Vergleich im schriftlichen Verfahren zustande kommt. Dabei wird durch das Gericht – in der Regel auf Wunsch der Parteien – ein bestimmter Vergleichstext nach § 278 Abs. 6 ZPO durch Beschluss festgestellt.[6]

---

4 BAG vom 19.4.2007 – 2 AZR 208/06, DB 2007, 2266; abgesehen davon stellt ein solcher formularmäßiger Verzicht auch eine unangemessene, deshalb unwirksame Benachteiligung gem. § 307 BGB dar: so BAG vom 6.9.2007 – 2 AZR 722/06, NZA 2008, 219.

5 BAG vom 16.1.1997 – 2 AZR 35/96, NZA 1997, 789.

6 BAG vom 23.11.2006 – 6 AZR 394/06, NJW 2007, 1831.

1.2 Aufhebungsvertrag

Die Möglichkeit der einvernehmlichen Beendigung des Arbeitsverhältnisses durch Vertrag ist Ausfluss der Vertragsfreiheit (§ 311 BGB) und daher grundsätzlich zulässig.[7] Während der Aufhebungsvertrag vormals im BGB überhaupt keine Erwähnung fand, wurde er zunächst in Nebengesetzen (z. B. § 41 Abs. 4 Satz 3 SGB VI, § 112a Abs. 1 Satz 2 BetrVG) aufgenommen und wird nunmehr auch in § 623 BGB (»Auflösungsvertrag«) als Beendigungstatbestand aufgeführt. Gleichwohl fehlt eine gesetzliche Definition, worum es sich bei einem Aufhebungsvertrag genau handelt.
Unter einem Aufhebungsvertrag wird eine **einvernehmliche** Vereinbarung zwischen Arbeitgeber und Arbeitnehmer verstanden, wonach allein diese Vereinbarung den Grund für die Beendigung des Arbeitsverhältnisses darstellen soll. Anhand dieser Definition lässt sich ein Aufhebungsvertrag von einer Kündigung und einer Abwicklungsvereinbarung abgrenzen.
Der Aufhebungsvertrag bedarf nach der Einführung des § 623 BGB der Schriftform, d. h. er ist von Arbeitgeber **und** Arbeitnehmer zu unterschreiben. Die ältere Rechtsprechung, wonach ein Aufhebungsvertrag nicht nur mündlich, sondern unter besonderen Umständen sogar stillschweigend abgeschlossen werden konnte,[8] ist damit überholt.[9] Gleichwohl bedeutet dies nicht, dass ein Aufhebungsvertrag auch ausdrücklich als solcher bezeichnet werden muss. Aus dem schriftlichen Dokument muss lediglich der Wille beider Parteien, durch Abschluss des Vertrages das Arbeitsverhältnis zu einem bestimmten Zeitpunkt zu beenden, deutlich werden. Die Überschrift mag damit zwar ein Indiz dafür darstellen, was die Parteien vereinbaren wollten. Jedoch ist letztlich die Auslegung des gesamten Vertragswerks entscheidend.

---

7 HK-ArbR/Däubler, §§ 611, 611a BGB Rn. 589.

8 So z. B. BAG vom 3. 5. 1979 – 2 AZR 679/77, NJW 1979, 2267; LAG Sachsen-Anhalt vom 10. 12. 1996 – 8 Sa 142/96, AuR 1997, 372.

9 So nachdrücklich BAG vom 17. 12. 2009 – 6 AZR 242/09, NZA 2010, 273: Auch ein Vorvertrag über die Verpflichtung zum Abschluss eines Aufhebungsvertrags bedarf der Schriftform.

1.3 Abwicklungsvertrag

1.3.1 »Echte« Abwicklungsvereinbarung

Im Gegensatz zu einem Aufhebungsvertrag hat die (echte) Abwicklungsvereinbarung nicht zur Folge, dass **durch sie** das Arbeitsverhältnis beendet wird. Sie setzt im Gegenteil voraus, dass das Arbeitsverhältnis bereits aus einem anderen Grunde geendet hat bzw. enden wird, insbesondere durch den Ausspruch einer Kündigung durch den Arbeitgeber. Sie dient daher lediglich dem Zweck, die noch offenen Fragen des auslaufenden Arbeitsverhältnisses (z. B. Abfindungsleistung, Form und Inhalt des Zeugnisses, [Rest-]Urlaubsanspruch, Freistellung von der Arbeitsleistung) verbindlich zu klären.

Da die Abwicklungsvereinbarung selbst somit nicht zur Beendigung des Arbeitsverhältnisses führt, wurde vereinzelt vertreten, dass diese vom Schriftformerfordernis des § 623 BGB nicht erfasst wird. Demgegenüber verlangt das BAG aber zum Schutz vor Übereilung und zur besseren Beweissicherung die Einhaltung der Schriftform bei solchen Abwicklungsverträgen, die im unmittelbaren zeitlichen und sachlichen Zusammenhang mit dem Ausspruch einer Kündigung geschlossen wurden.[10] Die schriftliche Fixierung empfiehlt sich in der Praxis schon deshalb, um deren Inhalt beweiskräftig festzustellen. Andererseits birgt die schriftliche Erstellung einer Abwicklungsvereinbarung das Risiko, dass diese entgegen der ursprünglichen Intention, wenn zunächst ein vermeintlich bestehender Beendigungstatbestand wie eine Kündigung sich später als unwirksam herausstellt, dann als – konstitutiver – Aufhebungsvertrag verstanden werden könnte. Die ursprünglich insbesondere von Hümmerich unter der Überschrift »Abschied vom arbeitsrechtlichen Aufhebungsvertrag«[11] propagierten Vorteile von Abwicklungsvereinbarungen sollten vor allem darin bestehen, dass den Arbeitnehmer hierbei – angeblich – kein Sperrzeitrisiko treffen würde, da hier das Arbeitsverhältnis durch eine Kündigung des Arbeitgebers beendet werde. Nach der Rechtsprechung des Bundessozialgerichts ist ein Arbeitnehmer nämlich nicht gezwungen, gegen eine ggf. auch unwirksame Kündigung zu klagen.[12]

Die erhofften Vorteile haben sich in der Praxis allerdings wegen ihres offenkundigen Umgehungscharakters nicht realisieren lassen; Abwick-

10 BAG vom 19.4.2007 – 2 AZR 208/06, DB 2007, 2266.
11 Vgl. Hümmerich/Holthausen, NZA 1994, 200ff.
12 Vgl. BSG vom 9.11.1995 – 11 RAr 27/95, NZA-RR 1997, 109.

lungsvereinbarungen werden ebenso als Lösung des Beschäftigungsverhältnisses behandelt.[13]

1.3.2 »Unechte« Abwicklungsvereinbarung

Für den »unechten« Abwicklungsvertrag[14] ist kennzeichnend, dass auch hier – wie beim Aufhebungsvertrag – der Arbeitnehmer sich an der Beendigung des Beschäftigungsverhältnisses beteiligt. Zunächst verzichtet er durch den Abschluss einer solchen Abwicklungsvereinbarung auf die Möglichkeit, die ausgesprochene Kündigung gerichtlich anzugreifen.[15] Darüber hinaus sieht die Arbeitsverwaltung, wenn typischerweise weitere Absprachen bezüglich der Hinnahme der Kündigung und der Regelung von Modalitäten der Vertragsauflösung erfolgen, hierin meist eine Umgehung sozialrechtlicher Vorschriften.[16] Gerade wenn dabei **zusätzliche finanzielle Leistungen** an den Arbeitnehmer vereinbart werden (z. B. Abfindungen oder sonstige Zuschüsse), handelt es sich nach Auffassung des Bundessozialgerichts in Wirklichkeit um einen Aufhebungsvertrag, der konstitutiv für die Auflösung des Arbeitsverhältnisses ist und damit Sperrzeiten auslöst.[17] Entscheidend ist daher, welche Rechtsfolge von den Arbeitsvertragsparteien angestrebt wird und nicht, in welcher äußeren Form und mit welchem Wortlaut die Parteien ihre Erklärungen versehen. Gerade die Bezeichnung einer Vereinbarung als Abwicklungsvertrag löst erfahrungsgemäß besondere Prüfungen durch die Agentur für Arbeit aus, da bereits in der grundlegenden Arbeitsbescheinigung, die bei jeder Arbeitslosmeldung vom letzten Arbeitgeber beizubringen ist (vgl. § 312 SGB III) formularmäßig danach gefragt wird, ob die Kündigung seitens des Arbeitgebers mit »Abwicklungsvertrag« erfolgt ist oder nicht.[18]
Allerdings hat die Rechtsprechung eine notwendige Korrektur vorgenommen.

Droht eine **arbeitgeberseitige** Kündigung und werden in einem Aufhebungs- und/oder Abwicklungsvertrag bei der Höhe der Abfindung die Grenzen eingehalten, wie sie § 1a KSchG vorgibt (ein halbes Bruttomo-

---

13 ErfK-Rolfs, § 159 SGB III Rn. 8 m. w. N.
14 Vgl. zur Terminologie: Bauer, A I Rn. 20.
15 Vgl. APS-Rolfs, AufhebVtr, Rn. 25f.
16 Vgl. BSG vom 9. 11. 1995, a. a. O.
17 Bei dem vom BSG entschiedenen Fall ging es um einen weitgehend kündigungsgeschützten älteren Chemiearbeiter; s. BSG vom 9. 11. 1995, a. a. O.
18 Vgl. ausführlich die Fachlichen Weisungen der BA, gültig ab 18. 1. 2021 zu § 159 SGB III, 159.1.2.1.2: Abwicklungsverträge sind wie Aufhebungsverträge zu bewerten.

natsgehalt pro Beschäftigungsjahr), wird nunmehr auch bei solchen Verträgen auf die für Sperrzeiten relevante Prüfung der Rechtmäßigkeit einer Arbeitgeberkündigung verzichtet.[19] Daher wird dann in der Regel keine Sperrzeit verhängt. Weitere Einzelheiten hierzu unter 7.4 (Seite 168).

1.4 Kündigung

Im Gegensatz zum Abschluss eines Aufhebungsvertrages wird das Arbeitsverhältnis bei einer Kündigung durch **einseitige** Erklärung einer der beiden Vertragsparteien beendet. Während also beim Aufhebungsvertrag ebenso wie meist bei der Abwicklungsvereinbarung beide Parteien darüber einig sind, dass das Arbeitsverhältnis enden soll, kann die Kündigung auch gegen den ausdrücklichen Willen des Vertragspartners ausgesprochen werden – was zumindest bei der arbeitgeberseitigen Kündigung den Regelfall darstellt.
Allerdings kann auch in Fällen, in denen der Arbeitgeber eine Kündigung androht oder ausspricht, ein Aufhebungsvertrag vorteilhafter für den Arbeitnehmer sein als z. B. das Warten auf den Ausspruch einer Kündigung oder eine Kündigungsschutzklage. Die Hauptanwendungsfälle für arbeitgeberseitige Kündigungen, welche dem Abschluss eines Aufhebungsvertrages oft vorausgehen bzw. vor deren Ausspruch angedroht werden, werden wegen ihrer besonderen Bedeutung gesondert in Kapitel 2 dargestellt (Seite 41 ff.).
Im Gegensatz zu einer Kündigung durch den Arbeitgeber kann durch Abschluss eines Aufhebungsvertrages verhindert werden, dass der Kündigungsgrund bekannt wird. Dies dürfte insbesondere bei einer verhaltens- oder personenbedingten Kündigung von Vorteil sein, da andernfalls die Suche nach einer neuen Arbeitsstelle erheblich erschwert werden kann. Dem steht allerdings der gravierende Nachteil gegenüber, dass der Arbeitnehmer mit Abschluss des Aufhebungsvertrages den gesetzlichen Kündigungsschutz verliert. Ebenso riskiert der Arbeitnehmer, dass die Agentur für Arbeit nach § 159 Abs. 1 Nr. 1 SGB III eine Sperrzeit von bis zu zwölf Wochen verhängt und für diesen Zeitraum kein Anspruch auf Arbeitslosengeld besteht, denn nach dem Wortlaut dieser Vorschrift ist entscheidend, dass der »… Arbeitnehmer das Arbeitsverhältnis gelöst und dadurch vorsätzlich oder grob fahrlässig die Arbeitslosigkeit herbeigeführt …« habe. Da ein Aufhebungsvertrag nicht gegen den Willen

19 Vgl. BSG vom 12.7.2006 – B 11a AL 47/05, NZA 2006, 1359.

des Arbeitnehmers zustande kommen kann, liegt eine von ihm zu verantwortende Lösung des Arbeitsverhältnisses vor.
Doch auch die Kündigung durch den Arbeitnehmer kann in Bezug auf einen möglichen Anspruch auf Arbeitslosengeld Probleme aufweisen:
Im Gegensatz zur Kündigung durch den Arbeitgeber werden an die Wirksamkeit einer Kündigung durch den Arbeitnehmer keine besonderen Anforderungen gestellt. Lediglich die vertraglichen und gesetzlichen Kündigungsfristen sowie die Schriftform sind hier zu beachten. Die Kündigung durch den Arbeitnehmer ist auch ohne einen Kündigungsgrund wirksam. Allerdings besteht das hohe Risiko der Verhängung einer Sperrzeit durch die Agentur für Arbeit, sofern der Arbeitnehmer ohne »wichtigen Grund« kündigt.
Anders als bei einer Eigenkündigung kann jedoch durch einen entsprechend sorgfältig formulierten Aufhebungsvertrag ggf. ein Sperrzeitrisiko vermieden werden.[20] In jedem Fall gilt es, die Rechtsfolgen bei Abschluss und Abfassung eines Aufhebungsvertrages oder dem Ausspruch einer Eigenkündigung gründlich zu bedenken.

1.5 Beendigung durch Befristung, Zweckerreichung bzw. Erreichen der Altersgrenze

Neben dem Abschluss eines unbefristeten Arbeitsverhältnisses ist es in gewissen Grenzen möglich, die Dauer des Arbeitsverhältnisses von vornherein zu begrenzen, so dass das Arbeitsverhältnis ohne Ausspruch einer Kündigung zu einem bestimmten Zeitpunkt endet. Hier setzen also – wie beim Aufhebungsvertrag – beide Parteien gemeinsam die Ursache für die spätere Beendigung des Arbeitsverhältnisses. Dieses »gemeinsame Zusammenwirken« hat jedoch in aller Regel den Grund, dass der Arbeitgeber nicht zum Abschluss eines unbefristeten Arbeitsvertrages bereit ist, von welchem er sich nur mittels Kündigung wieder lösen könnte.

---

20 Die sozialrechtlichen Probleme bei Abschluss von Aufhebungs- und Abwicklungsverträgen sind zusammenhängend in Kapitel 7 ausführlich dargestellt.

1.5.1 Befristung

Nach § 620 Abs. 1 BGB endet ein Dienstverhältnis mit dem Ablauf der Zeit, für die es eingegangen ist. Für Arbeitsverträge verweist § 620 Abs. 3 BGB auf das Teilzeit- und Befristungsgesetz.[21] Mit diesem Gesetz ist das Recht der Befristung im Arbeitsleben geregelt.

1.5.1.1 Befristungen mit sachlichem Grund

Nach § 14 Abs. 1 TzBfG bedarf die Befristung eines Arbeitsvertrages grundsätzlich eines sachlichen Grundes. Das Gesetz verzichtet allerdings auf eine allgemeine Definition des sachlichen Grundes und verweist stattdessen auf »insbesondere« acht Beispiele als typische Fallgruppen, die eine Befristung zulässig machen sollen. Dabei wurde vom Gesetzgeber weitgehend das aufgegriffen, was sich bisher auch aus der Rechtsprechung des Bundesarbeitsgerichts ergeben hat. Die auch vom BAG überwiegend anerkannten Sachgründe reichen von dem nur vorübergehenden Bedarf an der Arbeitsleistung aus vorhersehbaren betrieblichen Gründen über die befristete Übernahme nach Ausbildung oder Studium, um den Übergang in eine Anschlussbeschäftigung zu erleichtern, zum Zwecke der zeitlich limitierten Erprobung bis hin zur Befristung, die auf einem gerichtlichen Vergleich beruht.
Besonders praxisrelevant sind auch die Befristungen, die zur Vertretung für Zeiten des Mutterschutzes, einer Elternzeit oder einer anderen auf Tarifvertrag, Betriebsvereinbarung oder einzelvertraglicher Vereinbarung beruhenden Arbeitsfreistellung zur Betreuung eines Kindes erfolgen. Hier sind Befristungen für die Dauer dieser Zeiten nach § 21 BEEG ausdrücklich für zulässig erklärt worden. Inzwischen sind auch Befristungen anerkannt, die zur Vertretung eines Beschäftigten dienen, der wegen der notwendigen Pflege naher Angehöriger freigestellt ist.[22]

1.5.1.2 Befristungen ohne sachlichen Grund

Darüber hinaus regelt das Gesetz in § 14 Abs. 2 TzBfG, dass auch ohne jeden sachlichen Grund ein Arbeitsvertrag kalendermäßig bis zur Höchstdauer von zwei Jahren befristet werden kann.[23] Innerhalb eines solchen

---

21 Gesetz über Teilzeitarbeit und befristete Arbeitsverträge (TzBfG) vom 21.12.2000, BGBl. I S. 1966, zuletzt geändert durch Gesetz v. 22.11.2019, BGBI. I S. 1746.

22 Einzelheiten regelt das Pflegezeitgesetz (PflegeZG) vom 28.5.2008, BGBl. I, 874, dort insbesondere § 6.

23 Eine Reform des TzBfG war in der Legislaturperiode bis 2021 geplant, welche z. B. die Begrenzung der sachgrundlosen Befristung auf 18 Monate sowie eine Höchstquote für sachgrundlos befristete Arbeitnehmer bei Arbeitgebern mit mehr als

Zeitraums kann auch ein kalendermäßig befristeter Arbeitsvertrag kürzerer Dauer höchstens dreimal auf die Höchstdauer von zwei Jahren insgesamt verlängert werden. Allerdings sind Kettenbefristungen dadurch eingeschränkt worden, dass nach § 14 Abs. 2 Satz 2 TzBfG die erleichterte, sachgrundlose Befristung unzulässig ist, wenn zuvor mit demselben Arbeitgeber ein Arbeitsverhältnis bestanden hat – gleich, ob dieses befristet (mit oder ohne sachlichen Grund) oder unbefristet bestanden hat. Das BAG legte dies zunächst so aus, dass eine Vorbeschäftigung mit demselben Arbeitgeber einer Befristung nicht entgegensteht, wenn diese Vorbeschäftigung länger als drei Jahre zurückliegt.[24]

Dieser Rechtsprechung hat das BVerfG nun allerdings einen Riegel vorgeschoben.[25] Eine sachgrundlose Befristung ist demnach unzulässig, wenn beim gleichen Arbeitgeber zu irgendeinem Zeitpunkt bereits ein vorheriges Arbeitsverhältnis bestand. Ausnahmen sind jedoch nach Auffassung des BVerfG möglich, wenn die Vorbeschäftigung sehr lang zurückliegt, ganz anders geartet war oder von sehr kurzer Dauer gewesen ist. In der Folge hat sich eine umfangreiche Einzelfallrechtsprechung zu diesen Kriterien entwickelt. Festzuhalten ist allerdings, dass einerseits ein Zeitraum von 8 Jahren nicht sehr lange zurückliegt und andererseits fachfremde Schüler- und Studentenaushilfsjobs eine völlig anders geartete Tätigkeit sein können, wenn nach erfolgreichem Studium eine dem Studium entsprechende Tätigkeit aufgenommen wird.[26]

Weiterhin ist es zulässig, an einen sachgrundlos befristeten Arbeitsvertrag ein mit Sachgrund befristetes Arbeitsverhältnis anzuschließen.

Darüber hinaus eröffnet das Gesetz in § 14 Abs. 3 TzBfG die Möglichkeit, bei Arbeitnehmern, die das 52. Lebensjahr vollendet haben, das Arbeitsverhältnis ohne Sachgrund auf bis zu **fünf** Jahre zu befristen. Voraussetzung hierfür ist, dass

- der Arbeitnehmer bei Beginn des befristeten Arbeitsverhältnisses das 52. Lebensjahr vollendet hat,
- die Befristung die Maximaldauer von fünf Jahren nicht überschreitet und
- der Arbeitnehmer vor Beginn der befristeten Beschäftigung mindestens vier Monate nicht in einem Beschäftigungsverhältnis stand,

---

75 Beschäftigten vorsah. Ein entsprechender Referentenentwurf des BMAS ist bislang aber nicht umgesetzt worden, eine Realisierung in der 20. Legislaturperiode ist nicht absehbar.

24 BAG vom 6.4.2011 – 7 AZR 716/09, NZA 2011, 905; krit. u.a. HK-ArbR/Tillmanns, § 14 TzBfG Rn. 81.

25 BVerfG vom 6.6.2018 – 1 BvL 7/14, NZA 2018, 774.

26 Vgl. ErfK/Müller-Glöge, § 14 TzBfG Rn. 98f.

Transferkurzarbeitergeld bezogen oder an einer öffentlich geförderten Beschäftigungsmaßnahme teilgenommen hat.[27]

In diesem Rahmen sollen dann auch mehrfache Verlängerungen des Ausgangsarbeitsvertrags bis zur Höchstgrenze von fünf Jahren zulässig sein. Damit kann es hier auch zu den gescholtenen Kettenbefristungen kommen, wenn zu einem vorausgehenden unbefristeten Arbeitsvertrag mit demselben Arbeitgeber kein enger sachlicher Zusammenhang besteht, der bereits verneint wird, wenn das letzte Arbeitsverhältnis mehr als vier Monate zurückliegt.[28]

Die ursprüngliche Fassung § 14 Abs. 3 TzBfG ermöglichte es, mit Arbeitnehmern, die das 52. Lebensjahr vollendet haben ohne jedwede zeitliche Begrenzung befristete Arbeitsverträge ohne sachlichen Grund abzuschließen, und verstieß daher gegen europäisches Recht.[29] Durch Gesetz vom 19.4.2007 ist § 14 Abs. 3 TzBfG neu gefasst worden. Augenscheinlich ist weder durch die vom EuGH kassierte Ursprungs- noch durch die dann nachgebesserte Neufassung des § 14 Abs. 3 TzBfG ein Anschub für den vermehrten Abschluss von Arbeitsverhältnissen mit zuvor arbeitslosen älteren Arbeitnehmern ausgelöst worden.

In Befristungsfällen sollte unbedingt **Rechtsrat über deren Wirksamkeit** eingeholt werden und zwar rechtzeitig vor deren Auslaufen.

Einen weiteren Sonderfall stellt § 14 Abs. 2a TzBfG dar. Nach dieser Vorschrift dürfen Unternehmen innerhalb der ersten 4 Jahre nach ihrer Gründung Arbeitsverhältnisse bis zur Dauer von 4 Jahren sachgrundlos befristetet abschließen und die Befristung innerhalb dieses Zeitraums beliebig oft verlängern. Dies gilt allerdings nur für tatsächlich **neu gegründete** Unternehmen. Unternehmen, welche im Zusammenhang mit einer rechtlichen Umstrukturierung eines Unternehmens oder eines Konzerns gegründet werden, werden durch diese Vorschrift nicht privilegiert.[30]

1.5.1.3 Zweckerreichung und auflösende Bedingung

Nach § 3 Abs. 1 Satz 2 TzBfG liegt ein befristeter Arbeitsvertrag nicht nur vor, wenn dieser zu einem bestimmten Kalenderdatum ausläuft, sondern

---

27 Gesetz zur Verbesserung der Beschäftigungschancen älterer Menschen vom 19.4.2007, BGBl. I S. 538; vgl. ErfK/Müller-Glöge, § 14 TzBfG Rn. 108ff.; Schiefer/Köster/Korte, DB 2007, 1081, 1083; Neufassung soll unionsrechtlich unbedenklich sein: so BAG vom 28.5.2014 – 7 AZR 360/12, DB 2014, 2475.

28 ErfK/Müller-Glöge, § 14 TzBfG Rn. 111f.; Blanke, AiB 2000, 734 m.w.N.

29 EuGH vom 22.11.2005 – C-144/04, NZA 2005, 1345 (sogenannte Mangold-Entscheidung); nachfolgend BAG vom 26.4.2006 – 7 AZR 500/04, NZA 2006, 1162ff.

30 Vgl. ErfK-Müller-Glöge, § 21 TzBfG Rn. 1ff.

auch dann, wenn nach »Art, Zweck oder Beschaffenheit der Arbeitsleistung« sich ergibt, dass es sich um eine sogenannte Zweckbefristung handelt. Diese ist dann zulässig, wenn sich objektiv bestimmen lässt, dass ein bestimmtes Ereignis eintritt und lediglich noch ungewiss ist, wann dieser Zeitpunkt eintritt. Als (makabres) Beispiel mag die Vereinbarung einer Pflegeleistung bis zum Tod des Pflegebedürftigen benannt werden. Die Zweckbefristung ist verwandt mit der Vereinbarung einer auflösenden Bedingung, die nach § 21 TzBfG an die gleichen inhaltlichen Voraussetzungen geknüpft ist, wie bei der Zugrundelegung von Sachgründen für die Befristung im Rahmen von § 14 TzBfG. Allerdings besteht Einigkeit darin, dass durch die Vereinbarung einer auflösenden Bedingung der Kündigungsschutz nicht ausgehöhlt werden darf. Deshalb sind bei der Prüfung des sachlichen Grundes strengere Anforderungen zu beachten, die den hohen Grad an Ungewissheit berücksichtigen, der durch die auflösende Bedingung eintritt.[31]

1.5.1.4 Sonderfall: Nachträgliche Befristung eines unbefristeten Arbeitsverhältnisses

Zur Wirksamkeit einer Aufhebungsvereinbarung, die das Arbeitsverhältnis gegen Zahlung einer Abfindung zum Zeitpunkt der Kündigungsfrist oder zeitlich davor beendet, bedarf es keines Sachgrundes. Anders bei der *nachträglichen Befristung* eines unbefristeten Arbeitsverhältnisses. Hier wird das Vertragsverhältnis auf eine neue Rechtsgrundlage gestellt. Ist dabei das Ziel die, wenn auch mit einem festen zeitlichen Horizont versehene, Fortsetzung des Arbeitsverhältnisses, bedarf es hierfür eines Sachgrundes.[32] Die Abgrenzung zu einem stets zulässigen Aufhebungsvertrag kann im Einzelfall umstritten sein. Für eine nachträgliche Befristung spricht, wenn es an Regelungen fehlt, wie sie üblicherweise bei Beendigung eines Arbeitsverhältnisses getroffen werden, insbesondere die Zahlung einer Abfindung, Regelung des Zeugnisinhalts, Freistellungs- und Urlaubsregelungen und wenn der Beendigungszeitpunkt über die ordentliche Kündigungsfrist hinausreicht.[33]

Demgegenüber liegt ein Aufhebungsvertrag vor, wenn nach der Vereinbarung z. B. keine Verpflichtung zur Arbeitsleistung mehr besteht und

31 Vgl. BAG vom 24. 9. 1997 – 7 AZR 669/96, NZA 1998, 419.

32 ErfK-Müller-Glöge, § 14 TzBfG Rn. 13ff.

33 Vgl. APS-Rolfs, AufhebVtr., Rn. 50.

typische Abwicklungsmodalitäten wie Abfindung, Zeugniserteilung und Rückgabe von Firmeneigentum geregelt werden.[34]

1.5.2 Klagefrist und Überprüfung der Befristung

Für jeden Arbeitnehmer ist es von besonderer Wichtigkeit, dass er sich auf eine unwirksame Befristung nur dann berufen kann, wenn er innerhalb von drei Wochen nach dem vereinbarten Ende des befristeten Arbeitsvertrages Klage beim Arbeitsgericht erhebt. Damit wird parallel zu den Fristen bei der Kündigungsschutzklage auch durch § 17 TzBfG eine Dreiwochenfrist verordnet, deren Versäumung dazu führt, dass nach Fristablauf die Befristung gem. § 17 Satz 2 TzBfG i. V. m. § 7 KSchG als wirksam gilt. Dann ist der ursprünglich befristete Vertrag, in dem das »vereinbarte Ende« geregelt worden war, aufgrund der Befristung beendet worden. Im Falle der Klage sollte der Arbeitnehmer daher auch durch entsprechende Klageanträge deutlich machen, dass er von einem Fortbestand des Arbeitsverhältnisses als unbefristet ausgeht.

Nach der ständigen Rechtsprechung des Bundesarbeitsgerichts wurde aber jeweils nur der letzte befristete Arbeitsvertrag auch bei sogenannten Kettenarbeitsverträgen einer arbeitsgerichtlichen Befristungskontrolle unterzogen. Hatte also ein Arbeitnehmer versäumt, gegen einen früheren unwirksam befristeten Arbeitsvertrag Klage zu erheben und ist sein letzter befristeter Arbeitsvertrag z. B. wegen eines sachlichen Grundes wirksam, so war sein gerichtliches Vorgehen nicht von Erfolg gekrönt.[35] Nach Intervention des EuGH hat sich das BAG veranlasst gesehen, diese Linie zu verändern. Nunmehr sind bei Mehrfach- bzw. Kettenbefristungen neben der Prüfung des (letzten) Sachgrundes auch die Gesamtdauer und die Zahl der nacheinander geschlossenen befristeten Verträge zu berücksichtigen, um missbräuchliche Konstruktionen auszuschließen.[36]

Der Gesetzgeber hat ferner in § 17 Satz 3 TzBfG vorgesehen, dass bei Fortsetzung des Arbeitsverhältnisses nach dem vereinbarten Ende die Dreiwochenfrist zur Klage nur beginnt, wenn der Arbeitgeber schriftlich erklärt hat, dass das Arbeitsverhältnis aufgrund der Befristung beendet sei. Diese Ausnahmebestimmung beschränkt sich aber auf den Fall, dass das Arbeitsverhältnis nach dessen vorgesehenem Ende schlicht fortgesetzt

34 BAG vom 15.2.2007 – 6 AZR 286/06, NZA 2007, 614; BAG vom 28.11.2007 – 6 AZR 1108/06, NZA 2008, 348.

35 Vgl. BAG vom 15.2.1995 – 7 AZR 680/94, NZA 1995, 987.

36 BAG vom 18.7.2012 – 7 AZR 783/10, NZA 2012, 1359; BAG vom 13.2.2013 – 7 AZR 225/11, ArbRAktuell 2013, 296; BAG vom 19.3.2014 – 7 AZR 527/12, NZA 2014, 840.

wird, ohne dass eine neue Vereinbarung – sei sie befristet oder unbefristet – abgeschlossen wurde.[37]
Kommt es zu gerichtlichen Auseinandersetzungen über die Wirksamkeit von Befristungen, kommt auch in solchen Fällen ein Aufhebungsvertrag in Betracht, um die ggf. bestehende rechtliche Unsicherheit zu beseitigen und das Prozessrisiko des Arbeitgebers gegen Zahlung einer Abfindung aufzuheben.

1.5.3 Erreichen der Altersgrenze

Einen Unterfall der »normalen Befristung« stellt schließlich eine Vereinbarung dar, nach welcher das Arbeitsverhältnis bei Erreichen einer bestimmten Altersgrenze des Arbeitnehmers enden soll. Entgegen weit verbreiteter Auffassung endet ein Arbeitsverhältnis keineswegs automatisch mit Vollendung des 65./67. Lebensjahres bzw. mit Erreichen des Regelrenteneintrittsalters oder der Regelaltersgrenze[38] auf Seiten des Arbeitnehmers. § 41 SGB VI stellt darüber hinaus klar, dass das Erreichen einer bestimmten Altersgrenze keinesfalls eine arbeitgeberseitige Kündigung nach dem KSchG rechtfertigen kann. Daraus ergibt sich, dass das Erreichen einer bestimmten Altersgrenze allein auch noch keinen sachlichen Grund für eine Befristung ergibt.
Eine Ausnahme gilt nach § 41 SGB VI allerdings, wenn die Regelaltersgrenze (ursprünglich 65 Jahre) vereinbart wurde bzw. die Vereinbarung innerhalb der letzten drei Jahre vor Erreichen des gesetzlichen Rentenalters geschlossen wurde oder der Arbeitnehmer eine ältere Vereinbarung binnen dieses Zeitraums bestätigt hat. Wird in Arbeitsverträgen, Betriebsvereinbarungen oder Tarifverträgen noch auf die ursprüngliche Gesetzesfassung – Vollendung des 65. Lebensjahres als Regelaltersgrenze – abgestellt, sind solche Regelungen wegen der gesetzlichen Fiktion in § 41 Satz 2 SGB VI so auszulegen, dass nunmehr die jetzt gültige, spätere Regelaltersgrenze den Beendigungszeitpunkt definiert.[39]
Sofern also auf diese Weise ein Ausscheiden des Arbeitnehmers mit Erreichen der Regelaltersgrenze vereinbart wurde, liegt eine grundsätzlich wirksame Vereinbarung vor. Fehlt eine solche Vereinbarung, besteht das Arbeitsverhältnis auch darüber hinaus fort und kann vom Arbeitgeber je-

---

37 Vgl. APS-Backhaus, § 17 TzBfG Rn. 26ff.

38 Für die Geburtsjahrgänge 1947 in Ein- und für die Geburtsjahrgänge ab 1959 in Zwei-Monatsschritten wurde ab 1.1.2012 die Regelaltersgrenze auf 67 angehoben; vgl. RV-Altersgrenzenanpassungsgesetz, BGBl. I 2007 S. 554 – Inkrafttreten des Gesetzes am 1.1.2008.

39 APS-Greiner, § 41 SGB VI Rn. 26f.

denfalls nicht mit der Berufung darauf, dass der Arbeitnehmer dieses Alter erreicht hat und damit i. d. R. rentenberechtigt ist, gekündigt werden. Die automatische Beendigung des Arbeitsverhältnisses mit Erreichen des Rentenalters ist ferner häufig tarifvertraglich oder durch Betriebsvereinbarung geregelt. Eine unzulässige Altersdiskriminierung stellt dies laut BAG nicht dar, da eine unterschiedliche Behandlung hier wegen der legitimen arbeitsmarkt- und beschäftigungspolitischen Ziele gerechtfertigt sei.[40]

Der Vollständigkeit halber sei noch erwähnt, dass das Erreichen der Regelaltersgrenze bzw. der Bezug von Rentenleistungen der Aufnahme eines neuen Arbeitsverhältnisses – etwa im Rahmen der sogenannten Flexi-Rente – nicht entgegensteht.

1.6 Rücktritt

Grundsätzlich können Verträge bei Vorliegen bestimmter Voraussetzungen, insbesondere dann, wenn eine Partei die ihr obliegenden Pflichten nicht (vollständig) erbringt, auch durch Rücktritt beendet werden. Für das Arbeitsverhältnis als Dauerschuldverhältnis spielt der Rücktritt jedoch keine Rolle: **Vor** Beginn des Arbeitsverhältnisses haben die Parteien in der Regel noch keine derartigen Pflichten, deren Nichterfüllung die andere Partei zum Rücktritt berechtigen könnte. **Nach** Beginn des Arbeitsverhältnisses ist der Rücktritt ausgeschlossen, da hier stattdessen die Befugnis zur Kündigung steht.

1.7 Anfechtung

Das Arbeitsverhältnis kann ferner grundsätzlich auch durch Anfechtung einseitig beendet werden, insbesondere wegen Irrtums gem. § 119 BGB oder bei einer arglistigen Täuschung bzw. einer widerrechtlichen Drohung gem. § 123 BGB. Die Frage, ob bzw. unter welchen Voraussetzungen der Arbeitgeber einen Arbeitsvertrag wegen Irrtums und/oder arglistiger Täuschung anfechten darf, wenn der Arbeitnehmer bei der Einstellung unzutreffende Angaben gemacht hat, hat in der Praxis zu zahlreichen Auseinandersetzungen geführt, so dass hier nur auf die einschlägige Li-

40 BAG vom 18.6.2008 – 7 AZR 116/07, NZA 2008, 1302.

teratur verwiesen werden kann. Zur Frage, unter welchen Voraussetzungen ein Aufhebungsvertrag angefochten werden kann, siehe Kapitel 12.4 (Seite 275ff.).

1.8 Auflösungsurteil gemäß §§ 9, 10 KSchG

Dem Aufhebungsvertrag von den Folgen her verwandt ist ein gerichtliches Auflösungsurteil gem. §§ 9, 10 KSchG. Ein solches Urteil setzt zunächst voraus, dass das Gericht im Rahmen eines Kündigungsrechtsstreits feststellt, dass das Arbeitsverhältnis durch die Kündigung **nicht beendet** wurde und damit grundsätzlich fortbesteht. Auf Antrag (zumindest) einer Partei, welcher die Fortführung des Arbeitsverhältnisses (unter anderem wegen dieses Rechtsstreits) nicht zuzumuten ist, kann das Gericht das Arbeitsverhältnis gegen Festsetzung einer bestimmten Abfindung durch Urteil auflösen.
Im Gegensatz zum Aufhebungsvertrag, den beide Parteien – zumindest theoretisch – einvernehmlich schließen, wird hier also das Arbeitsverhältnis auch nur auf Antrag einer Partei und in der Regel gegen den Willen der anderen (zumeist des Arbeitnehmers) beendet. Häufig verlaufen in der Praxis die Grenzen zwischen einem gerichtlichen Vergleich (einvernehmliche Beendigung des Arbeitsverhältnisses, ggf. gegen Zahlung einer Abfindung und Regelung weiterer Punkte, z.B. hinsichtlich des Zeugnisses) und einem gerichtlichen Auflösungsurteil jedoch fließend, indem die Parteien sich über einige Punkte vorab einigen und lediglich die Höhe der Abfindung gerichtlich festgesetzt wird, weil hierüber keine Einigung erzielt werden konnte. Besondere Bedeutung hat der Auflösungsantrag bei bestimmten leitenden Angestellten (§ 14 Abs. 2 KSchG hebt ab auf »Geschäftsführer, Betriebsleiter und ähnliche leitende Angestellte, soweit diese zur selbständigen Einstellung oder Entlassung von Arbeitnehmern berechtigt sind«).[41] Hier bedarf der Auflösungsantrag des Arbeitgebers gem. § 14 Abs. 2 Satz 2 KSchG keiner Begründung, während bei »normalen« Arbeitnehmern Voraussetzung für die gerichtliche Auflösung des Arbeitsverhältnisses gem. § 9 Abs. 1 Satz 2 KSchG ist, dass eine gemeinsame Zusammenarbeit nicht mehr zumutbar ist und zwar jeweils aus im Einzelnen darzulegenden Gründen, die in der Person oder im Verhalten der anderen Vertragspartei begründet sind.[42]

41 BAG vom 18.10.2000 – 2 AZR 465/99, NZA 2001, 437.
42 Vgl. APS-Biebl, § 9 KSchG Rn. 33ff., 49ff. m.w.N.

1.9 Tod des Arbeitnehmers oder des Arbeitgebers

Der Tod des Arbeitnehmers beendet das Arbeitsverhältnis unmittelbar, ohne dass es etwa einer Kündigung seitens der Erben/Familienangehörigen bedürfte. Dies ergibt sich aus § 613 BGB, wonach der sogenannte Dienstverpflichtete, also der Arbeitnehmer, die Dienste im Zweifel persönlich erbringen muss und diese Verpflichtung nicht auf Dritte übertragen darf.

Der Tod des Arbeitgebers stellt demgegenüber auch in einer Personengesellschaft grundsätzlich keinen Beendigungsgrund für das Arbeitsverhältnis dar.[43] Hier müssen die Erben des Verstorbenen das Arbeitsverhältnis fortsetzen oder »normal« kündigen und dabei ggf. auch die Bestimmungen des KSchG beachten. Bei sehr kleinen Betrieben, die hauptsächlich auf die Person des Arbeitgebers zugeschnitten sind, kann jedoch – sofern das KSchG überhaupt Anwendung findet – eine betriebsbedingte Kündigung in Betracht kommen.

Von diesem Grundsatz sind auch dann keine Ausnahmen zulässig, wenn die Arbeitsleistung gerade in der Verrichtung höchstpersönlicher Dienste für den Arbeitgeber bestanden hat (z. B. als dessen Privatsekretär oder bei der Pflege des schwer kranken Arbeitgebers).[44]

Bei juristischen Personen (z. B. GmbH, AG) bleibt das Arbeitsverhältnis ohnehin unberührt, wenn z. B. einer der Gesellschafter verstirbt, auch wenn dieser alle oder die überwiegenden Gesellschaftsanteile gehalten hat.

---

43 BAG vom 4. 4. 1990 – 5 AZR 288/89, NZA 1990, 605.

44 Vgl. ErfK-Müller-Glöge, § 620 BGB Rn. 36.

2. Aufhebungsverträge und Kündigungsschutzrecht

Die typische Ausgangslage für den Abschluss von Aufhebungsverträgen ist eine beabsichtigte oder schon erfolgte arbeitgeberseitige Kündigung. Die Frage, ob es sinnvoll ist, einen Aufhebungsvertrag im konkreten Fall abzuschließen, und wenn ja, welche Punkte im Einzelnen wie geregelt werden sollen, kann nicht von der konkreten Lebenssituation losgelöst betrachtet werden. Vielmehr muss die spezifische Ausgangslage für die einsetzenden Verhandlungen angemessen berücksichtigt werden, damit der Betroffene die Stärken und Schwächen seiner Verhandlungsposition einschätzen und darauf aufbauend eine möglichst optimale Verhandlungsstrategie ergreifen kann.

2.1 Hauptstreitpunkt: Die arbeitgeberseitige Kündigung – typische Fallgruppen

Im Falle einer arbeitgeberseitigen Kündigung liegt es grundsätzlich nicht im Interesse des Arbeitnehmers, dass das Arbeitsverhältnis überhaupt beendet wird. Wenn der Arbeitgeber das Arbeitsverhältnis dennoch beenden möchte und eine Kündigung androht oder sogar schon ausgesprochen hat, so gilt es zunächst zu überprüfen, ob eine Verteidigung gegen diese Kündigung Aussicht auf Erfolg hat. Vielfach wird sich diese Frage nicht eindeutig klären lassen, sondern es können nur Prognosen darüber erstellt werden, welche der beiden Seiten an welchen Stellen eines möglichen Kündigungsschutzverfahrens die juristisch »besseren« Argumente für sich reklamieren kann.[45]

Aufbauend auf dieser Prognose ist zu entscheiden, ob es Sinn macht, das Arbeitsverhältnis um jeden Preis erhalten zu wollen und damit ein

45 Zu den Besonderheiten einer betriebsbedingten Kündigung mit Abfindungsangebot nach § 1a KSchG siehe Seite 124.

Kündigungsschutzverfahren notfalls bis zum rechtskräftigen Ende durchzuführen, oder ob eine Einigung mit dem Arbeitgeber über die Modalitäten einer Aufhebung des Arbeitsverhältnisses schon im Anfangsstadium gesucht werden soll. Die erste Möglichkeit beinhaltet einerseits die Chance, dass das Arbeitsverhältnis erhalten bleibt, andererseits das Risiko, dass der Arbeitgeber vor Gericht Recht bekommt und der Arbeitnehmer »mit leeren Händen« dasteht. Der Abschluss eines Aufhebungsvertrages kann demgegenüber zwar unter Umständen zu einer Abfindung führen, beendet das Arbeitsverhältnis dafür aber definitiv. Die Entscheidung, welche der beiden Alternativen vorzuziehen ist, sollte also nicht nur vom jeweiligen Wunsch nach Weiterführung oder Beendigung getrieben sein, sondern auch die rechtlichen Ausgangsvoraussetzungen umfassend berücksichtigen.

Nachstehend erfolgt eine Übersicht über das Kündigungsschutzrecht und seine typischen »Einfallstore«, mit denen eine arbeitgeberseitige Kündigung unter Umständen zu Fall gebracht werden kann, um hierauf aufbauend eine Prognose über die Aussichten eines Kündigungsschutzverfahrens zu erstellen. Denn: Je größer für den Arbeitgeber das Risiko ist, im gerichtlichen Verfahren zu unterliegen, desto größer wird seine Bereitschaft sein, dem Arbeitnehmer im Rahmen eines Aufhebungsvertrags entgegenzukommen. Voraussetzung ist allerdings stets, dass das Kündigungsschutzgesetz überhaupt Anwendung findet.

2.1.1 Anwendbarkeit des Kündigungsschutzgesetzes

Der allgemeine Kündigungsschutz ist nicht für alle Arbeitsverhältnisse gegeben. Zunächst sind vom Kündigungsschutz nur Arbeitnehmer erfasst, d. h. diejenigen, die im Rahmen einer von Dritten (Arbeitgeber) bestimmten Arbeitsorganisation in persönlicher Abhängigkeit Dienstleistungen erbringen.[46]

Die persönliche Abhängigkeit ergibt sich insbesondere aus der Eingliederung in eine fremde Arbeitsorganisation und dem Umfang der Weisungsgebundenheit.[47] Problematisch ist die Abgrenzung vornehmlich im Bereich der so genannten »Schein-Selbständigkeit«, bei der oft der Versuch unternommen wird, den Regeln und Schutzmechanismen des Arbeitsrechts wie auch den sozialrechtlichen Abgabepflichten dadurch zu entgehen, dass dem (wirtschaftlich zumeist abhängigen) »Selbständi-

46 HK-ArbR/Schmitt, § 1 KSchG Rn. 5 m. w. N.

47 Ausführlich HK-ArbR/Kreuder/Matthiessen-Kreuder, §§ 611, 611a BGB Rn. 6ff. m. w. N.

gen« gewisse Entscheidungsfreiheiten belassen werden, ohne dass dieser dadurch aber tatsächlich im unternehmerischen Sinne als freier Selbständiger auf dem Markt auftreten kann. In diesen Fällen ist besonders genau zu prüfen, ob es sich (schon) um einen selbständigen Auftragnehmer handelt oder (noch) um einen Arbeitnehmer. Der Bezeichnung, die dabei im Vertrag oder bei der Beschreibung der Tätigkeit gewählt wird, kommt dabei keine besondere Bedeutung bei: Es kommt vielmehr nach ständiger Rechtsprechung auf die Prüfung dessen an, wie die Parteien ihre Vertragsbeziehungen tatsächlich ausgestaltet und in der Praxis gelebt haben.[48]

Liegt jedoch die Arbeitnehmereigenschaft vor, sind grundsätzlich alle Formen von Arbeitsverhältnissen erfasst. Das heißt, auch Teilzeitarbeitsverhältnisse, Nebenbeschäftigungen, befristete Arbeitsverhältnisse sowie leitende Angestellte werden vom allgemeinen Kündigungsschutz umfasst. Keinen Kündigungsschutz genießen nach § 14 KSchG die gesetzlichen Vertreter juristischer Personen (z. B. Vorstand einer Aktiengesellschaft oder Geschäftsführer einer GmbH) sowie die vertretungsberechtigten Gesellschafter von Personengesellschaften (OHG, KG, GbR) oder eines nichtrechtsfähigen Vereins.

Der Kündigungsschutz gilt nicht in Betrieben, in denen nicht mehr als zehn Arbeitnehmer beschäftigt sind. Mit dem Gesetz zu Reformen am Arbeitsmarkt vom 24.12.2003[49] wurde die 1998 schon einmal geltende Regelung zur Anhebung des Schwellenwertes auf zehn Arbeitnehmer wieder eingeführt und zwar bezogen auf die Beschäftigten, die nach dem 31.12.2003 eingestellt wurden. Für alle Arbeitnehmer, die vor diesem Zeitpunkt schon im Beschäftigungsverhältnis standen, bleibt es bei der erforderlichen Zahl an Beschäftigten von mehr als fünf, wobei bei der Berechnung des Schwellenwertes von mehr als fünf Beschäftigten nur solche Beschäftigungsverhältnisse berücksichtigt werden, welche bereits vor dem 1.1.2004 bestanden.[50]

Bei der Berechnung des Schwellenwertes von mehr als 10 Arbeitnehmern werden hingegen alle Beschäftigungsverhältnisse berücksichtigt.

Der Schwellenwert muss zudem im Zeitpunkt des Ausspruchs der Kündigung noch überschritten sein.[51] Bei der Berechnung des Schwellenwertes gelten folgende Quoten:

---

48 Vgl. APS-Preis, Grundlagen C, Rn. 29 ff. m. w. N.

49 BGBl. I S. 3002.

50 BAG vom 1.9.2006 – 2 AZR 840/05, NZA 2007, 438.

51 Dabei kommt es auf die in der Regel beschäftigten Arbeitnehmer an, nicht auf ein zufälliges Absinken der Beschäftigtenzahl; vgl. HK-ArbR/Schubert, § 23 KSchG Rn. 33 m. w. N.

- Beschäftigte mit mehr als 30 Wochenarbeitsstunden werden mit dem Faktor 1 gezählt.
- Beschäftigte mit bis zu 20 Wochenarbeitsstunden werden mit dem Faktor 0,5 gezählt. (so dass z. B. eine Reinigungskraft mit nur ein oder zwei Stunden wöchentlich mit 0,5 gezählt wird).
- Beschäftigte mit bis zu 30 und mehr als 20 Wochenarbeitsstunden werden mit dem Faktor 0,75 gezählt.

Der gesetzliche Kündigungsschutz greift also dann, wenn sich danach mindestens 10,25 (bzw. alt 5,25) Beschäftigte als regelmäßig im Betrieb tätig erfassen lassen.

Diese so genannte »Kleinbetriebsklausel«, die durchaus kritisch gewürdigt wird, ist nach der Rechtsprechung des Bundesverfassungsgerichts so auszulegen, dass sie nur auf solche Kleinbetriebe anzuwenden ist, in denen **ein** Arbeitgeber zuständig ist, ohne dass er diese betriebliche Einheit als Teil eines größeren Unternehmens oder als Filialbetrieb führt und hier jeweils zusammengerechnet die Zahl der Arbeitnehmer den Schwellenwert überschreitet.[52] Es sollen also nur Kleinunternehmen vor dem Kündigungsschutz »bewahrt« werden, nicht aber die Kleinbetriebe, die in Wirklichkeit größeren Unternehmen zuzurechnen sind.

Auch können mehrere Unternehmen einen Gemeinschaftsbetrieb bilden (wichtigste Voraussetzung: einheitliche Leitungsmacht insbesondere in personellen Angelegenheiten). Dann werden für die Anwendung des Kündigungsschutzgesetzes die Arbeitnehmer der beteiligten Unternehmen zusammengezählt.

Schließlich muss der Arbeitnehmer, der sich auf den Kündigungsschutz beruft, zum Zeitpunkt des Zugangs der Kündigung länger als sechs Monate in einem ununterbrochenen Beschäftigungsverhältnis befunden haben, d. h. die so genannte Wartezeit erfüllt haben. Sofern das Arbeitsverhältnis unmittelbar an eine vorherige Ausbildung im gleichen Betrieb oder Unternehmen anschließt, ist die Ausbildungszeit mit anzurechnen.

2.1.2 Exkurs: Mythen des Arbeitsrechts

Die Verfasser werden in ihrer Praxis immer wieder mit den gleichen irrigen Annahmen über das Arbeitsrecht konfrontiert. Bevor auf das Kündigungsschutzrecht im Einzelnen eingegangen wird, soll daher kurz auf diese Mythen eingegangen werden:

- **Kündigungen während des Urlaubs oder einer Krankheit sind unwirksam.**

52 Vgl. BVerfG vom 27. 1. 1998 – 1 BvL 22/93, NZA 1998, 469 ff. und 474 ff.

Viele Arbeitnehmer glauben, dass Kündigungen unwirksam sind, wenn sie während des Urlaubs oder der Krankheit ausgesprochen wurden. Dies ist leider falsch. Eine Kündigung wird grundsätzlich mit ihrem Zugang wirksam. Für den Zugang kommt es nur auf die grundsätzliche Möglichkeit der Kenntnisnahme unter gewöhnlichen Umständen an.[53] Dies bedeutet, dass ein Einwurf in den Briefkasten ausreicht. Besteht tatsächlich keine Möglichkeit zur Kenntnisnahme auf Grund einer Erkrankung oder einer urlaubsbedingten Ortsabwesenheit, so wird die Kündigung trotzdem wirksam.
Kommt es wegen der (entschuldigten) fehlenden Möglichkeit zur Kenntnisnahme zum ungenutzten Ablauf der Kündigungsschutzklagefrist, so kann der Arbeitnehmer unverzüglich die Klage einreichen, nachdem er die Kündigung auch tatsächlich zur Kenntnis genommen hat. Er kann dann eine Wiedereinsetzung in den vorherigen Stand beantragen. Dann wird er so behandelt, als wäre die Klage rechtzeitig eingereicht worden.

- **Vor einer Kündigung ist immer zuerst eine Abmahnung erforderlich.**
  Ein weiterer Irrglaube ist, dass vor jeder verhaltensbedingten Kündigung mindestens eine Abmahnung erforderlich bzw. nach drei Abmahnungen wegen desselben Verhaltens eine Kündigung automatisch rechtmäßig sei. Tatsächlich bestimmt die Schwere des Kündigungsvorwurfs die Frage, ob überhaupt eine oder sogar mehrere Abmahnungen für eine rechtmäßige Kündigung erforderlich sind. Diese Frage lässt sich jedoch nicht pauschal beantworten, sondern erfordert immer eine Einzelfallbetrachtung.[54]
- **Probezeit gleich Wartezeit.**
  Viele Arbeitnehmer glauben, dass die Probezeit mit der oben erwähnten Wartezeit für den Kündigungsschutz (Beschäftigung länger als sechs Monate) identisch ist. Allerdings ist die Probezeit eine vertragliche Vereinbarung, welche die Verkürzung von Kündigungsfristen für einen bestimmten Zeitraum zu Beginn des Arbeitsverhältnisses zum Gegenstand hat. Eine Probezeit besagt nichts über die Anwendbarkeit des allgemeinen Kündigungsschutzes.[55]
- **Mini-Jobber haben keine Rechte.**

---

53 Vgl. APS-Linck, § 622 BGB Rn. 23ff.

54 Siehe unter 2.1.5.3 (Seite 64); Vgl. HK-ArbR/Markowski, § 1 KSchG Rn. 243f. m.w.N.

55 HK-ArbR/Schmitt, § 1 KSchG Rn. 26.

Weit verbreitet ist auch die Annahme, dass sogenannte Mini-Jobber, also Arbeitnehmer, die in der Regel nicht mehr als 450,00 € brutto pro Monat verdienen, keine Rechte wie Kündigungsschutz, Urlaubsanspruch etc. haben. Jedoch handelt es sich grundsätzlich auch bei einem Mini-Job um ein »normales« Arbeitsverhältnis mit allen Rechten und Pflichten. Es bestehen allerdings sozialversicherungsrechtliche Besonderheiten.

2.1.3 Die betriebsbedingte Kündigung

Im Kündigungsrecht wird im Allgemeinen zwischen der betriebsbedingten, der verhaltensbedingten und der personenbedingten Kündigung unterschieden.

Die betriebsbedingte Kündigung ist Gegenstand einer Vielzahl von arbeitsgerichtlichen Auseinandersetzungen. Diese Verfahren enden in der Mehrzahl der Fälle durch einen Vergleich mit Abfindung.

Betriebsbedingte Kündigungen sind nach dem Gesetz[56] sozial gerechtfertigt und damit zulässig, wenn sie durch **dringende betriebliche Erfordernisse** bedingt sind und **keine anderweitige Beschäftigungsmöglichkeit** für den betroffenen Arbeitnehmer besteht. Diese Voraussetzung ist nach dem BAG erfüllt, wenn es dem Arbeitgeber nicht möglich ist, der betrieblichen Lage durch andere Maßnahmen auf technischem, organisatorischem oder wirtschaftlichem Gebiet als durch Kündigung zu entsprechen.[57]

Gerade im Bereich der betriebsbedingten Kündigung hat die Rechtsprechung ein differenziertes System der Darlegungs- und Beweislast geschaffen, welches von den Parteien verlangt, hinreichenden Sachvortrag zu den Gründen zu erbringen. Diese Darlegungslast stellt beide Seiten z. T. vor erhebliche Probleme: So ist festzustellen, dass viele Kündigungsschutzprozesse nur deshalb verloren werden, weil die Parteien nicht ausreichend vortragen.[58] Oftmals stellt es gerade für den Arbeitgeber ein tatsächliches Problem dar, hinreichend zu begründen, dass Arbeitsplätze aus **dringenden betrieblichen Erfordernissen** wegfallen sollen.

56 Vgl. § 1 Abs. 2 Sätze 1 bis 3 KSchG.

57 BAG vom 17.6.1999 – 2 AZR 141/99, NZA 1999, 1098.

58 HK-ArbR/Schubert, § 1 KSchG Rn. 377 mit Darstellung der notwendigen Prüfungsschritte.

2.1.3.1 Außer- und innerbetriebliche Ursachen

Ein dringendes betriebliches Erfordernis, welches eine Kündigung grundsätzlich rechtfertigen könnte, setzt voraus, dass der Arbeitgeber den Arbeitnehmer am bisherigen Arbeitsplatz nicht mehr weiterbeschäftigen kann. Der Arbeitsplatz muss mit anderen Worten weggefallen sein.

Die Gründe dafür können zunächst im innerbetrieblichen Bereich liegen, z. B. wenn sich der Arbeitgeber entschließt, den Betrieb ganz oder teilweise stillzulegen. Andererseits können auch außerbetriebliche Ursachen den Beschäftigungsbedarf für den konkreten Arbeitsplatz entfallen lassen, so z. B. bei einem erheblichen Umsatzrückgang. Bei einer solchen Konstellation läge es zunächst nahe anzunehmen, dass der Arbeitgeber z. B. bei einem Umsatzrückgang von 50 % auch die Hälfte seiner Belegschaft entlassen dürfte. Der Arbeitgeber ist allerdings keinesfalls gezwungen, auf einen Auftrags- oder Umsatzrückgang durch Abbau von Personal zu reagieren, er könnte beispielsweise in der Hoffnung auf eine baldige Besserung der Marktsituation auch zunächst auf Vorrat produzieren und ggf. das Marketing verstärken. Daraus ergibt sich, dass außerbetriebliche Ursachen, die regelmäßig wesentlich durch das Marktgeschehen bestimmt sind, niemals unmittelbar den Wegfall eines Arbeitsplatzes verursachen können, da dem Arbeitgeber immer – zumindest theoretisch – Alternativen offen stehen.

Der Wegfall des Arbeitsplatzes beruht damit letztlich grundsätzlich auf einer innerbetrieblichen Entscheidung des Unternehmers.[59] Die außerbetrieblichen Ursachen stellen dann lediglich das Motiv des Arbeitgebers dar, warum er zu bestimmten innerbetrieblichen Maßnahmen greift.

Um also überprüfen zu können, ob der Arbeitsplatz aufgrund eines dringenden betrieblichen Erfordernisses weggefallen ist, muss die Entscheidung des Arbeitgebers, die zum Wegfall des Arbeitsplatzes geführt hat, untersucht werden (sog. **Unternehmerentscheidung**).

2.1.3.2 Unternehmerentscheidung

Einer auf ein dringendes betriebliches Erfordernis gestützten Kündigung geht demnach grundsätzlich eine so genannte Unternehmerentscheidung voraus. Obwohl eine solche letztlich sowohl bei inner- wie außerbetrieblichen Ursachen gleichermaßen vorliegt, ist die Unterscheidung nach wie vor wichtig, da unterschiedliche Anforderungen an die Darlegungs- und Beweislast zu stellen sind:

Bei einer **außerbetrieblichen Ursache** muss der Arbeitgeber im Prozess zunächst die Ursache als solche beschreiben und hierzu auch derart

---

59 Vgl. HK-ArbR/Schubert, § 1 KSchG Rn. 383 f.

detaillierte Angaben machen, dass sie vom Arbeitnehmer mit Gegentatsachen bestritten und vom Gericht überprüft werden können.[60] Der Arbeitgeber wird daher zum Beispiel bei behauptetem Umsatzrückgang die maßgeblichen Umsatzzahlen und auch eine auf Tatsachen gestützte Prognose über den künftig zu erwartenden Umsatz vorlegen müssen, da eine betriebsbedingte Kündigung nur in Betracht kommt, wenn der Arbeitsplatz **auf Dauer** wegfällt.[61] Der Arbeitgeber muss damit vortragen, dass und wie die außerbetriebliche Ursache auf den konkreten Arbeitsplatz durchschlägt.[62] Darüber hinaus muss der Arbeitgeber darlegen, wie er auf die festgestellte außerbetriebliche Ursache reagieren will. Er muss also seine durch außerbetriebliche Ursachen motivierte Unternehmerentscheidung dem Gericht mitteilen.

Diese Unternehmerentscheidung unterliegt nach der Rechtsprechung des BAG allerdings nur einer **eingeschränkten gerichtlichen Kontrolle**: Das Gericht prüft zwar nach, ob eine unternehmerische Entscheidung tatsächlich vorliegt und durch ihre Umsetzung das Beschäftigungsbedürfnis für einzelne Arbeitnehmer tatsächlich entfallen ist.[63] Die unternehmerische Entscheidung selbst ist aber **nicht auf** ihre **sachliche Rechtfertigung** oder ihre **Zweckmäßigkeit** zu überprüfen, sondern nur darauf, ob sie offenbar unsachlich, unvernünftig oder willkürlich ist (bindende Unternehmerentscheidung).[64] Dies wird damit begründet, dass der Arbeitgeber das wirtschaftliche Risiko für das Unternehmen trage und die Gerichte nicht an seiner Stelle Entscheidungen über die Lenkung desselben treffen dürfen. Andererseits soll und muss eine eingeschränkte Überprüfung der Unternehmerentscheidung erfolgen, um einen Missbrauch des Kündigungsrechts zu verhindern.

Bei **innerbetrieblichen Gründen** stellt die Unternehmerentscheidung regelmäßig selbst die Ursache dar. Solche organisatorischen Maßnahmen, so z. B. die Entscheidung des Arbeitgebers, einen Betriebsteil stillzulegen, sind nach den gleichen Grundsätzen nur darauf zu überprüfen, ob sie ihrerseits offenbar unsachlich, unvernünftig oder willkürlich sind. Oftmals wird eine so genannte **gestaltende Unternehmerentscheidung** vorliegen, so z. B. wenn sich der Arbeitgeber entschieden hat, die im Betrieb anfallende Arbeit neu zu verteilen und/oder anders zu organisieren. Hier muss der Arbeitgeber zunächst die (nur eingeschränkt überprüfbare)

60 APS-Kiel, § 1 KSchG Rn. 464f.
61 Vgl. BAG vom 7. 3. 1996 – 2 AZR 180/95, NZA 1996, 931.
62 HK-ArbR/Schubert, § 1 KSchG Rn. 397f. m. w. N.
63 BAG vom 10. 7. 2008 – 2 AZR 1111/08, NZA 2009, 312.
64 BAG vom 13. 3. 2008 – 2 AZR 1037/06, NZA 2008, 878.

Unternehmerentscheidung darlegen und darauf aufbauend die daraus resultierenden Auswirkungen auf den Arbeitsplatz konkret darlegen und ggf. beweisen. Will der Arbeitnehmer beispielsweise die Belegschaft verkleinern, obwohl die Arbeitsmenge gleichgeblieben ist, so muss er nachweisen, dass und wie die Arbeitsmenge auch mit weniger Arbeitskräften bewältigt werden kann, ohne dass diesen überobligatorische Leistungen (z. B. ständige Überstunden etc.) abverlangt werden müssen.[65]

Schwierigkeiten treten regelmäßig auf bei der Abgrenzung der – gestalterischen – Unternehmerentscheidung als organisatorische Maßnahme von deren personeller Umsetzung. Oftmals lässt sich zwischen der Organisationsentscheidung und der darauf beruhenden Kündigung kaum noch unterscheiden. Die Kündigung selbst stellt jedenfalls keine Unternehmerentscheidung in diesem Sinne dar, da sie allein keine organisatorische Maßnahme bildet, sondern allenfalls die Folge einer zugrundeliegenden Organisationsentscheidung des Arbeitgebers ist.[66]

Nach der Rechtsprechung soll aber z. B. die Entscheidung des Arbeitgebers, den Personalbestand auf Dauer zu reduzieren, eine Unternehmerentscheidung und damit der direkten Kontrolle durch die Arbeitsgerichte entzogen sein.[67] In den Fällen, in welchen die Unternehmerentscheidung und deren Umsetzung Hand in Hand gehen, hat das BAG eine abgestufte Darlegungs- und Beweislastverteilung vorgenommen:

- Der Arbeitgeber muss zunächst darlegen, dass er überhaupt eine Unternehmerentscheidung getroffen hat. Dazu muss er vortragen, dass und wie die von ihm erwählte Maßnahme durchgeführt werden soll.
- Anschließend ist es Aufgabe des Arbeitnehmers darzulegen, warum diese Maßnahme offensichtlich unsachlich, unvernünftig oder willkürlich ist. Hierbei kann insbesondere darauf abgestellt werden, dass die anfallenden Arbeiten vom verbleibenden Personal nicht oder nur zu unzumutbaren Bedingungen erledigt werden können.
- Alsdann hat der Arbeitgeber diese Einwendungen zu entkräften.[68]

Der Arbeitgeber muss somit immer die Unternehmerentscheidung als solche und hiervon losgelöst die konkreten Auswirkungen auf die betroffenen Arbeitsplätze so detailliert darlegen, dass der betroffene Arbeitnehmer hierauf qualifiziert antworten kann. Je näher die eigentliche Organisationsentscheidung an den Kündigungsentschluss heranrückt, umso höhere Anforderungen werden an den Vortrag des Arbeitgebers

65 BAG vom 13. 2. 2008 – 2 AZR 433/06, NZA 2008, 819.
66 HK-ArbR/Schubert, § 1 KSchG Rn. 385 f. m. w. N.
67 BAG vom 17. 6. 1999 – 2 AZR 141/99, NZA 1999, 1098.
68 BAG vom 17. 6. 1999 – 2 AZR 522/98, NZA 1999, 1095.

zu stellen sein.[69] Oftmals kann es für den Arbeitgeber ein erhebliches Problem darstellen, im Rahmen seiner Darlegungspflicht ein schlüssiges Konzept vorzutragen. Dies ist ein Indiz dafür, dass es sich eben tatsächlich nicht um eine Unternehmerentscheidung im obigen Sinne handelt; es kann die Aussichten des betroffenen Arbeitnehmers in einem etwaigen Kündigungsschutzprozess, aber naturgemäß auch in den Verhandlungen um einen Aufhebungslösung verbessern.

Allerdings verblüfft es schon, wenn es praktisch keine höchstrichterliche Entscheidung gibt, die bisher den Fall einer missbräuchlichen oder willkürlichen Unternehmerentscheidung festgestellt hätte. Jedenfalls in der Rechtsprechung der Instanzgerichte wird gelegentlich auch wesentlich kritischer die Unternehmerentscheidung beleuchtet, ob nämlich das Beschäftigungsbedürfnis tatsächlich entfallen ist und die betrieblichen Aufgaben von den verbliebenen Mitarbeitern nur im Rahmen einer Leistungsverdichtung erledigt werden können, die über das nach dem Arbeitsvertrag geschuldete Maß hinausgehen.[70] Durch die Konzeption des BAG wird die Tendenz gefördert, den Kündigungsschutz zu entleeren und dabei in einseitiger Weise ausschließlich auf die unternehmerische Freiheit Rücksicht zu nehmen. Dass Grundrechtspositionen der Arbeitnehmer insbesondere aus Art. 12 GG (Grundrecht der Berufsfreiheit) dabei keine gleichwertige Rolle spielen, ist bedenklich.[71] Richtigerweise kann eine Kündigung jedoch dann nicht mehr dringend im Sinne des Gesetzes sein, wenn sie ohne wirtschaftliche Notwendigkeit ausschließlich der Gewinnmaximierung dient.[72]

Dennoch kann es im Einzelfall lohnend sein, sich kritisch und umfassend mit der so genannten Unternehmerentscheidung auseinanderzusetzen. Je fragwürdiger ihre Herleitung erscheint, umso eher werden auch die anderen Tatbestandsvoraussetzungen für die Rechtmäßigkeit einer Kündigung auf den Prüfstand des Gerichts gestellt.

2.1.3.3 Wegfall der Beschäftigungsmöglichkeit

Als Folge der Unternehmerentscheidung muss der Arbeitsplatz auf Dauer weggefallen sein. Es ist dabei allerdings nicht unbedingt erforderlich,

---

69 HK-ArbR/Schubert, § 1 KSchG Rn. 388.

70 Vgl. ArbG Magdeburg vom 22.5.2002 – 7 Ca 5693/01, AuR 2002, 471 f. m. Anm. Stein; weitere Nachweise bei Stahlhacke/Preis/Vossen-Preis, Rn. 904 ff.

71 Vgl. HK-ArbR/Schubert, § 1 KSchG Rn. 421, 430 ff.; siehe auch Stein a.a.O.; so auch Kühling, AuR 2003, 92 ff.

72 Stahlhacke/Preis/Vossen-Preis, Rn. 982; dagegen h.M.: keine Interessenabwägung bezogen auf die Unternehmerentscheidung, vgl. ErfK-Oetker, § 1 KSchG Rn. 239 ff.

dass der konkrete Arbeitsplatz des betroffenen Arbeitnehmers tatsächlich weggefallen ist, sondern lediglich, dass ein Arbeitskräfteüberhang besteht.[73] Die Frage, ob und wie sich dieser Arbeitskräfteüberhang auf den gekündigten Arbeitnehmer auswirkt, kann erst beantwortet werden, wenn geklärt ist, ob dieser anderweitig **weiterbeschäftigt** werden kann und ob bzw. nach welchen Kriterien eine **Sozialauswahl** stattzufinden hat.

2.1.3.4 Kein anderweitiger Einsatz möglich

Eine betriebsbedingte Kündigung ist sozial ungerechtfertigt und damit unwirksam, wenn der betroffene Arbeitnehmer – ggf. auf einem anderen Arbeitsplatz – weiterbeschäftigt werden kann. Dabei ist nicht nur auf den Betrieb, sondern auf das gesamte Unternehmen abzustellen.[74] Nach dem Gesetz kommen auch solche freien Arbeitsplätze in Betracht, welche der Arbeitnehmer erst nach zumutbaren Fortbildungs- oder Umschulungsmaßnahmen ausfüllen kann.

Der Arbeitnehmer hat allerdings nur einen Weiterbeschäftigungsanspruch, soweit die auf einem neuen Arbeitsplatz zu erbringende Leistung mit der von ihm bisher geschuldeten (nicht unbedingt nur der erbrachten!) Leistung im Wesentlichen übereinstimmt, bzw. eine Versetzung auf den neuen Arbeitsplatz nach dem Arbeitsvertrag zulässig ist.[75] Je unbestimmter im Arbeitsvertrag die Leistungspflicht definiert wurde, desto eher kann der Arbeitnehmer verlangen, auf einem anderen Arbeitsplatz weiterbeschäftigt zu werden. Maßgeblich ist der Inhalt der jeweiligen Arbeitsverträge – und zwar zum Zeitpunkt der Kündigung. Allerdings bleibt bei einem weit definierten schriftlichen Arbeitsvertrag die Versetzungsbefugnis erhalten. Aus der vertraglichen Versetzungsbefugnis des Arbeitgebers erwächst im Kündigungsfall auch eine entsprechende Versetzungspflicht. Der Arbeitgeber muss in diesem Fall den Arbeitnehmer auf einen freien Arbeitsplatz versetzen, welcher von der Aufgabenbeschreibung im Arbeitsvertrag gedeckt ist.[76] Wichtig: Auch ein mit einem Leiharbeitnehmer besetzter Arbeitsplatz gilt in der Regel als frei.[77] Ande-

---

73 Vgl. APS-Kiel, § 1 KSchG Rn. 467 m. w. N.

74 BAG vom 17.5.1984 – 2 AZR 109/83, NZA 1985, 489.

75 HK-ArbR/Schubert, § 1 KSchG Rn. 399.

76 HK-ArbR/Schubert, a. a. O.

77 LAG Bremen vom 2.12.1997 – 1 (2) Sa 340/96, BB 1998, 1211; BAG vom 26.9.1996 – 2 AZR 200/96, NZA 1997, 202; anders beim Einsatz von Leiharbeit als dauerhafte Personalreserve: BAG vom 15.12.2011 – 2 AZR 42/10, NZA 2012, 1044.

res gilt, wenn Leiharbeitnehmer nur zur Bewältigung von Arbeitsspitzen oder für Elternzeit- oder Urlaubsvertretung eingesetzt werden.[78]
Die Verpflichtung zur Weiterbeschäftigung auf einem freien Arbeitsplatz besteht auch dann, wenn dieser Arbeitsplatz erst nach zumutbarer Fortbildung oder Umschulung ausgefüllt werden kann.[79] Von diesem Weiterbeschäftigungsanspruch zu unterscheiden ist der ebenfalls bestehende Anspruch des Arbeitnehmers, auf einem anderen Arbeitsplatz zu veränderten Vertragsbedingungen weiterzuarbeiten. Dies betrifft meist die Weiterbeschäftigung zu verschlechterten Arbeitsbedingungen, die allerdings der Arbeitnehmer nicht annehmen muss, da es hierzu einer Vertragsänderung bedarf.[80]
In jedem Fall sind auch solche Arbeitsplätze zu berücksichtigen, für die der Arbeitnehmer erst eine Umschulungs- oder Fortbildungsmaßnahme durchlaufen muss. Diese Maßnahme muss erfolgversprechend und zumutbar sein, wobei als zeitliche Höchstdauer der Maßnahme die längste gesetzliche Kündigungsfrist gilt.[81]

2.1.3.5 Sozialauswahl

Steht fest, dass die Weiterbeschäftigungsmöglichkeit zumindest eines Arbeitnehmers weggefallen ist, so ist damit noch lange nicht klar, welchem Arbeitnehmer der Arbeitgeber kündigen darf. Oftmals ergibt sich dies schon daraus, dass mehrere Arbeitnehmer mit – annähernd – der gleichen Arbeit beschäftigt sind und dass sich daher nicht festlegen lässt, **welcher** einzelne Arbeitsplatz überhaupt betroffen ist, sondern nur, dass eine **bestimmte Zahl** an Arbeitsplätzen betroffen ist.
Auch, wenn nur ein einzelner Arbeitnehmer mit einer bestimmten Tätigkeit beschäftigt ist, folgt daraus allein noch nicht, dass bei Wegfall dieser Beschäftigung ausschließlich dem betroffenen Arbeitnehmer gekündigt werden müsste. Der Arbeitgeber hat vielmehr unter sämtlichen **vergleichbaren Arbeitnehmern** grundsätzlich demjenigen zu kündigen, welcher **sozial am wenigsten schutzbedürftig** ist. Im Gegensatz zur Frage nach etwaigen Weiterbeschäftigungsmöglichkeiten ist hier aber nicht auf das gesamte Unternehmen abzustellen, sondern nur auf den konkreten Betrieb.

---

78 ErfK-Oetker, § 1 KSchG Rn. 256.
79 BAG vom 23.4.2008 – 2 AZR 1110/06, NZA 2008, 939.
80 Dieser Anspruch ergibt sich aus dem Ultima-ratio-Prinzip, wonach eine Beendigungskündigung nur in Betracht kommt, soweit keine Änderungskündigung möglich ist, s. unter 2.1.3.6 (Seite 54).
81 Vgl. APS-Kiel, § 1 KSchG Rn. 565f.

Als Kriterien, nach welchen die soziale Schutzbedürftigkeit zu ermitteln ist, sind das Alter, die Dauer der Betriebszugehörigkeit und die Unterhaltspflichten sowie eine etwaige Schwerbehinderung des Arbeitnehmers zu berücksichtigen.[82] Die Gewichtung der einzelnen Kriterien ist gelegentlich durch Betriebsvereinbarung geregelt und steht ansonsten im pflichtgemäßen Ermessen des Arbeitgebers.[83]
Der Arbeitnehmer hat im Prozess zunächst die **Fehlerhaftigkeit der Sozialauswahl** anhand der ihm zur Verfügung stehenden Informationen darzulegen, bzw. wenn er über diese Informationen nicht verfügt, einen ausdrücklich in § 1 Abs. 3 Satz 1 letzter HS KSchG geregelten **Auskunftsanspruch** gegen den Arbeitgeber geltend zu machen. Unterlässt der Arbeitgeber daraufhin eine hinreichende Information, gilt der (pauschale) Vortrag des Arbeitnehmers, es seien sozial stärkere Arbeitnehmer als er vorhanden, weswegen die gegenüber ihm ausgesprochene Kündigung sozial ungerechtfertigt sei, als zugestanden.[84]
Dabei unterliegt die Sozialauswahl des Arbeitgebers dem Gebot, dass die sozialen Kriterien »ausreichend« gewichtet werden. Kommt das Arbeitsgericht zu der Auffassung, dass der betroffene Arbeitnehmer **deutlich schutzwürdiger** als die im Rahmen der Sozialauswahl ansonsten vergleichbaren Arbeitnehmer ist, kann die Kündigung keinen Bestand haben.[85] Allerdings hat das BAG in seiner Entscheidung vom 9.11.2006 seine frühere Rechtsprechung verworfen, wonach bei fehlerhafter Berücksichtigung eines vergleichbaren aber sozial stärkeren Arbeitnehmers alle gleichzeitig gekündigten sozial schwächeren Arbeitnehmer sich auf den Auswahlfehler berufen durften (so genannter Domino-Effekt). Nunmehr soll dieser Auswahlfehler nur noch einem konkreten Arbeitnehmer helfen, der sich erfolgreich hierauf berufen hat, während weitere gekündigte Arbeitnehmer sich auf weitere weniger schutzwürdige (und nicht gekündigte) Beschäftigte berufen müssten.[86]
Erhebliche praktische Bedeutung hat dabei die Frage, welche Arbeitnehmer **vergleichbar** und damit in die Sozialauswahl mit einzubeziehen sind. Nach der h. M. sind in die Sozialauswahl jedenfalls nur die Beschäftigten des betroffenen Betriebes einzubeziehen.[87] Die Vergleichbarkeit der Arbeitnehmer ist nach der Rechtsprechung gegeben, wenn sie »gegenseitig

82 Die Begrenzung auf vier Auswahlkriterien erfolgte durch Gesetz vom 24.12.2003 (BGBl. I S. 3002).
83 Vgl. APS-Kiel, § 1 KSchG Rn. 735ff. m.w.N.
84 HK-ArbR/Schubert, § 1 KSchG Rn. 605.
85 Vgl. APS-Kiel, § 1 KSchG Rn. 718ff.
86 BAG vom 9.11.2006 – 2 AZR 812/05, DB 2007, 1087.
87 BAG vom 15.12.1994 – 2 AZR 320/94, NZA 1995, 413.

austauschbar« sind,[88] also jeder vom Arbeitgeber mit dem (tatsächlichen) Aufgabenbereich eines jeden anderen betraut werden könnte und dürfte.[89] Es wird damit sowohl auf die tatsächlichen Kenntnisse und Fähigkeiten als auch auf den Inhalt der jeweiligen Arbeitsverträge zum Zeitpunkt der Kündigung abzustellen sein.[90] Diese Überlegungen können zumindest herangezogen werden, um eine vom Arbeitgeber getroffene Sozialauswahl mit dem Argument anzugreifen, er habe nicht die richtigen Arbeitnehmer in die Sozialauswahl einbezogen. Erfahrungsgemäß ist die Frage der Sozialauswahl der fehlerträchtigste Bereich, der auch hinsichtlich der bei der Sozialauswahl zu berücksichtigenden Arbeitnehmer der uneingeschränkten arbeitsgerichtlichen Kontrolle unterliegt. Dass Kündigungen hieran oft scheitern, mag auch daran liegen, dass bei einer Auswahlentscheidung des Arbeitgebers nicht selten auch subjektive Momente eine Rolle spielen, die nicht in Einklang stehen mit der sozialen Schutzbedürftigkeit des betroffenen Arbeitnehmers.

2.1.3.6 Grundsatz der Verhältnismäßigkeit

Nach dem Grundsatz der Verhältnismäßigkeit ist eine Beendigungskündigung nur als ultima ratio zulässig. Dies ergibt sich auch daraus, dass nach § 1 Abs. 2 KSchG eine »Dringlichkeit der Kündigung« gefordert ist. Dringende betriebliche Erfordernisse, welche eine Kündigung rechtfertigen können, liegen vor, wenn es dem Arbeitgeber nicht möglich ist, der betrieblichen Lage durch andere Maßnahmen auf technischem, organisatorischem oder wirtschaftlichem Gebiet als durch eine (Beendigungs-) Kündigung zu entsprechen. Die Kündigung muss demnach wegen der betrieblichen Lage unvermeidbar sein.[91]

Eine Kündigung wäre danach z. B. unwirksam, wenn als milderes Mittel auch der Ausspruch einer Änderungskündigung mit einer Weiterbeschäftigung im gleichen oder einem anderen Betrieb des Unternehmens möglich gewesen wäre.[92] Dieses ultima-ratio-Prinzip gilt im Übrigen auch für die personenbedingte und die verhaltensbedingte Kündigung.

2.1.3.7 Sonderfall: Betriebsübergang

Die eben dargestellten Grundsätze erfahren durch die Regelung des § 613a BGB für den Fall eines Betriebsüberganges eine wichtige Einschränkung:

---

88 BAG vom 15. 12. 1994, a. a. O.
89 ErfK-Oetker, § 1 KSchG Rn. 323ff.
90 ErfK-Oetker, § 1 KSchG Rn. 324f.
91 BAG vom 17. 6. 1999 – 2 AZR 522/98, NZA 1999, 1095.
92 BAG vom 21. 4. 2005 – 2 AZR 132/04, NZA 2005, 1289; s. im Übrigen unter 2.1.7.3 (Seite 68).

Nach Absatz 4 dieser Bestimmung ist die Kündigung eines Arbeitnehmers durch den bisherigen Arbeitgeber oder durch den neuen Inhaber unwirksam, wenn sie **wegen** des Betriebsübergangs erfolgt. Besondere Beachtung verdient diese Vorschrift auch deshalb, weil durch sie auch Arbeitnehmer geschützt werden, die ansonsten nicht unter den Schutz des KSchG fallen, weil z. B. ihr Betrieb nicht den geforderten Schwellenwert in der Beschäftigtenzahl erreicht.

2.1.3.7.1 Kündigungsverbot wegen Betriebsübergangs

Die zentrale Frage dieser Vorschrift ist damit, wann eine Kündigung **wegen** des Betriebsübergangs erfolgt. Dies ist jedenfalls dann der Fall, wenn der Betriebsübergang der tragende Grund und nicht nur der äußere Anlass der Kündigung ist.[93] Andererseits soll eine Kündigung nicht wegen Verstoß gegen § 613a BGB unwirksam sein, wenn sie etwa zur Rationalisierung des Betriebs zwecks Erhöhung der Verkaufschancen erfolgt.[94] Problematisch ist in diesem Zusammenhang, dass den Arbeitnehmer außerhalb der Anwendbarkeit des KSchG die Darlegungs- und Beweislast für das Vorliegen einer Kündigung **wegen** des Betriebsübergangs treffen soll, während bei Anwendung des KSchG der Arbeitgeber darlegungs- und beweispflichtig für das Nichtvorliegen eines Betriebsübergangs ist.[95]

2.1.3.7.2 Situation bei Widerspruch des Arbeitnehmers

Nach § 613a BGB geht das Arbeitsverhältnis bei einem Betriebsübergang kraft Gesetz auf den Erwerber über; dieser wird damit automatisch neuer Arbeitgeber der Belegschaft. Da sich die Beschäftigten diesen Arbeitgeber nicht als Vertragspartner ausgesucht haben und ihnen kein neuer Vertragspartner aufgezwungen werden soll, können sie dem Übergang des Arbeitsverhältnisses widersprechen mit der Folge, dass sie weiter bei ihrem alten Arbeitgeber angestellt sind.[96] Das Widerspruchsrecht des Arbeitnehmers ist gesetzlich geregelt.[97] Danach hat zunächst der bisherige Arbeitgeber oder der neue Inhaber den betroffenen Arbeitnehmer von dem geplanten Betriebsübergang schriftlich zu unterrichten und hierbei insbesondere auch die Folgen des Übergangs für die Arbeitnehmer und die hierfür in Aussicht genommenen Maßnahmen darzustellen (vgl.

93 HK-ArbR/Karthaus/Richter, § 613a BGB Rn. 226f.
94 BAG vom 18.7.1996 – 8 AZR 127/94, DB 1996, 2288.
95 HK-ArbR/Karthaus/Richter, § 613a BGB Rn. 226f.
96 Vgl. z.B. BAG vom 20.4.1989 – 2 AZR 431/88, NZA 1990, 32.
97 Gesetz vom 1.4.2002, BT-Drucks. 14/7760.

§ 613a Abs. 5 BGB). Nach einer solchen schriftlichen Unterrichtung beginnt für den Arbeitnehmer eine Frist von einem Monat, innerhalb derer er schriftlich widersprechen kann (so § 613a Abs. 6 BGB).
Da der bisherige Arbeitsplatz bei dem bisherigen Arbeitgeber infolge des Betriebsüberganges jedoch nicht mehr vorhanden ist, droht eine betriebsbedingte Kündigung, sofern der Arbeitnehmer nicht auf einem anderen Arbeitsplatz weiterbeschäftigt werden kann.[98] Vor Einlegung eines Widerspruchs gegen den Betriebsübergang sollte daher dringend Rechtsrat eingeholt werden.
Dabei darf nach aktueller Rechtsprechung des BAG[99] die Entscheidung des widersprechenden Arbeitnehmers nicht dadurch »bestraft« werden, dass seine möglicherweise juristisch wenig überzeugenden Gründe für die Ausübung seines Widerspruchsrechts bei der Prüfung der Sozialauswahl nachteilig zu berücksichtigen wären. Vielmehr darf sich auch der widersprechende Arbeitnehmer vollen Umfangs auf eine nicht ordnungsgemäße Durchführung der sozialen Auswahl berufen; es gelten insoweit keine Besonderheiten.[100]

2.1.4 Die personenbedingte Kündigung

Auch wenn die Begriffe der personen- bzw. verhaltensbedingten Kündigung den Schluss nahe legen, dass es bei diesen beiden Formen der Kündigung nur auf den Arbeitnehmer und nicht auf betriebliche Belange ankommen würde, trifft dies nicht zu. Auch hier müssen die kündigungsrelevanten Umstände zu einer betriebsbezogenen Leistungsstörung im Arbeitsverhältnis führen. Ein Verhalten des Arbeitnehmers, welches vom Arbeitgeber missbilligt wird, kann ohne daraus resultierende betriebliche Störungen eine Kündigung nicht rechtfertigen.
Im Unterschied zur betriebsbedingten Kündigung fällt der Arbeitsplatz des gekündigten Arbeitnehmers jedoch nicht weg, sondern wird in aller Regel mit einem anderen Arbeitnehmer besetzt,[101] weil der gekündigte Arbeitnehmer seine Leistung nicht wie geschuldet erbracht hat. Die **Ursache**

98 HK-ArbR/Karthaus/Richter, § 613a BGB Rn. 195.
99 BAG vom 31.5.2007 – 2 AZR 276/06, NZA 2008, 33.
100 BAG vom 31.5.2007, a.a.O.
101 In der Praxis wird jedoch die Möglichkeit einer personen- bzw. verhaltensbedingten Kündigung oftmals auch zum Abbau von Arbeitsplätzen genutzt. Bei gewollten Rationalisierungsmaßnahmen werden z.T. Vorwände gesucht, um anstelle von betriebsbedingten Kündigungen mit den daraus resultierenden Problemen der Sozialauswahl bestimmte Arbeitnehmer gezielt personen- oder verhaltensbedingt zu kündigen.

für eine personenbedingte Kündigung liegt demnach stets in der Person des gekündigten Arbeitnehmers. Der wesentliche Unterschied zwischen der personen- und der verhaltensbedingten Kündigung liegt darin, dass der Arbeitnehmer bei der personenbedingten Kündigung die geschuldete Arbeitsleistung nicht mehr erbringen kann, obwohl er es will, während er bei der verhaltensbedingten Kündigung die geschuldete Arbeitsleistung nicht erbringt, obwohl er es könnte. Anders gesagt: Die personenbedingte Kündigung knüpft demnach grundsätzlich an eine bestimmte Eigenschaft des Arbeitnehmers an, welche dieser nicht beeinflussen kann, während es bei der verhaltensbedingten Kündigung auf ein steuerbares Verhalten des Arbeitnehmers ankommt.

2.1.4.1 »Eignungsmängel« des Arbeitnehmers – insbesondere Krankheit und Sucht

Eine personenbedingte Kündigung kommt demnach immer dann in Betracht, wenn der Arbeitnehmer die geschuldete Arbeitsleistung zwar erbringen möchte, aber aus Gründen, welche in seiner Person liegen und von ihm nicht geändert werden können, nicht erbringen kann. Der »klassische« Fall ist die durch Krankheit hervorgerufene Arbeitsunfähigkeit. Dabei ist zunächst zu betonen, dass Krankheit an sich grundsätzlich **kein Kündigungsgrund** ist. Der Gesetzgeber hat vielmehr mit dem Entgeltfortzahlungsgesetz sichergestellt, dass der Arbeitnehmer auch bei krankheitsbedingter Arbeitsunfähigkeit seinen Lohnanspruch für eine gewisse Dauer behält. Diese Regelung wäre sinnlos, wenn der Arbeitgeber eine Erkrankung des Arbeitnehmers zum Anlass nehmen könnte, um diesem zu kündigen. Gleichwohl kann eine Erkrankung des Arbeitnehmers eine Kündigung rechtfertigen, sofern die betrieblichen oder wirtschaftlichen Auswirkungen der Fehlzeiten für den Arbeitgeber unzumutbar werden. Dabei ist zu unterscheiden zwischen einer lang andauernden Krankheit, häufigen Kurzerkrankungen und als Sonderfall Suchtproblematiken.

Diesen verschiedenen Fallgruppen ist gemeinsam, dass eine Kündigung nur dann sozial gerechtfertigt ist, wenn aufgrund der Erkrankung eine begründete Prognose für künftige Fehlzeiten erstellt werden kann und eine daraus resultierende erhebliche Beeinträchtigung betrieblicher Interessen im Wege einer umfassenden Interessenabwägung zu einer billigerweise nicht mehr hinzunehmenden Belastung des Arbeitgebers führen (3-Stufen-Modell).

Neben der personenbedingten Kündigung wegen einer Krankheit gibt es auch noch den Fall, dass ein Arbeitnehmer seinen Beruf auf Grund gesetzlicher Bestimmungen oder staatlicher Anordnung längerfristig nicht mehr ausüben darf (z. B. dauerhafter Entzug des Führerscheins).[102]

2.1.4.2 Negative Prognose

Zunächst stellt sich die Frage, ob der Arbeitnehmer aufgrund seiner persönlichen Eigenschaften und Fähigkeiten künftig voraussichtlich nicht mehr in der Lage sein wird, seine arbeitsvertraglichen Verpflichtungen zu erfüllen. Das setzt neben entsprechenden Fehlzeiten für die Vergangenheit eine auf Tatsachen begründete Prognose über den weiteren Krankheitsverlauf (inklusive der vermuteten Fehlzeiten) in der Zukunft voraus. Der Arbeitgeber hat dabei im Prozess regelmäßig die Fehlzeiten der Vergangenheit detailliert darzulegen und darf dann zunächst pauschal behaupten, künftig seien entsprechende Fehlzeiten zu erwarten.[103] Es obliegt dann dem Arbeitnehmer, diese Prognose zu erschüttern, indem er z. B. seinen Arzt von der Schweigepflicht entbindet und ihn ein entsprechendes Gutachten fertigen lässt, nach welchem für die Zukunft von einer Besserung des Gesundheitszustandes auszugehen ist.

Es gibt allerdings keine »Messlatte«, ab welcher Häufigkeit von Kurzerkrankungen bzw. welcher Dauer einer Langzeiterkrankung diese Indizwirkung gelten soll; hinsichtlich der Kurzerkrankungen wird der Arbeitgeber aber für einen Zeitraum von 15 Monaten bis zu 3 Jahren vorzutragen haben.[104] Bei einer lang andauernden Erkrankung kommt es noch mehr auf die Umstände des Einzelfalls an: So ist zu fragen, worin die Ursache für die Erkrankung liegt und wie der bisherige Heilungsprozess verlaufen ist.[105] Sofern der Umgang des Arbeitnehmers mit Alkohol (oder anderen Drogen) den medizinischen Krankheitswert einer Sucht erreicht, ist auch dieser Fall nach den Grundsätzen einer personenbedingten Kündigung zu behandeln, und zwar selbst dann, wenn der Arbeitgeber nicht wegen der Krankheit an sich, sondern einem auf der Alkoholsucht beruhenden sonstigen Fehlverhalten des Arbeitnehmers kündigt.[106]

---

102 HK-ArbR/Bufalica, § 1 KSchG Rn. 154.

103 BAG vom 29.7.1993 – 2 AZR 155/93, NZA 1994, 67.

104 ErfK-Oetker, § 1 KSchG Rn. 144.

105 Vgl. ErfK-Oetker, § 1 KSchG Rn. 129 ff.

106 HK-ArbR/Bufalica, § 1 KSchG Rn. 114 f.: Verhaltensbedingte Kündigung scheidet aus, weil z. B. ein alkoholkranker Arbeitnehmer in der Regel Verhaltensverstöße wegen seiner Krankheit unverschuldet begeht.

2.1.4.3 Erhebliche Beeinträchtigung betrieblicher und wirtschaftlicher Interessen

An zweiter Stelle ist zu prüfen, ob die negative Prognose zu konkreten betrieblichen Beeinträchtigungen (betriebsorganisatorischer oder wirtschaftlicher Art) führt. Auf dieser Stufe soll die allerdings möglichst substantiierte Darlegung genügen, dass betriebliche Beeinträchtigungen gegeben sind; ob diese ein Ausmaß erreichen, welchem es dem Arbeitgeber in Zukunft unzumutbar machen, den Betroffenen weiter zu beschäftigen, ist erst im Rahmen der Interessenabwägung zu überprüfen.[107]

Betriebliche Beeinträchtigungen können sich zunächst in Form so genannter Betriebsablaufstörungen ergeben, d.h. der Arbeitgeber muss den Arbeitsplatz des erkrankten Mitarbeiters entweder vorübergehend neu besetzen oder die anfallende Arbeit auf die verbliebenen Arbeitnehmer verteilen. Der Arbeitgeber hat dabei vorzutragen, dass er nicht über eine entsprechende Personalreserve verfügt bzw. diese bereits ausgelastet ist und auch anderweitige Überbrückungsmaßnahmen (z.B. durch vorübergehende Um- oder Versetzungen) nicht möglich sind.[108]

Anstelle einer Betriebsablaufstörung können erhebliche betriebliche Beeinträchtigungen nach der Rechtsprechung allerdings auch durch die gesetzlich vorgeschriebene Entgeltfortzahlung entstehen: Wenn der Arbeitgeber für mehr als sechs Wochen im Jahr für einen Mitarbeiter Entgeltfortzahlung leisten muss, sollen durch die daraus resultierenden wirtschaftlichen Belastungen betriebliche Belange erheblich beeinträchtigt sein.[109]

Zusätzliche Bedeutung bei durch Krankheit motivierten Aufhebungstatbeständen gewinnt das Erfordernis eines betrieblichen Eingliederungsmanagements. Nach § 167 Abs. 2 SGB IX ist der Arbeitgeber verpflichtet, ein betriebliches Eingliederungsmanagement für alle Arbeitnehmer durchzuführen, die innerhalb eines Jahres länger als sechs Wochen arbeitsunfähig erkrankt sind und zwar unabhängig davon, ob dies unterbrochen oder wiederholt erfolgte. Die Durchführung eines betrieblichen Eingliederungsmanagements setzt allerdings auch die Zustimmung des Arbeitnehmers dazu voraus. Der Arbeitgeber kommt daher seiner Pflicht bereits nach, wenn unter Einbeziehung betrieblicher Stellen (Betriebsarzt, Schwerbehindertenvertretung, Betriebsrat etc.) nachweislich Bemühungen zur Wiedereingliederung des betreffenden Arbeitnehmers unternommen wurden. Versäumt oder verweigert der Arbeitgeber die

---

107 BAG vom 7.11.1985 – 2 AZR 668/84, NZA 1987, 555.

108 BAG vom 16.2.1989 – 2 AZR 299/88, NZA 1989, 923.

109 Vgl. APS-Vossen, § 1 KSchG Rn. 159.

Durchführung des betrieblichen Eingliederungsmanagements, hat dies zwar kein Kündigungsverbot zur Folge, der Arbeitgeber muss dann allerdings im Prozess konkret darlegen, dass auch ohne eine solche Maßnahme eine Wiedereingliederung in den Arbeitsprozess nicht möglich gewesen wäre.[110] Dieser Nachweis wird dem Arbeitgeber aber häufig nicht gelingen. Immerhin kommen als Maßnahmen insofern beispielsweise die Versetzung auf einen anderen, ggf. leidensgerechten Arbeitsplatz oder die Anpassungen der Anforderungen für den Arbeitnehmer, etwa durch Arbeitszeitreduzierung oder die Verwendung technischer Hilfsmittel, in Betracht.

2.1.4.4 Interessenabwägung

Selbst wenn eine negative Prognose erstellt werden kann und die voraussichtlichen künftigen Ausfallzeiten des Beschäftigten zu konkreten betrieblichen Beeinträchtigungen führen werden, ist die Kündigung nur dann gerechtfertigt, wenn sie nach einer Interessenabwägung insgesamt als verhältnismäßig anzusehen ist. Dies ist dann zu verneinen, wenn das Bestandsschutzinteresse des Arbeitnehmers das Lösungsinteresse des Arbeitgebers trotz negativer Prognose und daraus resultierender Beeinträchtigungen überwiegt. Welche Kriterien hierbei berücksichtigt werden müssen, hängt vom jeweiligen Einzelfall ab. In jedem Fall für den Arbeitnehmer sprechen eine lange Betriebszugehörigkeit, eine alters- oder betriebsbedingte Ursache der Erkrankung, höheres Alter, familiäre Unterhaltspflichten sowie schlechte Aussichten auf einen anderen Arbeitsplatz. Zu Gunsten des Arbeitgebers werden hingegen sämtliche vom Betroffenen ausgehenden betrieblichen und wirtschaftlichen Beeinträchtigungen (Entgeltfortzahlungskosten, Kosten für Ersatzkräfte usw.) sowie eine eventuell angespannte Wirtschaftslage des Unternehmens berücksichtigt.

2.1.4.5 Notwendigkeit vorheriger Abmahnung?

Eine Abmahnung ist vor Ausspruch einer personenbedingten Kündigung grundsätzlich nicht erforderlich.[111] Da der Arbeitnehmer bei der personenbedingten Kündigung die geschuldete Arbeitsleistung zwar erbringen möchte, aber nicht kann, wird er – theoretisch – sein Verhalten

110 BAG vom 12.7.2007 – 2 AZR 716/06, NZA 2008, 173.

111 Ausnahmsweise kann eine Abmahnung dann erforderlich sein, wenn die mangelnde Eignung des Arbeitnehmers auf einem zerstörten Vertrauensverhältnis beruht; in diesem Fall wird jedoch genau zu prüfen sein, ob es sich nicht in Wahrheit um eine verhaltensbedingte Kündigung handelt.

auch nach einer Abmahnung nicht ändern können. Die Warnfunktion der Abmahnung läuft damit leer.[112]

2.1.5 Die verhaltensbedingte Kündigung

Eine verhaltensbedingte Kündigung kommt immer dann in Betracht, wenn der Arbeitnehmer schuldhaft (vorsätzlich oder fahrlässig) gegen die Pflichten aus dem Arbeitsvertrag verstößt. Im Gegensatz zu der personenbedingten Kündigung ist jedoch in der Regel eine Abmahnung erforderlich; auf der anderen Seite muss die Fortsetzung des Arbeitsverhältnisses für den Arbeitgeber nicht unzumutbar sein, sondern es reicht aus, wenn die Verhaltensweise des Arbeitnehmers bei objektiver Würdigung eine Kündigung als billigenswert und angemessen erscheinen lassen.[113]

2.1.5.1 Schuldhaftes Fehlverhalten des Arbeitnehmers im Zusammenhang mit dem Arbeitsverhältnis

Der plakativste Fall für eine verhaltensbedingte Kündigung ist ein strafbares Verhalten des Arbeitnehmers zu Lasten des Arbeitgebers. Nach überwiegender Rechtsprechung soll schon ein Bagatelldiebstahl eine Kündigung rechtfertigen können.[114]

In die so genannte Bagatellkündigung ist nach dem Pfandbonfall – vielfach als »Emmely«-Entscheidung zitiert – viel Bewegung gekommen. Das BAG hat hier letztinstanzlich die fristlose Kündigung einer Kassiererin für unwirksam erklärt, die Pfandbons im Wert von 1,30 Euro an sich genommen hatte.[115] Das Gericht hat hierbei insbesondere an die längere unbeanstandete Betriebszugehörigkeit angeknüpft und erwogen, ob angesichts der geringen wirtschaftlichen Einbuße nicht doch vorab der Ausspruch einer Abmahnung erforderlich gewesen wäre bzw. das in längerer Betriebszugehörigkeit aufgebaute »Vertrauenskapital« nicht aufgezehrt worden sei.[116]

---

112 HK-ArbR/Bufalica, § 1 KSchG Rn. 65.

113 BAG vom 5.11.1992 – 2 AZR 287/92, RzK I 5i Nr. 81.

114 BAG vom 17.5.1984 – 2 AZR 3/83, NZA 1985, 91 (Verzehr eines Stücks Bienenstich); abweichend: LAG Köln vom 30.9.1999 – 5 Sa 872/99, AiB 2000, 775 (bei Verwendung von drei Briefumschlägen keine Kündigung ohne vorherige Abmahnung gerechtfertigt).

115 BAG vom 10.6.2010 – 2 AZR 541/09, NZA 2010, 1227; einengender wieder BAG vom 21.6.2012 – 2 AZR 153/11, NZA 2012, 1025: Kündigung wegen Diebstahls von zwei Schachteln Zigaretten.

116 BAG vom 10.6.2010 – 2 AZR 541/09, NZA 2010, 1227.

Bei strafbaren Handlungen kommt eine Kündigung meist nur dann in Betracht, wenn sie unmittelbaren Bezug zum Arbeitsverhältnis aufweisen. So können außerdienstliche Vermögensdelikte bei einem Kassierer grundsätzlich relevant sein, bei einem Kraftfahrer dagegen in aller Regel nicht. Bei Verkehrs- und insbesondere Trunkenheitsdelikten verhält es sich dagegen umgekehrt.
Eine Kündigung kommt auch dann in Betracht, wenn lediglich der auf Tatsachen beruhende »dringende« **Verdacht** schwerer Verfehlungen, insbesondere von Straftaten, besteht (sogenannte Verdachtskündigung). Bei einer solchen muss sich der Arbeitgeber allerdings zuvor bemühen, den Sachverhalt mit aller gebotenen Sorgfalt aufzuklären und zu diesem Zweck zumindest auch den Betroffenen anhören.[117]
Eine verhaltensbedingte Kündigung ist auch denkbar, wenn das Vertrauensverhältnis zum Arbeitgeber durch ein Verhalten des Arbeitnehmers gravierend gestört wurde, z. B. durch Beleidigung des Arbeitgebers oder leitender Angestellter. Eine vergleichbare Konstellation ist gegeben, wenn der Arbeitnehmer den Betriebsfrieden nachhaltig stört, z. B. durch sexuelle Belästigungen oder ausländerfeindliche Parolen. Politische Meinungsverschiedenheiten können dagegen nur dann eine Störung des Betriebsfriedens darstellen, wenn sie das von der grundrechtlich geschützten Meinungsfreiheit zugesicherte Maß überschreiten, nicht dagegen, wenn sie z. B. in der Ausübung einer Betriebsratstätigkeit erfolgt.[118]
Ein schuldhaftes Fehlverhalten des Arbeitnehmers im Zusammenhang mit dem Arbeitsverhältnis kann ferner in einer beharrlichen Arbeitsverweigerung bestehen, d. h. der Arbeitnehmer erbringt wissentlich nicht die geschuldete Arbeitsleistung. Keine Arbeitsverweigerung stellt es demnach dar, wenn der Arbeitnehmer eine Leistung, zu welcher er sich vertraglich nicht verpflichtet hat (z. B. unzulässige Überstunden), verweigert. Als Arbeitsverweigerung wird auch der eigenmächtige Urlaubsantritt bzw. die Überziehung des gewährten Urlaubs oder das unentschuldigte Fernbleiben von der Arbeit (»Blau machen«) gewertet. Problematisch sind die Fälle, in denen zwischen Arbeitgeber und Arbeitnehmer Meinungsverschiedenheiten darüber bestehen, ob eine bestimmte vom Arbeitgeber verlangte Handlung noch zu den vertraglich vereinbarten Pflichten gehört: Verweigert der Arbeitnehmer die Ausführung dieser Arbeiten und stellt sich später (gerichtlich) heraus, dass er zur Vornahme dieser Handlungen verpflichtet gewesen wäre, so liegt begrifflich eine Arbeitsver-

117 BAG vom 13. 9. 1995 – 2 AZR 587/94, NZA 1996, 81.
118 Vgl. HK-ArbR/Markowski, § 1 KSchG Rn. 340.

weigerung vor.[119] Es empfiehlt sich daher in solchen Fällen, zunächst die verlangte Arbeit zu übernehmen und anschließend gerichtlich klären zu lassen, ob die verlangte Tätigkeit noch vom Direktionsrecht des Arbeitgebers gedeckt ist. Auch eine dauerhafte Schlechtleistung – der Arbeitnehmer weist eine deutlich höhere Fehlerquote als der Durchschnitt auf oder arbeitet erheblich langsamer – kann theoretisch eine verhaltensbedingte Kündigung rechtfertigen.[120] Hierbei ist eine umfassende Interessensabwägung vorzunehmen, die Betriebszugehörigkeit, Alter und Einbußen beim Arbeitgeber ebenso zu berücksichtigen hätte wie die Einräumung eines genügenden Zeitraums, um nach einer eventuellen Abmahnung wieder zu einer »akzeptablen« Leistung zurückkehren zu können.[121] Zu beachten ist, dass auch der »durchschnittliche« Arbeitnehmer immer Fehler machen wird und dass die Erbringung der durchschnittlichen Leistung dem Betroffenen grundsätzlich möglich sein muss.[122]

2.1.5.2 Negative Prognose

Wie bei sämtlichen anderen Kündigungsgründen stellt auch die verhaltensbedingte Kündigung im Grundsatz keine Sanktion für fehlerhaftes Verhalten des Arbeitnehmers in der Vergangenheit dar, sondern soll dem Arbeitgeber lediglich die Möglichkeit geben, sich von einem Beschäftigten zu trennen, bei welchem auch in Zukunft mit entsprechenden Verfehlungen gerechnet werden muss.[123] Daraus folgt, dass auch bei der verhaltensbedingten Kündigung prinzipiell eine negative Prognose für die Zukunft erstellt werden muss. Bei einem krassen Fehlverhalten des Arbeitnehmers in der Vergangenheit wird eine entsprechende Prognose jedoch regelmäßig unterstellt; bei geringeren Verfehlungen sind dagegen weitere Indizien, wie z. B. eine beharrliche oder wiederholte Verfehlung gleichen Charakters nötig.

---

119 Eine Kündigung kann auf ein solches Verhalten allerdings nur gestützt werden, wenn der Arbeitnehmer trotz vorheriger Abmahnung wiederholt eine Arbeit ablehnt.

120 BAG vom 11. 12. 2003 – 2 AZR 667/02, AP Nr. 48 zu § 1 KSchG 1969 Verhaltensbedingte Kündigung m. Anm. Mauer.

121 Stahlhacke/Preis/Vossen-Preis, Rn. 1203 m. w. N.

122 Nach BAG vom 11. 12. 2003, a. a. O., kann auch eine personenbedingte Kündigung in Betracht kommen, wenn die Arbeitsleistung so weit hinter die »berechtigte Gleichwertigkeitserwartung des Arbeitgebers« zurückfällt, dass dem Arbeitgeber »ein Festhalten am Vertrag« nicht mehr zumutbar sei.

123 BAG vom 21. 1. 1999 – 2 AZR 665/98, NZA 1999, 863; LAG Hamm vom 30. 5. 1996 – 4 Sa 2342/95, NZA 1997, 1056.

2.1.5.3 Vorherige Abmahnung

Zunächst ist zu klären, ob der Kündigung eine Störung im Leistungsbereich oder im Vertrauensbereich zugrunde liegt. Der **Leistungsbereich** umfasst Störungen wie z. B. Arbeitsverweigerung, Unpünktlichkeit, Schlechtleistung, Verstoß gegen Rauchverbote etc. Soweit es sich um eine Störung im Leistungsbereich handelt, ist vor Ausspruch einer verhaltensbedingten Kündigung grundsätzlich eine vorherige Abmahnung erforderlich.[124] Eine ohne vorherige Abmahnung ausgesprochene Kündigung ist danach sozialwidrig und unwirksam.[125] Da die Kündigung im Rahmen des Verhältnismäßigkeitsgrundsatzes nur die ultima ratio darstelle, muss der Arbeitgeber dem Beschäftigten vorher durch eine Abmahnung deutlich zum Ausdruck bringen, dass er das beanstandete Verhalten nicht toleriert und dass er ein vergleichbares Verhalten in Zukunft zum Anlass nehmen werde, das Arbeitsverhältnis zu kündigen. Der Abmahnung kommen demnach drei Funktionen zu: Sie soll das beanstandete Verhalten dokumentieren, den Arbeitnehmer darauf hinweisen, dass der Arbeitgeber dieses so dokumentierte Verhalten als vertragswidrig ansieht und ihn davor warnen, dass das Arbeitsverhältnis im Wiederholungsfall gefährdet ist.[126] Begeht der Arbeitnehmer nach der Abmahnung noch einen weiteren vergleichbaren (nicht unbedingt identischen!) Pflichtenverstoß, so könnte daraufhin eine Kündigung folgen, die aber ihrerseits gerichtlich überprüfbar ist. Eine vorherige Abmahnung kann allerdings auch durch eine vorherige (unwirksame) Kündigung wegen eines vergleichbaren Verhaltens ersetzt werden, da auch diese sowohl die Dokumentations- wie die Hinweis- und Warnfunktion einer Abmahnung erfüllt.

Etwas anders verhält es sich mit dem Abmahnungserfordernis bei Störungen im **Vertrauensbereich**. Dies betrifft insbesondere Straftaten und sonstige Verfehlungen, die das Vertrauen in den Arbeitnehmer erschüttern. Zwar ist auch hier regelmäßig eine Abmahnung erforderlich; diese kann jedoch bei schwerwiegenden Verfehlungen des Arbeitnehmers im Einzelfall entbehrlich sein, insbesondere dann, wenn dem Arbeitnehmer von vornherein klar sein musste, dass sein Verhalten vom Arbeitgeber nicht gebilligt werde und dieser es als Anlass für den Ausspruch einer Kündigung nehmen werde.[127] Nach dem Verhältnismäßigkeitsgrundsatz darf ein Arbeitsverhältnis nämlich nur dann gekündigt werden, wenn

---

124 St. Rspr. des BAG, vgl. z. B. BAG vom 9. 8. 1984 – 2 AZR 400/83, NZA 1985, 124.

125 Stahlhacke/Preis/Vossen-Preis, Rn. 1201 ff.

126 BAG vom 15. 1. 1986 – 2 AZR 974/94, NZA 1996, 421.

127 BAG vom 10. 2. 1999 – 2 ABR 31/98, NZA 1999, 708; a. A. LAG Hamburg vom 8. 7. 1998 – 4 Sa 38/97, NZA-RR 1999, 469 ff. (nur bei schwerwiegenden Straftaten ist Abmahnung entbehrlich).

kein milderes Mittel zur Verfügung steht. Sofern das Vertrauensverhältnis allerdings durch eine schwere Verfehlung des Arbeitnehmers (z. B. Straftat zu Lasten des Arbeitgebers) in nicht wiederherstellbarer Weise zerrüttet ist, kann ausnahmsweise auf das Erfordernis einer Abmahnung verzichtet werden.[128]

Durch das Gesetz zur Schuldrechtsmodernisierung ist die Abmahnung erstmalig und allgemein gesetzlich fixiert worden. Selbst für die außerordentliche Kündigung verlangt § 314 Abs. 2 BGB, dass in der Regel eine Abmahnung vorhergehen muss, es sei denn, es liegen ganz besondere Umstände vor, die dies entbehrlich machen, insbesondere bei schweren Pflichtverletzungen (vgl. § 323 Abs. 2 Nr. 3, Abs. 3 BGB).

2.1.5.4 Interessenabwägung

Selbst wenn eine schuldhafte Pflichtverletzung des Arbeitnehmers vorliegt, dieser wegen eines gleichartigen Verhaltens bereits früher abgemahnt wurde und sich auch eine negative Prognose erstellen lässt, so ist eine Kündigung dennoch nicht automatisch gerechtfertigt. Es bedarf vielmehr einer auf den Einzelfall bezogenen Abwägung der gegenseitigen Interessen, also des Interesses des Arbeitgebers an der Auflösung des Arbeitsverhältnisses auf der einen und das des Arbeitnehmers an der Erhaltung des Arbeitsplatzes auf der anderen Seite. Auf Seiten des Arbeitnehmers sind dabei u. a. Art, Häufigkeit und Schwere seines Fehlverhaltens, aber auch die Dauer seiner Betriebszugehörigkeit, sein früheres Verhalten und ein etwaiges Mitverschulden des Arbeitgebers zu berücksichtigen. Weiter sind sein Lebensalter, seine Unterhaltsverpflichtungen und Arbeitsmarktchancen[129] sowie weitere, eine besondere soziale Schutzbedürftigkeit begründende Merkmale zu berücksichtigen. Auf Seiten des Arbeitgebers können dagegen Betriebsablaufstörungen, ein etwaiger Vermögensschaden, Wiederholungsgefahr, die Arbeits- und Betriebsdisziplin, ein Ansehensschaden und der Schutz der Belegschaft Berücksichtigung finden.[130] Je geringer die Verfehlung des Arbeitnehmers ist, je länger er ohne Beanstandung dem Betrieb angehört und je weiter eine vorherige Abmahnung zurückliegt, desto eher wird aus dem Grundsatz der Verhältnismäßigkeit zu folgern sein, dass der Arbeitgeber den Arbeitnehmer zunächst ein weiteres Mal abzumahnen hat, bevor eine

128 Das Abmahnungserfordernis untermauert auch die Entscheidung des LAG Schleswig-Holstein vom 10. 1. 2006 – 5 Sa 306/05, NZA-RR 2006, 240, wonach auch im Vertrauensbereich, wenn es um ein steuerbares Verhalten geht, in aller Regel bei Pflichtverletzungen vorher abzumahnen ist.

129 LAG Hamm vom 30. 5. 1996 – 4 Sa 2342/95, NZA 1997, 1056.

130 LAG Hamm vom 30. 5. 1996, a. a. O.

Kündigung als ultima ratio gerechtfertigt ist. Sofern allerdings wegen der Schwere der Verfehlung schon eine vorherige Abmahnung ausnahmsweise entbehrlich ist, wird auch die Interessenabwägung nur in Ausnahmefällen zugunsten des Arbeitnehmers ausfallen.

2.1.6 Die außerordentliche (fristlose) Kündigung

Einen Sonderfall stellt die außerordentliche Kündigung nach § 626 BGB dar.

Eine außerordentliche Kündigung kann im Grundsatz zwar sowohl auf innerbetrieblichen Gründen als auch auf Gründen in der Person des Beschäftigten beruhen, knüpft aber in der Regel gleichwohl an ein **besonders vorwerfbares Verhalten** des Arbeitnehmers an. Erforderlich sind in jedem Fall Tatsachen, aufgrund derer die Fortsetzung des Arbeitsverhältnisses bis zum Ende der regulären Kündigungsfrist dem Kündigenden auch unter Berücksichtigung der Interessen des zu Kündigenden nicht zugemutet werden kann. Die Kündigung ist schließlich nach § 626 Abs. 2 BGB nur zulässig, sofern sie innerhalb von zwei Wochen ab Kenntniserlangung der entsprechenden Tatsachen erfolgt. Allerdings kann eine unwirksame fristlose Kündigung oftmals in eine (u. U. wirksame) ordentliche Kündigung umgedeutet werden, sofern sich aus der Kündigung ergibt, dass der Arbeitgeber für den Fall der Unwirksamkeit der außerordentlichen Kündigung jedenfalls eine ordentliche Kündigung gewollt und ausgesprochen hätte.[131]

Der wichtige Grund muss derart schwerwiegend sein, dass es dem Arbeitgeber auch unter Berücksichtigung der Interessen des Arbeitnehmers nicht zugemutet werden kann, das Arbeitsverhältnis bis zum Ablauf der Kündigungsfrist fortzusetzen. Es ist demnach eine umfassende Prüfung des konkreten Einzelfalles am Maßstab des Verhältnismäßigkeitsgrundsatzes vorzunehmen: Selbst wenn der wichtige Grund an sich eine Kündigung rechtfertigen könnte, so ist eine außerordentliche Kündigung dennoch nur zulässig, wenn sie auch erforderlich ist. Das ist sie nur, wenn es kein milderes und gleichfalls angemessenes Mittel gibt. Es ist demnach zu prüfen, ob nicht auch eine ordentliche Kündigung oder sogar nur eine Abmahnung dem gerügten Verhalten unter Berücksichtigung der Interessen des Betroffenen ausgereicht hätten. Dabei ist zu unterscheiden: Kommt man zum Ergebnis, dass eine Abmahnung ausreichend wäre, so schließt dies in der Regel bereits einen wichtigen Grund aus. Hauptsächlich wird es daher um eine Abwägung des Interesses des Arbeitgebers einerseits,

---

131 BAG vom 13.8.1987 – 2 AZR 599/86, NZA 1988, 129.

das Arbeitsverhältnis **sofort** und nicht erst mit Ablauf der Kündigungsfrist zu beenden und das Interesse des Arbeitnehmers andererseits an der Fortsetzung des Arbeitsverhältnisses **bis zum Ablauf der Kündigungsfrist** gehen.

2.1.7 Sonderfall: Die Änderungskündigung

Einen weiteren Sonderfall der arbeitgeberseitigen Kündigung stellt die Änderungskündigung dar. Eine Änderungskündigung nach § 2 KSchG ist vom Grundsatz her eine unbedingte Kündigung des gesamten Arbeitsvertrages, verbunden mit dem Angebot, das Arbeitsverhältnis zu geänderten Bedingungen fortzusetzen.[132] Eine Änderungskündigung ist sowohl als betriebs- wie als personenbedingte Änderungskündigung denkbar.[133] Betriebsbedingt ist die Änderungskündigung, wenn der bisherige Arbeitsplatz des Betroffenen weggefallen ist, er aber auf einem anderen Arbeitsplatz weiterbeschäftigt werden könnte. Eine personenbedingte Änderungskündigung liegt vor, wenn der Arbeitnehmer z. B. aufgrund von Krankheit seinen bisherigen Arbeitsplatz nicht mehr ausfüllen kann, es aber einen anderen freien Arbeitsplatz gibt, an welchem er seine bisherige oder andere Tätigkeit trotz seiner Krankheit fortsetzen könnte. Eine Änderungskündigung setzt dabei voraus, dass der Arbeitgeber den Arbeitnehmer nicht auf den jeweiligen anderen Arbeitsplatz versetzen kann, weil insoweit das aus dem Arbeitsvertrag abgeleitete Direktionsrecht hierfür nicht ausreicht.

2.1.7.1 Unabweisbarkeit der Änderung

Voraussetzung einer Änderungskündigung ist zunächst, dass die Änderung der Arbeitsbedingungen unabweisbar ist. Bei einer betriebsbedingten Änderungskündigung setzt dies einerseits voraus, dass der bisherige Arbeitsplatz des Betroffenen weggefallen ist bzw. zwar sein konkreter Arbeitsplatz noch erhalten bleibt, aber insgesamt so viele Arbeitsplätze wegfallen, dass ihm nach erfolgter Sozialauswahl zu kündigen wäre (zur Sozialauswahl bei der betriebsbedingten Kündigung vgl. Seite 52f.). Bei der personenbedingten Änderungskündigung muss der Arbeitnehmer aufgrund von Gründen, die in seiner Person liegen, dauerhaft nicht mehr in der Lage sein, seinen bisherigen Arbeitsverpflichtungen nachzukommen (siehe oben). Insoweit entspricht die Änderungskündigung vom Grund-

---

132 HK-ArbR/Manske, § 2 KSchG Rn. 28.

133 In Ausnahmefällen kommt allerdings auch eine verhaltensbedingte Änderungskündigung in Betracht.

satz zunächst den entsprechenden Beendigungskündigungen. Allerdings wird hier von der Rechtsprechung i. d. R. ein anderer – milderer – Prüfungsmaßstab verwendet, in welchem nicht geprüft wird, ob die (Beendigungs-) **Kündigung** sozial gerechtfertigt ist, sondern ob dies für die **Änderung** der Arbeitsbedingungen zutrifft.[134] So soll eine betriebsbedingte Änderungskündigung bereits dann hinzunehmen sein, wenn die geplanten Änderungen der Arbeitsbedingungen auf derart dringenden betrieblichen Erfordernissen beruhen, dass diese Gründe unter einer Abwägung der gegenseitigen Interessen (Änderungsinteresse des Arbeitgebers und Bestandsschutzinteresse des Arbeitnehmers) es als **billigenswert und angemessen** erscheinen lassen, dass dadurch das gesamte Arbeitsverhältnis gefährdet und u. U. zu beenden wäre.[135] Dabei gilt die wichtige Einschränkung, dass der Arbeitgeber nur solche Änderungen vorschlagen darf, wie sie zur Anpassung an die geänderten Beschäftigungsmöglichkeiten erforderlich sind, wobei alle Elemente des Änderungsangebots (sowohl der veränderte Arbeitsinhalt als auch die gewünschte Vergütung) – für sich genommen – am Grundsatz der Verhältnismäßigkeit zu messen sind.[136] So ist z. B. eine Änderungskündigung unzulässig, die dem Arbeitnehmer abverlangt, schon vor Ablauf seiner individuellen Kündigungsfrist zu schlechteren Arbeitsbedingungen weiterzuarbeiten.[137]

2.1.7.2 Zumutbarkeit der Änderung für den Arbeitnehmer

Auch wenn die Änderung an sich unabweisbar ist, wird eine ausgesprochene (betriebsbedingte) Änderungskündigung dann unwirksam, wenn der Arbeitnehmer die ihm angebotenen veränderten Arbeitsbedingungen nicht hinnehmen muss.[138] Auch hier wird anhand der konkreten Umstände des Einzelfalls zu entscheiden sein, wobei unter anderem Alter, Betriebszugehörigkeit und Unterhaltsverpflichtungen des Arbeitnehmers und die betrieblichen Erfordernisse gegeneinander abgewogen werden müssen.

2.1.7.3 Änderungskündigung als Pflicht des Arbeitgebers

Vor Ausspruch einer Beendigungskündigung muss der Arbeitgeber von sich aus dem Arbeitnehmer eine objektiv mögliche und ggf. zumutbare

---

134 HK-ArbR/Manske, § 2 KSchG Rn. 63 ff.

135 Vgl. BAG vom 12. 1. 1961 – 2 AZR 171/59, NJW 1961, 939.

136 BAG vom 23. 6. 2005 – 2 AZR 642/04, NZA 2006, 92.

137 BAG vom 21. 9. 2006 – 2 AZR 120/06, NZA 2007, 435.

138 BAG vom 12. 11. 1998 – 2 AZR 91/98, NZA 1999, 471.

Beschäftigung auf einem **freien** Arbeitsplatz zu veränderten, d.h. in der Regel zu meist verschlechterten Arbeitsbedingungen anbieten.[139]
Wurde ein solches Angebot bereits im Vorfeld unterbreitet, ist selbst dann eine Änderungskündigung nur entbehrlich, wenn der Arbeitnehmer definitiv zum Ausdruck gebracht hat, dass er unter keinerlei Umständen bereit ist, zu den angebotenen Bedingungen zu arbeiten.[140] Nur in Extremfällen darf also die Änderungskündigung unterbleiben, wenn nämlich eine Annahme des Änderungsangebots vernünftigerweise nicht in Frage kommt, z.B. Angebot einer freien Pförtnerstelle an den bisherigen Personalleiter.[141]

2.1.7.4 Reaktion des Arbeitnehmers – Annahme unter Vorbehalt

Die Besonderheit der Änderungskündigung liegt darin, dass dem Arbeitnehmer mehrere Reaktionsmöglichkeiten zur Verfügung stehen: Zunächst kann er das Änderungsangebot vorbehaltlos annehmen mit der Folge, dass das Arbeitsverhältnis nunmehr zu den geänderten und im Zweifel verschlechterten Bedingungen fortbesteht. Er kann das Änderungsangebot zudem unter dem **(ausdrücklich zu erklärenden!)** Vorbehalt annehmen, dass die **Änderung** der Arbeitsbedingungen **sozial ungerechtfertigt** ist und anschließend Klage vor dem Arbeitsgericht gegen die Änderungskündigung erheben. Erweist sich die Änderungskündigung vor Gericht als sozial ungerechtfertigt, so ist der Arbeitnehmer zu den vorherigen Arbeitsbedingungen weiter zu beschäftigen. Verliert der Arbeitnehmer aber den Prozess, so bleibt ihm wenigstens der Arbeitsplatz mit den geänderten Arbeitsbedingungen erhalten. Schließlich kann der Arbeitnehmer das Änderungsangebot auch ausdrücklich oder konkludent ablehnen und sich dann gegen die verbliebene Beendigung seines Arbeitsverhältnisses gerichtlich wehren. Im Falle eines Obsiegens ist er zu den alten Bedingungen weiter zu beschäftigen. Sofern er aber verliert, ist das Arbeitsverhältnis beendet.

139 BAG vom 21.4.2005 – 2 AZR 132/04, 2 AZR 244/04, NZA 2005, 1289ff., 1294ff.
140 BAG vom 21.4.2005, a.a.O.
141 Vgl. APS-Vossen, § 1 KSchG Rn. 89a.

2.2 Die Unwirksamkeit von Kündigungen außerhalb des Kündigungsschutzgesetzes; Kündigung im Kleinbetrieb

Sofern das Arbeitsverhältnis nicht dem KSchG unterfällt, ist der Arbeitgeber grundsätzlich frei in seiner Entscheidung, dem Beschäftigten zu kündigen. Insbesondere in Kleinbetrieben (siehe unter 2.1.1.) sollen die Kündigungsmöglichkeiten im Hinblick auf die (notwendigerweise) engen persönlichen Beziehungen zwischen Arbeitgeber und Arbeitnehmer einerseits und der geringeren verwaltungsmäßigen und wirtschaftlichen Belastbarkeit kleinerer Unternehmen[142] andererseits für den Arbeitgeber erleichtert werden. Gleichwohl gibt es auch hier Grenzen, in denen eine Kündigung trotzdem unwirksam sein kann.

2.2.1 Fälle treuwidriger Kündigungen

Eine Kündigung kann – unter engen Voraussetzungen – auch wegen eines Verstoßes gegen Treu und Glauben nach § 242 BGB nichtig sein. Dabei ist allerdings zu beachten, dass eine Kündigung nicht bereits dann nach § 242 BGB unwirksam ist, wenn sie nach § 1 KSchG – dessen Geltung vorausgesetzt – sozial ungerechtfertigt wäre[143]: In diesem Falle würde die gesetzgeberische Entscheidung, bestimmte Arbeitsverhältnisse nicht dem Schutz des KSchG zu unterstellen, unterlaufen. Als treuwidrig und damit nichtig kommt aber eine Kündigung dann in Betracht, wenn durch sie sonstige berechtigte Interessen des Arbeitnehmers grob verletzt werden, indem die Kündigung absichtlich oder aufgrund einer auf Missachtung der Persönlichkeit des Arbeitnehmers beruhenden Geschmacklosigkeit zu einem Zeitpunkt erfolgt, der den Arbeitnehmer besonders beeinträchtigt.[144] Eine treuwidrige Kündigung kann auch in Fällen widersprüchlichen Verhaltens vorliegen, wenn der Arbeitgeber z. B. zunächst zu erkennen gibt, ein bestimmtes Verhalten nicht als Kündigungsgrund anzusehen, um dann aber später eben wegen dieses Verhaltens doch zu kündigen. Soziale Gesichtspunkte dürfen im Übrigen auch in Kleinbetrieben nicht völlig ignoriert werden. Fehlt jegliche soziale Rücksicht-

142 BAG vom 19. 4. 1990 – 2 AZR 487/89, NZA 1990, 724.

143 BAG vom 24. 4. 1997 – 2 AZR 268/96, NZA 1998, 145.

144 HK-ArbR/Kraushaar/Kraushaar, § 242 BGB Rn. 28.

nahme insbesondere gegenüber älteren Arbeitnehmern, kann ausnahmsweise auch im Kleinbetrieb eine Kündigung treuwidrig sein.[145]

2.2.2 Sittenwidrige Kündigung

In besonderen Fällen kann eine Kündigung schließlich auch wegen Verstoßes gegen die guten Sitten nach § 138 BGB nichtig sein. Dies ist dann der Fall, wenn sie den allgemeinen Wertvorstellungen derart krass widerspricht, dass sie nicht einmal ein »ethisches Minimum« enthält,[146] so z. B. wenn ein Arbeitgeber das Arbeitsverhältnis mit einer Arbeitnehmerin deswegen kündigt, weil diese sich weigert, mit ihm eine Beziehung einzugehen.[147] Eine solche Kündigung ist allerdings ohne weiteres auch aus den o. g. Gründen unwirksam. So ist eine Kündigung wegen Homosexualität nach § 138 BGB sittenwidrig und damit nichtig.[148]

2.3 Diskriminierung nach AGG

Durch das Allgemeine Gleichbehandlungsgesetz (AGG) vom 14. 8. 2006[149], mit dem diverse Europäische Richtlinien in innerdeutsches Recht umgesetzt wurden, besteht ein Schutz vor Diskriminierungen wegen der Merkmale Rasse, ethnische Herkunft, Religion und Weltanschauung, Behinderung, Alter, sexuelle Identität und Geschlecht. Dieser Schutz gilt auch im Arbeitsleben, soll sich aber nach § 2 Abs. 4 AGG nicht auf Kündigungen auswirken, für die ausschließlich die Bestimmungen des allgemeinen und besonderen Kündigungsschutzes gelten sollen. Diese Einschränkung dürfte europarechtswidrig sein.[150] Dies unterstellt, wird für die juristische Praxis insbesondere die Diskriminierung wegen Alters

---

145 BAG vom 21. 2. 2001 – 2 AZR 15/00, NZA 2001, 833 (ein 52-jähriger Lackierer hat mit Erfolg darauf verwiesen, dass an seiner Stelle zwei andere, jüngere und zudem ledige Arbeitnehmer hätten entlassen werden können).

146 BAG vom 2. 4. 1987 – 2 AZR 227/86, NZA 1988, 18.

147 Beispiel nach Berkowsky, Die personen- und verhaltensbedingte Kündigung, § 3 Rn. 19.

148 Vgl. BAG vom 23. 6. 1994 – 2 AZR 617/93, NZA 1994, 1080.

149 BGBl. I S. 1897.

150 Vgl. ErfK-Schlachter, § 2 AGG Rn. 17 f.; vgl. auch den Überblick zum Meinungsstand bei Hjort/Richter, AR-Blattei, Gleichbehandlung im Arbeitsrecht I AGG, 2007, Rz. 209 ff.; so jetzt auch BAG vom 12. 12. 2013 – 8 AZR 838/12, NJW 2014, 2061: Bei diskriminierender Kündigung ist der Anspruch auf Ersatz immaterieller Schäden möglich.

größere Bedeutung gewinnen. Alter meint dabei jedes Alter, nicht nur das hohe Alter.[151] Angesichts einer fehlenden Abstimmung zwischen AGG und Kündigungsschutzgesetz bleibt bezogen auf die Frage des Alters offen, wie sich zukünftig das Kriterium Alter im Hinblick auf mögliche Diskriminierungen auswirken wird. Insbesondere dürften jüngere Arbeitnehmer verstärkt den meist stärkeren Kündigungsschutz älterer Arbeitnehmer als diskriminierend angreifen.
Als europarechtswidrig hat sich bereits erwiesen, dass bei der Berechnung der Kündigungsfrist nach § 622 Abs. 2 Satz 2 BGB Beschäftigungszeiten vor dem 25. Lebensjahr nicht mitgerechnet werden.[152] Kommt eine Verletzung der in § 1 AGG aufgezählten Merkmale in Betracht, ist auch bei Kündigungen und anderen betrieblich nachteiligen Maßnahmen sorgfältig zu prüfen, welche rechtlichen Abwehr- und Sanktionsmöglichkeiten sich aufzeigen.

2.4 Sonderfälle des Kündigungsschutzes

Für bestimmte Personengruppen gibt es einen weitergehenden Kündigungsschutz, der noch über das KSchG hinausgeht bzw. diesen ergänzt. Gemeinsam ist den nachfolgenden Schutzbestimmungen, dass sie auch dann Anwendung finden, wenn das KSchG nicht gilt.

2.4.1 Schwerbehinderte

Nach § 168 SGB IX muss der Arbeitgeber vor der Kündigung eines schwerbehinderten Arbeitnehmers, dessen Arbeitsverhältnis nach § 173 Abs. 1 S. 1 Nr. 1 SGB IX mindestens sechs Monate bestanden hat, die **Zustimmung des Integrationsamtes** einholen. Ohne vorherige Zustimmung ist die Kündigung nichtig. Diese Nichtigkeit kann und muss vom Gekündigten gerichtlich geltend gemacht werden, und zwar innerhalb einer Frist von drei Wochen, der üblichen Klagefrist des § 4 KSchG. Eine Kündigung ohne vorherige Zustimmung des Integrationsamtes ist selbst dann unwirksam, wenn der Arbeitgeber von der Schwerbehinderung seines Beschäftigten nichts wusste, sofern dieser den Arbeitgeber innerhalb einer Frist von drei Wochen nach Zugang der Kündigung über

151 HK-ArbR/Braun, § 1 AGG Rn. 15.
152 EuGH vom 22.11.2005 – C-144/04, NZA 2005, 1345; EuGH vom 19.1.2010 – C-555/07, NZA 2010, 85.

seine Schwerbehinderung informiert.[153] Voraussetzung der Anwendung des SGB IX ist allerdings nicht nur, dass der Arbeitnehmer tatsächlich schwerbehindert ist, sondern auch, dass zum Zeitpunkt der Kündigung entweder bereits ein anerkennender Feststellungsbescheid vorliegt oder zumindest bereits ein entsprechender Antrag gestellt wurde. Dieser Antrag muss mindestens drei Wochen vor Zugang der Kündigung gestellt worden sein, wie sich aus der veränderten Vorschrift des § 173 Abs. 3 SGB IX ergibt. Ist diese Frist eingehalten, führt auch eine erst nach Kündigungszugang erfolgte Feststellung der Schwerbehinderteneigenschaft rückwirkend zum Sonderkündigungsschutz, allerdings nur unter der Voraussetzung, dass rechtzeitig Klage erhoben wurde und der Arbeitnehmer sich auf den Sonderkündigungsschutz berufen hat.
Zu beachten ist, dass gegen die Entscheidung des Integrationsamtes Klage vor dem Verwaltungsgericht erhoben werden kann. Die Klagerhebung vor dem Verwaltungsgericht durch den Arbeitnehmer gegen die Erteilung der Zustimmung zur Kündigung ist jedoch unabhängig von der Erhebung der Kündigungsschutzklage vor dem Arbeitsgericht und unterbricht insbesondere nicht die Frist des § 3 KSchG, weswegen im Zweifelsfall vor beiden Gerichten parallel geklagt werden muss.

2.4.2 Mandatsträger, insbesondere Betriebsratsmitglieder

Ein weiterer spezialgesetzlicher Schutz besteht nach § 15 KSchG i. V. m. § 103 BetrVG für die betrieblichen Interessenvertreter der Belegschaft, insbesondere die Mitglieder des Betriebsrats.[154] Nach § 15 KSchG ist die Kündigung eines Betriebsratsmitglieds, von Wahlvorständen der Betriebsratswahl sowie nunmehr – unter bestimmten Voraussetzun-

---

153 BAG vom 12. 1. 2006 – 2 AZR 539/05, NZA 2006, 1035. Achtung: Die früher laut BAG geltende Monatsfrist ist damit aufgehoben!

154 Ein vergleichbares Schutzniveau ist dort auch für die Mitglieder von Jugend- und Auszubildendenvertretungen, Bordvertretungen und – mit Abstrichen – Seebetriebsräten vorgesehen. Entsprechendes gilt unter gewissen Umständen für die Ersatzmitglieder des Betriebsrats und nach § 15 Abs. 2 KSchG auch für Personalräte. Über § 15 Abs. 3 KSchG genießen auch die Mitglieder eines Wahlvorstandes bzw. die Wahlbewerber Schutz. Für Vertrauenspersonen der Schwerbehinderten gilt der gleiche Kündigungsschutz wie bei Betriebsräten, vgl. § 179 Abs. 3 SGB IX. Seit dem 18. 6. 2021 genießen nach § 15 Abs. 3b KSchG auch Wahlinitiatoren Kündigungsschutz, die bisher nur Vorbereitungshandlungen zur Errichtung eines Betriebsrats unternommen haben, sofern sie eine öffentlich beglaubigte Erklärung mit dem Inhalt abgegeben haben, dass sie die Absicht haben, einen Betriebsrat zu errichten.

gen[155] – auch von den im Vorfeld tätigen Initiatoren einer Betriebsratswahl unzulässig, es sei denn, dass der Arbeitgeber auch zu einer außerordentlichen Kündigung berechtigt wäre und der Betriebsrat gemäß § 103 BetrVG der Kündigung explizit zugestimmt hat oder die Zustimmung durch gerichtliche Entscheidung ersetzt wurde. Auch nach Beendigung der Betriebsratstätigkeit darf eine Kündigung noch für ein weiteres Jahr danach[156] nur ausgesprochen werden, wenn der Arbeitgeber auch zu einer außerordentlichen Kündigung berechtigt gewesen wäre; der Zustimmung des Betriebsrats nach § 103 BetrVG bedarf es in diesem Fall allerdings nicht mehr. Das übliche Anhörungsverfahren nach § 102 BetrVG ist allerdings – wie immer – durchzuführen (siehe 2.5.3. Seite 77).
Eine verhaltensbedingte Kündigung von besonders geschützten Mandatsträgern setzt voraus, dass sie gegen ihre Pflichten aus dem Arbeitsvertrag verstoßen haben – eine Pflichtverletzung allein im Rahmen der Betriebsratstätigkeit reicht nicht aus.[157] Das Zustimmungserfordernis nach § 103 BetrVG bestimmt darüber hinaus, dass die Kündigung erst bei Vorliegen der Zustimmung oder deren Ersetzung durch das Arbeitsgericht ausgesprochen werden kann. Erst wenn das Arbeitsgericht rechtskräftig (!) die Zustimmung ersetzt hat, darf gekündigt werden.

2.4.3 Mütter und Elternzeitberechtigte

Nach § 17 Abs. 1 Mutterschutzgesetz (MuSchG) ist eine Kündigung gegenüber einer Frau während der Schwangerschaft und bis zum Ablauf von vier Monaten nach der Entbindung unzulässig, sofern dem Arbeitgeber die Schwangerschaft bekannt war oder ihm binnen zwei Wochen nach der Kündigung mitgeteilt wurde. Nach § 17 Abs. 3 MuSchG kann die mit Gründen versehene Kündigung in besonderen Fällen von der für den Arbeitsschutz zuständigen obersten Arbeitsbehörde ausnahmsweise für zulässig erklärt werden, wenn sie nicht mit dem Zustand einer Frau während der Schwangerschaft oder ihrer Lage bis zum Ablauf von vier Monaten nach der Entbindung im Zusammenhang stehen.
Der Arbeitgeber darf das Arbeitsverhältnis ferner nach § 18 Abs. 1 BEEG ab dem Zeitpunkt, in welchem Elternzeit beantragt wurde, höchstens jedoch sechs Wochen vor Beginn der Elternzeit, und während der El-

155 Abgabe einer öffentlich beglaubigten Erklärung, dass die Absicht besteht, einen Betriebsrat zu errichten: § 15 Abs. 3b KSchG in der Fassung v. 14. 6. 2021.

156 Für Mitglieder einer Bordvertretung nur sechs Monate. Dies gilt allerdings nicht, wenn die Beendigung der Mitgliedschaft auf einer gerichtlichen Entscheidung beruht, vgl. § 15 Abs. 1 Satz 2 a. E. KSchG.

157 BAG vom 22. 8. 1974 – 2 ABR 17/74, NJW 1975, 181.

ternzeit nicht kündigen, sofern sie nicht ausnahmsweise von der für den Arbeitsschutz zuständigen obersten Arbeitsbehörde für zulässig erklärt wurde.

2.4.4 Kündigungsschutz bei Pflegezeiten

Sind pflegebedürftige Angehörige im häuslichen Rahmen zu pflegen, so kommt das 2008 in Kraft getretene Gesetz über die Pflegezeit (PflegeZG)[158] zur Anwendung. Wenn in solchen Fällen von dem Recht kurzzeitiger – allerdings unentgeltlicher – Arbeitsverhinderung (von bis zu zehn Tagen) oder der bis zu sechsmonatigen Pflegezeit Gebrauch gemacht wird, darf von der Ankündigung, höchstens jedoch zwölf Wochen vor Beginn der Pflegezeit, bis zur Beendigung nicht gekündigt werden (vgl. § 5 PflegeZG). Diese Regelung gilt auch für die Familienpflegezeit nach dem seit 2012 wirksamen Gesetz über die Familienpflegezeit (FPfZG)[159].Die Wahrnehmung der Familienpflegezeit setzt stets eine **einvernehmliche** Vereinbarung mit dem Arbeitgeber voraus, welche die Herabsetzung der Arbeitszeit zu Pflegezwecken für längsten 24 Monate regelt. Die Wochenarbeitszeit während dieses Zeitraums muss zudem im Jahresdurchschnitt mindestens 15 Stunden betragen. Die entstehenden Entgelteinbußen können über staatliche Darlehen kompensiert werden.

2.4.5 Wehrpflichtige

Nach § 2 ArbPlSchG besteht für Wehrpflichtige ein grundsätzliches Kündigungsverbot. Nach Aussetzung der Wehrpflicht im Jahr 2011 greift das ArbPlSchG nur noch für Teilnehmer des »freiwilligen Wehrdienstes«, die sich für nicht mehr als zwei Jahre verpflichtet haben.

2.4.6 Tariflich unkündbare Arbeitnehmer

Auch durch Tarifvertrag kann das Recht des Arbeitgebers zur ordentlichen Kündigung schließlich eingeschränkt oder ausgeschlossen werden, was insbesondere für ältere Arbeitnehmer auch praktiziert wird. Insofern empfiehlt sich jedenfalls ein Blick in den entsprechenden Tarifvertrag oder eine Anfrage an die zuständige Gewerkschaft.

---

158 PflegeZG vom 28.5.2008, BGBl. I S. 874.
159 FPfZG vom 6.12.2011, BGBl. I S. 2564.

2.4.7 Kündigungsschutz für Funktionsträger

Ferner ist in einigen Spezialgesetzen ein besonderer Kündigungsschutz für Funktionsträger geregelt, die für die ordnungsgemäße Ausübung ihrer Funktion eine gewisse Unabhängigkeit vom Arbeitgeber benötigen. Typische Beispiele sind der Datenschutzbeauftragte (§ 6 Abs. 4 Bundesdatenschutzgesetz) und der Immissionsschutzbeauftragte (§ 58 Abs. 2 Bundes-Immissionsschutzgesetz).

2.4.8 Kündigungsschutz im Zusammenhang mit politischen Ämtern

Für viele Politiker bestehen diverse kündigungsschutzrechtliche Sonderregelungen. So ist die Kündigung eines Mitglieds des Deutschen Bundestages unzulässig, wenn die Kündigung im Zusammenhang mit dem Mandat steht.[160] Ebenso bestehen für Kommunalpolitiker unterschiedliche Regelungen, z. B. ist in Hessen eine ordentliche Kündigung von Gemeindevertretern ausgeschlossen.[161]

2.5 Formelle Mängel der Kündigung

Die Kündigung kann aus verschiedenen Gründen bereits formell unwirksam sein:

2.5.1 Schriftform

Nach § 623 BGB bedarf die Kündigung eines Arbeitsverhältnisses der Schriftform, d. h. sie muss schriftlich erfolgen und vom Arbeitgeber bzw. einer hierzu berechtigten Person unterschrieben sein. Eine Kündigung, die diesen Anforderungen nicht genügt, ist unwirksam.

2.5.2 Fehlende Bevollmächtigung

Oft lässt sich der Arbeitgeber bei Ausspruch der Kündigung vertreten. Eine solche Vertretung ist aber nur wirksam, wenn der Bevollmächtigte mit der Kündigung eine entsprechende **Vollmachtsurkunde** vorlegt. Ist

160 Art. 48 Abs. 2 S. 2 GG.

161 Z.B. § 35a Abs. 2 der Hessischen Gemeindeordnung. Die Regelungen für alle Bundesländer können auf Grund des Umfangs nicht wiedergegeben werden.

dies nicht der Fall und weist der Arbeitnehmer deswegen die Kündigung zurück, ist die Kündigung nach § 174 Satz 1 BGB unwirksam. Die Zurückweisung muss unverzüglich geschehen, d. h. ohne schuldhaftes Zögern gem. § 121 Abs. 1 Satz 1 BGB. Dazu ist schnelles Handeln geboten, da eine Zurückweisung nach drei bis vier Tagen noch rechtzeitig, nach neun bis zehn Tagen aber wohl verspätet sein dürfte.[162] Die Vorlage einer Vollmacht ist allerdings nach § 174 Satz 2 BGB dann entbehrlich, wenn der Arbeitnehmer vorab von der Bevollmächtigung wusste oder der im Auftrag des Arbeitgebers kündigende Vertreter nach seiner Stellung, z. B. als Geschäftsführer, Personalleiter, üblicherweise zum Ausspruch von Kündigungen berechtigt ist.

2.5.3 Betriebsratsanhörung

Der Betriebsrat ist vor Ausspruch einer Kündigung nach § 102 Abs. 1 BetrVG zwingend anzuhören. **Eine unterbliebene oder fehlerhafte Anhörung des Betriebsrats führt zur Unwirksamkeit der Kündigung.**[163]
Der Arbeitgeber hat dem Betriebsrat dabei alle diejenigen Gründe, die für seinen Kündigungsentschluss maßgeblich sind, derart vollständig[164] und detailliert darzulegen, dass sich der Betriebsrat ein eigenes Bild über die Stichhaltigkeit der Kündigungsgründe machen kann.
Auch wenn der Betriebsrat die Zustimmung ausdrücklich verweigert oder er sich nicht binnen der gesetzlichen Frist äußert (eine Woche bei einer ordentlichen, drei Tage bei einer außerordentlichen Kündigung) und die Zustimmung deshalb kraft Gesetzes nach § 102 Abs. 2 BetrVG als erteilt gilt, hindert dies den Ausspruch der Kündigung grundsätzlich nicht.[165]
Die Anhörung des Betriebsrats ist dennoch von großer Bedeutung, da der Arbeitgeber die Kündigung im Kündigungsschutzprozess nur auf die Kündigungsart und die Gründe stützen darf, zu welcher er den Betriebsrat auch angehört hat. So ist z. B. eine fristlose Kündigung unwirksam, wenn der Betriebsrat nur zu einer ordentlichen Kündigung angehört

---

162 Maßgebend sind die Umstände des Einzelfalls: BAG vom 30. 5. 1978 – 2 AZR 633/76, DB 1978, 2082; ein Überblick über die Rechtsprechung findet sich in HK-ArbR/Fiebig, vor § 1 KSchG Rn. 38.

163 ErfK-Kania, § 102 BetrVG Rn. 29.

164 BAG vom 11. 7. 1991 – 2 AZR 119/91, NZA 1992, 38.

165 Anders bei der Kündigung eines Betriebsratsmitgliedes, wo der Arbeitgeber vor Ausspruch der Kündigung gegebenenfalls die Zustimmung des Betriebsrats durch das Arbeitsgericht nach § 103 BetrVG ersetzen lassen muss; siehe auch 2.4.2., Seite 73.

wurde[166] oder wenn der Betriebsrat nur zu einer Verdachtskündigung angehört wurde, an ihrer Stelle aber eine Tatkündigung ausgesprochen wurde. Ferner hat ein Widerspruch des Betriebsrats Auswirkungen auf einen etwaigen **Weiterbeschäftigungsanspruch** zumindest bis zum rechtskräftigen Ende des Kündigungsschutzverfahrens (siehe nachfolgend unter 2.6.1, Seite 78). Selbst wenn der Betriebsrat der Kündigung zustimmt, heißt das nicht, dass ein Kündigungsschutzprozess deswegen aussichtslos oder gar unzulässig wäre, da das Arbeitsgericht an die Entscheidung des Betriebsrats nicht gebunden ist.

2.6 Der (Weiter-)Beschäftigungsanspruch

Für die Situation des Arbeitnehmers insbesondere im Kündigungsschutzprozess kann es von ausschlaggebender Bedeutung sein, ob er trotz Kündigung einen Anspruch darauf hat, auch nach Ablauf der Kündigungsfrist weiterbeschäftigt zu werden.

2.6.1 Der betriebsverfassungsrechtliche Weiterbeschäftigungsanspruch aus § 102 Abs. 5 BetrVG

Besteht im Betrieb des Arbeitnehmers ein Betriebsrat, so ist dieser bei ordentlichen Kündigungen anzuhören. Der Betriebsrat kann dies auch nutzen, um innerhalb der Wochenfrist mit den Gründen, die sich aus § 102 Abs. 3 BetrVG ergeben, schriftlich der Kündigung zu widersprechen. Liegt ein dementsprechend qualifizierter, d. h. vom Betriebsrat auch spezifisch begründeter, schriftlicher Widerspruch vor, hat der Arbeitnehmer die Wahlmöglichkeit, ob er neben der Erhebung der Kündigungsschutzklage zusätzlich seine vorläufige Weiterbeschäftigung verlangt. Grundsätzlich soll dadurch die unterbrechungslose, d. h. durchgehende Beschäftigung des Arbeitnehmers im Betrieb ermöglicht werden, wofür allerdings Voraussetzung ist, dass der Arbeitnehmer sein Weiterbeschäftigungsverlangen jedenfalls noch innerhalb der laufenden Kündigungsfrist gegenüber dem Arbeitgeber anmeldet.[167] Verweigert der Arbeitgeber

166 BAG vom 16.3.1978 – 2 AZR 424/76, NJW 1979, 76. Dies gilt auch für eine ordentliche Kündigung, in die die ausgesprochene fristlose Kündigung umgedeutet werden soll, es sei denn, der Betriebsrat wurde vorsorglich auch zur ordentlichen Kündigung bzw. zur Umdeutungsmöglichkeit angehört; vgl. ErfK-Kania, § 102 BetrVG Rn. 5.

167 Vgl. APS-Koch, § 102 BetrVG Rn. 206f.

die Weiterbeschäftigung, kann der Arbeitnehmer beim Arbeitsgericht den Erlass einer einstweiligen Verfügung beantragen.[168] Dabei muss der Arbeitnehmer nur die allgemeinen anspruchsbegründenden Tatsachen für den Weiterbeschäftigungsanspruch glaubhaft machen, insbesondere eine ordnungsgemäße Beschlussfassung des Betriebsrats über den von ihm erhobenen Widerspruch. Eine darüber hinausgehende Darlegung von Gründen, warum im Eilverfahren über die Weiterbeschäftigung entschieden werden muss (so genannter Verfügungsgrund) ist entbehrlich.[169]
Der Weiterbeschäftigungsanspruch, der so durch einstweilige Verfügung gesichert wurde, kann im Rahmen der Zwangsvollstreckung auch im laufenden Kündigungsschutzverfahren durchgesetzt werden durch Verhängung von Zwangsgeld bzw. Zwanghaft gegen den Arbeitgeber, der sich weigert, den entsprechenden Arbeitsplatz zuzuweisen.
In besonderen Fällen kann allerdings auch der Arbeitgeber dem Weiterbeschäftigungsbegehren dadurch begegnen, dass er seinerseits eine einstweilige Verfügung beantragt mit dem Ziel, von der Weiterbeschäftigung nach § 102 Abs. 5 Satz 1 BetrVG entbunden zu werden. Dazu ist seitens des Arbeitgebers darzulegen, dass die vom Arbeitnehmer erhobene Kündigungsschutzklage keine hinreichende Aussicht auf Erfolg bietet und mutwillig erscheint. Weitere Gründe für einen entsprechenden Entbindungsantrag können unzumutbare wirtschaftliche Belastungen gerade durch die Weiterbeschäftigung sein. Die Berufung hierauf ist allerdings ausgeschlossen, wenn der Arbeitgeber durch die Beschäftigung des Arbeitnehmers jedenfalls eine wirtschaftliche Gegenleistung erhält. Ferner kann ein solcher Antrag auf Entbindung von der Weiterbeschäftigung dann erfolgreich sein, wenn es sich um einen offensichtlich unbegründeten oder formell nicht ordnungsgemäß erhobenen Widerspruch des Betriebsrats handelt.
Auch die Entbindung von der Pflicht zur Weiterbeschäftigung erfolgt in einem Verfahren des einstweiligen Rechtsschutzes, über das das Arbeitsgericht im Urteilsverfahren zu entscheiden hat und zwar in aller Regel aufgrund einer mündlichen Verhandlung, die entsprechend mit rechtskundiger Hilfe vorzubereiten ist.

---

168 Vgl. LAG Hamburg vom 25. 1. 1994 – 3 Sa 113/93, LAGE Nr. 21 zu § 102 BetrVG 1972 Beschäftigungspflicht; LAG München vom 16. 8. 1995 – 9 Sa 543/95, LAGE Nr. 22 zu § 102 BetrVG 1972 Beschäftigungspflicht.

169 LAG Hamburg, a. a. O.; LAG München, a. a. O.; APS-Koch, § 102 BetrVG Rn. 213 m. w. N.

2.6.2 Der allgemeine Weiterbeschäftigungsanspruch im laufenden Arbeitsverhältnis

Der Arbeitnehmer hat einen Anspruch auf Beschäftigung beruhend auf dem allgemeinen Persönlichkeitsrecht, welches auch im bestehenden Arbeitsverhältnis zu beachten ist.[170] Wann dieser Beschäftigungsanspruch nach Ausspruch einer arbeitgeberseitigen Kündigung wirksam durchgesetzt werden kann, war lange sehr umstritten. Hierzu hat das BAG entschieden, dass ein solcher Beschäftigungsanspruch während eines Kündigungsschutzverfahrens erst dann geltend gemacht werden kann, wenn es sich entweder um eine offensichtlich unwirksame Kündigung handelt oder wenn das Gericht in erster Instanz der Kündigungsschutzklage stattgegeben hat und nicht die Interessen des Arbeitgebers an der Nichtbeschäftigung des Arbeitnehmers im Einzelfall überwiegen.[171]
Da eine offensichtlich unwirksame Kündigung in der Regel nur dann vorliegt, wenn beispielsweise der Betriebsrat nicht angehört wurde oder bei einem anerkannt schwerbehinderten Menschen das Verfahren vor dem Integrationsamt versäumt wurde, wird in aller Regel der allgemeine Weiterbeschäftigungsanspruch erst dann greifen, wenn in erster Instanz ein für den Arbeitnehmer obsiegendes Urteil erstritten wurde. Deshalb sollte im Rahmen der Kündigungsschutzklage nicht nur die Wirksamkeit der Kündigung angegriffen, sondern auch stets der Weiterbeschäftigungsantrag gestellt werden, spätestens nach gescheitertem Gütetermin.

2.6.3 Der Wiedereinstellungsanspruch

Aus dem Arbeitsverhältnis resultiert die Pflicht des Arbeitgebers, auf die berechtigten Belange des Arbeitnehmers Rücksicht zu nehmen. Hieraus ist abzuleiten, dass der Arbeitgeber nach einer veränderten betrieblichen Situation von sich aus an den gekündigten Arbeitnehmer herantreten muss, wenn die Voraussetzungen der Kündigung nicht mehr vorliegen, um ihm die Wiedereinstellung anzubieten.[172] Dabei beschränkt die Rechtsprechung des BAG allerdings den Wiedereinstellungsanspruch auf die Fälle, wo sich noch innerhalb der Kündigungsfrist herausstellt, dass die Prognose des Arbeitgebers, dass er zukünftig den Arbeitnehmer nicht

---

170 BAG vom 10.11.1955 – 2 AZR 591/54, AP Nr. 2 zu § 611 BGB Beschäftigungspflicht.

171 BAG (Großer Senat) vom 27.2.1985 – GS 1/84, AP Nr. 14 zu § 611 BGB Beschäftigungspflicht.

172 Vgl. APS-Kiel, § 1 KSchG Rn. 741 f.

mehr weiterbeschäftigen kann, sich als falsch erweist.[173] Nach Ablauf der Kündigungsfrist soll eine Abweichung des tatsächlichen Verlaufs von der bei Ausspruch der Kündigung zugrunde gelegten Prognose unschädlich sein.

Wichtig ist, dass ein Wiedereinstellungsanspruch auch dann besteht, wenn der Betrieb entgegen der geäußerten Absicht nicht stillgelegt, sondern auf einen Erwerber übertragen wird und hier die Voraussetzungen für einen Betriebsübergang nach § 613a BGB erfüllt sind.[174]

Dabei hat der Arbeitnehmer seinen Anspruch auf Fortsetzung des Arbeitsverhältnisses unverzüglich gegenüber dem Betriebserwerber zu erklären.[175] Weigert sich der Arbeitgeber, den Arbeitnehmer wieder einzustellen, ist nur im Sonderfall des Betriebsübergangs eine Monatsfrist zu beachten, die mit dem Zeitpunkt beginnt, mit welchem der Arbeitgeber bzw. ein Dritter, der den Betrieb übernommen hat, die Einstellung ablehnt.[176] Im Übrigen gelten die allgemeinen Verwirkungsgrundsätze.[177] Eine zeitnahe Durchsetzung ist aber aus taktischen Überlegungen sinnvoll.

Ob eine Wiedereinstellung auch nach Abschluss eines Aufhebungsvertrages in Betracht kommt, wird in Kapitel 12.6 (Seite 280ff.) näher ausgeführt.

2.7 Die geltenden Kündigungsfristen

Schließlich ist noch zu beachten, welche Kündigungsfrist der Arbeitgeber im Falle einer Kündigung einzuhalten hat. Die Kündigungsfrist kann sich dabei sowohl aus dem Gesetz, aus einem Tarifvertrag als auch aus einer einzelvertraglichen Regelung ergeben.

2.7.1 Aus dem Gesetz

Nach § 622 Abs. 1 BGB kann ein Arbeitsverhältnis mit einer Frist von vier Wochen zum Fünfzehnten oder zum Ende eines Kalendermonats gekündigt werden. Nach Abs. 2 verlängert sich diese Frist bei Kündigungen

173 Vgl. BAG vom 27.2.1997 – 2 AZR 160/96, NZA 1997, 757.

174 EuGH vom 11.3.1997 – C-95/13, NZA 1997, 433.

175 BAG vom 12.11.1998 – 8 AZR 282/97, AP Nr. 186 zu § 613a BGB.

176 Vgl. APS-Kiel, § 1 KSchG Rn. 760.

177 Vgl. HK-ArbR/Braun, § 1 KSchG Rn. 670.

durch den **Arbeitgeber** für den Fall, dass das Arbeitsverhältnis zwei Jahre bestanden hat, auf einen Monat zum Ende des Kalendermonats und anschließend in mehreren Schritten bis auf sieben Monate zum Ende eines Kalendermonats, sofern das Arbeitsverhältnis 20 Jahre bestanden hat. Die Einschränkung, dass Zeiten der Betriebszugehörigkeit, die vor dem 25. Lebensjahr zurückgelegt wurden, nicht mitzählen, ist als europarechtswidrig aufgehoben worden (vgl. unter 2.3, Seite 71). Daran ändert sich auch dadurch nichts, dass der Gesetzgeber sich trotz inzwischen längeren Zeitablaufs »weigert«, das Gesetz an die verbindliche EuGH-Rechtsprechung anzupassen.

2.7.2 Aus tariflichen Regelungen

Häufig finden sich in Tarifverträgen vom Gesetz abweichende längere Fristen bei Kündigungen durch den Arbeitgeber, an welcher dieser sich dann – bei gegenseitiger Tarifgebundenheit – zu halten hat. Sofern ein älterer Tarifvertrag jedoch nur die günstigere frühere Gesetzeslage wörtlich wiedergibt, ist zu überprüfen, ob es sich überhaupt um eine eigenständige Regelung und nicht nur auf einen Verweis auf (damals) geltendes Recht handelt.

2.7.3 Aus einzelvertraglichen Vereinbarungen

Schließlich können sich abweichende Regelungen noch aus einzelvertraglichen Vereinbarungen ergeben. Sofern längere und damit günstigere Fristen als in Gesetz und Tarifvertrag vereinbart wurden, gelten diese. Kürzere Fristen als in § 622 Abs. 1 BGB dürfen jedoch nach § 622 Abs. 5 BGB nur vereinbart werden, wenn es sich um ein Aushilfsarbeitsverhältnis handelt oder der Arbeitgeber nicht mehr als zwanzig Arbeitnehmer ausschließlich der Auszubildenden beschäftigt und die Kündigungsfrist vier Wochen nicht unterschreitet.

2.8 Der Ablauf eines Kündigungsschutzprozesses

Nur wenn der von einer Kündigung betroffene Arbeitnehmer sich gegen die Erklärung der Kündigung durch den Arbeitgeber wehrt, wird diese nicht unanfechtbar. Es hilft eben nichts, nur »Recht zu haben«, sondern dieses Recht muss auch durchgesetzt werden. Dazu ist es erforderlich, dass ein gekündigter Arbeitnehmer beim örtlich zuständigen Arbeitsgericht Kündigungsschutzklage einreicht. Diese muss innerhalb von drei Wochen nach Erhalt der Kündigungserklärung beim Arbeitsgericht eingegangen sein (vgl. § 4 KSchG).

2.8.1 Erste Instanz – Güte- und Kammertermin

Geht die Klage rechtzeitig beim Arbeitsgericht ein, wird das zuständige Gericht kurzfristig zu einer **Güteverhandlung** einladen. Gerade bei Kündigungsschutzklagen besteht eine besondere Prozessförderungspflicht des Arbeitsgerichts. Die Güteverhandlung soll nämlich innerhalb von zwei Wochen nach Klagerhebung stattfinden (vgl. § 61a Abs. 2 ArbGG).
In der Güteverhandlung, die der Arbeitsrichter allein – ohne ehrenamtliche Richter – leitet, soll nach Möglichkeit eine gütliche Einigung erzielt werden mit der Folge, dass es dann einer gerichtlichen Entscheidung über die Kündigungsschutzklage nicht bedarf. Kann das Arbeitsgericht die Streitparteien zu einer Einigung bewegen, wird ein Vergleich geschlossen, der dann nach Protokollierung und Genehmigung durch die Beteiligten das Verfahren insgesamt beendet. Auch kann es Ergebnis eines Gütetermins sein, dass die Parteien sich zunächst darauf verständigen, das Verfahren nicht streitig durchzuführen, sondern sich außergerichtlich die erforderliche Zeit zu nehmen, die Bedingungen eines Aufhebungsvertrages oder in Ausnahmefällen auch für eine anderweitige Weiterbeschäftigung auszuhandeln. Dies ist insbesondere dann ein tragbares Zwischenergebnis, wenn die einzelnen zwischen den Beteiligten zu klärenden Punkte so vielschichtig sind, dass diese im Rahmen einer in der Regel nur 15 Minuten dauernden Güteverhandlung nicht befriedigend zu klären sind.
Können sich Arbeitnehmer und Arbeitgeber nicht im Rahmen der Güteverhandlung verständigen, ist vom Arbeitsgericht eine streitige Verhandlung zu terminieren, die dann oft mehrere Monate nach gescheiterter Güteverhandlung stattfindet. Diese weitere – streitige – Verhandlung wird als **Kammertermin** bezeichnet, d. h., neben dem schon im Gütetermin zuständigen Arbeitsrichter werden zur Verhandlung jeweils ein Beisitzer aus dem Arbeitnehmerlager und ein Beisitzer aus dem Arbeitgeberlager hinzugezogen. Nur in dieser Besetzung von drei Richtern (ein Berufsrichter, zwei ehrenamtliche Richter) kann dann auch ein Urteil gefällt werden.
Zur Vorbereitung der streitigen Verhandlung werden die Parteien aufgefordert, ihren gesamten Vortrag abschließend dem Gericht in schriftlicher Form zuzuleiten und für die streitigen Tatsachenbehauptungen Beweis, z. B. durch Zeugen und Dokumente anzubieten.

Dabei obliegt dem Arbeitgeber die Beweislast dafür, dass die Kündigung gerechtfertigt ist, während der Arbeitnehmer beweisen muss, dass die Voraussetzungen des Kündigungsschutzes (Betriebsgröße, Erfüllung der Wartezeit usw.) erfüllt sind. Auch muss er im Rahmen der Sozialauswahl darlegen, warum nicht er, sondern ggf. ein anderer Arbeitnehmer sozial weniger schutzbedürftig gewesen wäre.

2.8.2 Zweite Instanz – Landesarbeitsgericht

Nach einem Urteil 1. Instanz können beide Seiten, wenn sie das ergangene Urteil nicht akzeptieren, Berufung zum Landesarbeitsgericht einlegen. Dabei hat das Landesarbeitsgericht sämtliche vorgetragenen Tatsachen erneut zu prüfen und ggf. zu ermitteln. Es kann aufgrund anderer Würdigung der Tatsachen zu einer abweichenden Entscheidung kommen und beispielsweise feststellen, dass die Kündigung gerechtfertigt war oder nicht. Durch das Berufungsurteil wird das erstinstanzliche Urteil ersetzt. In aller Regel endet durch das Berufungsurteil die gerichtliche Überprüfungsmöglichkeit. Die überwiegende Mehrzahl der Urteile der Landesarbeitsgerichte in Kündigungsschutzsachen wird rechtskräftig.

2.8.3 Dritte Instanz – Bundesarbeitsgericht

Eine Ausnahme gilt jedoch dann, wenn – z. B. in grundsätzlichen Angelegenheiten – das Landesarbeitsgericht die Revision ausdrücklich zugelassen hat. Dann kann die unterlegene Partei Revision zum Bundesarbeitsgericht in Erfurt einlegen.
Ein besonderes, allerdings nur in seltenen Fällen erfolgreiches Rechtsmittel steht zur Verfügung, falls das Landesarbeitsgericht die Revision nicht zugelassen hat. Es kann dann nämlich unter besonders engen Voraussetzungen eine so genannte Nichtzulassungsbeschwerde nach § 72a ArbGG eingelegt werden, über die das Bundesarbeitsgericht in einem schriftlichen Verfahren entscheidet.
Im Revisionsverfahren selbst kann das Bundesarbeitsgericht durch Urteil selbst entscheiden oder die Sache zur erneuten Verhandlung an das Landesarbeitsgericht zurückverweisen, etwa weil noch weitere Tatsachen aufgeklärt werden müssen.
Grundsätzlich prüft das Bundesarbeitsgericht im Revisionsverfahren aber nur, ob dem Landesarbeitsgericht bei seiner Entscheidung Rechtsfehler unterlaufen sind. Der Tatsachenvortrag aus den Vorinstanzen wird übernommen, ohne dass es möglich wäre, neue Tatsachen im Revisionsver-

fahren vorzutragen, die versäumt wurden, in den Sachvortrag der Vorinstanzen aufzunehmen.
Trifft das Bundesarbeitsgericht eine Revisionsentscheidung, ist der Rechtsstreit endgültig beendet, sieht man von der außerordentlich seltenen Möglichkeit einer Verfassungsbeschwerde zum Bundesverfassungsgericht ab. In Einzelfällen kann zudem eine Überprüfung anhand der Europäischen Menschenrechtskonvention und der Europäischen Sozialcharta angezeigt sein.

2.8.4 Dauer von Kündigungsschutzprozessen

Allgemein gültige Fristen für die **Dauer von Arbeitsgerichtsverfahren** können naturgemäß nicht benannt werden. Gelingt es nicht, die Sache im Gütetermin oder im zeitlichen Zusammenhang damit zu einem gemeinsamen Ergebnis zu bringen, muss jedoch für das Verfahren 1. Instanz von einem Zeitraum von sechs bis zwölf Monaten ausgegangen werden, in besonders komplexen Angelegenheiten mit umfangreicher Beweisaufnahme kann dieser Zeitraum auch überschritten werden. Für das Verfahren vor dem Landesarbeitsgericht ist ebenfalls ein Zeitraum von rund einem Jahr zu veranschlagen. Je nach Geschäftslage beim Bundesarbeitsgericht ist für die Revisionsinstanz auch ein Zeitraum von ca. einem Jahr zu veranschlagen, so dass bis zur Rechtskraft einer Entscheidung viele Monate bzw. zwei bis drei Jahre ins Land gehen können.
Wird aber nach gewonnenem Kündigungsschutzprozess der Weiterbeschäftigungsanspruch rechtskräftig, hat der Arbeitgeber für den gesamten Zeitraum des Kündigungsschutzprozesses aufgelaufene Gehaltsansprüche zu bedienen und gegenüber der Arbeitsagentur das Arbeitslosengeld zu erstatten.

3. Psychologische Faktoren rund um den Aufhebungsvertrag

3.1 Fallbeispiele

Fallbeispiel 1
Marion S. aus W., 38 Jahre alt, zwölf Jahre im Betrieb tätig. Ihr Arbeitgeber, ein bekanntes Kaufhausunternehmen, will mit Rücksicht auf die Gewinnerwartungen der Konzernmutter zahlreiche Arbeitsplätze in der Verwaltung, darunter ihre Stelle als Sachbearbeiterin im Einkauf, wegrationalisieren. Es gibt einen – was die Abfindung anbetrifft – allerdings eher mäßig dotierten Sozialplan.

Fallbeispiel 2
Eckhard M. aus M., 59 Jahre alt, 36 Jahre Betriebszugehörigkeit. Der Zeitschriftenverbund, bei dem er Layoutchef ist, wird an einen anderen Verlag veräußert. Die dortige Verlegerin äußert, dass sie keine alten Männer um sich haben wolle und es eigentlich für Herrn M. keine Weiterbeschäftigungsperspektiven gäbe.

Fallbeispiel 3
Norbert K. aus L., 45 Jahre alt, $2^1/_2$ Jahre Betriebszugehörigkeit. Angestellter Berater in einer kleinen Unternehmensberatungsfirma, einziger Mitarbeiter an einem auswärtigen Standort. Der Hauptgesellschafter kürzt die Finanzmittel. Gegenüber Norbert K. wird eine betriebsbedingte Kündigung ausgesprochen.

Fallbeispiel 4
Gerald W. aus S., 49 Jahre alt, 27 Jahre Betriebszugehörigkeit. Sein Arbeitgeber, eine Laborfirma, wird von einem größeren Konkurrenten geschluckt. In der Folge wird der Status von Herrn W. als Laborleiter in Frage gestellt. Bisher selbstverständliche Sozialleistungen und Gratifikationen werden eingestellt bzw. gekürzt. Herr W. wird von Kunden auf die auch fachlich im

Niveau gesunkenen Leistungen der Firma angesprochen. Er überlegt, sich selbständig zu machen und versucht, seinen Arbeitgeber zu überzeugen, ihn gegen Abfindung aus dem Arbeitsverhältnis zu entlassen.

Fallbeispiel 5
Monique A. aus H., 35 Jahre alt, acht Jahre Betriebszugehörigkeit, Buchhalterin mit einem 30-Stunden-Vertrag. Ihr Arbeitgeber verübelt ihr, dass sie wegen ihrer Kinder nicht bereit ist, 40 Stunden wöchentlich zu arbeiten. Eine schon in Aussicht genommene Beförderung scheitert nun, vielmehr wird sie überwiegend mit einfacheren Tätigkeiten befasst. Gespräche über eine Abfindungsvereinbarung scheitern, da Frau A. am Arbeitsplatz festhalten will. Konsequenz: Der Arbeitgeber verteilt Abmahnungen und kontrolliert die Beschäftigte hinsichtlich jedes Details ihrer Tätigkeit.

Fallbeispiel 6
Susanne G. aus D., 52 Jahre alt, neun Jahre Betriebszugehörigkeit, Sicherheitsbeauftragte. Ihr Arbeitgeber eröffnet ihr nach einer längeren Krankheitsphase, dass die ihr unterstellten Mitarbeiter wegen »Mobbings« nicht mehr mit ihr zusammenarbeiten wollten. Frau G. reagiert mit der spontanen Bemerkung, dann werde sie wohl gehen müssen. Gespräche über eine außergerichtliche Abfindungslösung scheitern.

Fallbeispiel 7
Hendrik H. aus L., 34 Jahre alt, 5 Jahre Betriebszugehörigkeit, Restaurantleiter in einem Hotel. Sein Vorgesetzter ruft ihn unvermittelt in das Personalbüro. Dort wird ihm von seinem Vorgesetzten und der Personalleiterin vorgeworfen, dass er das Unternehmen beklaut habe und man ihn fristlos kündigen wird, wenn er nicht sofort den bereits vorformulierten Aufhebungsvertrag unterschreibt.

Solche Fälle, die so oder ähnlich jeden Tag in Deutschland passieren, weisen einen gemeinsamen Nenner auf: Das Arbeitsverhältnis befindet sich in einer Krisensituation. Jede Krisensituation fordert ein aktives Krisenmanagement. Dazu gehört, dass jeder Beteiligte – neben der selbstverständlichen Prüfung der Rechtslage – möglichst genau die maßgebenden psychologischen Einflussfaktoren betrachtet.

3.2 Wahrnehmungen aus Arbeitgebersicht

Arbeitgeber bzw. ihre verantwortlichen Vertreter im Unternehmen sind dem eigentlichen Krisengeschehen, das den Arbeitnehmer trifft, oft um einen oder mehrere Schritte voraus. Im Fallbeispiel 1 ist es der Arbeitgeber, der die Betriebsänderung geplant und in diesem Zusammenhang ausgewählt hat, wen die Rationalisierung treffen soll. Schon früh konnten Kündigungsszenarien auch mit Hilfe externer Berater durchgespielt werden. Fällt dann die Entscheidung, muss der hierfür zuständige Manager ganz oft auch persönlich die Verantwortung dafür übernehmen, dass die personelle Maßnahme erfolgreich – im Sinne des Unternehmens – durchgesetzt wird. Der Beschluss, sich von einem oder mehreren Mitarbeitern trennen zu wollen, wird mithin flankiert von einem entsprechenden Trennungswillen. So lag es auch im Fallbeispiel 3, wo es angesichts der geringen Größe der Firma für den Geschäftsführer zu einer echten »Überlebensfrage« für ihn selbst werden konnte, wenn es ihm nicht gelingt, den auch noch gut verdienenden »Mitarbeiter« loszuwerden.

Betriebswirtschaftliche Logik wird so zu einem persönlichen Bewusstseinsmoment, die erfolgreiche Kündigung des Mitarbeiters zu einer Frage der eigenen Durchsetzungsfähigkeit. Auch werden Führungskräfte oft mit finanziellen Anreizen (»verzielt«) zur Durchsetzungsstärke animiert.

3.2.1 Trennungswille

Noch deutlicher wird der Trennungswille, wenn subjektiv gefärbte Momente hinzutreten. Die Verlegerin im Fallbeispiel 2 hat wirklich keine »Lust«, mit älteren Menschen zusammenzuarbeiten, sei es, weil sie niemanden dabei haben möchte, der ihr an Lebenserfahrung voraus ist, sei es, weil sie aus »optischen« Gründen nur von »jungen« Menschen, die in die Hochglanzmagazine ihres Verlages hineinpassen, umgeben sein möchte.

Der Trennungswille hier ist also vorrangig keine Frage einer vorgeblich objektiven, weil betriebswirtschaftlich begründeten Logik, sondern folgt subjektiven Vorgaben. Es ist dann oft eine Frage des Temperaments der handelnden Akteure, ob dieses Moment überhandnimmt und der Konflikt lautstark eskalierend oder mit subtileren Mitteln im Betrieb ausgetragen wird.

In den Fallbeispielen 5 und 7 hat der Arbeitgeber bereits innerlich mit dem Gedanken an eine Fortführung des Arbeitsverhältnisses gebrochen. Sein Problem, dass er dies kündigungsrechtlich vermutlich nicht durchsetzen kann, löst heftige Aktivitäten aus. Abmahnungen und Mobbingähnliche Verhaltensweisen unterstreichen in Fall 5 die Trennungsabsicht. In Fall 7 versucht der Arbeitgeber den Arbeitnehmer zu überrumpeln, um das Arbeitsverhältnis im Handstreich »endgültig« zu beenden. Herr H. kann nach erfolgter Unterschrift den Aufhebungsvertrag nur noch anfechten, wobei er die volle Darlegungs- und Beweislast trägt.

3.2.2 Zeigen von Stärke

Unabhängig davon, ob der Entschluss, sich von bestimmten Mitarbeitern zu trennen, nun die Konsequenz strategischer Planungen ist oder dies einer mehr emotionalen Motivation entspringt, die ganz große Mehrzahl der kündigungsberechtigten Führungskräfte ist auf Autorität bedacht. Ihre Beschlüsse sind umzusetzen und die betriebliche Erfahrung der Mitarbeiter soll so sein, dass es möglichst zwecklos ist, sich den unternehmerischen Vorgaben zu widersetzen. Es wird Stärke gezeigt.
Dieses »Platzhirsch«-Verhalten steht regelmäßig in einem direkten Widerspruch zu der Ausprägung sozialer Kompetenz, zu deren Wesensmerkmalen es u. a. gehört, den Ausgleich mit den betroffenen Mitarbeitern zu suchen und Rücksicht auf deren soziale Betroffenheit, ausgelöst durch den bevorstehenden Arbeitsplatzverlust, zu nehmen. Auch wenn im Fallbeispiel 1 der Arbeitgeber letztlich die Erkenntnis gewinnen sollte, dass der abgeschlossene Sozialplan nur eine ungenügende Abmilderung des Arbeitsplatzverlustes für Frau S. beinhaltet, so gilt es schon deshalb Stärke zu zeigen, da das Abweichen von der vorgezeichneten Linie aus der Sicht des Arbeitgebers die Gefahr heraufbeschwört, dass nicht nur Frau S., sondern auch andere Betroffene motiviert werden, sich gegen eine drohende Kündigung zur Wehr zu setzen. Man fürchtet das Beispiel des erfolgreichen Widerstands.
Sollte dabei allerdings zu unfairen Mitteln der »Überzeugungskunst« gegriffen werden, kann unter Umständen das neu entwickelte Gebot fairer Verhandlungsführung (vgl. unter 12.2, Seite 270) helfen.[178]

3.2.3 Anderweitige Zusagen

Auch »einsichtige« Führungskräfte befinden sich oft in einem Korsett unternehmerischer Vorgaben. Wenngleich möglicherweise sozialen Gesichtspunkten nicht abgeneigt, sind sie dergestalt in die unternehmerischen Absichten eingebunden, dass sie nur sehr schwer hiervon abweichend agieren können. Besonders einengend wird dieses vorgezeichnete

178 BAG vom 7. 2. 2019 – 6 AZR 75/18.

Handlungsmuster, wenn nicht nur die Gesellschafter aufgrund der Unternehmensbeschlüsse ihr Verhalten bestimmen, sondern parallel dazu anderen Beschäftigten bereits Zusagen gemacht wurden im Hinblick auf die Arbeitsstelle des Betroffenen. So ist im Fallbeispiel 2 bereits ein Nachfolger als Layoutchef »ausgeguckt« und angesprochen worden. Was sollen wohl dieser und der Rest seiner Kolleginnen und Kollegen davon halten, wenn es nun mit dem Karrieresprung nichts wird, weil Herr M. erfolgreich an seinem Arbeitsplatz festhält?
Eine solche »Auflehnung« beschäftigt auch den Geschäftsführer im Fallbeispiel 5. Auch hier waren mit der entsprechenden Abteilung bereits Pläne für den Zeitpunkt nach dem Ausscheiden von Frau A. geschmiedet worden, die sich nun angesichts ihrer Weigerung, gegen Abfindung aus dem Unternehmen auszuscheiden, so nicht mehr einfach umsetzen lassen. Es dauerte denn nach dem Scheitern der Abfindungsverhandlungen auch nur knapp eine Woche, bis Frau A. die erste Abmahnung in den Händen hielt.

3.2.4 Fehlende Souveränität

Nicht alle Führungskräfte und Arbeitgebervertreter sind zudem so souverän, dass sie mit widerstrebenden Arbeitnehmern und deren Gegenargumenten sachlich umgehen können. Gerade in kleineren Unternehmen, wo der Chef gleichzeitig Inhaber ist, oder auf mittleren Managementebenen findet sich häufig der Typus des Autokraten, der Widerspruch nicht duldet und auch den Ratschlägen seiner Berater hinsichtlich der Risiken einer denkbaren Kündigung nichts abgewinnen kann. Solche »Starrköpfigkeit« hat meist zur Folge, dass jedenfalls eine außergerichtliche Einigung scheitert oder nur unter unzulänglichen Bedingungen für den Beschäftigten möglich wäre. Hier bedarf es oft ebenso einfühlsamer wie aber auch direkter Ansprache eines Gerichts im Kündigungsschutzprozess, damit vorgegebene Denkschemata überwunden werden können, die einer einvernehmlichen Beendigung gegenüberstehen.

3.3 Wahrnehmungen aus Arbeitnehmersicht

Für den betroffenen Arbeitnehmer ist die Krisensituation, in die das Arbeitsverhältnis gerät, ganz selten von langer Hand erkennbar. Oft fehlt es auch an der Möglichkeit, betriebswirtschaftliche Situationen einzuschätzen, zumal Unternehmen selten bereit sind, ihre ökonomischen

Kennziffern offen darzulegen. So hätte – objektiv gesehen – Herr W. im Fallbeispiel 4 wesentlich früher auf die sich abzeichnende wirtschaftliche Krisensituation seines Arbeitgebers reagieren sollen. Hätte er eher den Konflikt gesucht und sich auf ein Ausscheiden gegen Zahlung einer Abfindung orientiert, etwa indem er sich entschlossen gegen die Kürzung seiner Sozialleistungen zur Wehr gesetzt hätte, wäre voraussichtlich ein für ihn besseres Ergebnis zu erzielen gewesen, als nunmehr »wenige Minuten vor 12« von sich aus Aufhebungsverhandlungen einzuleiten, die aufgrund der dann offenliegenden Motivlage kaum auf eine auskömmlich dotierte Abfindung hinauslaufen können.

Rationalisierungsvorhaben finden oft auch in wirtschaftlich völlig gesunden Betrieben statt. Insbesondere Unternehmensübernahmen werden hinter völlig verschlossenen Türen verhandelt, so dass der Inhaberwechsel manchmal über Nacht passiert. Rechtzeitige Vorsorge ist für Beschäftigte da schlicht nicht möglich.

Selbst wenn außerökonomische Gründe das Arbeitsverhältnis gefährden, kommt dies für den Arbeitnehmer meist überraschend. Woher sollte Monique A. (Fallbeispiel 5) denn ahnen, dass sie völlig »unten durch« ist, nachdem sie aus Gründen, die aus ihrer Sicht völlig plausibel sind (Kinderbetreuung), die Verlängerung ihrer individuellen Arbeitszeit abgelehnt hat und ihre Arbeit vorher immer positiv bewertet wurde?

Auch für Eckhard M. (Fallbeispiel 2), der sich fachlich mit 59 Jahren topfit fühlt und jede Menge Überstunden angehäuft hatte, um über viele Jahre das pünktliche und qualitativ hochwertige Erscheinen der Verlagsjournale zu gewährleisten, ist es kaum zu fassen, dass er nun zum »alten Eisen« gezählt wird. Dies betrifft aber auch die Arbeitnehmerin, die, wie im Fallbeispiel 1, aus möglicherweise völlig einleuchtenden wirtschaftlichen Gründen ihren Arbeitsplatz verlieren soll. Hatte auch sie nicht bis zuletzt alle Hände voll zu tun? Wer soll denn ihre Arbeit erledigen, wenn sie nicht mehr da ist? Warum trifft es ausgerechnet sie, obwohl sie doch immer einsatzbereit und fleißig war und sich manches Mal noch zur Arbeit bewegt hatte, obwohl sie sich krankheitsbedingt »hundeelend« fühlte? Die Frage der Betroffenen lautet denn auch oft, ob es denn keine »Gerechtigkeit« gäbe.

3.3.1 Kränkung

Das vorherrschende Gefühl in solchen Situationen ist regelmäßig das einer persönlichen Kränkung. Jeder Beschäftigte verbringt schließlich einen Großteil des aktiven Lebens am Arbeitsplatz. Dieser verschafft ihm nicht nur den zum Lebensunterhalt erforderlichen Verdienst, sondern er definiert auch ganz oft neben Familie und Freundes- und Bekanntenkreis den persönlichen Lebensmittelpunkt. Dieser soll ihm nun entzogen werden. Zwar wird »die Arbeit« oft als belastend und anstrengend empfunden, gleichwohl sind die meisten Arbeitnehmer mit ihrem Job als solchem nicht unzufrieden und haben sich mit dessen Gegebenheiten arrangiert. Der Arbeitsplatz spielt eine zentrale Rolle als Ort persönlicher Anerkennung. Die damit verbundene »Wertschätzung«, ob sie nun objektiv nachvollziehbar, also vom Arbeitgeber, von Vorgesetzten oder Kollegen ausgesprochen oder auch nur subjektiv im Rahmen des Arbeitsverhältnisses empfunden wurde, geht mit dem vom Arbeitgeber geäußerten Trennungswunsch ersatzlos verloren. Es ist eine Situation, die sich umschreiben lässt mit plötzlichem »Liebesentzug«: Eine ausgesprochen deprimierende Erfahrung.

Wer sich so gekränkt fühlt, reagiert nicht nur verärgert und »schnappt ein«. Ganz oft beginnt jetzt eine Fehlersuche: »Habe ich auch wirklich alles getan, um in der Vergangenheit meine Vorgesetzten von meinen Qualitäten zu überzeugen?« – »Hätte ich bei der letzten Grippe lieber in den Betrieb kommen sollen?« – »Bin ich zu alt und zu ›unattraktiv‹?« – »Habe ich die ›Zeichen der Zeit‹ verschlafen?«.

Die/der Betroffene fängt an zu grübeln. Zwischen Rechtfertigungsversuchen und harter Fehlerkritik gegenüber der eigenen Person geht oft verloren, was den eigentlichen Ausgangspunkt der Trennungsabsichten des Arbeitgebers bildet, nämlich dessen ökonomische oder betriebspolitische Interessen am Weggang dieses und ggf. weiterer Beschäftigter.

So kann während dieser Phase der tiefsitzenden Kränkung ein fataler psychologischer Kreislauf eintreten. Der wegen der Kündigung »Zurückgesetzte« sucht die Schuld bei sich selbst. Er wird so zum doppelten »Opfer«. Zum einen trifft ihn die Kündigung wegen des in der Regel unerwarteten und natürlich auch unerwünschten Arbeitsplatzverlustes. Zum anderen macht er hierfür nicht den Arbeitgeber, sondern sich selbst zum »Hauptschuldigen«.

Es ist ein Gebot der ersten Stunde(n) nach dem Erhalt der Kündigung, die oft sehr tiefgehende Kränkung nicht als persönlichen Angriff auf die eigene Person zu sehen, sondern in der Regel als schlichten Ausdruck scheinbar ökonomischer, jedenfalls aber hierarchisch bedingter Umstände und Interessensgegensätze zu begreifen. Nur so kann die in Kündigungsfällen notwendige Handlungssouveränität erlangt werden.

3.3.2 Mobbing

Kränkung wird oft auch durch Mobbing verursacht. Hinter diesem sehr vielschichtigen Phänomen stehen eine Vielzahl unehrenhafter, »unsozialer« Verhaltensweisen, mit denen Einzelne im betrieblichen Gefüge isoliert und an den Rand gedrängt werden. Dies kann »von oben« veranlasst sein, z. B. durch heftige Schelte von Vorgesetzten, die insbesondere vor den Augen der Kollegen über möglicherweise fachlich berechtigte Kritik weit hinausreicht, durch das Hinausdrängen aus betrieblichen Kommunikationsprozessen, die Zuweisung unbeliebter Arbeitsaufgaben, sich äußernde oft ironisch daherkommender Herabsetzungen usw. Leider kommt es immer wieder vor, dass Mitarbeiterinnen und Mitarbeiter in ein solches Mobbing mit einstimmen und durch allerlei Verhaltensweisen dazu beitragen, dass die betreffende Kollegin/der betreffende Kollege noch stärker ausgegrenzt wird. Manches Mobbing-Opfer ist natürlich auch in dem Sinne »empfänglich«, dass es diese Missachtung seiner Person hinnimmt und nicht in der Lage ist zu kontern. Durch das »Hineinfressen« der so zum Ausdruck gekommenen Missachtung findet ein Prozess psychologischen Zurückweichens statt, der das Mobbing weiter fördert.

Eine Kündigung kann dann sogar – trotz des Arbeitsplatzverlustes! – als Ausweg aus einer solchen emotional sehr belastenden Situation empfunden werden.

Auch Monique A. (Fallbeispiel 5) musste erst lernen, mit der neuen schwierigen Situation fertig zu werden. Viele Gespräche im Familienkreis sowie eine umfangreiche arbeitsrechtliche Beratung haben ihr geholfen. Sie sucht jetzt Bündnispartner im Betrieb, die verhindern, dass sie aus der betrieblichen Kommunikation ausgeschlossen wird. Sie notiert die Anweisungen ihres Arbeitgebers und bestätigt sie in Zweifelsfällen schriftlich, damit es hinterher mit der Art und Weise der Ausführung keine »Missverständnisse« geben kann. Gegen jede Abmahnung reicht sie eine mit ihrem Anwalt abgestimmte Gegendarstellung zur Akte. So ist sie jetzt zwar nicht sicher vor den nächsten Angriffen, die bis zu einer Kündigung reichen können. Sie ist aber – vor allem auch psychologisch – gewappnet.

Bei Eckhard M. (Fallbeispiel 2) brach zunächst eine Welt zusammen, als ihm gedanklich gesehen »der Stuhl vor die Tür« gesetzt wurde. Auch hier halfen viele Gespräche weiter, nicht vor den Angriffen auf seine persönliche Integrität zurückzuweichen, sondern gegenzuhalten. Nicht in eine etwaige Krankheit zu flüchten, sondern ganz bewusst betriebliche Präsenz zu demonstrieren, war sein Einstieg in dann im Ergebnis sehr erfolgreiche Abfindungsverhandlungen.

Schwierig wird es nämlich, wenn wie im Falle der Susanne G. (Fallbeispiel 6) die heftige Kritik an ihrem Sozial- und Arbeitsverhalten dazu führt, betrieblich nicht mehr in Erscheinung zu treten. Ob der Arbeitgeber nun ein Konzept hat, wie er Frau G. loswerden will, oder nicht, durch ihre selbst erklärte »Freistellung« hat sie zumindest psychologisch schon den Anspruch auf »ihren« Arbeitsplatz vorläufig geräumt. Erst die dann gescheiterten Gespräche über eine Abfindungslösung ließen Frau G. erkennen, dass ihre als nobel zu bezeichnende Geste von der Arbeitgeberseite als Schwäche und von den kritisch eingestellten Kollegen als Eingeständnis empfunden wurde.

So verständlich es ist, vor Druck zurückzuweichen – und Kündigungen bzw. entsprechende Ankündigungen enthalten ein ganz massives Bedrohungspotenzial –, so wichtig ist es, jedenfalls den Versuch zu unternehmen, Gegendruck zu entwickeln und aus der »Defensive« herauszukommen.

3.3.3 Soziale Ängste – Prestigeverlust

Die im Falle einer Kündigung sich ausbreitende Sorge um das, was passiert, wenn die Kündigung durchgreift, umfasst nahezu alle Bereiche menschlichen Seins. Für den Fall der Arbeitslosigkeit wird gerade bei älteren Arbeitnehmern, die noch nicht zu den rentennahen Jahrgängen zählen, ein tiefer sozialer Einschnitt befürchtet mit weitgehenden Einbußen im Lebensstandard. Dies gilt aber auch für diejenigen, die bereits in wenigen Jahren nach der Kündigung sich verrenten lassen können, weil sie von Rentenkürzungen betroffen sind (geringere Anwartschaften aufgrund kürzerer Beitragszeiten, lineare Kürzung der Rentenbezüge um 0,3 % für jeden Monat früheren Rentenbeginns vor dem jeweiligen Regelalter). Auch bei jüngeren Arbeitnehmern, insbesondere solchen, die nur über eine eingeschränkte berufliche Qualifikation verfügen oder bereits gesundheitliche Probleme aufweisen, besteht die Befürchtung, keine angemessene Anschlussbeschäftigung finden zu können.

Solche sozialen Ängste mischen sich mit dem befürchteten Verlust an Prestige: Was werden Familie, Nachbarn und Bekannte darüber denken, wenn der Arbeitsplatz verloren gegangen ist?

Erstaunlicherweise ist in Teilen der Gesellschaft immer noch der Glaube verbreitet, dass es oft nur an der Person des betroffenen Arbeitnehmers liege, arbeitslos zu werden.

Natürlich gibt es auch Fälle selbst verschuldeter Arbeitslosigkeit. In der Mehrzahl der Fälle jedoch, insbesondere bei betriebsbedingten Kündigungen, aber auch häufig bei scheinbar personen- und verhaltensbeding-

ten Kündigungen, ist es der Arbeitgeber, der aus den verschiedensten Gründen die Beendigung des Arbeitsverhältnisses betreibt.
Unbeschadet dessen, in wessen Sphäre die Ursache für den Arbeitsplatzverlust liegt, wird mit dessen Eintreten manifestiert, dass der Betroffene jedenfalls an seinem bisherigen Arbeitsplatz nicht mehr gebraucht wird.
In Fall 7 ist Hendrik H. sich bewusst, dass die Vorwürfe gegen ihn völlig haltlos sind. Er hat jedoch große Angst vor einer fristlosen Kündigung und die zumeist folgende Verhängung einer Sperrzeit durch die Agentur für Arbeit. Er hat auch Angst davor, keinen neuen Job in seiner Heimatstadt zu finden, da er befürchtet, dass er durch eine fristlose Kündigung als Dieb »gebrandmarkt« sein wird. Als der Arbeitgeber ihm auch noch ein gutes Zeugnis verspricht, unterzeichnet er daher den Aufhebungsvertrag.

3.3.4 Versagensängste

Neben den oft nachvollziehbaren Zukunftsängsten kommt die Sorge, ob dem durch die Kündigung im Betrieb entstehende Druck, der sich insbesondere noch erhöht, wenn die/der Betroffene um ihren/seinen Arbeitsplatz kämpft, standgehalten werden kann.
Manche Arbeitgeber wissen um diese tief sitzende Sorge. So kommt es vor, dass schon früh in zweifelhaften Kündigungsfällen sehr niedrig dotierte Abfindungsangebote unterbreitet werden, die dann nur unter der Bedingung angenommen werden können, dass keine Kündigungsschutzklage erhoben wird. Meist wird dies mit der Ankündigung verbunden, dass im Fall der Einleitung eines Prozesses überhaupt keine Abfindung gezahlt werde.
Hier kann nur eine fundierte juristische Beratung weiterhelfen, die die rechtlichen Chancen auslotet für den Fall, dass das – schlecht dotierte – außergerichtliche Angebot ausgeschlagen wird.
Die rechtzeitige und sachkundige Beratung ist umso wichtiger, als es immer wieder passiert, dass Arbeitgeber Gespräche über eine Abfindungslösung anbieten, die notwendige Übereinkunft aber durch vorgeschobene Terminschwierigkeiten sich immer weiter verzögert, um dann später, wenn die für eine Kündigungsschutzklage zu beachtende Dreiwochenfrist nach Ausspruch der Kündigung abgelaufen ist, wegen eines angeblich veränderten Meinungsbildes jede Abfindungszahlung zu verweigern.
Leider kommt es immer wieder vor, dass Beschäftigte auf so ein durchsichtiges Spiel hereinfallen.
Auch bei dem Gefühl, dem innerbetrieblichen Druck nicht standhalten zu können, hilft zunächst eine möglichst objektive Betrachtung der Situa-

tion. Die Familie und der Freundeskreis sollten dabei nicht »draußen« gehalten und die durch die Kündigungsdrohung eingetretene Krisensituation verheimlicht werden, sondern im Gegenteil, die Gespräche im persönlichen Umfeld sollten gesucht und dessen Unterstützung eingefordert werden. Auch im Betrieb ist es nützlich, sich um Hilfe zu bemühen. Es sollte der Betriebsrat aufgesucht und um seine kollegiale Unterstützung gebeten werden. Oft sind auch die Informationen des Betriebsrats über die Hintergründe der Kündigung für das weitere Verfahren von nicht zu unterschätzender Bedeutung. Betriebsratsmitglieder sollten auch hinzugezogen werden, wenn es um Gespräche beim »Chef« geht, der dann sehr genau und meist recht ultimativ wissen will, wie es denn nun nach der Kündigung weitergehen solle und warum z. B. der neben der Kündigung vorgelegte Aufhebungs- oder Abwicklungsvertrag (mit geringer Abfindung) noch nicht unterschrieben sei. Ein hinzugezogenes Betriebsratsmitglied bei solchen oder ähnlichen den Bestand des Arbeitsverhältnisses berührenden Gesprächen ist auch als Zeuge ggf. wertvoll, wenn es z. B. im Kündigungsschutzprozess später um die Aufklärung entsprechender Gesprächsinhalte geht. Mit der Hinzuziehung eines Mitarbeiters, dem man Vertrauen schenken kann, erfolgt zudem eine psychologische Rückenstärkung, die genutzt werden sollte.

Natürlich gibt es kein für alle Fälle gültiges Rezept, wie mit den in einer Krisensituation notgedrungen entstehenden Ängsten umzugehen ist. Es gilt aber die alte Weisheit, dass der, der gar nicht kämpft, bereits verloren hat, während der, der sich aufmacht, sich zu wehren, zwar auch verlieren, aber immerhin auch gewinnen kann.

4. Strategische Hinweise zur Verhandlungssituation

4.1 Verhalten und Rahmenbedingungen bei Aufhebungsgesprächen

Ein Aufhebungsvertrag kann sowohl vom Arbeitgeber als auch vom Arbeitnehmer initiiert werden. Auch für den trennungswilligen Arbeitgeber kann ein Aufhebungsvertrag diverse Vorteile haben. Er kann sich in der Regel sicher sein, dass das Arbeitsverhältnis rechtswirksam beendet ist und muss nicht erst den Ausgang eines Kündigungsschutzprozesses abwarten. Darüber hinaus spart er sich auch die Kosten und Mühen, die zwangsläufig mit einer Kündigung und einem etwaigen Kündigungsschutzprozess, welcher zumeist ohnehin mit einem Aufhebungsvertrag in Form eines gerichtlichen Vergleiches endet, verbunden sind. So muss er keine Kündigung vorbereiten, indem er z. B. eine Sozialauswahl, eine Aufstellung von Zeiten der krankheitsbedingten Ausfallzeiten und eine Anhörung des Betriebsrats durchführt. Viele Arbeitgeber ziehen daher einen Aufhebungsvertrag einer Kündigung vor. Da sich ein Aufhebungsvertrag jedoch nicht erzwingen lässt, greifen manche Arbeitgeber zu Methoden wie sie beispielsweise im Fall 7 des vorherigen Kapitels (Seite 87) dargestellt wurden.

4.1.1 Die Einladung zum Gespräch mit dem Arbeitgeber

In fast allen Fällen versuchen Arbeitgeber, den Abschluss eines Aufhebungsvertrags durch ein persönliches Gespräch einzuleiten. Der betroffene Arbeitnehmer wird vom Vorgesetzten zu einer Besprechung gerufen, in der ihm ein ausformulierter Aufhebungsvertrag vorgelegt wird. Häufig wird dem Arbeitnehmer auch nicht die Möglichkeit gegeben, sich auf ein Gespräch vorzubereiten, da dieses überraschend und »spontan« stattfindet.

In solchen Fällen ist es von unschätzbarem Vorteil, wenn man sich zumindest gedanklich schon einmal mit einer solchen Situation befasst hat.

4.1.1.1 Ruhe bewahren

Das Wichtigste in einer solchen Situation ist es, die Ruhe zu bewahren. Verliert der Arbeitnehmer die Nerven, etwa weil ihm schwere Vorwürfe gemacht werden, so kann es ihm passieren, dass er entgegen seinem eigentlichen Interesse handelt. Im schlimmsten Fall kann es zu einer enormen Verschlechterung der eigenen Position kommen, z. B. wenn der Arbeitnehmer gegenüber dem Arbeitgeber ausfällig oder sogar handgreiflich wird und damit erst den Anlass für eine fristlose Kündigung liefert. Hier kann es helfen, wenn man sich vor Augen führt, dass man nicht zum Vertragsschluss verpflichtet ist und der Arbeitgeber den Aufhebungsvertrag nicht erzwingen kann. Auf jeden Fall sollte kein Aufhebungsvertrag ohne reifliche Überlegung und möglichst nicht ohne rechtlichen Beistand geschlossen werden.

4.1.1.2 Keine Pflicht zur Teilnahme am Gespräch

Arbeitnehmer sind nicht verpflichtet, an Gesprächen über einen Aufhebungsvertrag teilzunehmen. Der Arbeitgeber kann sein Weisungsrecht (§ 106 GewO) zwar dazu benutzen, den Arbeitnehmer zur Teilnahme an einem Gespräch zu verpflichten, in dessen Rahmen er Weisungen vorbereiten, erteilen oder ihre Nichteinhaltung beanstanden will.[179] Dies gilt aber nicht für Gespräche, die lediglich eine Vertragsänderung bzw. einen Aufhebungsvertrag zum Gegenstand haben. Weisungen des Arbeitgebers müssen stets billigem Ermessen entsprechen. Dies umfasst auch die Rücksichtnahme auf Interessen der Arbeitnehmer. Vorliegend überwiegt nach der Auffassung des BAG das nach Art. 12 GG geschützte Recht zur Ablehnung von Vertragsverhandlungen.[180]

Ebenfalls sind Arbeitnehmer nicht verpflichtet, während einer krankheitsbedingten Arbeitsunfähigkeit an Personalgesprächen teilzunehmen.[181] Eine Ausnahme besteht nur, wenn ein dringender betrieblicher Anlass besteht, welcher keinen Aufschub duldet. Das BAG argumentiert, dass im Regelfall das Interesse des Arbeitnehmers an einem ungehinderten Genesungsprozess etwaige Interessen des Arbeitgebers überwiegt.

Daraus folgt auch, dass der Arbeitgeber keine arbeitsrechtlichen Konsequenzen daran knüpfen darf, wenn der Arbeitnehmer rechtmäßig die

179 BAG vom 23. 6. 2009 – 2 AZR 606/08, NZA 2009, 1011.
180 BAG vom 23. 6. 2009, a. a. O.
181 BAG vom 2. 11. 2016 – 10 AZR 596/15, NZA 2017, 183.

Teilnahme an einem Gespräch verweigert. Der Arbeitnehmer dürfte sogar Gespräche beenden und sich entfernen bzw. an seine Arbeit zurückkehren, sofern das Gespräch nur (noch) dem Abschluss eines Aufhebungsvertrages dient.
Der Arbeitgeber hat zudem die vom BAG[182] entwickelten **Grundsätze einer fairen Verhandlungsführung** zu beachten; ausführlich in Kapitel 12.2., Seite 270.

4.1.1.3 Hinzuziehung Dritter

Personalgespräche stellen immer eine schwierige Situation dar. Bei Aufhebungsvertragsgesprächen kommt erschwerend hinzu, dass dem Arbeitnehmer meist zwei oder mehr Vertreter des Arbeitgebers gegenübersitzen. In der Regel sind dies ein Vorgesetzter und ein Vertreter der Personalabteilung.
Allerdings hat auch der Arbeitnehmer einen grundsätzlichen Anspruch auf Hinzuziehung einer **betriebsangehörigen Vertrauensperson**, insbesondere wenn der Arbeitgeber durch zwei Personen vertreten wird und/ oder das Arbeitsverhältnis bereits vorbelastet ist.[183] Bei allen Personalgesprächen kann ein Betriebsratsmitglied hinzugezogen werden. Dies gilt jedenfalls dann, wenn es nicht nur um die technischen Modalitäten des Ausscheidens geht, sondern der Arbeitnehmer auch wissen will, ob und warum er sich überhaupt auf einen Aufhebungsvertrag einlassen soll, also z. B. auch die Beurteilung seiner Leistung und alternative Beschäftigungsmöglichkeiten im Betrieb zur Debatte stehen.[184]
Die Teilnahme eines Betriebsratsmitglieds ist allerdings dann nicht mehr erzwingbar, wenn sich das Gespräch ausschließlich auf den Aufhebungsvertrag konzentriert, insbesondere wenn die Leistungen des Arbeitnehmers nicht mehr Gesprächsinhalt sind.[185] Das Betriebsratsmitglied kann aktiv an dem Gespräch teilnehmen und Fragen sowie z. B. Lösungsvorschläge unterbreiten.[186] Die Funktion übt das Betriebsratsmitglied aber als Repräsentant der gesamten Belegschaft aus. Es ist daher auch in dieser konkreten Funktion als Teilnehmer (und Zeuge) solcher Gespräche nicht abhängig vom Willen des betroffenen Arbeitnehmers.[187]

---

182 BAG vom 7.2.2019 – 6 AZR 75/18; relativiert in BAG vom 23.2.2021 – 5 AZR 314/20, NZA 2021, S. 778 Rn. 27.
183 Schrader/Thoms/Mahler, Auskunft durch den Arbeitnehmer: Was darf er? Was muss er?, NZA 2018, 965.
184 BAG vom 16.11.2004 – 1 ABR 53/03, NZA 2005, 416f.
185 BAG vom 16.11.2004, a. a. O.
186 Fitting, § 82 Rn. 12f.
187 Fitting, § 1 Rn. 285.

Im Rahmen von Aufhebungsvertragsverhandlungen dürfen Arbeitnehmer regelmäßig auch **betriebsfremde** Rechtsbeistände hinzuziehen. Ein solches Recht besteht aus Gründen der Waffengleichheit jedenfalls dann, wenn sich der Arbeitgeber selber anwaltlich vertreten lässt.[188]

> **Wichtig:**
> Auch ohne einen Anspruch kann mit vorheriger Zustimmung des Arbeitgebers eine ggbfs. auch externe Vertrauensperson hinzugezogen werden.

Die Hinzuziehung einer Vertrauensperson sollte nach Möglichkeit immer versucht werden, denn deren Teilnahme an den Gesprächen bietet viele Vorteile. Die Vertrauensperson ist nicht persönlich involviert und kann daher die Situation objektiver betrachten und somit »Kurzschlussreaktionen« verhindern. Vor allem Betriebsräte können durch ihre (arbeitsrechtliche) Erfahrung hilfreiche Berater sein und unterliegen darüber hinaus einer sehr weitgehenden Verschwiegenheitspflicht. Sofern der Betroffene das Betriebsratsmitglied nicht von der Schweigepflicht entbindet, hat dieses über die Inhalte der Verhandlungen Stillschweigen zu bewahren.[189] Letztendlich haben Vertrauenspersonen zudem eine Beweissicherungsfunktion; kommt es zu einer gerichtlichen Auseinandersetzung über den Ablauf und Inhalt eines solchen Gespräch steht der Arbeitnehmer nun nicht mehr allein zwei oder mehr Vertretern des Arbeitgebers gegenüber. Der Arbeitnehmer kann hierzu nicht als Zeuge vor Gericht vernommen werden. Eine so genannte **Parteivernehmung** ist in aller Regel nur zulässig, wenn die andere Seite dem zustimmt (vgl. § 447 ZPO). Vertreter des Arbeitgebers können hingegen als Zeugen vernommen werden, da sie nicht selbst Partei des Verfahrens sind.[190] Die Vertrauensperson des Arbeitnehmers kann wiederum als Zeuge vernommen werden.

4.1.2 Verhandlungssituation

Schließlich darf auch nicht vergessen werden, dass es sich nur um ein **Angebot** eines Aufhebungsvertrages handelt. Das heißt, es kann auch ein Gegenangebot unterbreitet werden.

---

188 Schrader/Thoms/Mahler, a. a. O.

189 Fitting, § 79 Rn. 33.

190 Dies ist nur gegeben, wenn bei juristischen Personen die gesetzlichen Vertreter, z. B. Geschäftsführer (bei der GmbH) oder Vorstandsmitglieder (bei der AG) die Verhandlungen unmittelbar führen.

Der Arbeitgeber dokumentiert zunächst ausschließlich seinen Trennungswillen. Im Übrigen enthält ein solches Angebot häufig nur die Minimalkonditionen, welche den Arbeitnehmer zu Unterzeichnung bewegen sollen. Der ebenfalls trennungswillige Arbeitnehmer kann und sollte diese Umstände nutzen, um bessere Konditionen auszuhandeln. Ebenso wie der Arbeitgeber seine Interessen in den Vordergrund stellt, ist dies auch für den betroffenen Arbeitnehmer legitim. Von besonderer Bedeutung ist es, nicht unüberlegt im ersten Gespräch einfach darauf los zu verhandeln, sondern das Angebot des Arbeitgebers möglichst unkommentiert »mitzunehmen« und eine weitere eigene Reaktion darauf erst nach einer Phase des eigenen Nachdenkens anzukündigen. Nur ein solches besonnenes Verhalten ermöglicht, die eigenen Interessen auch effektiv zur Sprache zu bringen. Ansonsten beugt man sich einem oft aufgezwungenen und in der Sache nicht gerechtfertigten Verhandlungsdruck.

4.2 Rechtlicher Beistand

Zu den wichtigsten Aufgaben, wenn sich eine Kündigung abzeichnet oder ein Aufhebungsvertrag abgeschlossen werden soll, gehört die Organisation von Rechtsschutz.

Es gilt die Erkenntnis, dass in eigener Sache jeder ein schlechter Anwalt ist. Die im Vorfeld einer Kündigung oft zugespitzte Situation, die subjektive Bedrohungssituation, die im Zusammenhang mit Kündigungen nur allzu gut nachvollziehbar ist und weitere emotionale Faktoren führen fast zwangsläufig dazu, dass bei eigener Betroffenheit der Mut und manchmal auch der Überblick fehlt, die eigenen Interessen nachhaltig und ggf. im offenen Widerspruch zur Vorgehensweise der anderen Seite zu artikulieren. Daneben und von mindestens gleicher Gewichtung ist die Tatsache, dass es fundierter Rechtskenntnisse bedarf, um die oft komplizierte arbeitsrechtliche Situation einschätzen zu können und dabei sowohl die sozialversicherungsrechtlichen Folgen als auch die steuerlichen Gestaltungsmöglichkeiten im Blick zu haben.

Gerade ein Arbeitnehmer, der nicht wie sein Arbeitgeber auf eine eigene Rechtsabteilung oder einen in Rechtsfragen vertrauten Führungsstab zurückgreifen kann, wird ohne die Hinzuziehung eines sachkundigen Vertreters ganz schnell an Boden verlieren.

4.2.1 Anwaltliche Unterstützung

Der Beschäftigte ist daher im eigenen Interesse gehalten, so früh wie möglich einen im **Arbeitsrecht versierten Rechtsanwalt** zu konsultieren. Dies gilt bereits im **Vorfeld** einer Kündigung, wenn sich die betriebliche Situation merklich zuspitzt. Zwar kann es in solchen Fällen durchaus opportun sein, den Anwalt noch nicht »offiziell« auftreten zu lassen, wenn die Situation derart eingeschätzt wird, dass dessen Hinzutreten die möglicherweise als günstig eingeschätzte Gesprächsatmosphäre oder sich andeutende Vergleichsregelungen gefährden könnte.
Aber Vorsicht: Falsche Rücksichtnahme auf »klimatische Umstände« wäre es, auf einen eigenen Anwalt zu verzichten, obwohl die andere Seite fachlich sehr wohl von ihrer eigenen Rechts- oder Personalabteilung oder durch externe Juristen wie Anwälte oder Vertreter von Arbeitgeberverbänden unterstützt wird und in entsprechender Begleitung in den Gesprächen auftaucht bzw. diese im Hintergrund vorbereiten lässt.
Geht es zudem um komplizierte Gesprächssituationen, wo auch Erklärungen zu vergangenem Verhalten (etwa bei drohenden verhaltensbedingten Kündigungen) abverlangt werden oder wenn es um die Zustimmung zur Auflösung des Arbeitsverhältnisses unter bestimmten Bedingungen geht, ist die Teilnahme einer weiteren Person auf der eigenen Seite ein dringendes Gebot (siehe unter 4.1.1.3, Seite 99).
Ein hinzugezogener Anwalt ist rechtsgeschäftlicher Vertreter und damit im Gegensatz zu Betriebsräten abhängig von den Weisungen des Beschäftigten. Sein Handeln ist als Parteivertreter ausschließlich auf die Interessenwahrnehmung seines Mandanten gerichtet.
Es besteht der Grundsatz freier Anwaltswahl. In der Arbeitsgerichtsbarkeit, in der schon traditionell keine örtlichen Postulationsbeschränkungen bestanden, kann im Falle des Kündigungsschutzprozesses jeder Anwalt vor jedem deutschen Arbeitsgericht und in allen Instanzen auftreten. Es ist sinnvoll, sich vor der Beauftragung eines Anwalts möglichst umfangreich zu erkundigen.
Neben der Vertrautheit mit den regionalen Verhältnissen (insbesondere beim zuständigen Arbeitsgericht) sollte dabei ein ganz wichtiges Kriterium dessen fachliche Qualifikation darstellen, die am ehesten ausgewiesen ist durch Erlaubnis sich als »Fachanwalt für Arbeitsrecht« zu bezeichnen. Diese Zusatzbezeichnung darf nach der Fachanwaltsordnung nur derjenige führen, der besondere Qualifikationen auf dem Gebiet des Arbeitsrechts (meist erworben in mehrwöchigen Seminaren mit entsprechenden Klausuren) vorweisen kann und auch über entsprechende Fallzahlen im Arbeitsrecht verfügt.

Kritischer sollte man sein, wenn ein Anwalt in seiner eigenen Außendarstellung »Arbeitsrecht« nur als Interessen- oder Tätigkeitsschwerpunkt anpreist. Hier bedarf es keinerlei überprüfter Zusatzqualifikation, sondern es wird zentral auf die eigene Selbsteinschätzung des Anwalts abgestellt. Dies gilt natürlich erst recht, wenn im Profil des in Betracht gezogenen Anwalts Arbeitsrecht als Fachgebiet völlig fehlt. Wie bei der Wahl des Arztes sollte daher auf die spezielle Qualifikation Wert gelegt werden.

Informationen einholen kann der Betroffene beispielsweise über den Betriebsrat seiner Firma, um sich dort zu erkundigen, ob bestimmte Anwälte empfohlen werden. Auch kann sich der Betroffene an Bekannte und Freunde wenden, die möglicherweise über eigene Erfahrungen mit Anwälten verfügen. Hilft auch das nicht weiter, ist es möglich, sich an örtliche Anwaltsvereine oder Anwaltskammern bzw. spezielle Auskunftsdienste zu wenden, die auch teilweise über das Internet angesprochen werden können.

Ein heikles Thema bei der Auswahl des »richtigen« Anwalts ist, ob der in Erwägung gezogene Rechtsanwalt einen besonderen Ruf als Vertreter der einen oder der anderen Seite aufweisen sollte. So gibt es in großen Wirtschaftskanzleien viele Arbeitsrechtler, die in der Regel als Interessenvertreter für Unternehmen tätig sind. Andere Anwälte sind mal für die eine, mal für die andere Seite tätig, während es wiederum Arbeitsrechtskanzleien bzw. Anwälte gibt, die praktisch ausschließlich auf die Vertretung von Arbeitnehmern spezialisiert sind. Immer bedarf es neben der fachlichen Kompetenz eines persönlichen Engagements und Interesses an der Sache beim angefragten Anwalt. Eine klare Ausrichtung auf die Arbeitnehmervertretung dürfte da ein wichtiges Indiz für eine konsequente Interessenwahrnehmung darstellen.

4.2.2 Gewerkschaftlicher Rechtsschutz

Neben freiberuflichen Anwälten bieten auch Gewerkschaften Rat und rechtliche Unterstützung für Ihre Mitglieder. Die Kosten einer solchen Beratung und etwaiger Gerichtsverfahren werden dabei vollständig von den Gewerkschaften übernommen. Die Kosten der gerichtlichen Vertretung werden jedoch regelmäßig nur dann übernommen, wenn der Rechtsstreit mindestens drei Monate nach Beitritt entstanden ist, die Mitgliedsbeiträge satzungsgemäß bezahlt wurden und eine Prozessvertretung durch die Gewerkschaften selbst stattfindet. Manche Gewerkschaften gewähren Rechtsschutz zudem anhand einer Ermessensentscheidung der örtlichen Gewerkschaftssekretäre. In der Regel übernehmen die Gewerkschaft in fast allen Fällen die Kosten eines Verfahrens, da sie den gewerkschaftlichen Rechtsschutz auch zur Werbung von Mitgliedern einsetzen. Die Ermessensentscheidung dient seitens der Gewerkschaft daher nur dazu, keine völlig aussichtslosen Verfahren führen zu müssen.

Gewerkschaftssekretäre können auch schon im Vorfeld einer Kündigung oder im Rahmen einer Aufhebungsvertragsverhandlung als Berater hinzugezogen werden. Da Gewerkschaften auch viel mit Anwälten zusammenarbeiten, können sie auch diesbezüglich qualifizierte Empfehlungen abgeben.

Die Vorteile des gewerkschaftlichen Rechtsschutzes liegen insbesondere darin, dass für Gewerkschaftsmitglieder keine zusätzlichen Kosten entstehen und die örtlichen Gewerkschaftssekretäre »ihre« Betriebe und die dortigen Akteure im Zweifel besser als andere kennen und dadurch ggf. andere Einflussmöglichkeiten haben.

Die gerichtliche Interessenvertretung haben die Gewerkschaften des DGB inzwischen bei der DGB-Rechtsschutz GmbH gebündelt. Die dort beschäftigten Volljuristen sind ausschließlich im Arbeits- und Sozialrecht tätig und vertreten die Gewerkschaftsmitglieder vor Gericht. Allerdings gibt es auch im gewerkschaftlichen Rechtsschutz, ähnlich wie bei der Einschätzung von Anwälten, je nach Region erhebliche Unterschiede. So sollten auch hier Empfehlungen aktiver und erfahrener (Gewerkschafts-) Kolleginnen und Kollegen eingeholt und darauf geachtet werden, dass möglichst ein persönlicher Kontakt zum Prozessvertreter hergestellt und Strategie und Taktik des Vorgehens ausführlich gemeinsam besprochen werden können.

4.3 Kosten eines Kündigungsschutzprozesses

Wer nicht Gewerkschaftsmitglied ist und daher nicht auf den gewerkschaftlichen Rechtsschutz zurückgreifen kann, muss sich über das gegebene Prozesskostenrisiko informieren.

4.3.1 Rechtsschutzversicherung

Das gilt vor allem, wenn kein Rechtsschutzversicherungsvertrag abgeschlossen wurde, denn in der Regel werden die Kosten nur übernommen, wenn der Rechtsstreit drei Monate **nach** Beitritt zur Versicherung **entstanden** ist.

Arbeitnehmer sollten daher rechtzeitige **Vorsorge** durch Abschluss einer **Rechtsschutzversicherung** treffen. Ohne Rechtsschutz kann nämlich sowohl ein Kündigungsschutzprozess als auch die außergerichtliche Interessenvertretung teuer werden.
Inzwischen werden von manchen Rechtsschutzversicherungen Policen angeboten, welche etwa im Rahmen einer Partnerversicherung eine Kostenübernahme ohne eine solche Wartezeit versprechen. Vor Abschluss einer solchen Police sollten jedoch die Rahmenbedingungen gründlich geprüft werden.
Die Korrespondenz mit der Rechtsschutzversicherung, insbesondere die Einholung einer Deckungszusage, wird von Rechtsanwälten zumeist als kostenlose Serviceleistung geführt. Danach sollte aber vor Mandatsübertragung gefragt werden.

4.3.2 Berechnung nach Streitwert

Die Höhe der Anwaltskosten orientiert sich am so genannten **Streitwert** (auch Gegenstandswert genannt). Dieser richtet sich im Falle einer Kündigung nach den durchschnittlichen **Bruttomonatsbezügen** des gekündigten Arbeitnehmers, die dieser **innerhalb von drei Monaten** erzielt.[191] Nur bei sehr kurzen Beschäftigungszeiten von weniger als einem Jahr weichen einige Arbeitsgerichte von diesem Streitwert nach unten ab.
Bei einem Bruttomonatseinkommen von z. B. € 2500,00 (Beispiel 1) beträgt der Streitwert mithin € 7500,00 (Beispiel 2: Bruttomonatseinkommen € 3500,00, Streitwert: € 10 500,00).
Wird nun ein **Kündigungsschutzprozess** geführt, entsteht zunächst eine **Verfahrensgebühr,** die sich in diesem Fall nach Nr. 3100 VV[192] (Vergütungsverzeichnis zum RVG = Rechtsanwaltsvergütungsgesetz) erstinstanzlich auf das 1,3-fache beläuft. Dies sind im Beispiel 1 € 652,60 bzw. in Beispiel 2 € 865,80. Hinzu kommt noch eine **Terminsgebühr**, die anfällt für die Wahrnehmung gerichtlicher Termine aber auch bei Besprechungen der Anwälte außerhalb des Gerichts. Die Terminsgebühr beträgt nach Nr. 3104 VV das 1,2-fache. Das bedeutet in Beispiel 1 weitere € 602,40 bzw. in Beispiel 2 weitere € 799,20. Mit einer Terminsgebühr ist auch eine

---

191 Siehe § 42 Abs. 2 Satz 1 GKG: »Für die Wertberechnung bei Rechtsstreitigkeiten vor den Gerichten für Arbeitssachen über das Bestehen, das Nichtbestehen oder die Kündigung eines Arbeitsverhältnisses ist höchstens der Betrag des für die Dauer eines Vierteljahres zu leistenden Arbeitsentgelts maßgebend«.

192 Ein Ausschnitt aus der Gebührentabelle zum RVG ist im Anhang unter B 7. abgedruckt.

eventuelle Beweisaufnahme im Prozess oder die früher nach der BRAGO noch übliche Erörterungsgebühr abgedeckt.
Wird ein Anwalt bereits **vor Erhebung der Klage** nach außen tätig (z. B. durch außergerichtliche Vergleichsverhandlungen), fällt eine sogenannte **Geschäftsgebühr** an. Diese beträgt regelmäßig das 1,3-fache. Sie ist jedoch im Falle einer späteren Klageerhebung hälftig auf die Verfahrensgebühr anzurechnen. Hier ist allerdings Vorsicht geboten, da sich viele Rechtsschutzversicherungen im Falle von Kündigungsschutzprozessen weigern, diese Gebühren zu zahlen. Nach umstrittener Auffassung der Rechtsschutzversicherungen sind diese Kosten »überflüssig«, weil aus Sicht der Rechtsschutzversicherungen gleich Klage zu erheben wäre. Es wird daher meist angeraten, einen Rechtsanwalt erst dann mit einer außergerichtlichen Tätigkeit zu beauftragen, wenn eine entsprechende Deckungszusage der Rechtsschutzversicherung vorliegt. Allerdings ist dies abzuwägen, denn es kann verhandlungstaktisch durchaus sinnvoll sein, schon dann in Verhandlungen mit dem Arbeitgeber einzutreten, wenn noch kein Gerichtsverfahren läuft.
Endet der Prozess – z. B. bei Zahlung einer Abfindung – durch **Vergleich**, entsteht eine weitere Gebühr, die so genannte **Einigungsgebühr** in Höhe des 1,0-fachen nach Nr. 1003 VV. Das sind in Beispiel 1 € 502,00 bzw. in Beispiel 2 € 666,00. Hinzu kommt nach Nr. 7002 VV eine Auslagenpauschale von € 20,00. Auf die Gebühren hat der Anwalt schließlich noch die Mehrwertsteuer in der jeweils gesetzlichen Höhe zu erheben.[193]
Das bedeutet, dass im hier gewählten Beispielsfall folgendes Anwaltshonorar auszugleichen wäre:

Beispiel 1:
Gegenstandswert: € 7500,00

Gebühr gem. Nr. 3100 VV	€ 652,60
Gebühr gem. Nr. 3104 VV	€ 602,40
Gebühr gem. Nr. 1003 VV	€ 502,00
Auslagen gem. Nr. 7002 VV	€ 20,00
19 % MwSt.	€ 337,63
Summe	€ 2114,63

193 Bei Redaktionsschluss waren dies 19 %.

Beispiel 2:
Gegenstandswert: € 10 500,00

Gebühr gem. Nr. 3100 VV	€ 865,80
Gebühr gem. Nr. 3104 VV	€ 799,20
Gebühr gem. Nr. 1003 VV	€ 666,00
Auslagen gem. Nr. 7002 VV	€ 20,00
19 % MwSt.	€ 446,69
Summe	€ 2797,69

Die Vergleichsgebühr entsteht natürlich nur, wenn eine einvernehmliche Prozessbeendigung zustande gekommen ist, also beide Seiten ausdrücklich ihre Zustimmung hierzu erteilt haben. Der Arbeitnehmer wird eine solche Lösung in aller Regel aber nur dann akzeptieren, wenn damit eine für ihn (wirtschaftlich) vernünftige Vergleichslösung verbunden ist. Wird der Prozess hingegen durch Urteil beendet, so entstehen in aller Regel nur zwei Gebühren, nämlich die erwähnte Verfahrens- und Terminsgebühr. In der 2. und 3. Instanz erhöht sich die Verfahrensgebühr dann auf das 1,6-fache.[194]

4.3.3 Gerichtskosten

Schließlich entstehen Gerichtskosten. Im Falle eines Vergleiches entfallen diese allerdings bzw. reduzieren sich auf bereits entstandene Auslagen für Zeugen usw. Bei Verfahrensbeendigung durch Urteil entstehen **Gerichtsgebühren**, die ebenfalls nach Streitwerten gestaffelt sind. Im Beispiel 1 (Gegenstandswert € 7500,00 beträgt die Gerichtsgebühr € 672,00, im Beispiel 2 (Gegenstandswert € 10 500,00) € 885,00.[195]
Im Verfahren vor dem Landes- und Bundesarbeitsgericht erhöhen sich die Gebühren (jeweils unterstellt, das Verfahren endet in der entsprechenden Instanz durch Urteil) auf € 881,00 (Beispiel 1) bzw. € 1180,00 (Beispiel 2) beim LAG. Beim BAG werden sogar Gerichtsgebühren von € 1120,00 (Beispiel 1) bzw. von € 1475,00 (Beispiel 2) erhoben.
Nach § 12 Abs. 4 ArbGG werden die Gerichtskosten aber erst fällig, wenn das Verfahren in dem jeweiligen Rechtszug beendet worden ist. Im Unterschied zum normalen Zivilprozess werden Kostenvorschüsse nicht erhoben.

194 Bei einem Streitwert von € 7500,00 beträgt dann eine Anwaltsgebühr 803,20 bzw. € 1065,60 bei einem Streitwert von € 10500,00.

195 Vgl. Anlage 2 zu § 34 GKG (die Gebührentabelle findet sich auszugsweise im Anhang unter B 6.), auf Gerichtsgebühren wird keine Mehrwertsteuer erhoben.

4.3.4 Streitwerterhöhende Maßnahmen

Die oben erläuterten Kostenbeispiele beruhen auf einem Streitwert, der sich nach den in drei Monaten bezogenen Bruttogehältern bemisst. Dieser Streitwert kann sich allerdings erhöhen, wenn **weitere Gegenstände** in den Prozess einbezogen werden, seien es **ausstehende Gehälter**, **Schadensersatzleistungen** (z. B. wegen Entzug des Dienstfahrzeugs o. Ä.), Ausstellung eines **Zeugnis**ses, nicht beglichene Spesenabrechnungen usw. Solche streitwert- und damit kostenerhöhende Schritte sollten daher in der Regel zwischen Anwalt und Mandant vorab abgesprochen werden. So wird z. B. ein Streit, ob und mit welchem Inhalt ein Zeugnis ausgefüllt werden soll, mit einem Bruttomonatsgehalt bewertet. In unserem Beispiel 1 würde sich der Streitwert nunmehr auf € 10 000,00 (€ 14 000,00 in Beispiel 2) belaufen.
Wegen der sich erhöhenden Kostenrisiken ist also bei weiteren Klaganträgen eine vorherige Abstimmung mit dem eingeschalteten Anwalt geboten, der bei Bestehen einer Rechtschutzversicherung für diese weiteren Themen Deckungszusage einholen sollte.

4.3.5 Abfindung und Gebührenbegrenzung

In allen Instanzen gilt der Grundsatz, dass eine **Abfindung**, wie hoch sie auch ausfallen mag, **keinen Einfluss auf den Streitwert** hat, somit also die Gebührenhöhe **nicht** beeinflusst. In § 42 Abs. 3 S. 1 GKG ist ausdrücklich bestimmt, dass bei der Wertberechnung »eine Abfindung nicht hinzugerechnet« wird.
Dies ist ein bedeutsamer gesetzlicher Schutz für solche Mandanten, deren Anwälte möglicherweise nur ihr Gebührenaufkommen im Blick haben.

4.3.6 Erfolgshonorar

Ein nicht minder wichtiger Schutz für betroffene Arbeitnehmer im Kündigungsfalle sind die derzeit noch geltenden Einschränkungen, ein Erfolgshonorar mit dem beauftragten Rechtsanwalt zu vereinbaren.[196] Es ist beispielsweise unzulässig, sich vorab einen Teil des zu erstreitenden Betrages als Honorar abtreten zu lassen.
Darüber hinaus ist eine unter Umgehung der engen Voraussetzungen des § 4a RVG und der Formvorschriften des § 3a RVG abgeschlossene Honorarvereinbarung unwirksam und begründet keinen Honoraranspruch

196 Vgl. BVerfG vom 12. 12. 2006 – 1 BvR 2576/04, NJW 2007, 979.

des Anwalts.[197] Allerdings kann im Einzelfall ein Erfolgshonorar dann vereinbart werden, wenn der Auftraggeber anderenfalls »von der Rechtsverfolgung abgehalten würde« (vgl. § 4a Abs. 1 S. 1 Nr. 2 RVG in der ab 1.10.2021 geltenden Fassung). Nach der Gesetzesänderung ist es im Unterschied zu früher nicht mehr nötig, dass der Mandant ansonsten aus wirtschaftlichen Gründen von der Rechtsverfolgung Abstand genommen hätte. Bei Prozessverlust ist dann keine oder nur eine geringere als die gesetzliche Vergütung geschuldet.
Allerdings kann generell vereinbart werden, dass höhere als die eigentlich einschlägigen Streitwerte zugrunde gelegt werden oder dass die Angelegenheit auf der Basis von Zeithonorar (z. B. auf der Basis bestimmter Stundensätze) oder mit einem Pauschalbetrag abgerechnet wird. Eine solche Vereinbarung kann mit dem Anwalt aber nur bei Einhaltung der Textform, getrennt vom Vollmachtsformular und außerhalb anderer Vereinbarungen – zudem verbunden mit bestimmten Belehrungen und Hinweisen (vgl. § 3a Abs. 1 RVG) – wirksam zustande kommen.

4.3.7 Ausschluss der Kostenerstattung

Neben diesen eher seltenen Honorarwünschen besteht im Arbeitsgerichtsverfahren die Besonderheit, dass in 1. Instanz keine Seite den Anspruch hat (im Falle eines Prozessgewinns), die eigenen Anwaltskosten erstattet zu bekommen.
Das bedeutet, dass in 1. Instanz jede Seite ihre eigenen Anwaltskosten nicht nur dann tragen muss, wenn der Prozess verloren geht – was auch im Zivilprozess selbstverständlich ist –, sondern auch dann, wenn der Prozess gewonnen oder durch Vergleich beendet wird. Auf diesen **Ausschluss der Kostenerstattung** hat der Anwalt gem. § 12a Abs. 1 Satz 2 ArbGG den Mandanten ausdrücklich hinzuweisen – am besten in Form einer schriftlichen Belehrung. Diese Sonderregelung hat aber zugleich den Vorteil, dass auch bei verlorenem Prozess in der I. Instanz der gegnerischen Partei keinerlei Kosten erstattet werden müssen.
Ein Abweichen hiervon ist nur möglich, wenn sich beide Prozessparteien darauf verständigen, dass eine Seite sämtliche Kosten übernimmt. Dies geschieht gelegentlich in der Weise, dass der Arbeitgeber die Anwaltskosten der Arbeitnehmerseite ausdrücklich »wirtschaftlich« als Teil einer Abfindungslösung übernimmt.

---

197 Vgl. ausführlich Mayer/Kroiß-Winkler/Teubel, § 4b RVG Rn. 8 f.

4.3.8 Prozesskostenhilfe

Ist eine Partei nach ihren persönlichen und wirtschaftlichen Verhältnissen nicht in der Lage, die Prozesskosten ganz oder teilweise zu übernehmen, so kann auf Antrag **Prozesskostenhilfe** gem. § 114 Abs. 1 ZPO bewilligt werden. Dazu müssen bestimmte Einkommensgrenzen beachtet werden, die je nach Familienstand, Unterhaltspflichten, Mietkosten und Berücksichtigung von Kreditverpflichtungen variieren. Prozesskostenhilfe wird nach § 11a ArbGG aber nur bewilligt, wenn dem Arbeitnehmer **kein** gewerkschaftlicher Rechtsschutz zur Seite steht.
Voraussetzung für die Bewilligung von Prozesskostenhilfe ist ferner, dass die beabsichtigte Rechtsverfolgung nach § 114 ZPO hinreichende **Aussicht auf Erfolg** bietet und nicht mutwillig erscheint. Gerade bei einem Arbeitnehmer, der sich gegen eine (typischerweise) betriebsbedingte Kündigung wendet, wird an den Voraussetzungen im Hinblick auf eine Erfolgsaussicht kaum je zu zweifeln sein, zumal das Gericht zu Beginn des Kündigungsschutzprozesses ohnehin nicht alle Einzelheiten des Falles überblicken und daher in aller Regel auch den Sachverhalt erst gründlich aufklären muss.
Ohne Prüfung der Erfolgsaussicht kann allerdings auch dann ein Anwalt dem Arbeitnehmer beigeordnet werden, wenn die Gegenseite anwaltlich vertreten ist. Auch in diesem Fall müssen allerdings die Einkommensgrenzen des § 115 ZPO berücksichtigt werden.
Üblicherweise wird ein für die Kündigungsschutzklage gestellter Antrag auf Prozesskostenhilfe auch auf die später noch in den Prozess eingeführten Ansprüche zu erweitern sein.
Dafür ist es jedoch erforderlich, im Prozess jeweils bei weiteren Anträgen zu beantragen, die Prozesskostenhilfe auch hierfür zu bewilligen. Es empfiehlt sich, vorsorglich auch bei Abschluss eines Vergleichs dafür Sorge zu tragen, dass das Gericht erklärt, dass die Prozesskostenhilfe auch den Abschluss des Vergleiches umfasst.[198]
Eine erzielte Abfindung kann nach einer Entscheidung des BAG allerdings als Vermögenswert des antragstellenden Arbeitnehmers zu bewerten sein mit dem Ergebnis, dass die Abfindungssumme nach § 120 Abs. 4 ZPO einzusetzen ist, wenn der entsprechende Geldbetrag tatsächlich zugeflossen ist.[199] In der gleichen Entscheidung hat das BAG aber eingeräumt, dass neben dem so genannten Notgroschen (€ 5000,00 für den Antragsteller, weitere Beträge für jede überwiegend unterhaltene Person

198 Schubert, § 3 Rn. 45.
199 BAG vom 24.4.2006 – 3 AZB 12/05, NZA 2006, 751.

in Höhe von € 500,00 sind aufstockend zu berücksichtigen – vgl. § 90 Abs. 2 Nr. 9 SGB XII) auch weitere Freibeträge ggf. beim PKH-Berechtigten verbleiben müssen. Für solche Kosten, die sich aus dem Verlust des Arbeitsplatzes ergeben, z. B. für Bewerbungen, Fahrten, u. U. auch für Qualifikationsmaßnahmen und Umzug, schlägt das BAG vor, hier nochmals den Schonbetrag einzusetzen.[200]

4.4 Kosten der anwaltlichen Inanspruchnahme bei außergerichtlichem Tätigwerden

Anwaltsgebühren entstehen aber nicht nur im Falle eines Rechtsstreits, sondern auch wenn der Anwalt außergerichtlich zur Beratung aufgesucht wird.

4.4.1 Begrenzung der Gebühr bei der Erstberatung

Zum Schutz des rechtsuchenden Publikums ist in das Rechtsanwaltsvergütungsgesetz für die so genannte **Erstberatung** eine Begrenzung auf € 190,00 (zzgl. Mehrwertsteuer und ggf. Auslagen) eingeführt worden (siehe § 34 Abs. 1 Satz 3 RVG). Eine Erstberatung liegt in aller Regel aber nur dann vor, wenn die Sache in einer einmaligen Besprechung beim Anwalt behandelt wird, dieser keine zusätzlichen Recherchen anstellt und in der Regel nur die Erfolgsaussichten einer eventuellen juristischen Gegenwehr besprochen werden. Die rechtsuchende Partei sollte in diesem Zusammenhang den aufgesuchten Anwalt ausdrücklich darum bitten, vorab zu erläutern, wann für diesen der Bereich der Erstberatung verlassen wird. Wesentlicher Inhalt einer Erstberatung dürfte im Übrigen sein, dass das Kostenrisiko für das Verfahren im Einzelnen vom Anwalt erläutert wird, damit der Arbeitnehmer weiß, was schlimmstenfalls auf ihn zukommen kann.

4.4.2 Außergerichtliche Tätigkeit

Entschließt sich der Arbeitnehmer nun, weiter beraten zu werden, so beträgt die Gebühr für den typischen Arbeitnehmer (der qua Definition gleichzeitig Verbraucher ist) maximal € 250,00 zzgl. MwSt., es sei denn, er hat mit dem Anwalt eine schriftliche Vereinbarung über eine höhere Ver-

200 BAG vom 24.4.2006, a.a.O.

gütung getroffen (vgl. § 34 RVG). Wird mit dem Anwalt vereinbart, dass dieser für ihn außergerichtlich tätig wird, entstehen Gebühren, die ebenso wie im Falle eines Rechtsstreits sich nach dem Streitwert beziffern. Im Unterschied zu den Prozessgebühren, die unmittelbar festgelegt sind, ist bei außergerichtlichem Tätigwerden eine Gebührenbestimmung durch den Anwalt möglich zwischen dem 0,5- bis 2,5-fachen einer Geschäftsgebühr (Nr. 2300 VV). Üblicherweise wird, wenn die Sache keine besonderen Schwierigkeiten in tatsächlicher oder rechtlicher Hinsicht aufweist, eine 1,3-fache Gebühr zu Grunde gelegt. Diese Gebühr beläuft sich im Beispiel 1 (Streitwert € 7500,00) auf € 652,60 (zzgl. Auslagen und Mehrwertsteuer), in Beispiel 2 mit € 10 500,00 Streitwert auf € 865,80. Werden im Rahmen des außergerichtlichen Tätigwerdens des Anwalts Verhandlungen mit der Gegenseite aufgenommen, entstehen dafür keine weiteren Gebührentatbestände. Die Führung außergerichtlicher Verhandlungen kann aber im Rahmen der Bemessung der Gebührenhöhe entsprechend berücksichtigt werden.

	Beispiel 1	**Beispiel 2**
Gegenstandswert:	(€ 7500,00)	(€ 10 500,00)
Gebühr gem. Nr. 2300 VV	€ 652,60	€ 865.80
Auslagen gem. Nr. 7002 VV	€ 20,00	€ 20,00
19 % MwSt.	€ 127,79	€ 168,30
Summe	€ 800,39	€ 1054,10

4.4.3 Besonderheiten beim Vergleich

Zur Entlastung der Gerichte hat der Gesetzgeber dafür gesorgt, dass das außergerichtliche Zustandekommen eines Vergleichs belohnt wird. Im Unterschied zu einem gerichtlichen Vergleich belaufen sich die Kosten für einen außergerichtlichen Vergleich auf eine so genannte 1,5-Gebühr, also das $1^1/_2$-fache des in einem Gerichtsverfahren entstehenden Gebührenwerts. Kommt also ein außergerichtlicher Vergleich nach Verhandlungen mit der Gegenseite zustande, entsteht bei Ansatz einer 1,3-fachen Geschäftsgebühr also insgesamt zusammen mit der Vergleichsgebühr das 2,8-fache der Gebühr.

4.4.4 Anrechnung der Gebühren im Falle eines Prozesses

Der Rat suchende Bürger, der zunächst seinen Anwalt bittet, außergerichtlich für ihn tätig zu werden, um etwa im Falle der Kündigung eine

interessengerechte Abfindungsvereinbarung durchzusetzen, muss allerdings nicht befürchten, nun vollständig doppelt bezahlen zu müssen. Ist vielmehr in der gleichen Sache eine Geschäftsgebühr für außergerichtliche Aktivitäten entstanden, ist diese Gebühr zur Hälfte, jedoch höchstens mit einem Gebührensatz von 0,75 auf die Verfahrensgebühr des gerichtlichen Verfahrens anzurechnen.
Da die nachfolgenden gerichtlichen Schritte nun regelmäßig nur dann erfolgen, wenn nicht zuvor eine außergerichtliche Einigung zustande gekommen ist, wird also auch keine Einigungsgebühr entstanden sein. Fazit: In dieser Konstellation ist in aller Regel also nur die »halbe« Geschäftsgebühr geschuldet.

4.4.5 Begrenzung des Streitwerts auch bei außergerichtlicher Einigung

Es war lange umstritten, ob die Wertbegrenzung auf drei Bruttomonatsgehälter als Streitwert auch für das außergerichtliche Tätigwerden von Anwälten gilt. So gab es einige Anwälte, die bei außergerichtlichem Vergleich die Abfindung streitwertmäßig zu den drei üblichen Bruttomonatsgehältern addierten. Dieser Hinzurechnung der Abfindung hat das Bundesarbeitsgericht ein Ende bereitet und entschieden, dass auch bei einem außergerichtlich ausgehandelten Aufhebungsvertrag die Gebührenforderung sich ausschließlich an den gerichtlichen Wertvorschriften, die jetzt in § 42 Abs. 4 GKG zu finden sind, ausrichtet.[201]
Das dürfte in vielen Fällen das Kostenrisiko erheblich überschaubarer gestalten, gerade wenn es um hohe Abfindungssummen geht.

4.4.6 Übernahme der Kosten durch die Rechtsschutzversicherung

Besteht eine Rechtsschutzversicherung, ist diese im Falle einer Kündigung auch dann verpflichtet, die anwaltlichen Kosten zu übernehmen, wenn es nicht zu einem Prozess kommt. Sehr unterschiedlich ist allerdings die Praxis, wenn mit anwaltlicher Hilfe über eine Aufhebungsvereinbarung verhandelt und diese zum Abschluss gebracht wird, **ohne** dass eine Kündigung offiziell in schriftlicher Form (vgl. § 623 BGB) ausgesprochen wurde. Hier ziehen sich eine Reihe von Rechtsschutzversicherungen darauf zurück, dass es an einem Rechtsverstoß des Arbeitgebers fehle, was aber Voraussetzung für das Eintreten eines Versicherungsfalles und

201 Vgl. BAG vom 16.5.2000 – 9 AZR 279/99, NZA 2000, 1246ff.

damit für die Erteilung der Deckungszusage wäre. Es liegt dann an dem Arbeitnehmer bzw. seinem Anwalt, darzulegen, dass die Gespräche über den Aufhebungsvertrag nicht »im luftleeren Raum« entstanden oder auf Initiative des Arbeitnehmers eingeleitet worden sind, sondern dass der Arbeitgeber das Arbeitsverhältnis auf jeden Fall beenden wolle, sei es mit oder ohne Aufhebungsvereinbarung. Die konkrete Drohung mit einer Kündigung, eine angedrohte oder bereits umgesetzte Herabgruppierung bzw. Versetzung auf einen anderen, u. U. nicht adäquaten Arbeitsplatz, diverse Abmahnungen, die unverlangte und möglicherweise noch mit Reaktionsfristen versehene Zuleitung von Aufhebungsangeboten etc. sind solche Schritte, die erkennen lassen, dass der Arbeitgeber nicht am Vertrag mit dem Arbeitnehmer festhalten will. Dies indiziert den Rechtsverstoß. Kann also der mutmaßliche Rechtsverstoß mit konkreten Tatsachen untermauert werden, ist nach richtiger Auffassung die Rechtsschutzversicherung verpflichtet, Deckungszusage zu erteilen.
Für einen Rechtsverstoß im Sinne der Rechtsschutzversicherungsbedingungen genügt jeder tatsächliche, objektiv feststellbare Vorgang, der die Anbahnung eines Rechtskonflikts in sich trägt. Dies ist auch bei Androhung einer betriebsbedingten Kündigung der Fall.[202] Dabei beschränkt sich der Versicherungsschutz nicht nur auf die Kosten, die unmittelbar durch die angedrohte Kündigung ausgelöst werden, sondern umfasst – nach allerdings umstrittener Auffassung – auch die Positionen eines Aufhebungsvertrages, die nicht im Streit stehen (etwa die Zeugniserteilung). Die notwendige und gebotene Interessenswahrnehmung durch den Anwalt erstreckt sich »gerade auch darauf, besonders günstige Möglichkeiten für die Aufhebung des Arbeitsverhältnisses auszuhandeln«.[203] Dies wäre mittlerweile auch höchstrichterlich durch den Bundesgerichtshof so entschieden worden, wenn nicht in der Revisionsverhandlung in einem entsprechend gelagerten Fall die verklagte Rechtsschutzversicherung kurzerhand den Anspruch anerkannt hätte.[204]
Weitere Versuche zur Einschränkung der Gebührenansprüche unternehmen die Rechtsschutzversicherungen – mit viel Einsatz – im Zusammenhang mit dem Abschluss von Aufhebungsverträgen und -vergleichen, wenn weitere über die Auflösung und Abfindung hinausgehende Themen miterledigt werden und dies zu einer Erhöhung der Streitwerte führt. Im-

202 OLG Saarbrücken vom 19.7.2006 – 5 U 719/05, NJW 2006, 3730.

203 OLG Saarbrücken vom 19.7.2006, a.a.O.; eine Zusammenstellung weiterer in die gleiche Richtung gehender Entscheidungen findet sich bei Kallenbach, AnwBl. 2009, 784.

204 BGH, Hinweis im Verfahren zum Az. IV ZR 352/07, zitiert nach Kallenbach, a.a.O.

mer dann, wenn die Erledigung dieser zusätzlichen Punkte (z. B. Zeugnis, Freistellung, Dienstwagennutzung, Boni) geeignet ist, weiteren Streit (damit weitere Rechtsschutzfälle) und weitere Kosten zu vermeiden, und diese Tätigkeit mit dem eigentlichen Streitgegenstand (Auflösung des Arbeitsverhältnisses) im rechtlichen Zusammenhang steht, sind jedoch die Rechtsschutzversicherungen eintrittspflichtig.[205] Um dies zugunsten des Auftraggebers möglichst optimal zu lösen, sollten rechtzeitig die im Vergleich zu regelnden Themen auch offensiv in die Interessenvertretung einbezogen werden (etwa mit den typischen Fragestellungen: Freistellung bzw. Weiterbeschäftigung, Zeugnis, ausstehende Gratifikationen etc.) und dies verbunden mit der Forderung nach Deckungszusage gegenüber den Rechtschutzversicherungen kommuniziert werden. Für die Streitwertfestsetzung in gerichtlichen Verfahren gilt ebenfalls, dass solche Ansprüche grundsätzlich streitwerterhöhend zu berücksichtigen sind, insbesondere wenn sie zwischen den Parteien umstritten sind.[206]
Ggf. kann auch im Rahmen der Abfindungsverhandlungen darauf hingewirkt werden, dass wegen der eventuell nicht oder nicht vollständig von der Rechtsschutzversicherung übernommenen Kosten dieser Gesichtspunkt bei der Abfindungshöhe entsprechend kompensiert werden. Hinweise dazu dürfen aber erst zu einem Zeitpunkt gegenüber der Gegenseite erfolgen, wenn die Hauptthemen der Aufhebung bereits geeint sind und keine prozessualen Stressmomente mehr zu erwarten sind – sonst wäre der Hinweis auf einen »schwachen« Rechtsschutz ein Eigentor!

4.5 Abschließende Überlegungen zur Verhandlungsstrategie

Ist die Frage des Rechtsschutzes geklärt oder nimmt die betreffende Partei es in Kauf, die Anwaltskosten selbst zu tragen, geht es darum, möglichst frühzeitig gemeinsam mit dem eigenen Interessenvertreter eine Verhandlungsstrategie zu entwickeln.

4.5.1 Einschätzung der Rechtslage

Gerade zu Beginn eines Kündigungsschutzverfahrens, wenn der Arbeitgeber beispielsweise noch nicht auf die eingereichte Klage im Rahmen sei-

205 Grundlegend BGH vom 14.9.2005 – IV ZR 145/04, NZA 2006, 229.
206 LAG Hamburg vom 1.3.2022 – 7 Ta 1/22.

ner Darlegungs- und Nachweispflicht zur Rechtfertigung der Kündigung vorgetragen hat, bestehen naturgemäß große Unwägbarkeiten, die eine abschließende Einschätzung der Prozessaussichten erschweren. Andererseits sind neben der Kündigung oft Informationen bekannt geworden, aus denen etwa hervorgeht, auf welche Gründe z. B. eine betriebsbedingte Kündigung gestützt werden dürfte. Geht es um Vorwürfe im Verhaltensbereich, sind diese in aller Regel vorher Thema entsprechender Gespräche gewesen. Ist bei der Kündigung ein Betriebsrat im Rahmen von § 102 BetrVG angehört worden, so sind die zur Begründung der Kündigung dort vorgetragenen Argumente des Arbeitgebers zu überprüfen. Lässt die Einschätzung der Rechtslage erkennen, dass voraussichtlich eine Kündigungsschutzklage Erfolg haben könnte, rechtfertigt dies naturgemäß eine offensivere Strategie bei den Abfindungsverhandlungen, als wenn das Verfahren eher als schwierig bis aussichtslos zu bewerten ist.
Je nach Prozesslage ist regelmäßig zwischen Partei und Rechtsvertretung zu überprüfen, ob die ursprünglich eingenommene Rechtsposition noch Bestand hat, um dann ggf. den eingeschlagenen Weg zu modifizieren.

4.5.2 Einschätzung der eigenen Interessenlage

Nicht minder wichtig wie die Beurteilung der rechtlichen Situation ist die Einschätzung der eigenen Interessenlage.
Gerade zu Beginn, wenn die Kündigung eben ausgesprochen oder noch unterwegs ist, wird vom Arbeitnehmer die zentrale Fragestellung zu beantworten sein, ob er – ggf. um jeden Preis – an seinem Arbeitsplatz festhalten will oder ob für ihn die Möglichkeit einer Beendigung des Arbeitsverhältnisses gegen Zahlung einer angemessenen Abfindung in Betracht kommt. Das Beharren auf dem Arbeitsplatz – das eigentliche Ziel des Kündigungsschutzes – ist vor allem dort nachvollziehbar, wo die Arbeitsmarktlage voraussichtlich keine Anschlussbeschäftigung, jedenfalls nicht zu annähernd vergleichbaren Bedingungen wie bisher, gewährleistet. Auch bei älteren Arbeitnehmern ist dieser Gedanke oft vorherrschend, da besonders sie Schwierigkeiten haben, wieder einen neuen Arbeitsplatz zu finden. Ein solcher steht zudem oft nur zu deutlich schlechteren Konditionen zur Verfügung.
Demgegenüber macht es aber wenig Sinn, die Verteidigung des Arbeitsplatzes als einzige Alternative zu verfolgen, wenn die juristischen Chancen eines Kündigungsschutzprozesses als eher bedenklich einzustufen sind. Hier kann am Ende weder das eine noch das andere erreicht worden sein: Wird der Kündigungsschutzprozess verloren, wird das Arbeitsverhältnis beendet – ohne dass eine Abfindung gezahlt wird. Andere Beschäftigte

hingegen favorisieren von vornherein die Abfindungslösung ohne ggf. zu bedenken, dass der Arbeitgeber, wenn er dies erkennt, in jedem Stadium des Kündigungsschutzprozesses seine Kündigung zurücknehmen kann und damit ärgerlicherweise dem Arbeitnehmer zumutet, beim gleichen Arbeitgeber weiterzuarbeiten, obwohl gerade dies nicht (mehr) gewollt ist.
Es bedarf also durchaus gründlicher Analyse der eigenen Interessenlage und gleichzeitiger Reflektion dessen, was voraussichtlich die Rechtsposition hergibt. Hat sich ein Arbeitnehmer in einer solchen Gemengelage mit seinem Rechtsvertreter zu einer gemeinsamen Strategie entschlossen, sollte diese dann aber auch konsequent eingehalten werden.

4.5.3 Durchhaltevermögen

Bei allen strategischen und taktischen Überlegungen zum weiteren Vorgehen muss zudem der **Zeitfaktor** berücksichtigt werden und dies in mehrfacher Hinsicht:

4.5.3.1 In finanzieller Hinsicht

Zeit bedeutet Geld. Neben der Frage, ob der Rechtsschutz gewährleistet ist, muss auch damit gerechnet werden, dass der Kündigungsschutzprozess üblicherweise nicht innerhalb der normalen Kündigungsfrist beendet werden kann. Selbst Arbeitnehmer, die länger als 20 Jahre im Beschäftigungsverhältnis standen und demnach über eine gesetzliche Kündigungsfrist von sieben Monaten zum Ende eines Kalendermonats gem. § 622 Abs. 2 Nr. 7 BGB verfügen, können in diesem Zeitraum nicht einmal mit einem erstinstanzlichen Urteil rechnen. Ohne einen (durchsetzbaren) Weiterbeschäftigungsanspruch müssen sich die Betroffenen darauf einstellen, dass sie nach Ablauf der Kündigungsfrist vorläufig Arbeitslosengeld beziehen müssen, wodurch der Lebensstandard wenigstens vorübergehend deutliche Einbußen erleiden kann. Das Arbeitslosengeld beträgt gem. § 149 Nr. 2 SGB III in der Regel 60 % des letzten Nettogehalts, bei denen, die Unterhaltsverpflichtungen haben, gem. § 149 Nr. 1 SGB III 67 %. Bestehen in einem solchen Fall beispielsweise hohe Abzahlungsverbindlichkeiten, sollte schon frühzeitig geprüft werden, ob sich solche Zahlungsverpflichtungen ggf. strecken oder stunden lassen, damit über den Beschäftigten nicht ein finanzielles Fiasko hereinbricht.

4.5.3.2 In psychologischer Hinsicht

Durchhaltevermögen hat neben der finanziellen Dimension auch einen psychologischen Hintergrund. Das Führen eines längeren Prozesses verlangt viel Geduld und die Fähigkeit, sich gründlich (und sachlich) mit den möglicherweise unsinnigsten – und gelegentlich auch z. B. die Einsatzbereitschaft und fachliche Kompetenz außerordentlich herabwürdigenden – Behauptungen der Gegenseite auseinanderzusetzen, um den eigenen Vortrag im Kündigungsschutzprozess zu optimieren. Dabei kann es je nach Prozesssituation ein Auf und Ab des jeweiligen Gefühlslebens geben, womit nicht jeder so einfach umgehen kann. Es bedarf daher auch psychologisch eines »**langen Atems**«, um ggf. trotz Anfeindungen und Stimmungsmache sich durchzusetzen und um ein persönlich angemessenes Ergebnis zu erreichen.

Streiten will gelernt sein, wobei natürlich nicht vernachlässigt werden darf, dass der Streit vor Gericht im Wesentlichen durch die Rechtsvertreter ausgetragen wird, so dass jedenfalls insoweit eine Entlastung auch in psychologischer Hinsicht zu erwarten ist. Zudem ist es oft so, dass im Laufe eines Verfahrens die Fähigkeit wächst, sich zu wehren.

4.5.4 Gründe für eine schnelle Lösung

Neben der finanziellen und psychologischen Dimension kann es auch sehr handfeste Gründe geben, auf eine schnelle Lösung zur Auflösung des Arbeitsverhältnisses zu drängen. Dies ist beispielsweise dort sinnvoll, wo sich abzeichnet, dass der Arbeitnehmer bereits kurzfristig ein neues Arbeitsverhältnis zu vernünftigen Bedingungen eingehen kann, wobei ein neuer Arbeitsvertrag ggf. blockiert sein könnte, solange der Kündigungsschutzprozess noch über längere Strecken läuft. Zwar gibt es nach gewonnenem Kündigungsschutzprozess eine Wahlmöglichkeit, ob nämlich das alte Arbeitsverhältnis fortgesetzt oder aber wegen des Antritts einer neuen Stelle verweigert wird.[207]

Das Bekanntwerden eines neuen Arbeitsverhältnisses wird in aller Regel aber die Vergleichsbereitschaft des Arbeitgebers zur Zahlung einer angemessenen Abfindung deutlich reduzieren. Das Suchen nach einer Abfindungslösung schon im frühen Stadium kann auch sinnvoll sein, wenn beispielsweise nach länger andauernder Erkrankung der Eintritt einer Berufs- oder Erwerbsunfähigkeit droht. Kaum ein Arbeitgeber wird nachvollziehbar bereit sein, einem Arbeitnehmer noch eine Abfindung zu zahlen, wenn eine Weiterbeschäftigung schon faktisch ausscheidet, weil der Arbeitnehmer hierzu gesundheitlich nicht mehr in der Lage ist.

Auch bei drohender Insolvenz des Arbeitgebers ist es angezeigt, den Versuch zu unternehmen, noch vor dem Eintritt der Zahlungsunfähigkeit

---

207 Vgl. HK-ArbR/Fiebig/Braun, § 12 KSchG Rn. 1 ff.

eine Abfindungslösung nicht nur zu vereinbaren, sondern nach Möglichkeit auch die rasche Auszahlung der Abfindung - ggf. gesichert durch eine Bankbürgschaft - durchzusetzen.

4.6 Nachhaltige Interessenvertretung

Wer seine Weiterbeschäftigung oder eine interessensgerechte Abfindungslösung durchsetzen will, muss sich auf eine nachhaltige Interessenvertretung einstellen und mit Widerständen rechnen. Dies gilt insbesondere dann, wenn auf der anderen Seite keine Bereitschaft besteht, eine Abfindungslösung zu akzeptieren.

4.6.1 Präsenz im Betrieb

Oft ist es dem Arbeitnehmer unangenehm, bis zum Ablauf der Kündigungsfrist oder ggf. sogar noch danach bei erfolgreich durchgesetztem Weiterbeschäftigungsanspruch weiterhin tagtäglich den Betrieb aufzusuchen. Der offen oder verdeckt geführte Streit über den Bestand des Arbeitsverhältnisses kann sich dann sogar zu einer so gravierenden psychischen Beeinträchtigung entwickeln, dass Arbeitsunfähigkeit eintritt. Daher ist es unangebracht, vorschnell eine Bewertung vorzunehmen, wonach die Krankschreibung die bequemste Lösung für den Arbeitnehmer ist, dem Konflikt im Betrieb aus dem Weg zu gehen. Dies gilt umso mehr, als Krankheit (oder bösartig formuliert: die Flucht in die Krankheit) auch für den Arbeitgeber oft eine durchaus wünschenswerte Alternative darstellt, da er nach Ablauf von sechs Wochen keine Entgeltfortzahlung mehr leisten muss und dann die Krankenversicherung den Arbeitnehmer finanziert.

Je länger die Krankheit währt, desto schwieriger wird es für den Arbeitnehmer auch, wieder in den Betrieb zurückzukehren, z. B. im Falle des gewonnenen Kündigungsschutzprozesses. In der Zwischenzeit können sich viele tatsächliche Veränderungen im Betrieb aber auch emotionale Hemmnisse ergeben haben, die eine unbefangene Arbeitsaufnahme erschweren.

Sofern es vom Gesundheitszustand vertretbar ist, sollte sich der Arbeitnehmer daher nicht auf die vermeintlich bequemste Möglichkeit zurückziehen, sondern durch seine persönliche Präsenz im Arbeitsprozess allen Beteiligten deutlich machen, dass er sich nicht freiwillig aus dem Betrieb drängen lassen will.

Gerade gegenüber dem nicht verhandlungsbereiten Arbeitgeber wäre es in einer solchen Phase auch kontraproduktiv, den – meist sehr nachvollziehbaren – Wunsch auf Freistellung anzumelden. Ein solches Verlangen wird in der Praxis oft als Bekenntnis dafür gewertet, dass auch arbeitnehmerseitig eine Rückkehr in den Betrieb ausgeschlossen wird. Damit kann einem ansonsten engagiert geführten Kündigungsschutzprozess psychologisch gesehen der erforderliche Druck genommen werden, der u. U. nötig wäre, um eine angemessene Abfindungsvereinbarung durchzusetzen. Mit dem Kündigungsschutzverfahren will der Arbeitnehmer gerade dokumentieren, dass er am Arbeitsverhältnis festhalten will. Durch den Arbeitsvertrag ist aber ein Austauschverhältnis geschaffen worden, in dem der Arbeitnehmer seine Arbeitsleistung, der Arbeitgeber hingegen die entsprechende Vergütung schuldet. Um die Fortsetzung dieses Austauschverhältnisses geht es juristisch. Daher sollte sich der entsprechende Wille des Arbeitnehmers auch erkennbar in seinem Verhalten widerspiegeln.

4.6.2 Das Annahmeverzugsrisiko

Diese Vergütung schuldet der Arbeitgeber aber nicht nur bis zum Ende der Kündigungsfrist, sondern auch für den Zeitraum danach, wenn später das Gericht die Kündigung für unwirksam hält und demzufolge feststellt, dass das Arbeitsverhältnis fortzusetzen ist. Regelmäßig befindet sich der Arbeitgeber nämlich während der Dauer des Kündigungsschutzprozesses im so genannten Annahmeverzug gem. § 615 Satz 1 BGB. Die gesamten bis zum Urteil auflaufenden Gehälter sind deshalb nachzuzahlen. Soweit der Arbeitnehmer Arbeitslosengeld in Anspruch genommen hat, ist ein gesetzlicher Forderungsübergang eingetreten. In Höhe des gezahlten Arbeitslosengeldes, das der Arbeitnehmer dann selbstverständlich behält, geht sein Anspruch gegen den Arbeitgeber gem. § 115 SGB X auf die Bundesagentur für Arbeit über. Darüber hinaus sind die weitergehenden Gehaltsansprüche, die zwischenzeitlich aufgelaufen sind, auszugleichen. Gerade bei langer Verfahrensdauer können so erhebliche Beträge an geschuldeter Vergütung zusammenkommen. Bei ökonomischer Würdigung des Prozessrisikos könnte sich der Arbeitgeber, wenn er die nachhaltige Interessensvertretung des Arbeitnehmers erkennt, eher geneigt zeigen, entgegen seinen möglicherweise ursprünglich anders ausgerichteten Intentionen doch eine Abfindung zu zahlen, um dem Annahmeverzugsrisiko zu entgehen.

4.6.3 Ausschöpfung prozessualer Möglichkeiten

Die Bemühungen des Arbeitnehmers, seien sie nun gerichtet auf den Erhalt des Arbeitsplatzes oder mit dem Ziel einer Abfindungsvereinbarung, sollten bei steigender Verfahrensdauer zudem mit den zur Verfügung stehenden prozessualen Möglichkeiten flankiert werden.

4.6.3.1 Antrag auf Weiterbeschäftigung; Zeugnis

Hierzu zählt **der Antrag auf Weiterbeschäftigung**. Dieser Anspruch ist dann besonders effektiv, wenn auf der Grundlage eines auf die Gründe des § 102 Abs. 2 BetrVG gestützten Widerspruchs des Betriebsrats ein so genannter betriebsverfassungsrechtlicher Weiterbeschäftigungsanspruch besteht, der dann auch bereits vor Abschluss der 1. Instanz im laufenden Verfahren geltend gemacht und ggf. per einstweiliger Verfügung durchgesetzt werden kann (vgl. die Erläuterungen unter 2.6.1, Seite 78). Demgegenüber ist der allgemeine Weiterbeschäftigungsanspruch in der Regel davon abhängig, dass die 1. Instanz des Arbeitsgerichts durch positives Urteil zugunsten des Arbeitnehmers das Bestehen des Arbeitsverhältnisses feststellt (vgl. die Erläuterungen unter 2.6.2, Seite 80).
Auch empfiehlt es sich frühzeitig, zunächst außergerichtlich die Erteilung eines Zeugnisses bzw. eines Zwischenzeugnisses einzufordern und – sofern dies nicht geschieht – **gerichtlich** den Anspruch auf Aushändigung eines qualifizierten und berufsfördernden **Zwischen- bzw. Schlusszeugnisses** geltend zu machen. Häufig geht es dabei dann um den Inhalt des Zeugnisses. Auch dieser Streit ist dann vor Gericht auszutragen.

4.6.3.2 Geltendmachung finanzieller Ansprüche

Gleiches gilt für die Durchsetzung ausstehender Gehalts- und Schadensersatzansprüche. Letztere kommen insbesondere dann in Betracht, wenn beispielsweise der auch zur privaten Nutzung zur Verfügung gestellte Firmen-Pkw ersatzlos entzogen wurde.[208] Zumindest die Vorteile, die der Arbeitnehmer aus der Privatnutzung ziehen konnte, sind dann Schadenspositionen, die mit gerichtlicher Hilfe durchgesetzt werden können.[209]

---

208 Der einseitige Widerruf der Privatnutzung auf der Grundlage eines Formulararbeitsvertrages ist in aller Regel unzulässig, so BAG vom 19.12.2006 – 9 AZR 294/06, NZA 2007, 809.

209 Laut BAG vom 19.12.2006 (a.a.O.) ist dabei die Berechnung der Entschädigung mit monatlich 1 % des Listenpreises des Firmenwagens nicht zu beanstanden.

4.6.3.3 Offene Urlaubsansprüche

Nicht zu vergessen sind auch offene Urlaubsansprüche, insbesondere Urlaubsabgeltungsansprüche. Diese werden nicht automatisch mit Erhebung einer Kündigungsschutzklage geltend gemacht.[210] Sie sind daher explizit einzuklagen. Mit der Beendigung des Arbeitsverhältnisses wandelt sich ein bis dahin noch nicht erfüllter gesetzlicher Mindesturlaubsanspruch automatisch in einen sogenannten Abgeltungsanspruch um. Ob auch ein über den Mindesturlaub hinausgehender (tarif-) vertraglich vereinbarter Urlaubsanspruch abzugelten ist, hängt vom Wortlaut des jeweiligen Arbeitsvertrages bzw. Tarifvertrages ab.

Besondere Bedeutung erlangen die Urlaubs- und Urlaubsabgeltungsansprüche bei länger andauernder Arbeitsunfähigkeit vor Auslaufen der Kündigungsfrist. Nach verschiedenen Entscheidungen des EuGH[211] verfallen solche wegen Krankheit nicht genommenen Urlaubszeiten nach Ablauf von 15 Monaten – also nicht schon nach Ende des in § 7 Abs. 3 BUrlG geregelten Übertragungszeitraums (bis Ende des ersten Quartals des Folgejahres), sondern erst zwölf Monate später. Das BAG hat sich dieser Rechtsprechung angeschlossen.[212] Dabei gilt die verlängerte Frist für die Verfallbarkeit auf jeden Fall für den gesetzlichen Urlaubanspruch, der laut § 3 BUrlG 24 Werktage bei 6 Arbeitstagen pro Woche umfasst. Dies sind verteilt auf die Tage von Montag bis Freitag 20 Urlaubstage. In Bezug auf (tarif-)vertraglich vereinbarte höhere Urlaubsansprüche kommt es auch in diesem Zusammenhang auf den Wortlaut des Arbeitsvertrages bzw. eines einschlägigen Tarifvertrages an.[213]

Achtung: Der für den Arbeitnehmer ungünstige Verfall tritt aber nicht ein, wenn der Arbeitgeber den Arbeitnehmer nicht konkret – ggfs. schriftlich – aufgefordert hat, seinen Urlaub zu nehmen und ihn aufgeklärt hat, dass anderenfalls sein Urlaub mit Ablauf des Kalenderjahres oder Übertragungszeitraums verfallen würde.[214]

Konnte der Urlaub insbesondere wegen Krankheit bis zum Auslaufen des Arbeitsverhältnisses nicht realisiert werden, entsteht ein Urlaubsabgeltungsanspruch, der dann aber z. B. tariflichen Ausschlussfristen unterliegt.[215] Wer also nach Ablauf der Kündigungsfrist noch über offene

---

210 Vgl. BAG vom 21.9.1999 – 9 AZR 705/98, AP Nr. 77 zu § 7 BUrlG Abgeltung.

211 EuGH vom 20.1.2009 – C-350/06, C-520/06, NZA 2009, 135; EuGH vom 22.11.2011 – C-214/10, NZA 2011, 1333.

212 BAG vom 7.8.2012 – 9 AZR 353/10, DB 2012, 2462.

213 Vgl. BAG vom 23.3.2010 – 9 AZR 128/09, NZA 2010, 810.

214 BAG vom 29.9.2020 – 9 AZR 266/20, NZA 2921, S. 413; ausführlich HK-ArbR/Holthaus, § 7 BurlG, Rn. 79.

215 Vgl. BAG vom 9.8.2011 – 9 AZR 365/10, NZA 2011, 1421.

Urlaubsansprüche verfügt, sollte dringend daran denken, die daraus resultierenden Abgeltungsansprüche rechtzeitig geltend zu machen.
Haben sich beide Parteien in einem Vergleich nach Einreichung einer Kündigungsschutzklage über eine rückwirkende Auflösung des Arbeitsverhältnisses verständigt, ist der Abgeltungsanspruch bereits mit dem vereinbarten Ende des Arbeitsverhältnisses entstanden, sodass ggf. Urlaubsabgeltungsansprüche mangels vorheriger Geltendmachung im Zeitpunkt des Vergleichsschlusses bereits verfallen sein könnten. Aus diesem Grund sollten die Urlaubsansprüche im Vergleich mit geregelt sein.
Die frühere Rechtsprechung des BAG, dass bei Tod des Arbeitnehmers der Urlaubsanspruch erlischt und auch kein Abgeltungsanspruch entsteht, ist überholt.[216] Der Urlaubsabgeltungsanspruch ist vererbbar.

4.6.4 Fazit

Konsequentes außergerichtliches und prozessuales Vorgehen verhindert also nicht nur den ggf. eintretenden Verfall von Ansprüchen, sondern kann auch am ehesten eine Blockade durchbrechen, die bis dahin den Abschluss einer angemessenen vergleichsweisen Lösung, d. h. Ausscheiden aus dem Arbeitsverhältnis gegen Zahlung einer Abfindung, entgegenstanden.
Eine gewisse Hartnäckigkeit kann nicht schaden, insbesondere wenn sie gleichzeitig flankiert wird durch die Bereitschaft, an für beide Seiten angemessenen Lösungen mitzuwirken.

216 EuGH vom 12. 6. 2014 – C-118/13, BeckRS 2014, 80975; BAG vom 22. 01. 2019 – 9 AZR 45/16, BeckRS 2019, 108542.

5. Abfindung – Höhe und Gestaltungsoptionen

5.1 Fehlender Rechtsanspruch auf Abfindung

Wer gekündigt wird, glaubt oft, dass er nur seinen Anspruch anmelden müsse, um eine Abfindung zu erhalten. Der hierzu aufgesuchte Jurist muss dem gekündigten Arbeitnehmer dann in der Beratung erklären, dass es nicht zulässig ist, im Kündigungsschutzprozess einfach nur einen Antrag auf Zahlung einer Abfindung zu stellen. Das einzig mögliche Klageziel lautet, die Unwirksamkeit der Kündigung feststellen zu lassen mit dem Ergebnis, dass bei erfolgreichem Prozess der gekündigte Arbeitnehmer weiterbeschäftigt wird. Die Abfindung kann daher nur das Ergebnis einer bestimmten Prozesssituation sein, nämlich der, dass eine Einigung über eine Abfindungszahlung zwischen den Beteiligten herbeigeführt wird. Juristisch geht es bei Kündigungsschutzprozessen hingegen darum, für die Weiterbeschäftigung zu streiten.
Alternativ passiert aber auch häufig Folgendes: Im Wissen um die für beide Seiten oft nicht zuverlässig einschätzbaren Risiken eines Kündigungsschutzverfahrens wird bereits – meist ohne sofortigen Ausspruch einer Kündigung – eine außergerichtliche Lösung angestrebt durch das Angebot eines Aufhebungsvertrages mit Abfindung.
Allerdings gilt hier: Wenn der Arbeitgeber mit einzelnen Beschäftigten – auch wenn dies im Rahmen eines Personalabbaukonzepts erfolgt – individuelle Vereinbarungen über Zahlungen von Abfindungen trifft, greift der Gleichbehandlungsgrundsatz in aller Regel **nicht**[217].

5.1.1 Ausnahme: § 1a KSchG

Nach der Vorschrift des § 1a KSchG kann der Arbeitnehmer bei einer betriebsbedingten Kündigung allerdings eine Abfindung von 0,5 Monats-

217 BAG vom 17.12.2009 – 6 AZR 242/09, NZA 2010, 273; BAG vom 25.2.2010 – 6 AZR 911/08, NZA 2010, 561.

verdiensten je Beschäftigungsjahr verlangen, wenn er keine Kündigungsschutzklage erhebt und – **als Anspruchsvoraussetzung entscheidend** – der Arbeitgeber im Kündigungsschreiben die Zahlung dieser Abfindung zugesagt hat. Die Abfindung ist dann gem. § 1a Abs. 2 KSchG **limitiert auf ein halbes Gehalt pro Jahr der Beschäftigung**. Diese überwiegend als gesetzlicher Anspruch verstandene Rechtsfolge führt dazu, dass sich der Arbeitnehmer noch innerhalb der Dreiwochenfrist, die für die Klagerhebung besteht, entscheiden muss, ob er die Kündigung wegen einer fehlenden sozialen Rechtfertigung gerichtlich angreift oder ob er die »Schmalspurlösung« eines halben Gehalts pro Beschäftigungsjahr akzeptiert. Entscheidet er sich für die Klage, kann bei negativem Prozessausgang jede Abfindung entfallen. Unterlässt er die Klage, verliert der Arbeitnehmer die Option, auch höhere Abfindungen bzw. seine Weiterbeschäftigung durchzusetzen.

Das erfordert eine gründliche Beratung, die noch dadurch erschwert ist, dass in diesem frühen Stadium noch längst nicht alle Fakten auf dem Tisch liegen, die für die Beurteilung der Rechtmäßigkeit der Kündigung relevant sind. Zwar kann der oben (siehe unter 2.1.3.5, Seite 52) bereits dargestellte **Auskunftsanspruch zu den Gründen der Sozialauswahl** auch schon vor Klagerhebung geltend gemacht werden; da der Arbeitgeber sich aber nur in Ausnahmefällen schadensersatzpflichtig macht, wenn er verspätet Auskunft erteilt,[218] wird mit einer Auskunft vor Ablauf der Klagfrist nicht zu rechnen sein. Insbesondere führt der Verstoß gegen die Auskunftspflicht nicht zur Unwirksamkeit der Kündigung.

Bei der Prüfung, ob das im Kündigungsschreiben aufgenommene Angebot einer Abfindung besser anzunehmen ist, kommt es auf den genauen Wortlaut des Schreibens an. Erfüllt dieses die Voraussetzungen des § 1a KSchG (insbesondere den Hinweis auf die Betriebsbedingtheit der Kündigung und die Folgen des Ablaufs der Klagefrist), entsteht der Abfindungsanspruch auch dann in voller Höhe, wenn der angegebene Abfindungsbetrag zu niedrig berechnet wurde. Der betroffene Arbeitnehmer kann dann auch, statt die Kündigung anzugreifen, den fehlenden Differenzbetrag einklagen.[219]

Wird ein zu hoher Abfindungsbetrag im Kündigungsschreiben benannt, sollte sich der Arbeitnehmer nicht damit zufrieden geben, die Klagefrist einfach nur verstreichen zu lassen, sondern ausdrücklich das im Kündigungsschreiben enthaltene Abfindungsangebot annehmen (es sei denn, er verspricht sich im Falle einer gerichtlichen Auseinandersetzung eine noch

---

218 Vgl. HK-ArbR/Schubert, § 1 KSchG Rn. 602.
219 Vgl. BAG vom 19.6.2007 – 1 AZR 340/06, NZA 2007, 1357.

höhere Abfindung). Mit der Annahme auf das Angebot im Kündigungsschreiben entsteht dann im Zweifelsfall auch ein vertraglicher Anspruch auf die Abfindung, die über dem Wert des § 1a KSchG liegt.
Die Hinnahme einer Kündigung nach § 1a KSchG hat den Vorteil, dass bei Verstreichen der Frist keine Prüfungspflichten der Arbeitsverwaltung ausgelöst werden. Diese unterstellt vielmehr regelhaft, dass bei einer Abwicklung nach § 1a KSchG die Rechtfertigung der Kündigung nicht mehr zu überprüfen ist, so dass eine Sperrzeit beim Bezug des Arbeitslosengeldes ausscheidet.[220]

5.1.2 Ausnahme: Sozialplan

Einen Rechtsanspruch auf Abfindung hat der Beschäftigte allerdings, wenn in seinem Betrieb im Rahmen eines Sozialplans Arbeitgeber und Betriebsrat vereinbart haben, dass bei betriebsbedingten Kündigungen oder Aufhebungsverträgen im Fall einer Betriebsänderung Abfindungen zu zahlen sind. Solche Sozialpläne beruhen oft auf langwierigen Auseinandersetzungen der Betriebsparteien über die Dotierung des Sozialplans. Die Abfindungshöhe ist meist abhängig von der wirtschaftlichen Stärke des Unternehmens, aber auch von der Verhandlungsstärke und dem Geschick des Betriebsrats. In einigen Unternehmen haben die Betriebsparteien einen so genannten Rahmensozialplan vereinbart,[221] unter dessen Schutz während seiner Laufzeit z. B. alle betriebsbedingten Kündigungen fallen. Solche Sozialpläne können auch vorsehen, dass Beschäftigte auch dann eine Abfindung erhalten, wenn sie unter eine zukünftige Betriebsänderung fallen, die für die Betriebsparteien bei Abschluss des Sozialplans noch gar nicht absehbar war. Das BAG hat solche vorsorglichen Sozialpläne ausdrücklich anerkannt.[222]

5.1.3 Rationalisierungsschutztarifverträge

Mit ähnlicher Wirkung gibt es in einzelnen Branchen auch Rationalisierungsschutztarifverträge, die Abfindungen bei betriebsbedingten Kündigungen oder entsprechenden Aufhebungsvereinbarungen vorsehen. Solche Tarifverträge kommen u. a. vor im Bereich des öffentlichen Diens-

---

220 So Fachliche Weisungen der BA, gültig ab 18. 1. 2021 zu § 159 SGB III, 159.1.2.1.1; zu den Folgen für Aufhebungs- und Abwicklungsverträge siehe unter 7.4, Seite 168.

221 Bezeichnung in der Praxis auch oft: Rationalisierungsschutzabkommen, Strukturwandelvereinbarung etc.

222 BAG vom 26. 8. 1997 – 1 ABR 12/97, NZA 1998, 216ff.

tes,[223] im Versicherungsgewerbe[224] oder in der chemischen Industrie.[225] Meist sind hier jedoch relativ niedrige Abfindungsbeträge vorgesehen.
In jüngster Zeit werden vermehrt Auseinandersetzungen über Standortsicherungstarifverträge geführt, die als Firmentarifverträge abgeschlossen werden. Dabei werden auch oft Sozialplan-Tarifverträge gefordert, die Abfindungsleistungen enthalten können. Solche Tarifverträge sind zulässig,[226] wenngleich umstritten ist, ob deren Inhalt so weit reichen darf, dass die unternehmerische Entscheidung zur Standortschließung selbst eingeschränkt bzw. verhindert wird.[227]

5.1.4 Sonderfall: Auflösungsantrag im Kündigungsschutzprozess

Eine weitere Ausnahme bilden die §§ 9, 10 KSchG. Die Anwendung dieser Vorschriften setzt voraus, dass der Arbeitnehmer den Kündigungsschutzprozess gewinnt, also über einen Rechtsanspruch auf Weiterbeschäftigung verfügt. Wenn es in einer solchen Situation aber für den Beschäftigten oder für den Arbeitgeber aufgrund des Verhaltens der jeweiligen Gegenseite nicht mehr zumutbar ist, weiterhin zusammenzuarbeiten, so kann das Arbeitsgericht durch Urteil die **Auflösung** des Arbeitsverhältnisses **gegen Zahlung einer Abfindung** feststellen.
Das geht aber nur, wenn im Kündigungsschutzprozess eine der Prozessparteien einen entsprechenden Antrag stellt und das Gericht aus dessen Begründung entnehmen kann, dass das Arbeitsverhältnis tatsächlich zerrüttet ist, etwa weil sich die Parteien persönlich beleidigt oder sich gegeneinander auf so rüde Weise verhalten haben, dass eine gedeihliche Zusammenarbeit in der Zukunft ausgeschlossen werden kann.

---

223 Tarifvertrag zur sozialen Absicherung vom 6.7.1992 i.d.F. vom 31.3.2003, dort § 4: gilt allerdings nur für Gewerkschaftsmitglieder, so OLG Brandenburg vom 5.11.2009 – 12 U 91/09, NZA-RR 2010, 251.

224 Rationalisierungsschutzabkommen für das private Versicherungsgewerbe vom 1.5.1983, i.d.F. vom 4.12.2003.

225 Manteltarifvertrag für die chemische Industrie vom 24.6.1992, § 13.

226 BAG vom 6.12.2006 – 4 AZR 798/05, NZA 2007, 821; BAG vom 24.4.2007 – 1 AZR 252/06, NZA 2007, 987; ErfK-Franzen, § 1 TVG Rn. 74.

227 Für eine weitreichende Zulässigkeit von Sozialtarifverträgen: HK-ArbR/Hensche, Art. 9 GG Rn. 102ff.

5.1.5 Sonderfall: Auflösungsantrag bei leitenden Angestellten

Eine besondere Bedeutung gewinnt – wie oben unter 1.8 dargestellt (siehe Seite 39.) – die Möglichkeit des Auflösungsantrages bei bestimmten leitenden Angestellten. Hier braucht der Arbeitgeber seinen Auflösungsantrag nicht zu begründen und zu einer etwaigen Unzumutbarkeit der Weiterbeschäftigung Näheres auszuführen, sondern kann beantragen, dass trotz des durch den leitenden Angestellten gewonnenen Kündigungsschutzprozesses das Arbeitsverhältnis gegen Abfindung aufgelöst wird (vgl. § 14 Abs. 2 Satz 2 KSchG).
Deshalb gilt bei den leitenden Angestellten im Kündigungsfalle das Motto »Dulde und liquidiere«.
Von diesen vorstehend beschrieben Ausnahmen abgesehen, gilt für alle anderen Kündigungsfälle, dass es **keinen Rechtsanspruch** auf Abfindung gibt.

5.2 Abfindung als Preis für die Aufgabe des Kündigungsschutzes

Allerdings verwundert es nicht, wenn sich die Annahme, dass bei praktisch jeder Kündigung eine Abfindung zu beanspruchen ist, fest im Bewusstsein weiter Bevölkerungskreise verankert hat.
Zwar gibt es für diese Auffassung keine Stütze in den rechtlichen Grundlagen, sie findet jedoch ihre Erklärung in dem, was die Öffentlichkeit als **Rechtswirklichkeit** wahrnimmt.
Diese sieht so aus, dass eine recht große Mehrzahl der Kündigungsschutzprozesse **im Vergleichswege** mit der Zahlung einer Abfindung endet. Empirische Untersuchungen hierzu gibt es zwar wenige, aber die Einschätzung ist zulässig, dass weit mehr als die Hälfte aller Kündigungsschutzprozesse mit einem Abfindungsvergleich endet.[228]
Sieht man es als das eigentliche Ziel des Kündigungsschutzes an, den Arbeitsplatz zu erhalten und für Weiterbeschäftigung zu sorgen, kann diese Rechtswirklichkeit durchaus kritisch bewertet werden. Ihr Ergebnis ist nämlich die Entwertung des Kündigungsschutzes im Sinne einer zu erstreitenden Weiterbeschäftigung zugunsten eines durch Abfindung lediglich abgemilderten Verlustes des Arbeitsplatzes. Das mag dort angehen, wo eine Anschlussbeschäftigung zu vernünftigen Bedingungen in Aus-

228 Vgl. die Nachweise bei APS-Preis, Grundlagen B, Rn. 20ff.

sicht steht oder auch die/der Beschäftigte es nicht länger aushalten würde, weiter im Betrieb tätig zu sein. Aber sonst? Keine Abfindung – und sei sie noch so hoch – kann jahrelange Arbeitslosigkeit ausgleichen, ganz abgesehen von dem Verlust sozialer Beziehungen und angeschlagenem Selbstwertgefühl. Jedem Betroffenen sollte in der Konsequenz klar sein, dass die an ihn gezahlte **Abfindung** der **Preis für den Verlust des Arbeitsplatzes** ist. Die Annahme der Abfindung bedeutet den endgültigen Verzicht auf die weitere Geltendmachung des Kündigungsschutzes. Das soll in jedem Einzelfall wohl überlegt sein.

5.3 Bemessungsgrößen für die Abfindung in der Praxis

Für die Bewertung einer Abfindungslösung ist naturgemäß besonders bedeutsam, welche Geldbeträge als Abfindung fließen und welche (zusätzlichen) Rahmenbedingungen vereinbart wurden.

5.3.1 Die sogenannte »Regelabfindung«

Gesetzliche Maßstäbe für die Festlegung einer Abfindung gibt es nicht.

5.3.1.1 Keine Vorgaben durch §§ 9, 10 KSchG?

Auch die §§ 9, 10 KSchG, die ausschließlich für den Fall einer Auflösung des Arbeitsverhältnisses bei gewonnenem Kündigungsschutzprozess gelten, enthalten keine verbindlichen Maßstäbe, sondern nur **Obergrenzen**. Danach regelt § 10 Abs. 1 KSchG, dass eine Abfindung in Höhe bis zu zwölf Monatsverdiensten festzusetzen ist. § 10 Abs. 2 KSchG bestimmt, dass bei Arbeitnehmern, die das 50. Lebensjahr vollendet und die mindestens 15 Jahre in einem Arbeitsverhältnis standen, eine Obergrenze von bis zu 15 Monatsverdiensten gilt, während bei Arbeitnehmern, die das 55. Lebensjahr vollendet haben und deren Arbeitsverhältnis mindestens 20 Jahre bestanden hat, ein Betrag von bis zu 18 Monatsverdiensten durch das Gericht festgesetzt werden darf.
§ 10 Abs. 3 KSchG definiert schließlich, was als Monatsverdienst gilt, nämlich das, was dem Arbeitnehmer bei der für ihn maßgebenden regelmäßigen Arbeitszeit in dem Monat, in dem das Arbeitsverhältnis endet, an Geld und Sachbezügen zusteht.

Weder diese Obergrenzen noch diese Definition des Monatsverdienstes binden die Parteien des Kündigungsschutzprozesses; ebenso nicht Überlegungen des Gerichts, wenn es Vorschläge zur Abfindung unterbreitet.[229] Ebenso sind die **§§ 9,10 KSchG unbeachtlich**, wenn es um Abfindungsverhandlungen außerhalb von Gerichtsverfahren geht.

5.3.1.2 Die »Faustformel«

Weit verbreitet ist in der Praxis – ebenfalls ohne rechtliche Bindungswirkung – aber die Anwendung einer Formel, nach der bei Verlust des Arbeitsplatzes eine **Abfindung in Höhe von einem halben Gehalt pro Beschäftigungsjahr** gezahlt wird.

Nach einer Umfrage sollen ca. 75 % der befragten Arbeitsgerichte diese Formel verwenden.[230] Betrachtet man die Ergebnisse dieser Umfrage genauer, ergibt sich aber ein erheblich differenzierteres Bild:

So werden laut Aussage vieler Gerichte durchaus Abschläge, aber auch Zuschläge gemacht, je nach Art der Kündigung. Bei verhaltensbedingten Kündigungen kommen eher **Abschläge** in Betracht, während bei personenbedingten Kündigungen – wo es ja in der Regel nicht auf zurechenbares Verhalten des betreffenden Arbeitnehmers ankommt (vgl. die Ausführungen unter 2.1.4, Seite 56) – oft **Zuschläge** vorgeschlagen werden, die eine höhere Abfindung als ein halbes Gehalt pro Beschäftigungsjahr zum Inhalt haben.[231]

Auch wird bei betriebsbedingten Kündigungen, also solchen, die ihre Ursache allein in der Sphäre des Arbeitgebers haben, offenbar bei einer Reihe von Gerichten eine **höhere Abfindung** als angemessen erachtet.

Ferner gibt es Gerichte, die bei älteren Arbeitnehmern – angesichts der schwereren Vermittelbarkeit auf dem Arbeitsmarkt – deutlich höhere Abfindungen als angemessen erachten (bis zum 1,5-fachen eines Bruttomonatsgehalts pro Beschäftigungsjahr). Auch bei relativ kurzen Beschäftigungsverhältnissen, deren Beendigung für den betroffenen Arbeitnehmer mit einem besonderen Imageverlust verbunden sein können (wie soll bei einem Bewerbungsgespräch erläutert werden, warum die/der Betroffene schon nach so kurzer Zeit den Arbeitsplatz wechseln muss: Mangelnde Zufriedenheit? Eingliederungsprobleme? Fehlende Akzeptanz? …), werden im Einzelfall höhere Abfindungen für angemessen erachtet.

---

229 Gesetzliche Einschränkungen bestehen nicht; vgl. KR-Spilger, § 10 KSchG Rn. 78; nach einer Auswertung diverser LAG-Entscheidungen lässt sich auch kein einheitliches Schema für die Abfindungshöhe erkennen: vgl. Anton-Dyck/Böhm, ArbRB 2020, S. 28 ff.

230 Vgl. Hümmerich, NZA 1999, 342 ff.

231 Hümmerich, NZA 1999, 345.

Auch gibt es Gerichte, die – verständlicherweise – berücksichtigen, wenn es um **besonders geschützte Personenkreise** wie Schwerbehinderte oder Schwangere geht. Bei anderen Gerichten wird vor allem bei kleineren Unternehmen eher Rücksicht auf die konkrete wirtschaftliche Situation genommen.[232]

So ergibt sich doch ein sehr differenziertes Bild, was die Anwendung der sogenannten Faustformel betrifft.[233]

Nach der empirischen Untersuchung von Höland/Kahl/Zeibig ergibt sich ferner, dass der Durchschnitt der Abfindungszahlungen bereits in erster Instanz die sogenannte Faustformel überschreitet,[234] während in zweiter Instanz regelmäßig noch höhere Werte erzielt werden.[235]

Für eine Aufstockung der Faustformel spricht darüber hinaus der Umstand, dass durch den Wegfall der früheren Steuerprivilegierung mit Wirkung ab 1.1.2006[236] der **Nettowert einer Abfindung** sich erheblich geschmälert hat.[237] Jedenfalls bei wirtschaftlich leistungsfähigeren Unternehmen läge eine Aufbesserung der Beträge eigentlich auf der Hand,[238] wenngleich die Verfasser aus ihrer forensischen und beratenden Praxis die Tendenz beobachten, dass die seit 1999 fortlaufende Verschlechterung der steuerlichen Rahmenbedingungen sich (leider) nicht in einer veränderten, d.h. »großzügigeren« Vorschlagspraxis der Arbeitsgerichte niedergeschlagen hat.

Bei Anwendung jeder »Formel« sind die folgenden **grundlegenden Parameter** zu beachten:

- So kann es schon einen Unterschied ausmachen, ob für die Betriebs- bzw. Unternehmenszugehörigkeit des Arbeitnehmers auf den Tag der Vereinbarung oder auf den möglicherweise wesentlich später liegenden Zeitpunkt des Ausscheidens abgestellt wird (bis dahin läuft ja auch rechtlich gesehen das Arbeitsverhältnis!).
- Noch relevanter ist die Ermittlung des Bruttoeinkommens. Hier sollte unbedingt darauf geachtet werden, dass die **gesamten innerhalb der letzten 12 Kalendermonate bzw. die kompletten innerhalb des letzten abgeschlossenen oder des aktuellen Kalenderjahres erziel-**

232 Hümmerich, a.a.O.

233 So auch die Ergebnisse der von Schubert 1998 und 2003 nochmals durchgeführten Umfrage: vgl. ders., § 12 Rn. 42.

234 Höland/Kahl/Zeibig, S. 160ff. (0,57 Gehälter pro Jahr der Beschäftigung).

235 Ebenda (0,89 Gehälter pro Beschäftigungsjahr).

236 Hier Wegfall der Steuerfreibeträge durch Gesetz vom 22.12.2005, BGBl. I S. 3682.

237 Pauly, AuR 2007, 155, 158; Hümmerich, NZA 1999, 348; KSchR-Däubler, Aufhebungsvertrag, Rn. 27.

238 Pauly, a.a.O.

ten Einkünfte berücksichtigt, d.h. zusammenaddiert und durch 12 geteilt werden. Nur so kann gewährleistet werden, dass auch alle **Zusatzleistungen** wie 13. Gehalt, Boni, Urlaubs- und Weihnachtsgeld, Gratifikationen etc. in die Berechnung einfließen! Gleiches gilt für **geldwerte Vorteile**, wie etwa die arbeitgeberfinanzierte Nutzung eines Dienstwagens auch für Privatzwecke, Zuschüsse zum Kantinenessen oder zur Vermögensbildung etc. Die möglichst vollständige Berücksichtigung aller Einkommensbestandteile ist auch nur folgerichtig, denn diese bilden den bis dato erreichten Lebensstandard ab, der durch die Beendigung gefährdet wird. Die **Einbeziehung aller Leistungen mit Entgeltcharakter** entspricht im Übrigen auch dem Berechnungsmodus bei gesetzlichen Abfindungsberechnungen nach § 10 KSchG.[239]

Bei rein rationaler Betrachtung kommt es für die Abfindungshöhe darauf an, wie die **Erfolgsaussichten** der Kündigungsschutzklage sind, welcher **Lebenssachverhalt** den Kündigungsgrund bildet, welche **sozialen Probleme** die Kündigung auslösen und ob und in welchem Umfang der Arbeitgeber zahlungsfähig ist. Dies hat das BAG jüngst in einer Sache bestätigt, in der einem Betriebsratsmitglied neben einer längeren Freistellung eine sehr hohe Abfindung gewährt wurde. Dies reute den Betreffenden, der dann selbst zu Gericht zog, weil hier eine unzulässige Begünstigung eines Betriebsratsmitglieds vorläge. Das Verfahren blieb in allen Instanzen erfolglos. Das BAG sah die günstigen finanziellen Regelungen als Ausdruck einer »günstigeren Verhandlungsposition«, die sich »auf den Abschluss und den Inhalt einer Aufhebungsvertrags auswirken kann«[240]. Es geht also darum, Voraussetzungen für eine »günstige« Verhandlungsposition zu ermitteln oder zu schaffen. Das »auszunutzen« ist also rechtlich nicht zu beanstanden. Hinzu kommen häufig eher irrationale Gesichtspunkte, die im Gefühlsleben der Beteiligten wurzeln, die aber in ihrer Wirkung bei Verhandlungen nicht zu unterschätzen sind.

Umfragen, die notwendigerweise generalisieren und damit die Tendenz haben, sich vom Einzelfall und dessen konkreter Betrachtung zu weit zu entfernen, bergen zugleich die Gefahr in sich, dass es sich beispielsweise Arbeitsrichter zu einfach machen und Vorschläge nur nach »Schema F« unterbreiten. Wenn der Gekündigte weiß, dass im Kündigungsschutzprozess mit solchen standardisierten, wenig einzelfallbezogenen Vorstellungen des Gerichts zu rechnen ist und die Prozesssituation nicht völlig

239 Vgl. HK-ArbR/Hjort, § 10 KSchG Rn. 9, 10.
240 So BAG vom 21.3.2018 – 7 AZR 590/16, NZA 2018, 1019ff.

hoffnungslos erscheint, sollte daher auf keinen Fall auf den Vorschlag des Gerichts gewartet, sondern vielmehr das eigene **Verhandlungsgeschick** eingesetzt werden.
Wichtig ist es, den Trennungsbemühungen des Arbeitgebers möglichst ein **eigenes Konzept** entgegenzustellen, bei dem die wesentlichen Elemente **zukunftsorientiert** sind. Dazu gehören insbesondere:

- Eine **angemessene Abfindung**, die das mögliche Risiko einer konkret einzuschätzenden Phase der Arbeitslosigkeit überbrückt und bei der die Dauer des vorangegangenen Arbeitsverhältnisses als Faktor einfließt;
- Eine möglichst über die geltenden Kündigungsfristen hinausgehende **verlängerte Auslauffrist** für das Ende des Arbeitsverhältnisses;
- **Freistellung**, um die restliche Vertragslaufzeit zur beruflichen Neuorientierung nutzen zu können;
- Eine **Option der vorzeitigen Beendigung**, falls ein Nachfolgearbeitsverhältnis rascher als erwartet gefunden wird;
- Die **Vermeidung von Sanktionen** durch die Arbeitsverwaltung;
- Eine möglichst optimale **Berücksichtigung von steuerlichen Rahmenbedingungen**;
- Ggf. gesonderte Unterstützung für Maßnahmen zur Arbeitsplatzsuche (**Outplacement**) bzw. zur **beruflichen Fortbildung**;
- **Berufsförderndes Zeugnis** und positive Außenkommunikation;
- Möglichst **abschließende Regelung** aller für die Beendigung bedeutsamen Regelungs- bzw. Streitpunkte;
- Berücksichtigung von **Sicherungsmöglichkeiten gegen die Verschlechterung der Altersversorgung** – wovon der nächste Abschnitt handelt.

5.4 Rente sichern und erhöhen durch Umwandlung von Teilen der Abfindung

Noch vor rund 15 Jahren konnten Beschäftigte mit 63 Jahren Altersrente für langjährig Beschäftigte (§§ 36, 236b SGB VI) ohne Abschlag in Anspruch nehmen, Schwerbehinderte bereits ab dem vollendeten 60. Lebensjahr (§§ 37, 236a SGB VI). Das ist vorbei! Durch verschiedene »Rentenreformen« wurde die Regelaltersgrenze auf 67 Jahre (§ 35 SGB VI) angehoben, für besonders langjährig Beschäftigte nach 45 (!) Beitragsjahren auf 65 Jahre (§ 38 SGB VI), ebenso für Schwerbehinderte (§ 37 SGB VI). Das Rentenniveau ist im freien Sinkflug: Selbst bei 45 Beitragsjahren se-

hen seriöse Prognosen voraus, dass sich die gesetzliche Nettorente schon bald auf ca. 43 % des durchschnittlichen Arbeitseinkommens absenken wird.
Die Situation wird naturgemäß noch prekärer, wenn im Zuge von vorzeitigem Arbeitsplatzverlust ein früherer Rentenbeginn notwendig wird. Das ist möglich ab Vollendung des 63. Lebensjahres, wenn 35 Beitragsjahre erfüllt sind. Dann aber erfolgen Abschläge!
Insbesondere wer nach Zeiten der Arbeitslosigkeit vorzeitig in Rente geht, sieht sich in aller Regel einer doppelten Kürzung seiner Rente gegenüber:

- Für jeden Monat, mit dem vorzeitig Rente in Anspruch genommen wird, wird diese um 0,3 % gekürzt und zwar dauerhaft.
- Ferner fehlen Beiträge und Beitragszeiten für den Zeitraum vom Beginn der vorzeitigen Rente bis zum gesetzlichen Renteneintrittsalter.

> **Beispiel:**
> Wer etwa 2 Jahre früher Rente bezieht, erleidet einen Verlust von 7,2 % (24 Monate x 0,3 %). Bei einer Rentenleistung von – angenommen – € 1000,– bei Erreichen der Regelaltersgrenze, reduziert sich die Rente auf € 928,–. Auch spätere Rentenerhöhungen fallen proportional niedriger aus.

In der Verhandlungssituation über einen Aufhebungsvertrag sollten daher die im Folgenden dargestellten Möglichkeiten zur Gestaltung der Versorgungssituation sorgfältig geprüft werden. Einmal-**Zahlungen in die Rentenkasse** und/oder die betriebliche Altersversorgung stellen demgegenüber **attraktive Alternativen** dar, wenn dafür Teile der Abfindung verwendet werden.

5.4.1 Zahlungen in die Rentenkasse

Es gibt die Möglichkeit, die gesetzliche Rente durch Sonderzahlungen aufzubessern. Zu diesen zählt die Option, durch Einmalzahlungen Kürzungen für den Fall des früheren Ruhestands auszugleichen oder zu mindern.

> **Beispiel:**
> Wer entsprechend dem obigen Beispiel 24 Monate vor dem Zeitpunkt des gesetzlichen Renteneintritts in Rente geht, wird mit einem Rentenabschlag von 7,2 % konfrontiert. Wer diesen Abschlag ausgleichen will, muss ca. € 18 100,00 in die Rentenkasse einzahlen, um die Versorgungssituation

auf den Stand zu bringen, der bei nicht vorzeitigem Rentenantritt gelten würde.[241]

Wie ist vorzugehen?
Bei der Deutschen Rentenversicherung oder dem sonst zuständigen Träger der gesetzlichen Rentenversicherung ist ein **»Antrag auf Auskunft über die Höhe der Beitragszahlung zum Ausgleich einer Rentenminderung bei vorzeitiger Inanspruchnahme einer Rente wegen Alters«** zu stellen. Hierfür werden von den Rentenversicherungsträgern entsprechende Formulare vorgehalten, die über deren Webseiten ohne Weiteres abgerufen werden können. Dadurch wird in Erfahrung gebracht, welche Beträge aufgewandt werden müssen, um die zu erwartenden Abschläge ganz oder teilweise auszugleichen. Es ist also möglich und nötig, die Höhe der in Frage kommenden Einzahlung und deren Wirkung auf die spätere Rente präzise vorab zu berechnen.
Nach § 187a Abs. 1a Satz 2 SGB VI ist subjektive Voraussetzung für die Stellung des Auskunftsantrags – und damit für eine eventuelle spätere Ausgleichsleistung – eigentlich die **Vollendung des 50. Lebensjahres**. Aber von dieser Altersgrenze ist nur im Regelfall auszugehen. Im Einzelfall kann der Rentenversicherungsträger auch **bei jüngeren Versicherten** eine entsprechende Auskunft erteilen, etwa wenn erhebliche berufliche Veränderungen (z. B. durch **Arbeitsplatzverlust**, betriebliche Umstrukturierungen etc.) anstehen.[242] Nach aktuellen Auskünften reichen selbst Ereignisse wie Stellenwechsel oder Veränderungen bei Arbeitszeit und Arbeitsverdienst aus, um **auch jüngeren Arbeitnehmern** die Dispositionsmöglichkeiten für eine **Ausgleichszahlung** an die Rentenkasse einzuräumen.
Die nachfolgende Tabelle lässt erkennen, über welche Beträge dann nachzudenken ist.

---

241 Vgl. die Ausführungen bei Growe/Tallafuss, Modell für mehr Rente, AiB 2016, 28 ff.; Growe/Tallafuss, Weniger Steuern – mehr Rente, AiB 2016, 42 ff. sowie grundlegend Growe/Tretow, Das »Mannheimer Modell« – Mehr Rente, weniger Steuern, NZA 2020, s. 1080 ff.

242 So zutreffend Sozialbeirat der Bundesregierung, Gutachten zum Rentenversicherungsbericht der Bundesregierung 2016, Rn. 77, *www.sozialbeirat.de*.

Notwendige Beiträge zum Ausgleich von Rentenabschlägen (1. Hj. 2021 in den alten Bundesländern) – Beispielsrechnung[243]

Bei erwarteter Rentenhöhe von … brutto	und um … Jahre vorgezogenem Rentenbeginn	beträgt der monatliche Rentenabschlag	So viel kostet es, den Abschlag zu vermeiden
800 Euro	1 Jahr (3,6 %)	28,80 Euro	6 751,59 Euro
	2 Jahre (7,2 %)	57,60 Euro	14 027,02 Euro
	3 Jahre (10,8 %)	86,40 Euro	21 889,69 Euro
1000 Euro	1 Jahr	36,00 Euro	8 439,49 Euro
	2 Jahre	72,00 Euro	17 533,77 Euro
	3 Jahre	108,00 Euro	27 362,11 Euro
1200 Euro	1 Jahr	43,20 Euro	10 127,39 Euro
	2 Jahre	86,40 Euro	21 040,52 Euro
	3 Jahre	129,60 Euro	32 834,54 Euro

Der Antrag gegenüber dem Rentenversicherungsträger stellt eine bloße Absichtserklärung dar. Weder muss trotz Antragstellung der ausgerechnete Betrag auch tatsächlich ganz oder auch nur teilweise gezahlt werden noch muss die Altersrente später auch vorzeitig in Anspruch genommen werden. Es kommt für den Antrag bei dessen Einreichung lediglich darauf an, dass mögliche spätere Abschläge reduziert oder abgewendet werden **sollen**. Wenn sich später z. B. der Rentenbeginn verschieben sollte, sind in die Rentenversicherung eingezahlte Beiträge in Entgeltpunkte umzurechnen, die sich voll auf die Erhöhung der Rente auswirken.[244] Dieses positive Ergebnis wirkt wie ein Bonus gegenüber der sonst erzielten Rente.
Eine gleiche Vorgehensweise ist möglich, wenn während des Arbeitsverhältnisses beim Arbeitgeber Wertguthaben angespart wurden (z. B. als Zeitwert- oder Langzeitkonto) und hierüber eine entsprechende Wertguthabenvereinbarung nach § 7b ff. SGB IV geschlossen wurde. Bei vorzeitiger Beendigung des Arbeitsverhältnisses kann das Wertguthaben auf die Deutsche Rentenversicherung steuer- und sozialversicherungsfrei übertragen werden, die dann etwa – je nach Gestaltung – monatliches Entgelt an den Berechtigten zahlt[245].

243 Vgl. Beispielsrechnung »Ausgleich der Rentenabschläge« auf www.deutsche-rentenversicherung.de, Zahlen und Tabellen, S. 24 (wird laufend aktualisiert).
244 Vgl. BeckOK-SozR/von Koch, § 187a SGB VI Rn. 7.
245 Vgl. Growe, AiB 2018, 34 ff.

Ein Kapitalzuschuss in die eigene Rentenversicherung – wie die Mehrzahl aller Vermögensanlagen – ist naturgemäß ein Risikogeschäft. Für den Betroffenen persönlich rechnet es sich naturgemäß nur, wenn die Inanspruchnahme der Rente nicht nur für eine kurze Zeitspanne erfolgt. Es ist also eine Art »Wette« auf ein längeres Leben.[246] Die Amortisation einer Aufzahlung in die Rente lässt sich aber konkret in jedem Einzelfall berechnen und sollte der statistisch nachgewiesenen Rentenbezugsdauer gegenübergestellt werden. Diese beträgt nach Zahlen von 2014 bei Frauen (Ost) 23,0 und bei Frauen (West) 20,8 Jahre, bei Männern (Ost) 15,7 und bei Männern (West) 16,9 Jahre.[247]

Zu berücksichtigen ist ferner, dass durch die Aufbesserung der Rente auch die Hinterbliebenenrente (Witwen- bzw. Witwerrente, Waisenrente, Erziehungsrente) höher ausfällt.

Darüber hinaus verzinst sich die gesetzliche Rente. Die Verzinsung soll derzeit bei knapp 3 % liegen und dürfte sich damit günstiger darstellen, als dies bei Einzahlungen in eine private Altersversorgung der Fall ist. Damit wäre eine solche »Kapitalanlage« besser als andere Anlagemodelle[248] – jedenfalls in der derzeitigen Null- bzw. Niedrig-Zinsphase. Einzelheiten sollte sich jeder Ratsuchende im Zuge der nötigen Auskunftserteilung durch Vertreter der Deutschen Rentenversicherung erläutern lassen.

Hinzu kommen gerade im Zusammenhang mit der Umwandlung von Abfindungsbeträgen in Einzahlungen in die Rentenversicherung recht massive steuerliche Vorteile, die im Kap. 8.5 (Seite 196) näher dargestellt werden.

Aber **Achtung**: Die Berater der Deutschen Rentenversicherung dürfen sich nicht im Einzelnen zu den steuerlichen Auswirkungen und Vorteilen äußern, da dies nicht in den ihnen zugewiesenen Kompetenzrahmen fällt. Dazu sind vielmehr Steuerexperten zu Rate zu ziehen, insbesondere also in dieser Materie bewanderte Steuerberater zu befragen.

5.4.2 Zusatzzahlungen in die Betriebliche Altersversorgung

Bei Bestehen einer betrieblichen Altersversorgung sollte in Aufhebungssituationen auch deren Schicksal bedacht werden.

---

246 Vgl. unter der Überschrift »Sparbüchse Rentenkasse«, Süddeutsche Zeitung vom 12.8.2014.

247 Quelle: *deutsche-rentenversicherung.de*, Broschüre »Rendite in der Rentenversicherung«.

248 Vgl. Stiftung Warentest/Finanztest, 7/2016, 26.

So gibt es in § 4a BetrAVG einen gesetzlichen Auskunftsanspruch über die Höhe der Anwartschaft, insbesondere wie sich die Beendigung des Arbeitsverhältnisses auf die Anwartschaft auswirkt und wie sich die Anwartschaft nach einer Beendigung des Arbeitsverhältnisses entwickeln wird.

Tipp:
Diesen Auskunftsanspruch schon zu Beginn von Gesprächen (oder streitigen Auseinandersetzungen) über die Beendigung des Arbeitsverhältnisses geltend machen.
Allerdings bewirkt die Erteilung der Auskunft keine Zusage oder rechtliche Anerkennung dieser Leistung. Sie ermöglicht nur eine Einschätzung der späteren Leistungen aus der betrieblichen Versorgung.[249] So wird aber die Möglichkeit eröffnet, zu prüfen, ob es sich »lohnt«, Verbesserungen an der Anwartschaft und/oder der Höhe der betrieblichen Altersversorgung zum Gegenstand der Verhandlungen zu machen.

Auch wenn Ansprüche auf die betriebliche Altersversorgung nicht wegfallen, wenn im Aufhebungsvertrag oder im gerichtlichen Vergleich eine Generalquittung oder eine allgemeine Erledigungsklausel vereinbart wird, kann es in Zweifelsfällen durchaus nützlich sein, die zentralen Eckdaten (Höhe der Anwartschaft und ihre Unverfallbarkeit; vgl. §§ 2, 1b BetrAVG) im Aufhebungsvertrag klarzustellen, gerade weil die bloße Auskunft nach § 4a BetrAVG keine rechtliche Bindungskraft aufweist.
Dabei gilt für den Verzicht auf Anwartschaften oder deren Kürzung – ggf. auch gegen gesonderte Abfindung –, dass dies an den strengen Maßstäben von § 3 BetrAVG zu messen ist. Anlässlich eines bei Beendigung eines Arbeitsverhältnisses geschlossenen Aufhebungsvertrages sind nach der Rechtsprechung des BAG Erlassverträge und Abfindungen der betrieblichen Altersversorgung unwirksam.[250]
Möglich ist aber ein gerichtlicher Vergleich, in welchem die tatsächlichen Voraussetzungen der Versorgungszusage und ihre Höhe im Wege eines sog. Tatsachenvergleichs festgehalten werden.[251]

249 Vgl. hierzu Kapitel 8.6, Seite 199.
250 BAG vom 21.1.2003 – 3 AZR 30/02, NZA 2004, 331.
251 Nach BAG vom 23.8.1994 – 3 AZR 825/93, NZA 1995, 421 kann dann sogar bei entsprechender Erhöhung der Abfindung für den Verlust des Arbeitsplatzes ein Ausschluss von Versorgunganspürchen erfolgen.

Wichtig:
Es können auch Verbesserungen der betrieblichen Altersversorgung vereinbart werden. So können **bestehende Versorgungsansprüche erweitert oder sogar neu begründet** werden. Da Leistungen der betrieblichen Altersversorgung nicht notwendigerweise von der Dauer der bisherigen oder der künftig noch zu erwartenden Betriebszugehörigkeit (»Betriebstreue«) abhängen, kann etwa eine eigentlich zum Zeitpunkt des Ausscheidens noch verfallbare in eine unverfallbare Anwartschaft umgewandelt werden und damit ein sonst nicht bestehender Leistungsanspruch entstehen. Dieser ließe sich dann auch berechnen und damit dessen Höhe gem. § 2 BetrAVG. in der Vereinbarung festhalten.

Auch kann im Aufhebungsvertrag bereits die Übertragung von Anwartschaften auf einen neuen Arbeitgeber vereinbart werden, die dann mit der aufschiebenden Bedingung der Beendigung des Arbeitsverhältnisses mit dem bisherigen Arbeitgeber zu versehen wäre (vgl. § 4 BetrAVG).
Bei Direktversicherungen wird typischerweise vereinbart, dass mit dem Ausscheiden der Arbeitnehmer in die Rechte aus der Versicherung eingesetzt wird und er dann die Versicherung mit eigenen Mitteln fortsetzen kann.[252]

Tipp:
Angesichts der Vielfalt der Durchführungswege der betrieblichen Altersversorgung und ihrer jeweiligen Ausgestaltung empfiehlt es sich in jedem Fall, die Einzelheiten genau zu prüfen und etwa den jeweiligen **Träger der betrieblichen Altersversorgung** zu **kontaktieren** und sich von diesem die verschiedenen Optionen aufzeigen zu lassen, die die jeweilige Versorgungsordnung gestattet.

Mit dem Betriebsrentenstärkungsgesetz sind mit Wirkung vom 1. 1. 2018 Änderungen in der Betrieblichen Altersversorgung beschlossen worden.[253]
Diese Änderungen begünstigen insbesondere durch die **Erhöhung der steuerfreien Höchstbeträge** – auch und gerade im Zusammenhang mit der Auflösung des Arbeitsverhältnisses – die Möglichkeiten, Teile einer Abfindung als (Zusatz-)Beiträge für die betriebliche Altersversorgung zu nutzen und dadurch nicht nur diese aufzubessern, sondern auch im Wege der Umwandlung von Abfindungsbestandteilen sonst fällige Steuern zu

252 BAG vom 29. 7. 1986 – 3 AZR 15/85, NZA 1987, 349.
253 Vgl. SK-Neufeld, Betriebliche Altersversorgung, Rn. 1, 272.

sparen. Es gilt aber gerade bei privaten Trägern der Betrieblichen Altersversorgung, sich Gewissheit zu verschaffen, ob die Kapitalanlage auch tatsächlich seriös und langfristig sicher ist – soweit etwa bei Direktversicherungen überhaupt verlässliche Prognosen möglich sind.

5.5 Weitere Alternative bei Beendigung: Übertragung eines Wertguthabens auf die Rentenversicherung

Im Hinblick auf die Deutsche Rentenversicherung besteht noch die Möglichkeit, dass diese durch Übertragung eines sogenannten Wertguthabens nach Ende des Beschäftigungsverhältnisses insofern in die Arbeitgeberstellung einrückt und das Guthaben sukzessive an den Arbeitnehmer auszahlt sowie Sozialabgaben und Sozialversicherungsbeiträge abführt. Dies bedeutet, dass trotz der Beendigung des Arbeitsverhältnisses beim Arbeitgeber ein sozialversicherungspflichtiges Beschäftigungsverhältnis bei der Deutschen Rentenversicherung ohne Arbeitspflicht entsteht. Der Arbeitnehmer wäre dann weiterhin krankenversichert und erwirbt Rentenansprüche und muss sich nicht arbeitslos melden. Diese Situation ist also vergleichbar mit der Freistellungsphase in der Altersteilzeit.

Diese Option kann sich insbesondere dann als lohnenswerte **Alternative zu einer Abfindungsvereinbarung** darstellen, wenn es darum geht, einen zeitlich überschaubaren **Zeitraum bis zum Renteneintritt zu überbrücken**.

Typischerweise entstehen Wertguthaben im Laufe des Arbeitsverhältnisses dadurch, dass über längere Zeit Entgeltansprüche (etwa aus Überstunden/Mehrarbeit, 13. Gehältern etc.) nicht ausgezahlt, sondern etwa auf Langzeitkonten angespart werden. Der Zweck eines solchen Wertguthabens ist regelmäßig, dass das ersparte Arbeitsentgelt in Zeiten der Freistellung von der Arbeitsleistung oder der Verringerung der Arbeitszeit entnommen wird, um dann entsprechende Einnahmeverluste zu kompensieren.

»Arbeitsentgelte« sind nach der Bestimmung des § 14 SGB IV »alle laufenden oder einmaligen Einnahmen aus einer Beschäftigung«, unabhängig davon, ob hierauf ein Rechtsanspruch besteht und in welcher Form das Arbeitsentgelt geleistet wird. Deshalb soll es zulässig sein, dass erst zum Ende eines Arbeitsverhältnisses hin der Arbeitgeber für den Arbeitnehmer auf Grundlage einer schriftlichen Vereinbarung nach

§ 7b SGB IV ein betriebliches Wertguthaben eröffnet und einmalig einen Beitrag einzahlt bzw. ein bestehendes Wertguthaben aufstockt. Im Zusammenhang mit der Beendigung eines Arbeitsverhältnisses wird allerdings der Arbeitgeber hierzu nur bereit sein, wenn im Gegenzug sonstige Abfindungsleistungen geringer ausfallen oder entfallen.[254]

Dieses so eröffnete Wertguthaben kann dann bei Ende des Arbeitsverhältnisses auf die **Deutsche Rentenversicherung übertragen** werden. Nach § 7f SGB IV muss der Beschäftigte dazu eine schriftliche Erklärung gegenüber seinem bisherigen Arbeitgeber abgeben. Nach der Übertragung übernimmt die Deutsche Rentenversicherung »die mit dem Wertguthaben verbundenen **Arbeitgeberpflichten**«; vgl. § 7f Abs. 1 Satz 2 SGB IV.[255]

Das auf die Deutsche Rentenversicherung übertragene Guthaben ist ein Bruttoguthaben. Die Einzahlungen in das Wertguthaben selbst sind steuer- und sozialversicherungsfrei. Wie beim Arbeitsverhältnis sonst auch zahlt die Deutsche Rentenversicherung das monatliche Entgelt nach Abzug von Steuern und Sozialversicherungsbeiträgen aus. So zurückgelegte Zeiten wirken sich zudem wie normales Arbeitsentgelt auf die Rentenhöhe und die Versicherungszeiten aus. Der Beschäftigte bleibt auch krankenversichert. Über die Höhe und die Dauer der Auszahlungen entscheidet der betroffene Versicherte. Die Voraussetzung ist allerdings, dass die von der Deutschen Rentenversicherung ausgezahlten monatlichen Bruttowerte zwischen 70 und 130 % des bisherigen Bruttoentgelts liegen.[256]

Die monatliche Auszahlung hat gegenüber einer Einmalzahlung finanzielle Vorteile in steuerlicher Hinsicht.[257] Allerdings sollte das Wertguthaben finanziell so ausgestattet sein, dass genügend Kapital vorhanden ist, damit die von der Deutschen Rentenversicherung Bund gezahlten monatlichen Mittel vom Beginn des Bezugs, also in der Regel unmittelbar nach Beendigung des Arbeitsverhältnisses oder nach dem Auslaufen des Bezugs von Arbeitslosengeld I, bis zum (ggfs. vorzeitigen) Eintritt in die Rente reichen und in dieser Zeit mindestens 70 % des letzten Arbeitsentgelts ausmachen.[258]

---

254 Buber, Früher aus dem Job aussteigen, AiB 2020, S. 10ff, 15; Growe/Tretow, a. a. O., NZA 2020, S. 1083 (»Mannheimer Modell« Modul 2).

255 Ausführliche Beschreibung unter *www.deutsche-rentenversicherung.de*, pdf: Wertguthaben übertragen.

256 Einzelheiten bei Buber, a. a. O., S. 16 mit Beispiel für eine Vorteilsrechnung; ebenso Growe/Tretow, a. a. O., S. 1084

257 S. pdf »Wertguthaben übertragen«, S. 9.

258 Growe/Tretow, a. a. O., S. 1084 mit Berechnungsbeispiel.

Es wird dann – über das Wertguthaben finanziert – ein sozialversicherungspflichtiges Beschäftigungsverhältnis fingiert, für das voller Sozialversicherungsschutz gilt und **Anwartschaften in der Rentenversicherung** anwachsen. Dies ist auch kein unzulässiges »Scheingeschäft« in Form einer (verdeckten) Abfindung.[259] Vielmehr wird eine gesetzlich geschaffene Alternative genutzt, da unter »Arbeitsentgelt« alle Zahlungen fallen, die im weitesten Sinne noch der versicherungspflichtigen Beschäftigung zugeordnet werden können, ohne dass auf diese Leistungen nach dem ausdrücklichen Wortlaut des § 14 Abs. 4 SGB IV ein Rechtsanspruch bestehen müsste.[260]

Hierdurch entsteht eine Gestaltungsmöglichkeit, die zu nutzen nicht beanstandet werden kann.

259 So aber Schönhöft, Wertguthaben zur Übertragung auf die Deutsche Rentenversicherung – Eine Alternative zur Abfindungszahlung?, BB 2021, S. 1332 ff.

260 So zutreffend Däubler/Growe/Söhngen, Die Begründung eines Wertguthabens nach § 7b SGB IV bei Beendigung des Arbeitsverhältnisses, BB 2021, S, 2036.

6. Freistellung – Chancen und Risiken

Das Wesen des Arbeitsverhältnisses besteht darin, dass der Arbeitnehmer seine Arbeitskraft zur Verfügung stellt und der Arbeitgeber verpflichtet ist, die vereinbarte Vergütung zu entrichten. Oft wird aber von den Arbeitsvertragsparteien gewünscht, dass etwa im Falle der Kündigung und/oder des Abschlusses eines Aufhebungsvertrages der Arbeitnehmer von seiner Arbeitspflicht suspendiert wird. Es handelt sich dann um eine Freistellung.
Grundsätzlich hat der Arbeitnehmer bis zur rechtlichen Beendigung des Arbeitsverhältnisses **keinen Rechtsanspruch auf bezahlte Freistellung** – auch nicht nach einer Kündigung oder dem Abschluss eines Aufhebungsvertrages. In aller Regel hat auch der Arbeitgeber seiner **Beschäftigungspflicht** nachzukommen.[261] Meist besteht aber auf beiden Seiten der Wunsch, insbesondere wenn dem Aufhebungsvertrag streitige Auseinandersetzungen vorausgegangen sind, die Begegnungen im Betrieb möglichst auf Null zu reduzieren.

6.1 Wunsch nach Freistellung

Es ist nur allzu verständlich, wenn in der Trennungssituation sehr früh und sehr unmissverständlich der Wunsch nach sofortiger Freistellung laut wird. Es gab möglicherweise Kränkungen und innerbetriebliche Zurückweisungen, die es schwer machen, sich »unbefangen« wieder in die »Höhle des Löwen« zu begeben. Man/frau will da nicht wieder hin!

261 Nur in Ausnahmefällen entfällt der Beschäftigungsanspruch des Arbeitnehmers, so etwa bei Vorliegen eines besonderen berechtigten Interesses auf Arbeitgeberseite, etwa bei Ausspruch einer außerordentlichen Kündigung wegen des Verdachts strafbarer Handlungen; vgl. BAG vom 15.6.1972 – 2 AZR 345/71, AP Nr. 7 zu § 628 BGB.

Taktisch ist das in aller Regel **falsch**. Der Arbeitgeber wird nämlich den als Priorität geäußerten Wunsch nach Freistellung dazu nutzen, der/dem Beschäftigten ein »Billig-Angebot« für eine Abfindungslösung zu unterbreiten und dabei unterstreichen, wie »großzügig« er doch sei, die Freistellung so wie gefordert zu gewähren. Der Verhandlungsspielraum wird dadurch eingeengt, da die Erkenntnis naheliegt, dass der Mitarbeiter, der eindeutig den Unwillen bekundet hat, in den Betrieb zurückzukehren, es tatsächlich nicht riskieren würde, die Verhandlungen scheitern zu lassen. Die Konsequenz wäre dann nämlich die Fortsetzung des Arbeitsverhältnisses und damit die Weiterarbeit. Das geht soweit, dass selbst bei klarer betriebsbedingter Veranlassung die durch eine Phase der Freistellung ausgefüllten Monate der Kündigungsfrist und die in dieser Zeit weitergezahlte Vergütung als Teil oder sogar als Erfüllung eines »Abfindungsanspruchs« gewertet werden. Und dies, obwohl die Fortzahlung der Vergütung für die Dauer der Kündigungsfrist eine rechtliche Verpflichtung – und kein Entgegenkommen – darstellt.

Schlauer ist es aus Arbeitnehmersicht, **alle Verhandlungsoptionen** in der Kommunikation nach außen **offen zu lassen**, also auch die Variante des Scheiterns und der Weiterarbeit. Denn genau dies läuft Trennungswünschen des Arbeitgebers zuwider und bewegt ihn so möglicherweise zu größeren Zugeständnissen, um eine Aufhebung für den Arbeitnehmer schmackhaft zu machen. Die Freistellung fällt dem Beschäftigten am Ende der Verhandlungen zumeist ohnehin »in den Schoß«, da auch der Arbeitgeber kein Interesse hat, jemanden weiter zu beschäftigen, der zum einen nach Abschluss der Verhandlungen über die Aufhebung nur noch sehr begrenzt motiviert wäre und zum anderen – bei erfolgreichem Verhandeln – die Kolleginnen und Kollegen im Betrieb noch an seinem »Erfolg« teilhaben lässt.

Es gibt auch die Fälle, in denen die Freistellung »aufgedrängt« wird. Der Arbeitgeber stellt überraschend einseitig frei und verlangt dann auch oft die sofortige Räumung des Arbeitsplatzes. Gelegentlich geschieht dies auch unter entwürdigenden Umständen (»Abführen« durch den Werkschutz, sofortiges Zusammenpacken der persönlichen Gegenstände vor den Augen der Kollegen, Unterbindung einer Verabschiedung von diesen, Abklemmen des betrieblichen Mail-Accounts …). Zugleich wird ein – meist schlecht dotiertes – Angebot für einen Aufhebungsvertrag überreicht. Damit soll psychologisch erreicht werden, dass das Band zum Arbeitsverhältnis als ultimativ zerrissen und die Rückkehr zum Arbeitsplatz als nicht mehr möglich empfunden wird. So schwer es dann auch psychologisch fallen mag, ist die **beste Antwort** dann, der **Freistellung** zu **widersprechen** und den Beschäftigungsanspruch geltend zu machen.

Zugleich sollte in Ruhe überlegt und Beratung eingeholt werden, wie mit dieser Situation umzugehen ist.

6.2 Einvernehmen über unwiderrufliche Freistellung

Wenn dann – nach dem ersten Schock – Verhandlungen aufgenommen werden, sollte die Freistellung bedacht und geregelt werden, aber nicht im Sinne einer Priorität und nur im Zusammenhang mit weiteren die beruflichen und persönlichen Optionen verbessernden Regelungen.

> **Achtung:**
> Angesichts der beschriebenen, meist gegenseitigen Interessenlage liegt es nahe, sich im Aufhebungsvertrag auf eine unwiderrufliche Freistellung bis zum Beendigungszeitpunkt festzulegen.

Die Spitzenorganisationen der Sozialversicherung hatten ursprünglich im Jahr 2005 festgelegt, dass die vertraglich vereinbarte unwiderrufliche Freistellung nach den Maßstäben des Sozialversicherungsrechts das Ende des Beschäftigungsverhältnisses bedeutet.[262] Ausgangspunkt dafür bildete die Rechtsprechung des Bundessozialgerichts, wonach die tatsächliche Beschäftigung maßgebend ist, an der es jedenfalls dann fehlt, wenn der Arbeitgeber durch die unwiderrufliche Freistellung auf sein Weisungsrecht verzichtet und der Arbeitnehmer demzufolge auch nicht mehr weisungsgebunden ist – unabhängig von der Fortzahlung der Arbeitsvergütung.[263] Mit Wegfall des Beschäftigungsverhältnisses entfällt auch die Versicherungspflicht in der Sozialversicherung, so dass nach Ablauf eines Monats der Schutz der gesetzlichen Krankenversicherung bei dieser Konstellation entfällt. Auch werden dann eigentlich keine Beiträge mehr für die Renten- und Arbeitslosenversicherung geschuldet.[264] Dadurch wurden die erwünschten Regelungen über eine unwiderrufliche Freistellung erheblich erschwert.

262 Beschluss der Spitzenverbände der Sozialversicherungsträger am 5./6. 7. 2005.
263 BSG vom 25. 4. 2002 – B 11 AL 65/01 R, NZA-RR 2003, 105.
264 Gabke, AiB 2005, 575.

Diese für die Praxis außerordentlich unbefriedigende Rechtssituation ist mittlerweile in weiten Teilen[265] überwunden. Das Bundessozialgericht hat in zwei Entscheidungen Klarheit geschaffen. Die eine Entscheidung betrifft eine einvernehmliche Freistellung bis zu einem über die Kündigungsfrist hinaus verlängerten Beendigungszeitpunkt.[266] Das zweite Urteil betraf eine Freistellung während der Aktivphase der Altersteilzeit (»Altersteilzeit null«).[267] In beiden Konstellationen wurde das Fortbestehen eines beitragspflichtigen Beschäftigungsverhältnisses angenommen, wenn nur – wie dies üblicherweise während der Freistellung der Fall ist – das Entgelt fortgezahlt wird.[268]
Dem haben sich auch die Sozialversicherungsträger angeschlossen.[269] Damit ist es also weiterhin möglich, im Zusammenhang mit der Aufhebung des Arbeitsverhältnisses die **unwiderrufliche Freistellung** zu vereinbaren.
Dabei sind aber noch folgende Probleme zu lösen:

6.2.1 Anrechnung anderweitigen Verdienstes bei unwiderruflicher Freistellung

Der Arbeitnehmer hat bei unwiderruflicher Freistellung zwar gegenüber dem Arbeitgeber keine Verpflichtung zur Arbeitsleistung mehr und behält seinen Anspruch auf vereinbarte Vergütung; vgl. § 615 S. 1 BGB. Er muss sich aber nach § 615 Satz 2 BGB ggbfs. anderweitigen Verdienst anrechnen lassen, wenn er im Rahmen einer anderweitigen Verwendung seiner Arbeitskraft tatsächlich Einkommen erwirbt[270] oder das Erzielen solcher Einnahmen böswillig unterlässt. Von der letzteren Alternative werden allerdings nur die Ausnahmefälle erfasst, bei denen der Arbeitnehmer trotz Kenntnis einer zumutbaren Arbeitsmöglichkeit diese grundlos ablehnt oder vorsätzlich verhindert, dass ihm überhaupt zumutbare Arbeit angeboten wird.[271] Dabei soll es dem Arbeitnehmer

---

265 Siehe zur früheren Problematik bei längerfristiger Freistellung unter Kap. 7.7, S. 172.

266 BSG vom 24.9.2008 – B 12 KR 22/07 R, NZA-RR 2009, 272.

267 BSG vom 24.9.2008 – B 12 KR 27/07 R, NZA-RR 2009, 269.

268 Vgl. BSG vom 24.9.2008, a.a.O.

269 Besprechungsergebnis der Sozialversicherungsträger vom 30./31.3.2009 (TOP 2), zu finden unter *www.deutsche-rentenversicherung-bund.de*.

270 Das gilt aber nicht, wenn sich das auf einen Nebenverdienst beschränkt, der auch im laufenden Arbeitsverhältnis möglich gewesen wäre: vgl. HK-ArbR/Waas/Polonka/Hlava, § 615 BGB Rn. 20.

271 Vgl. BAG vom 16.5.2000 – 9 AZR 203/99, NZA 2001, 26f.

nach bisherigem Verständnis nicht einmal zum Nachteil gereichen, wenn er es unterlassen hat, sich bei der Arbeitsagentur als Arbeitsuchender zur Verfügung zu stellen.[272]

Der Arbeitnehmer ist grundsätzlich auch nicht verpflichtet, eine anders geartete oder geringer bewertete Tätigkeit aufzunehmen.[273] Jede Böswilligkeit entfällt ferner, wenn der Arbeitnehmer sich während dieser Periode um Weiterbildungsmaßnahmen, ein Studium oder um andere berufsvorbereitende Tätigkeiten kümmert.[274] Erfolgt eine unwiderrufliche Freistellung unter dem Vorbehalt der Anrechnung etwaigen anderweitig erzielten Verdienstes kann davon ausgegangen werden, dass der Arbeitnehmer nicht mehr an ein vertragliches Wettbewerbsverbot gebunden ist, da er nun nach der Erklärung des Arbeitgebers frei ist, wie er seine Arbeitsleistung verwerten kann.[275] Hält der Arbeitgeber jedoch trotz Freistellung durch ausdrückliche Erklärung am Wettbewerbsverbot fest, bleibt eine Wettbewerbstätigkeit weiterhin untersagt.[276] Wird nichts zur Anrechnung geregelt, ist nach jüngster Rechtsprechung des BAG zwischen einer einseitigen Freistellung durch den Arbeitgeber und einvernehmlicher Freistellung zu unterscheiden.[277]

Im Falle der einseitigen Freistellung findet demnach § 615 Satz 2 BGB mit der Folge Anwendung, dass anderweitiger Verdienst während der Freistellung anrechenbar ist.

Im Falle einer einvernehmlichen Freistellung, etwa im Rahmen eines Aufhebungsvertrags, wird der Arbeitgeber auch von seiner Pflicht zur Annahme der Arbeitsleistung befreit, sodass mangels Annahmeverzug eine Anrechnung anderweitigen Verdiensts nach § 615 Satz 2 BGB ausscheidet. Allerdings soll dies laut BAG nicht gelten, wenn zugleich mit der einvernehmlichen Freistellung eine Sprinterregelung vereinbart wird, die ein vorzeitiges Sonderkündigungsrecht vor Ablauf des vereinbarten Beendigungstermins vorsieht und der Arbeitnehmer eine neue Beschäftigung vor diesem Beendigungstermin aufnimmt, ohne von dem Sonderkündigungsrecht Gebrauch zu machen.[278]

---

272 Ebenda.

273 Vgl. BAG vom 3.12.1980 – 5 AZR 477/78, BB 1981, 1399; BAG vom 27.1.1994 – 2 AZR 584/93, BB 1994, 1714.

274 Küttner-Griese, Annahmeverzug, Rn. 17.

275 BAG vom 6.9.2006 – 5 AZR 703/05, NZA 2007, 36, Rn. 22.

276 Ebenda, Rn. 23.

277 Aktuell BAG vom 23.2.2021 – 5 AZR 314/20.

278 So aktuell BAG vom 23.2.2021 – 5 AZR 314/20: Sprinterregelung ist »konkludent« als Anrechnungsvereinbarung auszulegen; anders noch Vorinstanz: LAG Hamm vom 13.5.2020 – 6 Sa 1940/19.

6.2.2 Urlaubsabgeltung

Möglich und üblich ist die unwiderrufliche Freistellung des Arbeitnehmers unter Anrechnung auf noch bestehende Urlaubsansprüche. Voraussetzung hierfür ist, dass eine **unwiderrufliche** Freistellung mit einer entsprechenden Erklärung zur Urlaubsanrechnung verbunden wird. Wird vom Arbeitgeber im Zusammenhang mit der Freistellung hierzu nichts erklärt, so könnte dies zur Folge haben, dass sich die Freistellung nicht auf den Urlaubsanspruch auswirkt, also insoweit keine Anrechnung erfolgt.[279] In diesem Fall soll es auch keine Verpflichtung des Arbeitnehmers geben, sich um Urlaubserteilung zu bemühen. Allerdings wird hierzu auch vertreten, dass Urlaubs- und vergleichbare Ansprüche, z. B. solche aus Überstunden-Freizeitausgleich, auf eine unwiderrufliche Freistellung anzurechnen sind, wenn im Beendigungsvergleich geregelt ist, dass »der Urlaub in natura gewährt wurde«.[280]

Ferner hat das BAG entschieden, dass die im Zuge einer einseitigen Freistellung einseitig verordnete Abnahme des Urlaubs durch den Arbeitnehmer in der Kündigungsfrist allerdings unwirksam wird, wenn der Arbeitnehmer unverzüglich widerspricht, indem er z. B. einen anderweitigen Wunsch zur zeitlichen Festlegung des Urlaubs äußert. Dies sei die Folge daraus, dass der Arbeitgeber gem. § 7 Abs. 1 Satz 1 BUrlG die Urlaubswünsche des Arbeitnehmers zu berücksichtigen hat.[281] Ob dies allerdings auch gilt, wenn der Arbeitnehmer einen Urlaubswunsch äußert, der nach Ablauf der Kündigungsfrist liegt, hat das BAG nicht mitentschieden, ist aber konsequent, wenn der Arbeitnehmer geltend macht, dass er im Vertrauen auf den Fortbestand des Arbeitsverhältnisses Urlaub für einen späteren Zeitpunkt geplant habe.[282]

Hier bedarf es also sorgfältiger Überlegung, wie dies konkret formuliert werden soll.[283] Möglichst sollten dabei die Anrechnung anderweitiger Verdienste und ein evtl. Wettbewerbsverbot mit bedacht und geregelt werden.

---

279 Vgl. BAG vom 31. 5. 1990 – 8 AZR 132/89, DB 1991, 392; BAG vom 9. 6. 1998 – 9 AZR 43/97, NZA 1999, 80.

280 Vgl. LAG Köln vom 9. 3. 2001 – 4 Sa 2/01, MDR 2001, 1065.

281 Vgl. BAG vom 23. 1. 2001 – 9 AZR 26/00, NZA 2001, 597.

282 ErfK-Gallner, § 7 BUrlG Rn. 15.

283 Siehe dazu unter Kapitel 9.5.2 und 9.6, Seite 223, 226.

6.3 Einseitige Freistellung durch den Arbeitgeber

Eine Freistellung kann also auch einseitig ausgesprochen werden. Ob der Arbeitgeber dann widerruflich oder unwiderruflich von der Arbeitsleistung suspendiert, ist im Zweifelsfall durch Auslegung zu ermitteln. Wird eine Freistellungserklärung ohne nähere Konkretisierung ausgesprochen, wird angenommen, dass es sich grundsätzlich um eine widerrufliche handelt.

Wird dem Arbeitnehmer seitens des Arbeitgebers erklärt, dass er ihn von der Arbeit freistellt, ist der Arbeitnehmer frei von der Pflicht zur weiteren Erbringung der Arbeitsleistung und behält seinen Vergütungsanspruch. Er hat ferner Anspruch auf Entgeltfortzahlung im Krankheitsfall und ist bei Gehaltsanhebungen, die – etwa auf der Grundlage einer aktuellen Tariferhöhung – in der Freistellungsperiode eintreten, zu berücksichtigen

Achtung: Wird der Arbeitnehmer von der Arbeit einseitig freigestellt, ist dies in der Mehrzahl der Fälle unwirksam, da der Arbeitgeber hierfür ein besonderes überwiegendes und schutzwürdiges Interesse geltend machen muss. Auch im Arbeitsvertrag aufgenommene Freistellungsklauseln halten meist einer Inhaltskontrolle nicht stand.[284] Allerdings muss der Arbeitnehmer dann seinen Beschäftigungsanspruch gerichtlich geltend machen, was in der Mehrzahl der Fälle angesichts der Trennungssituation unterbleibt.

Ob ein Widerspruch gegen die Freistellung im Falle einer Kündigung Sinn macht, ist anhand der konkreten Umstände des Einzelfalls zu prüfen. Wenn die Durchsetzung des Beschäftigungsanspruchs Anhaltspunkte verspricht, die Sach- und Rechtslage im Kündigungsschutzprozess zu Gunsten des Arbeitnehmers zu verbessern, sollte in einem anhängigen Kündigungsschutzverfahren ergänzend ein **Antrag auf vertragsgemäße Beschäftigung** geltend gemacht werden.

6.3.1 Widerrufliche Freistellung

Wird der Arbeitnehmer nur widerruflich freigestellt, kann hierdurch der Urlaubsanspruch des Arbeitnehmers nicht erfüllt werden; dies gilt selbst dann, wenn ein Vorbehalt zur Anrechnung von Urlaubsansprüchen ausdrücklich durch den Arbeitgeber erklärt wird.

Auch eine Anrechnung anderweitigen Verdienstes kommt nach überwiegender Auffassung dann nicht in Betracht, da in dieser Konstellation

284 HK-ArbR/Boemke, §§ 611, 611a BGB Rn. 394, 395.

die Voraussetzungen für den Annahmeverzug des Arbeitgebers nach § 615 Satz 1 BGB fehlen und auch § 615 Satz 2 BGB mit der dort geregelten Pflicht zur Anrechnung anderweitiger Arbeitseinkünfte nicht zum Tragen kommt. Auch auf ein Wettbewerbsverbot wird naturgemäß bei widerruflicher Freistellung nicht wirksam verzichtet werden können.

6.3.2 Kombination widerrufliche/unwiderrufliche Freistellung

Sowohl bei einseitiger als auch bei vereinbarter Freistellung kann eine Kombination zwischen widerruflicher und unwiderruflicher Freistellung erfolgen.

Sowohl während der widerruflichen als auch der unwiderruflichen Freistellung ist die Vergütung fortzuzahlen.

Im Rahmen einer solchen Vereinbarung zur Freistellung sollte ferner daran gedacht werden, den verbliebenen Teil der Urlaubs- bzw. Freizeitausgleichsansprüche konkret zu beziffern, damit ein späterer Streit hierum vermieden wird. Auch könnte für die Phase der widerruflichen Freistellung daran gedacht werden, denkbare betriebliche Gründe für einen etwaigen den Widerruf der Freistellung konkret zu benennen, etwa extreme Arbeitsspitzen oder plötzlicher Vertretungsbedarf durch Krankheit o. Ä., und gewisse Ankündigungsfristen festzulegen, damit der freigestellte Arbeitnehmer auch disponieren kann. Dabei sollte mindestens die Ankündigungsfrist aus § 12 Abs. 2 TzBfG von vier Tagen beachtet werden.

Sind sich die Parteien einig, eine Kombination von widerruflicher und unwiderruflicher Freistellung zu vereinbaren, sollten über die offenen während der unwiderruflichen Phase abgegoltenen Urlaubszeiten und über den Umfang der sonstigen Freizeitausgleichsansprüche Einvernehmen erzielt werden und zugleich geregelt werden, dass nicht zu Lasten des Arbeitnehmers einschränkungslos eine Rücknahme der widerruflich vereinbarten Freistellung erfolgen kann.

6.4 Freizeit zur Stellungssuche und Arbeitsvermittlung

Von der vertraglich zu regelnden oder einseitig durch den Arbeitgeber verkündeten Freistellung zu unterscheiden, ist der Anspruch des Arbeitnehmers auf Gewährung von Freizeit zur Stellungssuche. Dieser Anspruch entsteht nach § 629 BGB bei Kündigung des Arbeitsverhältnisses, wobei es auf die Art der Kündigung und des Vorliegens eines Kündigungsgrundes nicht ankommt. Die Vorschrift gilt auch beim Abschluss von Aufhebungsverträgen.[285]

Der Anspruch beinhaltet, dass der Arbeitgeber die vereinbarte Vergütung fortzuzahlen hat. Voraussetzung hierfür ist, dass der Arbeitnehmer rechtzeitig um Gewährung entsprechender Freizeit gebeten hat. Der Arbeitgeber darf dies nicht verweigern, es sei denn, gerade durch die Abwesenheit zum Zeitpunkt des gewünschten Termins würden relevante Störungen im Betriebsablauf eintreten. **Wichtig**: Der Arbeitgeber darf den Arbeitnehmer dafür nicht auf ggf. noch offene Urlaubsansprüche verweisen.[286]

Der Anspruch umfasst die im zeitlichen Umfang angemessene Wahrnehmung von Vorstellungsterminen in anderen Unternehmen einschließlich der dafür notwendigerweise aufzubringenden Fahrtzeiten. In den Anwendungsbereich fallen auch Besuche bei der Agentur für Arbeit, die Wahrnehmung von Eignungstests und medizinischen Untersuchungen. Einer Regelung dieses Freizeitanspruchs im Aufhebungsvertrag bedarf es nicht, da er unabdingbar ist. Dies hätte hier allenfalls Klarstellungsfunktion.

Achtung: Unter § 629 BGB fällt auch die verschärfte Pflicht, sich unmittelbar nach Kenntnis der Beendigung eines laufenden Arbeitsverhältnisses um eine Vermittlung durch die Arbeitsagentur zu bemühen. Deshalb muss der Arbeitgeber den Arbeitnehmer auch für die erforderlichen Besuche bei der Arbeitsagentur freistellen.[287] Schon vor dessen Beendigung kann die Agentur für Arbeit berufliche Eingliederungsmaßnahmen z. B. zur zusätzlichen Qualifizierung anordnen bzw. mit dem zukünftig Arbeitslosen vereinbaren, für die dann entsprechend auch der Freistellungsanspruch des § 629 BGB i. V. m. § 2 Abs. 2 Nr. 3 SGB III gilt.

6.5 Freistellung und Option vorzeitigen Ausscheidens

Die möglichen Regelungen zum anrechnungsfreien Hinzuverdienst bei Freistellung unter gleichzeitigem Verzicht auf das während des Arbeits-

285 Vgl. BAG vom 11.6.1957 – 2 AZR 15/57, AP Nr. 1 zu § 629 BGB; BAG vom 13.11.1969 – 4 AZR 35/69, AP Nr. 41 zu § 616 BGB.
286 Vgl. BAG vom 26.10.1956 – 1 AZR 184/56, DB 1957, 192.
287 ErfK-Müller-Glöge, § 629 BGB Rn. 6.

verhältnisses bestehende Wettbewerbsverbot (siehe unter 6.2.1 und 10.3, Seite 146, 245) sind nicht nur relativ umständlich, sie haben auch den Nachteil, dass die Vertragspartei, die die Aufnahme solcher Regelungen in den Aufhebungsvertrag wünscht, damit zugleich signalisiert, dass bereits eine andere (Haupt-)Erwerbsquelle zur Verfügung stehen dürfte. Dies birgt wiederum die Gefahr in sich, dass sich der Arbeitgeber ggf. veranlasst sehen könnte, die weitere Entwicklung bis hin zur Auflösung des Arbeitsverhältnisses ohne Vereinbarung einfach »auszusitzen«, jedenfalls aber deutlich schlechtere Abfindungsangebote zu unterbreiten. Deshalb sollte in sehr strittigen Verhandlungssituationen dieser Forderungspunkt nach Möglichkeit erst dann angesprochen werden, wenn über die Kernpunkte, insbesondere Beendigungsdatum und Abfindungshöhe, Einvernehmen erzielt wurde.

Die taktische Verhandlungssituation könnte auch erschwert werden, wenn der Arbeitnehmer von sich aus auf eine **vorzeitige, also nicht fristgerechte Beendigung** seines Arbeitsverhältnisses drängt, ohne dass ihm dies vom Arbeitgeber explizit angeboten wurde, etwa im Anschluss an eine bereits angedrohte oder ausgesprochene fristgerechte Kündigung aus betriebsbedingten Gründen. Zwar wäre eine vorzeitige Beendigung steuerlich unproblematisch. Selbst dann, wenn die Verkürzung zu einer – in der Summe nicht notwendigerweise offen zu legenden – Erhöhung der Abfindung führt, löst dieser Gesichtspunkt keine zusätzlichen steuerlichen Belastungen aus.[288] Auch wäre in einem solchen Fall der erhöhte Abfindungsbetrag nicht der Sozialversicherungspflicht unterworfen, da es sich nach Beendigung des Arbeitsverhältnisses nicht um entgangenes Arbeitsentgelt handelt.[289]

Eine vorzeitige Beendigung unter Missachtung der für das Arbeitsverhältnis gültigen Kündigungsfristen führt allerdings im Hinblick auf das Arbeitslosengeld zu Sperr- und Ruhenszeiten (siehe dazu ausführlich unter 7.9.2, Seite 176). Ein verständiger Arbeitnehmer wird deshalb die vorzeitige Beendigung in aller Regel nur dann in Kauf nehmen oder von sich aus in die Abfindungsverhandlungen einführen, wenn eine anderweitige Beschäftigung entweder nahtlos gesichert ist oder jedenfalls als sehr wahrscheinlich gelten kann. Auch hier gilt, dass die Einbringung

288 Dies ist jedenfalls dann zu unterstellen, wenn durch den Aufhebungsvertrag als Ganzes deutlich wird, dass die Beendigung (auch die vorzeitige) vom Arbeitgeber gewollt und damit steuerrechtlich veranlasst ist; vgl. Hümmerich, 4, Rn. 618.

289 Vgl. BSG vom 28. 1. 1999 – B 12 KR 14/98 R, NZS 1999, 358; BSG vom 21. 2. 1990 – 12 RK 20/88, NZA 1990, 751, 752.

einer solchen Idee zu Beginn der Verhandlungen eher eine ungünstige Ausgangsposition für deren erfolgreichen Fortgang liefert.

6.6 Vorzeitiges Ausscheiden und Anhebung der Abfindung/Sprinterklausel

In solchen Fällen ist es daher eher ratsam, einen anderen Weg einzuschlagen, der auch aus Sicht beider Vertragsparteien interessengerecht sein dürfte, nämlich die fristgerechte Beendigung zu den geltenden Kündigungsfristen mit der **Option** zu verbinden, dass der Arbeitnehmer nach Abschluss des Aufhebungsvertrages vorzeitig, d. h. vor Ablauf der geltenden Kündigungsfrist **mit kurzer Ankündigungsfrist aus dem Arbeitsverhältnis ausscheiden** kann. Dies ist dann mit der **Sprinterregelung**[290] zu kombinieren, dass die **ersparten Gehälter ganz oder teilweise kapitalisiert** werden.

Aus der Sicht des Arbeitnehmers ist dies stets sinnvoll, wenn bereits ein anderer Arbeitgeber gefunden wurde oder aber die Aussichten auf dem Arbeitsmarkt als nicht ungünstig eingeschätzt werden. Für den Arbeitgeber schließlich ist eine solche Regelung durchaus attraktiv, da sich dadurch die Möglichkeit eröffnet, schon vor Ablauf der Kündigungsfrist ein »Personalproblem« endgültig lösen zu können. Als Anreiz für einen vorzeitigen Ausstieg wird daher in solchen Fällen regelmäßig vereinbart, dass die durch das vorzeitige Ausscheiden bis zum Beendigungszeitpunkt »ersparten« Gehaltsbezüge der Abfindung hinzugerechnet werden. In welchem Umfang dies geschieht, ist dann wiederum **Verhandlungssache**. Eine bloße Erhöhung um die mutmaßlichen Nettogehälter ist wenig nachvollziehbar, da mittlerweile auch Abfindungen normal zu versteuern sind. Selbst bei der üblichen Abrechnung der »ersparten« Gehälter auf der Basis der reinen Bruttovergütung bliebe unberücksichtigt, dass der Arbeitgeber für den Zeitraum der vorzeitigen Beendigung die Arbeitgeberanteile zur Sozialversicherung nicht mehr abführen muss, die er bei fristgerechter Auflösung noch an die Sozialversicherungsträger hätte entrichten müssen.

Die Belastung des Arbeitgebers mit diesen Arbeitgeberanteilen zu den Sozialversicherungen wird je nach Einzelfall auf 20 bis 25 % des vereinbarten Bruttogehalts taxiert. Diese Ersparnis könnte es mithin sogar argumentativ rechtfertigen, die zusätzliche Abfindung bei vorzeitigem

290 Auch Hydraulik- oder Turboklausel genannt.

Ausscheiden um einen etwas über den eingesparten Bruttogehältern liegenden Betrag zu erhöhen[291], üblich ist allerdings die Beschränkung auf die Höhe der eingesparten Bruttogehälter 1:1.
Allerdings ist zu berücksichtigen, dass – wie unter 6.2.1 dargelegt – eine Sprinterregelung vom BAG so ausgelegt wird, dass sie bei Aufnahme einer anderen Erwerbstätigkeit, ohne dass der Arbeitnehmer von seinem vorzeitigem Lösungsrecht Gebrauch macht, ab diesem Zeitpunkt die Anrechnung des anderweitig erzielten Verdienstes auslöst.[292] Anderes gilt nur, wenn ausdrücklich die Anrechnung sog. anderweitiger Einkünfte während der Freistellung ausgeschlossen wird.

6.7 Outplacement

Ein Anreiz zum vorzeitigen Ausscheiden kann auch dadurch geschaffen werden, dass in die Aufhebungsverhandlungen die Möglichkeit eines sogenannten Outplacements für den betroffenen Arbeitnehmer einbezogen wird.
Unter diesen Begriff fällt die Beauftragung eines Arbeitsvermittlers bzw. eines Personalberaters mit dem Ziel, dem Arbeitnehmer qualifizierte Hilfe bei der Jobsuche anzubieten. Das Leistungsspektrum von Outplacement-Beratern reicht von der Erstellung eines Persönlichkeits- und Bewerbungsprofils bis hin zur Erarbeitung qualifizierter Bewerbungsunterlagen, dem »Coachen« bei und nach Bewerbungsgesprächen, der Vermittlung von Kontakten zu Arbeitskräfte suchenden Arbeitgebern usw. Gegenüber den oft sehr standardisierten Vermittlungsbemühungen der Arbeitsagentur steht hier also eine individuelle Hilfestellung im Vordergrund, die eine relativ hohe Erfolgsquote aufweisen soll. Allerdings hat Outplacement seinen Preis. Soll es sich um eine qualifizierte Personalberatung handeln, werden Kosten zwischen € 10 000,00 und € 20 000,00 (zzgl. MwSt.) und mehr veranschlagt.
Früher war es vor allem bei Führungskräften der Arbeitgeber, der mit der Beauftragung eines Outplacement-Beraters das Ziel verfolgte, durch die Unterstützung bei der Weiterbeschäftigung den betroffenen Mitarbeiter zu motivieren, eine »sanfte« Auflösung des Arbeitsverhältnisses in Form eines von allen Beteiligten getragenen Wechsel des Arbeitsplatzes zu akzeptieren. Mittlerweile wird Outplacement zunehmend auch bei »norma-

291 Dies könnte eine Anhebung der Bruttogehälter z. B. um 10 % rechtfertigen.
292 BAG vom 23. 2. 2021 – 5 AZR 314/20 Rn. 29 ff.

len« Beschäftigungsverhältnissen als Erfolg versprechende Hilfe bei der Arbeitsvermittlung bemüht.
Übernimmt der Arbeitgeber – üblicherweise – die Kosten der Outplacement-Beratung, kann er die Aufwendungen hierfür als Betriebsausgaben geltend machen und von der Vorsteuerabzugsberechtigung Gebrauch machen. Erfolgt im umgekehrten Fall die Beauftragung durch den Arbeitnehmer, kann dieser zwar nicht die Möglichkeit des Vorsteuerabzuges nutzen,[293] die bei ihm anfallenden Rechnungsbeträge können aber als Werbungskosten im Rahmen des Lohnsteuerjahresausgleiches geltend gemacht werden.[294] Nach § 39a Abs. 1 Nr. 1 EStG könnte sogar vorab ein entsprechender Freibetrag auf der Lohnsteuerkarte eingetragen werden, was eine entsprechende Antragstellung beim zuständigen Finanzamt voraussetzt.
Damit auch eine qualitativ gute und zeitlich möglichst bis zum Vermittlungserfolg geführte Beratung finanziell abgesichert ist, kann alternativ der Kostenrahmen bestimmt oder auf ein konkretes Leistungsverzeichnis eines bestimmten Outplacement-Beraters zurückgegriffen werden.
Ist der Arbeitnehmer Auftraggeber, wird typischerweise vereinbart, dass ein Ausgleich der entstandenen Aufwendungen erst nach Vorlage entsprechender Rechnungen erfolgt. ausgeglichen (bis zu einem Betrag von – z. B. – € 15 000,00 zzgl. gesetzlicher Mehrwertsteuer).
Die eigene Beauftragung durch den Arbeitnehmer ist dann vorteilhaft, wenn der Arbeitnehmer ganz eigene Vorstellungen hat, wie und mit wem die Outplacement-Beratung zur Optimierung seiner Arbeitsplatzsuche gestaltet werden soll. Oft wird ein Arbeitnehmer aber zur Übernahme der doch hohen Kosten nur bereit sein, wenn hierfür der Arbeitgeber einzustehen bereit ist. Geschieht dies durch direkte Auftragserteilung des Arbeitgebers gegenüber dem Outplacement-Berater, war es so, dass steuerliche Nachteile beim Arbeitnehmer eintreten konnten, weil die Kostenübernahme durch den Arbeitgeber durch die Finanzverwaltung als geldwerter Vorteil gewertet wurde, der beim Arbeitnehmer zu versteuern war. Das ist für alle Beteiligten überholt, da solche Qualifizierungsmaßnahmen seit 2020 **steuerfrei** gestellt sind – unter ausdrücklicher Einbeziehung von »Beratungsleistungen … zur beruflichen Neuorientierung bei Beendigung des Dienstverhältnisses«; vgl. § 3 Ziff. 19b) EstG. Nur wenn die Finanzierung durch den Arbeitgeber »Belohnungscharakter« habe,

293 Arbeitnehmer als Privatpersonen sind nicht vorsteuerabzugsberechtigt.

294 Als Werbungskosten gelten Aufwendungen des Arbeitnehmers zum Erwerb, zur Sicherung und Erhaltung seiner Einnahmen, § 9 Abs. 1 Satz 1 EStG.

also etwa der Freizeitgestaltung des Arbeitnehmers diene, könne die Steuerbegünstigung versagt werden.[295]
Gelegentlich wird vereinbart, dass der für das Outplacement vorgesehene Betrag vom Arbeitnehmer wahlweise statt der Inanspruchnahme der Beratungsleistung zur Erhöhung der Abfindungsleistung vereinnahmt werden kann. Wird diese Alternative gewählt, erfolgt auch diesbezüglich die Versteuerung dieses Betrags als Teil der Abfindungsleistung. Dann muss nur aufgepasst werden, dass sich dadurch die entsprechende Entschädigungszahlung nicht auf mehrere Veranlagungszeiträume erstreckt, was den Wegfall der tarifbegünstigten Versteuerung der Abfindung zur Folge haben könnte.[296]

6.8 Fortbildung zur beruflichen Neuorientierung

Eine Phase der Freistellung bietet sich im Fall der feststehenden Trennung vom Arbeitgeber geradezu an, wichtige Aspekte der zukünftigen beruflichen Entwicklung zu bedenken. So sollte ein Hauptaugenmerk darauf gerichtet werden, möglichst genaue Vorstellungen zu definieren, wo und unter welchen Bedingungen eine Nachfolgebeschäftigung gesucht werden könnte.
So sind Fragen zu stellen, ob man/frau sich in der gleichen Branche weiter bewegen möchte, ob es eine der bisherigen Tätigkeit ähnliche berufliche Tätigkeit werden soll oder eine grundsätzliche **Neuorientierung,** etwa im Hinblick auf die Branche, die konkreten Anforderungsprofile oder auch die örtliche Lage des zukünftigen Arbeitsplatzes in Betracht kommt.
In dem Zusammenhang sollte auch genauer geprüft werden, ob etwa eine Maßnahme der beruflichen Fortbildung ein Schritt wäre, entweder selbstkritisch eingeschätzte Defizite oder aber wünschenswerte Ziele im Hinblick auf die berufliche Qualifikation anzugehen. Im Hinblick auf bestehende Kenntnisse und Fertigkeiten könnte es darum gehen, diese zu vertiefen, zu erweitern oder sogar Grundlagen zu schaffen, beruflich aufzusteigen. Selbst derjenige, der »aussteigen« will – etwa durch Aufnahme einer selbstständigen Tätigkeit in einem Nischenberuf – braucht Kenntnisse der Rahmenbedingungen und ihrer Gestaltungsräume.

295 BeckOK-EStG/Niklaus, § 3 EStG Nr. 19 Rn. 32ff.
296 Vgl. BFH vom 14. 8. 2001 – XI R 22/00, DStR 2002, 257 (im Beispielsfall zahlte der Arbeitgeber für die Outplacement-Beratung DM 50 000,00 zzgl. MwSt.).

Möglichkeiten gibt es viele: IT-Schulungen aller Art, Sprachkurse (Business-Englisch o. Ä.), Stapler- und Schweißerkurse, Erwerb des Führerscheins, zertifizierte Angebote zur Weiterbildung im ausgeübten beruflichen Spektrum etc.

Gelingt es in einem frühen Stadium des Aufhebungsprozesses, etwas Klarheit hinsichtlich der weiteren beruflichen Zukunft zu gewinnen, bieten sich Phasen der Freistellung an, noch vor dem Ablauf des Ausscheidedatums solche beruflich nützlichen Fortbildungsangebote anzugehen. Und deren **Finanzierung** kann auch zum **Gegenstand der Aufhebungsverhandlungen** werden.

Dabei bestehen allerdings steuerliche Eckpfeiler, die es zu beachten gilt.

Wichtig: Da die steuerliche Bewertung von den konkreten Gegebenheiten des Einzelfalls abhängt, sollte stets eine steuerliche Beratung eingeholt werden, wozu im Zweifelsfall auch beim örtlich zuständigen Finanzamt angefragt werden kann.

- Ist die Maßnahme im überwiegend betrieblichen Interesse des Arbeitgebers, stellen dessen zur Verfügung gestellte Fort- und Weiterbildungskosten keinen vermögenswerten (dann steuerlich relevanten) Vorteil dar, so dass den Arbeitnehmer kein Steuerrisiko trifft. Dabei ist es auch egal, ob eine solche Maßnahme im Betrieb oder in außerbetrieblichen Einrichtungen durchgeführt wird. Auch die von fremden Betreibern angebotenen Qualifikationsmaßnahmen sind hiervon erfasst. Wenn der Arbeitnehmer Rechnungsempfänger ist, ist dies unschädlich, wenn der Arbeitgeber die Übernahme der Kosten schriftlich zugesagt hat.[297]
- Von einem überwiegenden Interesse des Arbeitgebers ist auszugehen, wenn sich die Einsatzfähigkeit des Arbeitnehmers im Betrieb erhöhen soll. Davon ist auszugehen, wenn es sich um solche Trainings- und Qualifikationsmaßnahmen handelt, die nach dem SGB III (Recht der Arbeitsförderung) förderungsfähig sind, z. B. im Zusammenhang mit zwischengeschalteten Beschäftigungs- oder Transfergesellschaften, aber auch wenn der Arbeitgeber diese selbst durchführt.
- Arbeitnehmerfinanzierte Fortbildungen können aber unter bestimmten Umständen **als Werbungskosten steuerlich abgesetzt werden**. Das ist insbesondere anerkannt, wenn es sich um Umschulungsmaßnahmen handelt, die einen Berufswechsel vorbereiten.[298]

---

297 Vgl. R 19.7 Abs. 1 LStR (Lohnsteuerrichtlinie zu § 19 EStG).
298 Vgl. R 9.2 LStR (Lohnsteuerrichtlinie zu § 9 EStG).

- Handelt es sich bei der Maßnahme um eine Berufsbildung, besteht nach § 10 Abs. 1 Nr. 7 EStG alternativ die Möglichkeit, bis zu € 6000 pro Jahr als Sonderausgaben abzusetzen.

7. Sozialversicherungsrechtliche Risiken

7.1 Aktuelle Rechtsentwicklung

Zahlreiche Probleme, die im Zusammenhang mit dem Abschluss eines Aufhebungsvertrages zu lösen sind, ergeben sich aus den sozialversicherungsrechtlichen Vorschriften. Hier drohen z. T. erhebliche Nachteile.
Diese beziehen sich allerdings **nicht** auf eine regelhafte Anrechnung von Abfindungen auf das Arbeitslosengeld. Dies ist ein **Mythos**, wie ein kurzer Exkurs in die Gesetzgebungsgeschichte belegt: An die Stelle des Arbeitsförderungsgesetzes (AFG) trat 1997 das Sozialgesetzbuch (SGB) – Arbeitsförderung, kurz: SGB III.[299] Ein Kernstück dieser »Reform« war ursprünglich die lineare Anrechnung von Abfindungen auf das Arbeitslosengeld ungeachtet der Frage, ob die Kündigungsfrist eingehalten wird. Bereits 1998 wurde jedoch eine Kehrtwende vollzogen und mit dem Entlassungsentschädigungs-Änderungsgesetz[300] der auf die Anrechnung der Abfindung hinauslaufende § 140 SGB III aufgehoben und dafür § 143a SGB III (jetzt § 158 SGB III) eingeführt, der weitgehend den Regelungen entspricht, die vor dem 1. 4. 1997 galten.
Durch die »Gesetze für moderne Dienstleistungen am Arbeitsmarkt« sind in der Folgezeit die Vorschläge der so genannten *Hartz-Kommission* umgesetzt worden. Der überwiegende Teil der Neuregelungen trat am 1. 1. 2003 in Kraft.[301] Neu ist seitdem die Pflicht des Arbeitnehmers zur frühzeitigen Meldung bei der Agentur für Arbeit (siehe hierzu unter 7.9.4, Seite 181). Schließlich ist die Sperrzeitenregelung verschärft und in Teilbereichen die Darlegungs- und Beweislast für das Vorliegen eines wichtigen Grundes der Arbeitnehmerseite auferlegt worden (siehe dazu unter 7.2.2, Seite 163 f.).

---

299 SGB III vom 24. 3. 1997, BGBl. I S. 594 ff.
300 Vgl. Änderungsgesetz vom 24. 3. 1999, BGBl. I S. 396.
301 Vgl. BGBl. I 2002 S. 4607 ff., S. 4621 ff.

7.2 Sperrzeit

Nach § 159 Abs. 1 Nr. 1 SGB III tritt eine Sperrzeit ein, wenn der Arbeitslose das Beschäftigungsverhältnis gelöst und dadurch vorsätzlich oder grob fahrlässig die Arbeitslosigkeit herbeigeführt hat.

7.2.1 Lösung des Beschäftigungsverhältnisses

Unter der Lösung des Beschäftigungsverhältnisses i. S. v. § 159 Abs. 1 Nr. 1 SGB III ist jedes aktive Verhalten des Arbeitnehmers zu verstehen, das auf die rechtliche Beendigung des Beschäftigungsverhältnisses gerichtet ist. Dies liegt selbstverständlich vor, wenn der Arbeitnehmer seinerseits gekündigt hat, die Voraussetzung der Lösung des Beschäftigungsverhältnisses ist auch erfüllt, wenn dieses Ergebnis durch eine zweiseitige Vereinbarung mit dem Arbeitgeber herbeigeführt wird.
Hierunter fällt aber nicht das Auslaufen(-lassen) eines befristeten Arbeitsverhältnisses. Auch ist unschädlich, wenn es zur Auflösung des Arbeitsverhältnisses kommt, weil der Arbeitnehmer im Kündigungsschutzprozess aufgrund einer Unzumutbarkeit der Weiterbeschäftigung einen Auflösungsantrag nach §§ 9, 10 KSchG gestellt hat und das Arbeitsgericht entsprechend entscheidet. Ebenso liegt es, wenn der Arbeitnehmer das Angebot im Rahmen einer Änderungskündigung des Arbeitgebers ablehnt, zu veränderten Bedingungen einen neuen Arbeitsvertrag abzuschließen. Wer sich hier passiv verhält, also das Angebot aus der Änderungskündigung nicht annimmt, riskiert keine Sperre.[302] Auch löst es keine Sperre aus, wenn der Arbeitnehmer im Rahmen von § 613a BGB dem Übergang seines Arbeitsverhältnisses widerspricht und sodann der (alte) Arbeitgeber das Arbeitsverhältnis betriebsbedingt kündigt.[303]
Allerdings: Vertragswidriges Verhalten des Arbeitnehmers, das eine verhaltensbedingte Kündigung zur Folge hat, löst eine Sperrzeit aus, wenn vorher eine – in der Regel erforderliche – Abmahnung wegen einer Verletzung entsprechender arbeitsrechtlicher Pflichten erfolgt war, es sei denn, die Vertragsverletzung ist so evident, dass ausnahmsweise eine Abmahnung entbehrlich ist.[304]

---

302 Küttner-Voelzke, Sperrzeit, Rn. 12; Fachliche Weisungen der BA, gültig ab 18. 1. 2021 zu § 159 SGB III, 159.1.1.1.

303 Vgl. HK-ArbR/Klein, § 159 SGB III Rn. 9.

304 Fachliche Weisungen der BA, gültig ab 18. 1. 2021 zu § 159 SGB III, 159.1.1.1.

7.2.1.1 Durch Aufhebungsvertrag

Eine Auflösung des Beschäftigungsverhältnisses liegt mithin immer dann vor, wenn das Arbeitsverhältnis durch vertragliche Vereinbarung mit dem Arbeitgeber beendet wurde, wie dies insbesondere bei einem Aufhebungsvertrag der Fall ist. Dabei kommt es grundsätzlich nicht darauf an, ob der Arbeitgeber die Initiative ergriffen hat oder diese vom Arbeitnehmer ausgegangen ist und in wessen Interesse letztlich die Beendigung liegt. Mit seinem Einvernehmen hat der Arbeitnehmer nach Auffassung der Arbeitsverwaltung eine Ursache für die Beendigung des Arbeitsverhältnisses und damit für seine Arbeitslosigkeit gesetzt. Eine Sperrzeit ist insoweit nur noch zu vermeiden, wenn der Aufhebungsvertrag an die Stelle einer mit Bestimmtheit in Aussicht gestellten **rechtmäßigen** arbeitgeberseitigen Kündigung getreten ist und das Arbeitsverhältnis zum gleichen Zeitpunkt geendet hätte, wie dies bei einer – unterstellt – wirksamen Kündigung der Fall gewesen wäre.[305]

7.2.1.2 Durch Abwicklungsvertrag

Aus dem Umstand, dass lediglich passives Verhalten, also die bloße Hinnahme einer Kündigung und das Unterlassen einer Kündigungsschutzklage keine Sperrzeit auslöst,[306] wurde die Rechtsfigur des Abwicklungsvertrages entwickelt, bei der nach Ausspruch einer arbeitgeberseitigen Kündigung nachträglich eine Vereinbarung über deren Folgen einschließlich der Zusage einer Abfindung getroffen wird (so genannter echter Abwicklungsvertrag).[307] Das Bundessozialgericht qualifiziert allerdings auch solche Vereinbarungen als Aufhebungsverträge i. S. d. Sperrzeitrechts.[308]
Diese allerdings durchaus kritisch gewürdigte Rechtsprechung führt nun dazu, dass die Bundesagentur für Arbeit im Rahmen ihrer fachlichen Weisung[309] sehr genau überprüft, ob eine Absprache zwischen Arbeitnehmer und Arbeitgeber festgestellt werden kann, wobei das Bundesamt von folgenden Grundsätzen ausgeht:

- Wird eine rechtswidrige Kündigung vom Arbeitgeber mit der Zusage von Vergünstigungen etwa in Form einer Abfindung verbunden, so muss von Amts wegen weitere Sachverhaltsaufklärung erfolgen. Liegt eine verbindliche Wiedereinstellungszusage vor, wird eine Absprache

305 ErfK-Rolfs, § 159 SGB III Rn. 34; KR-Link, § 159 SGB III Rn. 38 ff.
306 Vgl. BSG vom 20. 4. 1977 – 7 RAr 112/75, SozR 4100 § 119 Nr. 2.
307 Vgl. Hümmerich, NZA 1994, 200 ff., 833 und NJW 1996, 2081 ff.
308 Vgl. BSG vom 18. 12. 2003 – B 11 AL 35/00 R, NZA 2004, 661.
309 Vgl. Fachliche Weisungen der BA, gültig ab 18. 1. 2021 zu § 159 SGB III, 159.1.2.1.2.

der Vertragsparteien über die Beendigung des Arbeitsverhältnisses vermutet.

- Vereinbaren beide Seiten die Beendigung des Arbeitsverhältnisses durch Kündigung gegen Zahlung einer Abfindung, ist die Feststellung gerechtfertigt, dass es sich um eine »einvernehmliche Kündigung« in Verbindung mit der Zusage einer Abfindung handelt, der Arbeitnehmer also an der Beendigung seines Beschäftigungsverhältnisses mitgewirkt hat (initiierte Kündigung).[310]
- Kündigt der Arbeitgeber ohne vorherige Absprache mit dem Arbeitnehmer, bietet ihm aber dann eine Abfindung an, wird eine Lösung des Beschäftigungsverhältnisses vermutet, wenn der Arbeitnehmer die Abfindung annimmt und auf die Kündigungsschutzklage verzichtet, obwohl er die Rechtswidrigkeit der Kündigung erkennt.[311]
- Von einer Lösung des Vertragsverhältnisses durch den Arbeitnehmer wird auch dann ausgegangen, wenn der Arbeitnehmer ohne weitere Gespräche mit dem Arbeitgeber eine offensichtlich rechtswidrige Kündigung, der keine Absprache vorausgegangen ist, mit Rücksicht auf eine zugesagte finanzielle Vergünstigung hinnimmt.
- Eine Kündigung kann sperrzeitrechtlich beanstandet werden, wenn ein bestehender Sonderkündigungsschutz missachtet oder die maßgebliche Kündigungsfrist nicht eingehalten wurde. Diese Voraussetzungen können insbesondere bei Beendigungsvereinbarungen im Zusammenhang mit Sonderkündigungsschutz erfüllt sein, z. B. in Fällen des Mutterschutzes, des Schwerbehindertenschutzes oder ggf. bei der Kündigung eines Mitgliedes eines Betriebsrats oder einer Jugend- und Auszubildendenvertretung nach § 15 KSchG

Ob, wenn ein solcher Sonderkündigungsschutz nicht besteht, im Übrigen eine Kündigung sozial gerechtfertigt ist oder nicht, ist für den Arbeitnehmer nicht von vornherein erkennbar. Dem Arbeitnehmer wird es jedoch zugemutet, sich an kompetenter Stelle zu erkundigen. Das ist z. B. der im Unternehmen bestehende Betriebsrat. Rät dieser ab, gegen die Kündigung vorzugehen, weil sie nach dessen Auffassung rechtmäßig ist, wird ein arbeitsgerichtliches Vorgehen gegen die Kündigung zwar **nicht** ohne Weiteres entbehrlich, es sei denn, eine ohne zusätzliche Leistungen ausgesprochene Kündigung würde lediglich hingenommen. Auch schützt es den Arbeitnehmer nicht vor der Feststellung eines Auflösungssachver-

310 Vgl. Fachliche Weisungen der BA, gültig ab 18. 1. 2021 zu § 159 SGB III, 159.1.1.1.
311 Vgl. Fachliche Weisungen der BA, gültig ab 18. 1. 2021 zu § 159 SGB III, 159.1.1.1.

halts, der eine Sperrzeit begründet, wenn objektiv die Auskunft des Betriebsrats oder die dazu eingeholte anwaltliche Beratung unrichtig war.[312] Allerdings kann es für die Frage, ob nicht doch ein wichtiger Grund der Verhängung einer Sperrzeit entgegensteht, relevant sein, ob anwaltlicher Rat, insbesondere bei einem Fachanwalt für Arbeitsrecht, eingeholt wurde, um prüfen zu lassen, ob die Kündigung rechtmäßig ist. Bleibt im Ergebnis der Beratung ungewiss, ob die Kündigung tatsächlich rechtswidrig ist oder nicht, kann es an den Voraussetzungen für eine Sperrzeit fehlen, da bestehende Zweifel zu Lasten der Arbeitslosenversicherung gehen.[313]
Achtung: In solchen Fällen ist es sinnvoll, wenn sich der Arbeitnehmer die Beratung selbst und auch das zusammengefasste Ergebnis schriftlich bestätigen lässt.
Da im Zusammenhang mit einer Abfindung in der Regel die Arbeitsagentur verlangt, dass die zugrunde liegende Vereinbarung vorgelegt wird, hilft deren bloße Bezeichnung als Abwicklungsvertrag auf keinen Fall weiter, sondern löst im Gegenteil eher besondere Sensibilität bei den zuständigen Sachbearbeitern der Bundesagentur für Arbeit aus. Bereits in der Arbeitsbescheinigung nach § 312 SGB III wird nämlich gefragt, ob die Kündigung seitens des Arbeitgebers mit oder ohne Abwicklungsvertrag erfolgt ist. Zur weiteren Sachverhaltsaufklärung werden dann von der Arbeitsverwaltung beiden Arbeitsvertragsparteien sehr umfassende Fragebögen zugeleitet, deren Beantwortung entscheidend dafür ist, ob die Arbeitsagenturen im Sinne einer Sperrzeitentscheidung reagieren werden.

7.2.2 Wichtiger Grund für Auflösung

Entscheidend wird es daher sowohl beim Aufhebungs- wie beim Abwicklungsvertrag darauf ankommen, ob – mit oder ohne Kündigung – ein wichtiger Grund vorliegt, der die Auflösung des Arbeitsverhältnisses trotz Mitwirkung des Arbeitnehmers rechtfertigt.
Ein Aufhebungsvertrag wird mit wichtigem Grund geschlossen, wenn der Arbeitgeber zum selben Beendigungszeitpunkt betriebs- oder personen-

312 Vgl. LSG Rheinland-Pfalz vom 21.5.1996 – L1 Ar 254/95; allenfalls kann bei Irrtum über das Vorliegen eines wichtigen Grundes geboten sein, eine besondere Härte zu prüfen mit der möglichen Folge einer Verkürzung der Sperrzeit: vgl. Fachliche Weisungen der BA, gültig ab 18.1.2021 zu § 159 SGB III, 159.1.2.

313 Fachliche Weisungen der BA, gültig ab 18.1.2021 zu § 159 SGB III, 159.7.1.

bedingt hätte kündigen dürfen; das gilt auch dann, wenn in dem Aufhebungsvertrag für den Arbeitnehmer eine Abfindung vereinbart wird.[314] Es kommt also darauf an, dass im Falle eines Aufhebungsvertrages dem Arbeitnehmer durch den Arbeitgeber eine Kündigung mit Bestimmtheit in Aussicht gestellt wurde, ohne dass hierzu der Arbeitnehmer durch vertragswidriges Verhalten (z. B. Straftat im Betrieb) Anlass gegeben hat. Weiterhin müsste diese Kündigung auch zum gleichen Zeitpunkt, mit dem durch Aufhebungsvertrag das Arbeitsverhältnis geendet hat, wirksam werden können, d. h. unter Beachtung der gültigen Kündigungsfrist und der arbeitsrechtlichen Zulässigkeit. Dabei schließt die arbeitsrechtliche Zulässigkeit die soziale Rechtfertigung – also auch die Fragen der Sozialauswahl – und den Zeitpunkt der Beendigung des Beschäftigungsverhältnisses ein.[315]

Sind diese Voraussetzungen erfüllt, wird die Bundesagentur für Arbeit also den Abschluss eines Aufhebungsvertrages mit Abfindungszahlung dann akzeptieren, wenn eine **rechtmäßige** arbeitgeberseitige Kündigung droht.

Dabei ist von dem Erfahrungssatz auszugehen, dass ein Aufhebungsvertrag **Nachteilen einer arbeitgeberseitigen Kündigung entgegenwirkt**.[316] Insbesondere ist es bei späteren Bewerbungen des Arbeitnehmers wesentlich günstiger, wenn er wahrheitsgemäß darlegen kann, dass das Arbeitsverhältnis einvernehmlich und nicht im Streit beendet worden ist. Auch würde eine einvernehmliche Trennung zu einer entsprechenden Aussage in einem qualifizierten Zeugnis führen, was dem Bewerber ebenfalls eine verbesserte Bewerbungschance einräumt, als wenn ihm gekündigt worden wäre.[317] Ob aber die bloße Ankündigung eines wohlwollenden Zeugnisses bei Abschluss eines Aufhebungsvertrages durch den Arbeitgeber ausreicht für den Ausschluss einer Sperrzeit, dürfte allerdings fraglich sein.

Weiterhin kann ein wichtiger Grund erfüllt sein, wenn ein älterer Arbeitnehmer nur noch unterqualifiziert beschäftigt werden darf und ihm dies nach der Dauer der Betriebszugehörigkeit nicht mehr zumutbar ist.[318]

---

314 Vgl. BSG vom 12. 4. 1984 – 7 RAr 28/83, DBlR Nr. 2959 zu § 119; weitere Nachweise aus der Rspr. bei Winkler, Das ABC des wichtigen Grundes, info *also* 1996, 174, 175.

315 Vgl. Fachliche Weisungen der BA, gültig ab 18. 1. 2021 zu § 159 SGB III, 159.1.2.1.1; Küttner-Voelzke, Sperrzeit, Rn. 28.

316 Vgl. BSG vom 25. 4. 2002 – B 11 AL 89/01 R, NZA-RR 2003, 162; KSchR-Söhngen, § 159 SGB III Rn. 48.

317 Vgl. Hümmerich, 4, Rn. 253.

318 Vgl. BSG vom 13. 8. 1986 – 7 RAr 1/86, NZA 1987, 180.

Ein wichtiger Grund ist auch stets gegeben, wenn der Arbeitnehmer nach § 626 BGB zur fristlosen Kündigung berechtigt wäre, insbesondere bei groben Vertragsverletzungen des Arbeitgebers, oder wenn das Verhalten von Mitarbeitern im Unternehmen zu einer nicht mehr erträglichen Situation für den Arbeitnehmer, insbesondere zu gesundheitlichen Beeinträchtigungen etwa durch Ausübung psychischen Drucks, Mobbing oder sexuelle Belästigung, führt.[319]

Allerdings muss hier geprüft werden, ob sich der wichtige Grund auch auf den Zeitpunkt des Ausscheidens und damit des voraussichtlichen Zeitpunkts des Eintritts der Arbeitslosigkeit erstreckt. Hier ist von großer Bedeutung, dass der betroffene Arbeitnehmer die **Beweise für das Vorliegen** eines wichtigen Grundes **sichert** und sich bei gesundheitlichen Themen einer sachverständigen ärztlichen Untersuchung und Diagnose unterzieht. Diese sollte im Zweifelsfall als Attest/Gutachten o. Ä. vorgelegt werden können, um die in der angegriffenen Gesundheit begründete Unzumutbarkeit der Fortsetzung des Arbeitsverhältnisses glaubhaft nachweisen zu können.

Insbesondere häufen sich in der Praxis immer mehr Fälle, bei denen es Arbeitnehmer am Arbeitsplatz nicht mehr aushalten, weil sie Mobbing oder sexueller Belästigung ausgesetzt sind.[320] Die Bundesagentur für Arbeit verlangt aber, dass in jedem Fall, insbesondere bei Mobbing, objektive Feststellungen möglich sein müssen. Mobbing setzt aber als wichtigen Grund neben der Feststellung der feindseligen Handlungen in aller Regel auch einen Versuch des Arbeitnehmers voraus, die Angriffe gegen sich abzuwehren.[321]

Ein wichtiger Grund kann ferner ausnahmsweise vorliegen, wenn ein älterer Arbeitnehmer anlässlich eines drastischen Personalabbaues im Betrieb gegen Abfindung ausscheidet und dadurch einem jüngeren Kollegen die Weiterbeschäftigung ermöglicht.[322]

Auch bestimmte persönliche Gründe können eine Sperrzeit ausschließen. Hierzu zählt insbesondere ein erforderlicher Wohnortwechsel, weil der Ehepartner an einem neuen Arbeitsort tätig ist und nur so die eheliche

---

319 Vgl. Fachliche Weisungen der BA, gültig ab 18. 1. 2021 zu § 159 SGB III, 159.1.2.1; ErfK-Rolfs, § 159 SGB III Rn. 33; KSchR-Söhngen, § 159 SGB III Rn. 54.

320 Vgl. SG Wiesbaden vom 15. 10. 1998 – S 11 AL 499/98, info *also* 1999, 193.

321 Vgl. SG Wiesbaden vom 15. 10. 1998, a. a. O.

322 Vgl. BSG vom 13. 3. 1997 – 11 RAr 17/96, NZA-RR 1997, 495; ohne solche besonderen Umstände tritt aber eine Sperrzeit ein: so BSG vom 13. 8. 1986 – 7 RAr 16/85, BeckRS 1986, 30717771; ErfK-Rolfs, § 159 SGB III Rn. 36.

Lebensgemeinschaft aufrechterhalten werden kann.[323] So hat z. B. auch das Bundessozialgericht anerkannt, dass nicht nur die Ehe einen solchen privilegierten Tatbestand bilden kann, sondern auch eheähnliche, d. h. auf Dauer angelegte Lebensgemeinschaften.[324]

Wesentlich ist in diesen Fällen, dass im Zweifelsfall dem betroffenen Arbeitnehmer, der arbeitslos geworden ist, der Nachweis gelingt, dass er sich gegen eine zum gleichen Zeitpunkt ausgesprochene Kündigung nicht erfolgreich hätte zur Wehr setzen können.[325] Es kommt darauf an, ob die jeweils maßgebende Kündigungsfrist eingehalten und die Kündigung auch ansonsten objektiv rechtmäßig ist. Darauf, ob der Arbeitnehmer die betriebsbedingte Kündigung subjektiv für rechtmäßig halten durfte, kommt es nicht an.[326] Nach der Rechtsprechung des BSG ist bei der Konkretisierung des Tatbestandmerkmals »wichtiger Grund« der verfassungsrechtliche Verhältnismäßigkeitsgrundsatz zu beachten. Gerade bei einer drohenden Kündigung, die der Arbeitnehmer im Zweifelsfall rechtlich nicht mit Erfolg hätte abwehren können, würde der Zweck der Sperrzeit verfehlt, wenn der Arbeitnehmer sich darauf beschränken würde, den Ausspruch der Kündigung abzuwarten, statt zu versuchen, durch einen für ihn günstigen Aufhebungsvertrag die Bedingungen der Beendigung noch (mit) zu gestalten.[327]

Ein wichtiger Grund im Sinne der vorstehenden Ausführungen ist daher geeignet, eine Sperrzeit im Falle eines Aufhebungsvertrages auszuschließen.

Achtung: Angesichts der Anforderungen insbesondere an die Zulässigkeit einer ansonsten unumgänglichen arbeitgeberseitigen Kündigung ist es sinnvoll, bereits im Zusammenhang mit dem Aufhebungsvertrag die dazu erforderlichen **Tatbestandsmerkmale** zwischen den Vertragsparteien zu **dokumentieren**, damit das spätere Risiko des Arbeitnehmers so weit wie möglich minimiert wird. Auch müssen sich Arbeitgeber und Arbeitnehmer darauf einstellen, über die genauen Umstände, die Anlass für die Aufhebungsverhandlungen gegeben haben, gegenüber der Bundesagentur für Arbeit Rechenschaft abzulegen. Diese Gesichtspunkte sind daher zentraler Bestandteil der Verhandlungen über den Abschluss eines

---

323 Vgl. die Nachweise bei Winkler, info *also* 1996, 174, 176; KSchR-Söhngen, § 159 SGB III Rn. 41 ff.

324 Vgl. BSG vom 17. 10. 2002 – 7 AL 96/00 R, NZA 2003, 1018; KSchR-Söhngen, § 159 SGB III Rn. 43.

325 Vgl. BSG vom 25. 4. 2002 – B 11 AL 89/01 R, NZA-RR 2003, 162.

326 BSG vom 25. 4. 2002, a. a. O.; BSG vom 17. 10. 2007, a. a. O.

327 BSG vom 25. 4. 2002, a. a. O.; BSG vom 17. 10. 2007, a. a. O.

Aufhebungsvertrages, nämlich auch ob ggf. ein anderes Beendigungsszenario zur Verfügung stünde.[328]

Eine solche Dokumentation ist auch im Hinblick auf die der Arbeitsagentur durch den Arbeitgeber vorzulegende Arbeitsbescheinigung nach § 312 SGB III empfehlenswert. Die dort gemachten Angaben werden oft von der Arbeitsagentur einfach übernommen, so dass sich eventuelle Fehler, etwa was den Kündigungsgrund anbetrifft, fatal auswirken können. Wenn möglich sollte daher die Arbeitsbescheinigung direkt beim Arbeitgeber abgegeben werden mit der Bitte, diese sofort ausgefüllt auszuhändigen, damit die direkte Option besteht, **Fehler unmittelbar zu korrigieren**.

Funktioniert dieser Weg nicht, bleibt das Recht bestehen, bei der Arbeitsagentur die Arbeitsbescheinigung einzusehen (**Recht auf Akteneinsicht** nach § 25 SGB X), um dann sogleich unvollständigen oder nicht wahrheitsgemäßen Angaben entgegenzutreten.

Sind die Voraussetzungen für die Aufhebung des Arbeitsverhältnisses im Vorfeld abgeklärt und – am besten textlich – dokumentiert worden, gelingt es am ehesten, unzutreffenden und sich ggf. nachteilig auswirkenden Angaben in der Arbeitsbescheinigung entgegenzutreten.

7.3 Lösungsweg: Gerichtlicher Vergleich

Die Auflösung des Arbeitsverhältnisses durch arbeitsgerichtlichen Vergleich nach Kündigung durch den Arbeitgeber ist in aller Regel durch einen wichtigen Grund **gerechtfertigt**. Schließlich ist hier der Arbeitnehmer gegen die Kündigung vorgegangen, so dass es ihm dann nicht zu seinem Nachteil gereicht, wenn er sich im Prozess auf einen Vergleich einlässt oder im Laufe des Verfahrens die Klage zurücknimmt.[329] Nach einer betriebsbedingten Kündigung gilt der Grundsatz, dass der Arbeitnehmer einen Abfindungsvergleich schließen und damit das Arbeitsverhältnis beenden darf (sofern nicht eine Vorverlegung durch Abkürzung der Kündigungsfrist erfolgt), ohne eine Sperrzeit zu riskieren. Der Grund liegt darin, dass der Arbeitnehmer auch nach Erhalt einer rechtswidrigen

---

328 Siehe die Ausführungen unter 7.3, Seite 167.
329 Vgl. BSG vom 17.10.2007 – B 11a AL 51/06 R, DB 2008, 1048.

Kündigung nicht gehalten ist, dagegen zur Vermeidung einer Sperrzeit durch Kündigungsschutzklage anzugehen.[330]
Im Wissen um die Vorteilhaftigkeit eines gerichtlichen Vergleichs ist es bei beiderseitiger Vergleichsbereitschaft anzuraten, sich – beispielsweise in einem nach Erhalt der Kündigung eingeleiteten Kündigungsschutzverfahren – frühzeitig über die Konditionen zu verständigen und dies im gerichtlichen Verfahren zu protokollieren. Eine Überprüfung der Kündigungsvoraussetzungen und ihre eventuelle Sperrzeitrelevanz durch die Arbeitsagentur erfolgt dann regelhaft nicht.
Das gilt im Übrigen auch, wenn die Parteien nach der Einleitung des gerichtlichen Verfahrens einen **Vergleich im sog. schriftlichen Verfahren** nach § 278 Abs. 6 ZPO abschließen. Das geschieht entweder so, dass die Parteien direkt dem Gericht einen schriftlichen Vergleichsvorschlag unterbreiten (§ 278 Abs. 6 Satz 1 1. Alternative ZPO) oder dadurch, dass das Gericht einen schriftlichen Vergleichsvorschlag unterbreitet, der von den Parteien schriftsätzlich akzeptiert wird (§ 278 Abs. 6 Satz 1 2. Alternative ZPO). In beiden Fällen beschließt das Gericht dann über den Inhalt und das Zustandekommen des Vergleichs. Ebenso wie ein solcher Beschluss stellt auch das Protokoll eines in der mündlichen Verhandlung vereinbarten Vergleichs einen in jeder Hinsicht wirksamen Vollstreckungstitel dar.

7.4 Lösungsweg: Abfindung gemäß § 1a KSchG

Für Aufhebungsvereinbarungen, die die Abfindungshöhe in § 1a KSchG nicht überschreiten (maximal 0,5 Monatsgehälter brutto pro Beschäftigungsjahr) und 0,25 Gehälter nicht unterschreiten, hat das Bundessozialgericht entschieden, dass hier regelhaft ein wichtiger Grund für die Auflösung des Arbeitsverhältnisses zu unterstellen ist, so dass eine Sperrzeit nicht in Betracht kommt.[331] In dieser Konstellation bedarf es keiner weiteren Prüfung der Rechtmäßigkeit einer Arbeitgeberkündigung[332] bzw. einer vom Arbeitgeber nur angedrohten Kündigung.[333] Dem folgt

330 Vgl. Fachliche Weisungen der BA, gültig ab 18. 1. 2021 zu § 159 SGB III, 159.1.1.1; BSG vom 17. 10. 2007 – B 11a AL 51/06 R, NZS 2008, 663.

331 BSG vom 12. 7. 2006 – B 11a AL 47/05 R, NJW 2006, 3514; BSG vom 2. 5. 2012 – B 11 AL 6/11 R, NZS 2012, 874.

332 So SG Duisburg vom 19. 10. 2006 – S 12 (31) AL 46/06, info *also* 2007, 70.

333 BSG vom 12. 7. 2006, a. a. O.; BSG vom 2. 5. 2012, a. a. O.

jetzt auch die Bundesagentur für Arbeit in ihrer Verwaltungspraxis.[334] Die Bundesagentur für Arbeit verzichtet seit Anfang 2017 sogar auf die genannte Untergrenze, wenn ansonsten eine arbeitgeberseitige Kündigung aus betrieblichen oder personenbezogenen (nicht verhaltensbedingten!) Gründen, die unter Wahrung der Kündigungsfrist zum gleichen oder früheren Zeitpunkt wie die Aufhebung wirksam geworden wäre, keine Unkündbarkeit bestand **und** die Obergrenze von 0,5 Gehältern pro Jahr der Beschäftigung nicht überschritten wird.[335]
Bei einer Abfindungshöhe dieses Umfangs ist also, wenn der Arbeitsplatz tatsächlich wegfällt, nicht mehr mit einer Prüfung zu rechnen, in deren Folge eine Sperrzeit eintritt. Der Arbeitnehmer, der sich mit einer solchen Begrenzung einer möglichen Abfindung aber nicht zufrieden geben will, hat weitere Alternativen:

7.4.1 Zusatzzahlungen

Angesichts der meist geringen Steuervorteile bei Zahlung einer Abfindung (vgl. die Ausführungen unter 8.2, Seite 185) wäre es denkbar, neben der Vereinbarung einer Abfindung entsprechend dem Muster und in Höhe des § 1a KSchG eine Zusatzzahlung, z. B. in Form einer einmaligen Prämie/Tantieme etwa für das letzte Geschäftsjahr o. Ä., zu vereinbaren, die **gesondert** zur Abfindung und unabhängig hiervon zur Auszahlung gelangt. Solche außerhalb der Abfindungslösung getätigten Zahlungen sind allerdings nicht nur ganz normal zu versteuern, sondern hier werden auch Sozialversicherungsbeiträge fällig, was aber beispielsweise zu verschmerzen ist, wenn bei einem Einkommen, das schon an der Beitragsbemessungsgrenze liegt, nicht mit weiteren Sozialversicherungsbeiträgen zu rechnen ist.

7.5 Lösungsweg: Wichtiger Grund und dessen Dokumentation

Wer dennoch eine Abfindung in einem höheren Umfang als einem halben Gehalt pro Beschäftigungsjahr durchsetzen will und kann, sollte sich –

334 Vgl. Fachliche Weisungen der BA, gültig ab 18. 1. 2021 zu § 159 SGB III, 159.1.2.1.1; ErfK-Rolfs, § 159 SGB III Rn. 34.

335 Vgl. Fachliche Weisungen der BA, gültig ab 18. 1. 2021 zu § 159 SGB III, 159.1.2.1.1.

wenn der Weg über den gerichtlichen Vergleich nicht offensteht – so weit wie möglich darum bemühen, den entsprechenden Nachweis für einen wichtigen Grund, also die unabweisbar betriebsbedingte Veranlassung zur Beendigung des Arbeitsverhältnisses zu dokumentieren.

Dabei ist es in der Regel nicht ausreichend, wenn die Eingangsformulierung des Aufhebungsvertrages bloß floskelhaft darauf verweist, dass die Auflösung »zur Vermeidung einer ansonsten unumgänglichen arbeitgeberseitigen Kündigung« erfolgt (siehe unter 9.1, Seite 203). Dieser Formulierung allein dürfte nur ein geringer Aussagewert beizumessen sein.[336] Wichtig ist vielmehr, den Lebenssachverhalt konkret zu beschreiben, der eine arbeitgeberseitige Kündigung – zum gleichen Zeitpunkt wie die Aufhebung – rechtfertigen könnte und zu deren Vermeidung ein Aufhebungsvertrag geschlossen wurde.[337]

Durch die »Hartz-Gesetze« ist das Beweislastrisiko für die Beschäftigten erhöht worden. Nach § 159 Abs. 1 Satz 3 SGB III muss der Arbeitnehmer die für die Beurteilung eines wichtigen Grundes maßgeblichen Tatsachen darlegen und nachweisen, wenn diese in seiner Sphäre oder in seinem Verantwortungsbereich liegen. Das gleiche soll gelten, wenn der arbeitslos gewordene Arbeitnehmer sich nachträglich auf Gründe bezieht, zu deren Aufklärung die zuständige Agentur für Arbeit zunächst keine Veranlassung hatte, da entsprechende zeitnahe Angaben des Arbeitslosen dazu zunächst fehlten.[338] Dies untermauert die vorstehenden Ausführungen, wonach die Voraussetzungen für eine anderenfalls erfolgende Kündigung ebenso sorgfältig festzuhalten sind wie etwa auch in Frage kommende Umstände in der Person des Arbeitnehmers, die z. B. wegen gesundheitlicher Beeinträchtigungen eine Weiterbeschäftigung unzumutbar machen würde.

336 Vgl. Küttner-Voelzke, Aufhebungsvertrag, Rn. 33.

337 Vgl. LSG Sachsen-Anhalt vom 16.12.2010 – L 2 AL 52/08, BeckRS 2011, 72683; LSG Baden-Württemberg vom 21.10.2011 – L 12 AL 4621/10, BeckRS 2011, 78985;.

338 Vgl. Bauer/Krets, NJW 2003, 537, 542.

7.6 Perspektiven für einen Umbruch bei Sperrzeiten?

Grundsätzlich ist zu begrüßen, dass durch die Rechtsprechung des BSG[339] der generelle Grundsatz, dass Aufhebungsverträge zu Sperrzeiten führen können, aufgebrochen wurde.
Es ist auch nur konsequent, wenn die passive Reaktion auf das Versprechen einer Abfindung im Zusammenhang mit einer ausgesprochenen betriebsbedingten Kündigung nach § 1a KSchG dem Verhalten eines Arbeitnehmers gleichgestellt wird, der einen im Ergebnis dem wirtschaftlich entsprechenden Aufhebungsvertrag abschließt.
Warum aber eine Sperrzeit ausgelöst und eine objektiv rechtmäßige Kündigungsmöglichkeit nicht ohne Weiteres unterstellt werden kann, wenn die Abfindung über der in § 1a Abs. 2 KSchG vorgesehenen Höhe liegt, bleibt zweifelhaft.[340]
Richtigerweise sollte als Maßstab gelten, ob ein (gegenüber der Arbeitslosenversicherung) versicherungswidriges Verhalten vorliegt. Steht eine Kündigung im Raum, die der Arbeitnehmer als rechtmäßig ansehen durfte, kann ihm als Betroffenen nicht vorgeworfen werden, wenn er seine berufliche Zukunft im Arbeitsmarkt dadurch optimieren möchte, dass er statt mit dem Makel einer Kündigung versehen, einen – die Kündigungsfrist wahrenden(!) – Aufhebungsvertrag (auch mit höherer Abfindung) unterschreibt. Grundsätzlich kann die Versichertengemeinschaft in der Arbeitslosenversicherung kein berechtigtes rechtliches Interesse daran haben, einen Arbeitnehmer, der von einer betriebsbedingten Kündigung bedroht ist, zu veranlassen, auf (auch höhere) Abfindungszahlungen zum Kündigungstermin zu verzichten, um Sperrzeiten und Anspruchskürzungen beim Arbeitslosengeld zu vermeiden.[341] Schließlich wird ja auch sonst an die betroffenen Arbeitnehmer die Forderung nach Eigenvorsorge gerichtet – ein finanzielles Polster durch eine angemessene Abfindung kommt angesichts dessen gerade richtig.
Ein Festhalten an der Grenze des § 1a KSchG kann jedenfalls zu erheblichen Wertungswidersprüchen führen. Bei der Hinnahme einer Kündigung, die im finanziellen Rahmen von § 1a KSchG verbleibt, kann es sein, dass die zugrunde liegenden Umstände keinen Kündigungsgrund hergeben, dies in Folge des hier verordneten Verzichts auf eine nähere

339 BSG vom 12.7.2006 – B 11a AL 47/05 R, NJW 2006, 3514; BSG vom 2.5.2012 – B 11 AL 6/11 R, NZS 2012, 874.
340 Vgl. ausführlich Preis/Schneider, NZA 2006, 1297 ff.
341 Schuldt, NZA 2005, 861.

Überprüfung aber völlig sanktionslos hingenommen wird. Dieser Arbeitnehmer erhält keine Sperrzeit. Der Beschäftigte aber, der z. B. nach entsprechend eingeholter fachkundiger Beratung von der tatsächlichen Rechtmäßigkeit einer ihm drohenden Kündigung ausgehen muss und dann eine höhere Abfindung etwa im Rahmen eines Aufhebungsvertrages herausverhandelt, muss – wenn ihm der Nachweis eines wichtigen Grundes nicht gelingen sollte – bei einer höheren Abfindung mit dem Risiko einer Sperrzeit rechnen.[342] Hier ist die juristische Debatte noch nicht beendet. Jedenfalls bei solchen betriebsbedingten Kündigungen, deren Rechtmäßigkeit der Arbeitnehmer aus seiner Sicht nicht anzuzweifeln braucht, sollte zukünftig der wichtige Grund für den Abschluss eines (fristgerechten) Aufhebungsvertrages anerkannt werden, jedenfalls dann, wenn dazu fachlich kompetenter Rat eingeholt wurde.

7.7 (Erfolglose) Vermeidungsstrategien

Es gibt Vorschläge, eine Sperrzeit dadurch zu vermeiden, dass der Zeitpunkt, an dem der Anspruch auf Arbeitslosengeld entsteht, verschoben wird,[343] d. h. trotz bereits beendeten Arbeitsverhältnisses erst zu einem späteren Zeitpunkt Arbeitslosengeld beantragt wird.

Nach dem SGB III kommt es für die rechtliche Behandlung jedoch nicht auf den Zeitpunkt der Antragstellung an. Vielmehr ist entscheidend, wann die Arbeitslosigkeit entstanden ist. Der Überlegung, die (offizielle) Arbeitslosigkeit auf einen Zeitpunkt zu verschieben, an dem sie ohnehin eingetreten wäre, hat das BSG einen Riegel vorgeschoben. So wurde im Fall eines Arbeitnehmers, der ein bereits vom Arbeitgeber gekündigtes Beschäftigungsverhältnis dann zu einem noch früheren Zeitpunkt aufkündigte, der Eintritt einer Sperrzeit für rechtmäßig erachtet, obwohl der betreffende Arbeitnehmer Arbeitslosengeld erst für die Zeit beanspruchte, in der er sonst ohnehin arbeitslos geworden wäre.[344] Solche Vermeidungsstrategien sind also in aller Regel nicht von Erfolg gekrönt.

Wird unwiderruflich noch im Rahmen des auslaufenden Arbeitsverhältnisses freigestellt, endet nach dem Verständnis des Bundessozialgerichts – sozialrechtlich gesehen – das Beschäftigungsverhältnis.[345] Liegt nun kein

342 Maties, NZS 2006, 73, 80.
343 Vgl. Gagel, FA 2000, 9ff.
344 Vgl. BSG vom 5. 8. 1999 – B 7 AL 38/98 R, NZS 2000, 155.
345 BSG vom 3. 6. 2004 – B 11 AL 70/03 R, NZA-RR 2005, 52.

wichtiger Grund für die Auflösung des Arbeitsverhältnisses vor, so tritt die Sperrzeit mit dem Beginn der unwiderruflichen Freistellung ein.[346] Solange der Arbeitnehmer also während der Dauer der Freistellung wie vereinbart seine vertraglichen Bezüge erhält, führt dies zunächst nicht zu finanziellen Einbußen. Er kann dann, wenn der Zeitraum für eine zwölfwöchige Sperrfrist noch während der unwiderruflichen Freistellung abgelaufen ist, nahtlos Arbeitslosengeld beanspruchen.

Achtung: Die **Anspruchsdauer** für den Bezug von Arbeitslosengeld **reduziert** sich aber nach § 148 Abs. 1 Nr. 4 SGB III **um ein Viertel!** Droht also längere Arbeitslosigkeit nützt die Anrechnung der Sperrzeit auf Zeiten der unwiderruflichen Freistellung nur vermeintlich.

Allerdings kann unter besonderen Umständen eine nachteilige Behandlung des Arbeitnehmers rechtswidrig sein, wenn die Agentur für Arbeit den Arbeitnehmer in dem Beratungsgespräch nicht darauf aufmerksam gemacht hat, dass es für ihn ggf. günstiger sein könnte, die Arbeitslosmeldung zu verschieben.[347] In einer Entscheidung des Sozialgerichts Berlin[348] wurde die Agentur für Arbeit verpflichtet, den Zustand herzustellen, der sich für den Arbeitnehmer ergeben hätte, wenn er erst zu einem späteren Zeitpunkt Arbeitslosengeld beantragt hätte. Hier wurden Aufklärungspflichten durch die Arbeitsagentur verletzt, die sich auf die vom Lebensalter abhängige mögliche Verlängerung der Bezugszeit von Arbeitslosengeld bezogen,[349] so dass der für den Arbeitnehmer günstigere Rechtszustand zu gelten hat. Eine längere Anspruchsdauer ergibt sich jeweils bei Vollendung des 50., 55. und 58. Lebensjahres.

Risikolage beendet: Bei Zeiten längerer unwiderruflicher Freistellung, für die das Bundessozialgericht eigentlich von »Beschäftigungslosigkeit« ausgeht, sollte es nach der Bundesagentur für Arbeit am versicherungspflichtigen Einkommen im sog. Bemessungszeitraum fehlen. Der Bemessungsrahmen nach § 150 Abs. 1 SGB III umfasst ein Jahr und wird auf zwei Jahre erweitert, wenn im Bemessungszeitraum weniger als 150 Tage mit Arbeitsentgelt enthalten waren. Und Zeiten unwiderruflicher Freistellung sollten als Zeiten ohne Anspruch auf Arbeitsentgelt – auch wenn tatsächlich Arbeitsentgelt gezahlt und auch Beiträge zur Sozialversicherung abgeführt wurden – gelten.[350] Folge wäre, dass dann das tatsächliche Einkommen davor, das ggf. niedriger ist, die Bemessungsgrundlage

346 BSG vom 12.7.2006 – B 11a AL 47/05 R, DB 2006, 2521.

347 Vgl. BSG vom 5.8.1999, a.a.O.

348 SG Berlin vom 25.8.2006 – S 58 AL 1203/05, info *also* 2007, 24.

349 So auch BSG vom 5.9.2006 – B 7a AL 70/05 R, SozR 4 – 4100 § 106 Nr. 1.

350 So Fachliche Weisungen der BA, gültig ab 17.6.2021 zu § 150 SGB III, 150.1.2.; anders LSG NRW vom 23.2.2017 – L 9 AL 150/15, BeckRS 2017, 104704.

für die Höhe des Arbeitslosengeldes bildet. Wurden auch im erweiterten zweijährigen Bemessungszeitraum weniger als 150 Tage festgestellt, wurde durch die Arbeitsagentur ein fiktives Arbeitsentgelt nach Maßgabe von § 152 SGB III »ermittelt«, was zu deutlich niedrigeren Leistungen führen konnte.[351]

Die Rechtsprechung der unteren Instanzen entwickelte sich widersprüchlich.[352] Nun hat das Bundessozialgericht entschieden, dass auch die während einer Freistellung bis zum Ende des Arbeitsverhältnisses gezahlte und abgerechnete Vergütung richtigerweise als Arbeitsentgelt bei der Bemessung des Arbeitslosengeldes einzubeziehen ist.[353] Diese höchstrichterliche Entscheidung ermöglicht nun auch wieder **lange Zeiträume an** (unwiderruflicher oder widerruflicher) **Freistellung** zu vereinbaren.

Anders die folgende Risikolage: Wenn nach längerer Elternzeit ein Aufhebungsvertrag abgeschlossen wird, ohne dass eine Beschäftigung stattfindet, ist unbedingt zu berücksichtigen, dass Elternzeit nur bis zum dritten Geburtstag des Kindes als (sozial-)versicherungspflichtige Zeit bewertet wird. Bei mehreren nacheinander geborenen Kindern und Übertragung von Elternzeit auf die Zeit nach dem dritten Geburtstag des jüngsten Kindes, kann es passieren, dass nach einem vor Rückkehr in die Arbeit abgeschlossenen Aufhebungsvertrag die Agentur für Arbeit die Bewilligung von Arbeitslosengeld ablehnt.[354] Grund: Es fehlt an mit Beiträgen belegten Beschäftigungszeiten innerhalb des Bemessungsrahmens.

7.8 Dauer der Sperrzeit

Die geltende Sperrzeitregelung führt in der Regel dazu, eine Sperrzeit von zwölf Wochen anzuordnen. Nur in bestimmten Fällen kann die Sperrzeit auf drei bzw. sechs Wochen verkürzt werden, insbesondere dann, wenn

---

351 Schätzung nach Qualifikationsgruppen unabhängig vom tatsächlich erzielten Einkommen: Fachliche Weisungen der BA, gültig ab 17.6.2021 zu § 152 SGB III, 152.2.

352 Wie Bundesagentur für Arbeit: LSG Bayern vom 19.9.2017 – L 10 AL 67/17, BeckRS 2017, 126338 (Revision beim BSG führte zur Abänderung: s. Rn. 57); LSG Hamburg vom 5.4.2017 – L 2 AL 68/16, BeckRS 2017, 109411; dagegen LSG NRW vom 23.2.2017 – L 9 AL 150/15, BeckRS 2017, 104704; auch krit. Bienert, info also 2018, S. 11 ff.

353 BSG vom 30.8.2018 – B 11 AL 15/17 R, NZA-RR 2019, 217.

354 Bestätigt durch LSG Rheinland-Pfalz vom 30.8.2016 – L 1 AL 61/14, BeckRS 2016, 71828.

das Arbeitsverhältnis (z. B. aufgrund einer Befristung) ohnehin innerhalb eines Zeitraums von sechs bis zwölf Wochen nach dem Ereignis, das die Sperrzeit begründet hätte, geendet hätte.
Während der Sperre ruht der Anspruch auf Arbeitslosengeldbezug. Nach § 159 Abs. 3 Satz 2 Nr. 2b SGB III kann die Sperrzeit auf sechs Wochen verkürzt werden, wenn eine besondere Härte vorliegt. Ob das der Fall ist, muss im Einzelfall nach den für den Eintritt der Sperrzeit maßgebenden Tatsachen beurteilt werden.[355]
Hat der Arbeitnehmer über das Vorliegen von Sperrzeitvoraussetzungen geirrt und z. B. geglaubt, einen wichtigen Grund für seine Kündigung zu haben, ist hier eine Kürzung der Sperrzeit nur gerechtfertigt, wenn der Irrtum vermeidbar war. Ein solcher Fall liegt nach ständiger Rechtsprechung nicht vor, wenn es dem Arbeitslosen in der konkreten Situation möglich und zumutbar gewesen wäre, rechtskundigen Rat, u. a. auch bei der Arbeitsagentur einzuholen.[356]
Während des ersten Monats der Sperrzeit besteht kein Schutz durch Krankenversicherung. Es besteht allerdings nachgehender Versicherungsschutz nach § 19 Abs. 2 SGB V. Außerdem regelt § 49 Abs. 1 Nr. 3 SGB V, dass der Anspruch auf Krankengeld während der Dauer einer Sperrzeit ruht. Erst ab dem zweiten Monat der Sperrzeit ist der Arbeitslose nach § 5 Abs. 1 Nr. 2 SGB V für den Fall der Krankheit über die Bundesagentur für Arbeit versichert.

7.8.1 Anspruchsminderung

Neben der eigentlichen Sperrzeit tritt auch eine Minderung des Anspruchs auf Arbeitslosengeld nach § 148 Abs. 1 Nr. 4 SGB III ein. Die Dauer des Anspruchs auf Arbeitslosengeld mindert sich um die Anzahl von Tagen, die der Dauer der Sperrzeit entspricht. Bei einer Sperrzeit von zwölf Wochen wegen einer Arbeitsaufgabe (Lösen des Beschäftigungsverhältnisses durch Mitwirkung des Arbeitnehmers ohne wichtigen Grund) vermindert sich der Anspruch sogar um ein Viertel der gesamten Anspruchsdauer. Dies ist eine der Fallkonstellationen, in denen die Beratungspflicht der Arbeitsagentur besonders gefordert ist. Hier entfällt nämlich die Minderung, wenn sich der Arbeitnehmer erst nach Ablauf eines Jahres seit der Auflösung des Arbeitsverhältnisses arbeitslos meldet (vgl. § 148 Abs. 2 Satz 2 SGB III).[357]

355 Vgl. BSG vom 29. 11. 1988 – 11/7 RAr 91/87, NJW 1989, 1628.
356 Vgl. BSG vom 5. 6. 1997 – 7 RAr 22/96, NZS 1998, 136, 138.
357 Vgl. BSG vom 5. 8. 1999 – B 7 AL 38/98 R, NZS 2000, 155.

7.9 Ruhenstatbestände

Neben den Sperrfristen wegen der nicht durch einen wichtigen Grund gerechtfertigten Mitwirkung an der Auflösung des Arbeitsverhältnisses durch den Arbeitnehmer – und unabhängig davon – können auch so genannte Ruhenszeiträume von der Agentur für Arbeit verhängt werden.

7.9.1 Bei Bestehen anderweitiger Ansprüche

Der Anspruch auf Arbeitslosengeld ruht gem. § 157 Abs. 1 SGB III während der Zeit, für die der Arbeitslose Arbeitsentgelt erhält oder zu beanspruchen hat. Gleiches gilt nach § 157 Abs. 2 Satz 1 SGB III, wenn der Arbeitslose wegen der Beendigung des Arbeitsverhältnisses eine Urlaubsabgeltung erhalten oder zu beanspruchen hat und zwar für die Dauer des abgegoltenen Urlaubs. Dabei kommt es auf die Höhe des Anspruchs auf Arbeitsentgelt nicht an, sondern allein darauf, ob noch ein Anspruch auf Arbeitsentgelt besteht, und zwar auch unabhängig davon, ob dieser Anspruch erfüllt wird oder nicht.
Allerdings lässt die Agentur für Arbeit den arbeitslosen Arbeitnehmer »nicht im Regen stehen«, wenn er zwar Anspruch auf Arbeitsentgelt und z. B. Urlaubsabgeltung hat, diese Leistungen aber tatsächlich nicht erhält. Hier leistet die Arbeitsagentur »gleichwohl« i. S. v. § 157 Abs. 3 SGB III, wobei dann die Forderung gegen den Arbeitgeber auf die Bundesagentur für Arbeit übergeht.

7.9.2 Bei Nichteinhaltung der Kündigungsfrist

Als sozialpolitisch besonders umstritten gilt die Regelung in § 158 SGB III. Danach ruht der Anspruch bei Zahlung einer Abfindung bzw. Entlassungsentschädigung, wenn das Arbeitsverhältnis ohne Einhaltung der Kündigungsfrist beendet wurde.
Prüfungsmaßstab ist dabei, ob die für den Arbeitgeber geltende ordentliche Kündigungsfrist eingehalten wurde, unabhängig von der Form der Beendigung. Ist diese Voraussetzung allerdings im Sinne einer fristgerechten Beendigung erfüllt, ist die Abfindung **nicht** auf das Arbeitslosengeld anzurechnen. Die Kündigungsfrist selbst erschließt sich aus den gesetzlichen Bestimmungen, dem maßgeblichen Tarifvertrag oder dem Einzelarbeitsvertrag, wobei auch der jeweilige Endtermin zu beachten ist, der in den entsprechenden Regelungen vorgesehen ist, z. B. Monatsende oder Quartalsende.

Soweit die gesetzlichen Kündigungsfristen in Rede stehen, muss aber beachtet werden, dass § 622 Abs. 2 Satz 2 BGB, nach dessen Wortlaut bei der Berechnung der Kündigungsfrist Zeiten der Betriebszugehörigkeit vor dem 25. Lebensjahr nicht mitgerechnet werden, als europarechtswidrige Diskriminierung wegen des Alters als nicht mehr anwendbare Norm ausgeurteilt wurde.[358]

Achtung: Bei Nichteinhaltung der Kündigungsfrist gilt eine praktisch **unwiderlegbare Vermutung**, dass die Abfindung Entgeltcharakter aufweist und deshalb zeitweise zum Ruhen des Anspruchs auf Arbeitslosengeld führt. Selbst dann, wenn ein Arbeitnehmer dauerhaft arbeitsunfähig ist und keinen Anspruch auf Arbeitsentgelt gegen seinen Arbeitgeber (mehr) hat, wird bei nicht fristgerechtem Ausscheiden und Zahlung einer Abfindung ein Ruhenstatbestand ausgelöst.[359] Selbst ein Irrtum über die richtige Kündigungsfrist oder auch das Bestehen eines Anspruchs auf Zahlung einer Abfindung bei fristgerechter Beendigung ändert nichts an dieser Rechtsfolge.[360]

7.9.2.1 Zeitlich begrenzter Ausschluss einer ordentlichen Kündigung

Hierunter fallen insbesondere Fälle des gesetzlichen Sonderkündigungsschutzes. So haben beispielsweise **Betriebsratsmitglieder** oder Mitglieder der Jugend- und Auszubildendenvertretung während ihrer Zugehörigkeit zu den jeweiligen Gremien einen **Sonderkündigungsschutz** dergestalt, dass sie während der Zeit ihres Mandats nicht ordentlich kündbar sind. Hier ist jedoch die ordentliche Kündigung nur zeitlich begrenzt ausgeschlossen, nämlich während der Zeit der Zugehörigkeit zur entsprechenden Interessenvertretung. Damit gilt als Frist, die der ordentlichen Kündigungsfrist des Arbeitgebers entspricht, die auch sonst vom Arbeitgeber einzuhaltende Kündigungsfrist, die zu beachten wäre, wenn der entsprechende Arbeitnehmer nicht Mitglied der Interessenvertretung wäre. Wird diese (normale) Kündigungsfrist eingehalten, ruht der Anspruch auf Arbeitslosengeld nicht.[361] Sonderkündigungsschutz genießen auch **schwerbehinderte Beschäftigte**, die einen Grad der Behinderung von wenigstens 50 innehaben oder diesem Personenkreis aufgrund

358 EuGH vom 19.1.2010 – C-555/07, NZA 2010, 85 und sodann BAG vom 9.9.2010 – 2 AZR 714/08, NZA 2011, 343ff.

359 Vgl. BSG vom 20.1.2000 – B 7 AL 48/99 R, NZS 2000, 568f. (zu § 117 AFG).

360 Vgl. BSG, a.a.O., 569 – Die einzige Ausnahme wäre möglich, wenn der Arbeitgeber fristlos kündigen dürfte, weil dann die Abfindung allein der Entschädigung für den Verlust des sozialen Besitzstands dient.

361 Vgl. Fachliche Weisungen der BA, gültig ab 20.7.2017 zu § 158 SGB III, 158.1.4.2.

eines bei der Agentur für Arbeit nach § 151 Abs. 2 SGB IX gestellten Antrags **gleichgestellt** sind. Wird hier unter Beachtung der ordentlichen Kündigungsfrist gekündigt, ohne die Zustimmung des Integrationsamtes einzuholen, ist die Kündigung zwar ohne Weiteres gem. § 168 SGB IX anfechtbar. Da aber die Kündigungsfrist eingehalten wurde, tritt ein Ruhen des Anspruchs auf Arbeitslosengeld für den schwerbehinderten Arbeitnehmer nicht ein, der die Kündigung gleichwohl trotz Unwirksamkeit nicht angreift.

7.9.2.2 Zeitlich unbegrenzter Ausschluss einer ordentlichen Kündigung

Wird jedoch ein Arbeitsverhältnis beendet, bei dem eine ordentliche Kündigung durch den Arbeitgeber zeitlich unbegrenzt ausgeschlossen ist, so beträgt die Kündigungsfrist, die zu beachten wäre, gem. § 158 Abs. 1 Satz 3 Nr. 1 SGB III fiktiv 18 Monate. Ein solcher unbegrenzter Sonderkündigungsschutz gilt insbesondere nach einigen Tarifverträgen für ältere Arbeitnehmer, die längere Betriebszugehörigkeitszeiten zurückgelegt haben.

Einige dieser Tarifverträge sehen Regelungen vor, wonach das Recht zur ordentlichen Kündigung bei Betriebsänderungen vorbehalten bleibt, wenn Abfindungen an den betroffenen – älteren – Arbeitnehmer gezahlt werden. Dann soll nach § 158 Abs. 1 Satz 4 SGB III eine Kündigungsfrist von einem Jahr gelten.[362]

Dies ist allerdings zu hinterfragen, insbesondere dann, wenn die Abfindung auf einem Sozialplan beruht. Es ist nicht einsehbar, warum älteren Arbeitnehmern, die nur bei Zahlung von Abfindungen kündbar sind, diese Abfindung zunächst statt des Arbeitslosengeldbezuges in einem erheblichen Umfang für ihren Lebensunterhalt einsetzen müssen, die nicht altersgeschützten, also grundsätzlich kündbaren Arbeitnehmer, die die Betriebsänderung ebenfalls trifft, aber hierzu nicht verpflichtet sind. Es dürfte sich um einen Verstoß gegen den Gleichbehandlungsgrundsatz handeln, wenn gerade den älteren Arbeitnehmern die Abfindung im Ergebnis nur geschmälert zufließt, wobei die damit aufgeworfenen Rechtsfragen sich neu stellen im Zusammenhang mit dem am 18. 8. 2006 in Kraft getretenen AGG (Allgemeines Gleichbehandlungsgesetz), das eine Diskriminierung aus Altersgründen ausdrücklich verbietet. Hier sollte bei entsprechender Fallkonstellation rechtliche Beratung eingeholt und genau geprüft werden, ob Rechtsmittel Erfolg versprechend sind.

---

362 Vgl. BSG vom 5. 2. 1998 – B 11 AL 65/97 R, NZS 1998, 538.

7.9.2.3 Ausnahmen

Die genaue Prüfung der Rechtslage ist geboten, weil nicht in jedem Fall bei Ausschluss der ordentlichen Kündigung insbesondere durch Tarifvertrag eine gezahlte Abfindung zum Ruhen des Anspruchs auf Arbeitslosengeld führt.

Liegen nämlich die Voraussetzungen für eine fristgebundene, aber außerordentliche Kündigung aus wichtigem Grund vor, so gilt nach § 158 Abs. 2 Satz 2 Nr. 3 SGB III die Frist, die ohne den Ausschluss der ordentlichen Kündigung vom Arbeitgeber einzuhalten gewesen wäre, also die so genannte ordentliche Kündigungsfrist. Ein solcher Sachverhalt kann z. B. bei geplanter Stilllegung des Betriebes vorliegen. Hier steht dem Arbeitgeber auch gegenüber unkündbaren Arbeitnehmern die Möglichkeit zur außerordentlichen Kündigung offen, wofür allerdings recht strenge Voraussetzungen zu beachten sind. Neben der Einhaltung der für die ordentliche Kündigung geltenden Kündigungsfristen sind insbesondere auch die Grundsätze der Sozialauswahl zu beachten.[363]

Es muss sich dann um einen unabweisbaren Wegfall der Beschäftigungsmöglichkeit handeln, wobei hierfür auch tief greifende Rationalisierungsmaßnahmen ausreichend sein können, wenn hierdurch dauerhaft eine Beschäftigungsmöglichkeit für den betreffenden Arbeitnehmer wegfällt, ohne dass die Möglichkeit besteht, ihn anderswo weiter zu beschäftigen.[364] Eine solche Konstellation hat dann auch die Agentur für Arbeit anzuerkennen, wobei diese sicherlich jeden Einzelfall kritisch prüfen wird. Liegen jedoch die Voraussetzungen für eine fristgebundene Kündigung aus wichtigem Grund vor, kann auch bei Zahlung einer Entlassungsentschädigung unter Einhaltung der im Übrigen geltenden ordentlichen Kündigungsfristen kein Ruhenszeitraum verhängt werden.

Eine dementsprechende Kündigungsbefugnis enthält § 113 InsO. Hier kann der Insolvenzverwalter ohne Rücksicht auf einen vereinbarten Ausschluss des Rechts zur ordentlichen Kündigung mit einer Frist von drei Monaten zum Monatsende, sofern nicht eine kürzere Frist maßgebend ist, das Arbeitsverhältnis kündigen. Im Falle der Insolvenz bedeutet dies, dass die ältere Arbeitnehmer schützenden Regelungen praktisch obsolet geworden sind.

---

363 Vgl. BAG vom 5. 2. 1998 – 2 AZR 227/97, NZA 1998, 771.

364 Vgl. APS-Vossen, § 626 BGB Rn. 66 m. w. N.; einschränkend KSchR-Däubler, § 626 BGB Rn. 278.

7.9.3 Dauer des Ruhenszeitraumes

Der Anspruch auf Arbeitslosengeld ruht zunächst für den Fall des Bestehens weiterer Gehaltsansprüche für den darauf entfallenden Zeitraum. Gleiches gilt im Fall des Anspruchs auf Urlaubsabgeltung für die Zeit des abgegoltenen Urlaubs.
Ansonsten gilt für die Verhängung eines Ruhenszeitraumes eine **Obergrenze** von einem Jahr (vgl. § 158 Abs. 2 Satz 1 SGB III).
Die konkrete Berechnung des Ruhenszeitraumes richtet sich dann nach sozialen Gesichtspunkten. Generell wird auch bei kurzer Betriebszugehörigkeit ein Anteil von 40 % der Abfindung nicht angerechnet, weil dies als Entschädigung für den Verlust des sozialen Besitzstandes angesehen wird. Danach können sich höchstens 60 % der Abfindung auf das Ruhen des Leistungsanspruches auswirken, wobei sich der Anteil, der sich **nicht** auf den Ruhenstatbestand auswirkt, um jeweils 5 % für jeweils fünf Jahre der Betriebszugehörigkeit und fünf Lebensjahre nach Vollendung des 35. Lebensjahres erhöht. Bei entsprechendem Lebensalter und Betriebszugehörigkeit endet der anrechnungsfreie Teil der Abfindung bei 75 %. Vom Gesamt-Brutto der Abfindung sind Anteile zu berücksichtigen, deren jeweilige Prozentsätze sich aus nachstehender Tabelle ergeben:

	Lebensalter am Ende des Arbeitsverhältnisses					
Betriebs- oder Unternehmens-zugehörigkeit	unter 40 Jahre	ab 40 Jahre	ab 45 Jahre	ab 40 Jahre	ab 55 Jahre	ab 60 Jahre
weniger als 5 Jahre	60	55	50	45	40	35
5 und mehr Jahre	55	50	45	40	35	30
10 und mehr Jahre	50	45	40	35	30	25
15 und mehr Jahre	45	40	35	30	25	25
20 und mehr Jahre	40	35	30	25	25	25
25 und mehr Jahre	35	30	25	25	25	25
30 und mehr Jahre		25	25	25	25	25
35 und mehr Jahre			25	25	25	25

Bei Anwendung der Tabelle ist stets der Bruttobetrag der Abfindung maßgebend.
Erhält beispielsweise ein Arbeitnehmer eine Abfindung von € 25 000,00 und beträgt sein letztes Bruttogehalt € 3000,00 (d. h. kalendertäglich €100,00 und sind bei diesem Arbeitnehmer 40 % der Abfindung bei der Berechnung der Ruhenszeit zu berücksichtigen, errechnet sich hieraus ein Ruhenszeitraum von insgesamt 100 Kalendertagen (40 % von € 25 000,00 sind € 10 000,00). Dieser Betrag ist durch den Tagesverdienst von € 100,00 zu dividieren, woraus sich ein Ruhenszeitraum von 100 Kalendertagen ergibt.
Für die Dauer des Ruhenszeitraumes besteht grundsätzlich kein Krankenversicherungsschutz. Eine Ausnahme gilt auch hier während des nachwirkenden Krankenversicherungsschutzes für die Dauer von einem Monat gem. § 19 Abs. 2 SGB V im unmittelbaren Anschluss an die Beendigung des Arbeitsverhältnisses oder für die Dauer der Sperrzeit gem. § 5 Abs. 1 Nr. 2 SGB V.
Zu beachten ist ferner, dass bei der Abfindung die Leistungen für die Berechnung des Ruhenszeitraumes unberücksichtigt bleiben, die der Arbeitgeber unmittelbar zugunsten der Rentenversicherung des Arbeitnehmers im Zusammenhang mit der Entlassung gem. § 187a Abs. 1 SGB VI bzw. für Beiträge des Arbeitgebers zu einer berufsständischen Versorgungseinrichtung zahlt. Im Übrigen bewirkt § 158 SGB III nur eine zeitliche Verlagerung des Anspruchs auf Arbeitslosengeld. Der arbeitslose Arbeitnehmer wird wegen der Abfindung praktisch für die Dauer des Ruhenszeitraumes so behandelt, als ob er nicht arbeitslos wäre. Sein Anspruch wird also lediglich hinausgeschoben und kann im Anschluss an den Ruhenszeitraum für die volle Dauer geltend gemacht werden.
Wird gleichzeitig eine Sperrzeit nach § 159 SGB III verhängt und liegen parallel die Voraussetzungen für ein Ruhen nach § 158 SGB III vor, laufen auch die entsprechenden Zeiten parallel. Der Ruhenszeitraum beginnt also nicht erst nach der Sperrzeit, sondern wird hierauf angerechnet.
Fazit: Bei der Beendigung von Arbeitsverhältnissen sind die sozialversicherungsrechtlichen Rahmenbedingungen zur Bewertung der finanziellen Folgen für den Arbeitnehmer von wesentlicher Bedeutung.

7.9.4 Meldepflicht als »arbeitsuchend«

Um die frühzeitige Arbeitssuche zu beschleunigen, verpflichtet die durch die »Hartz-Gesetze« eingeführte Vorschrift des § 38 Abs. 1 SGB III den Arbeitnehmer, sich unverzüglich nach Kenntnis des Beendigungszeitpunkts persönlich bei der Arbeitsagentur als arbeitsuchend zu melden.

Achtung: Die Pflicht zur Meldung besteht auch dann, wenn der Arbeitnehmer Kündigungsschutzklage erhoben hat, also die Auffassung vertritt, die ausgesprochene Kündigung sei unwirksam.
Der Arbeitnehmer hat sich nach Zugang der Kündigung durch den Arbeitgeber und selbstverständlich auch bei einer Eigenkündigung spätestens drei Monate vor der Beendigung des Arbeitsverhältnisses bei der Arbeitsagentur zu melden. Dies gilt auch bei Abschluss eines Aufhebungsvertrages.[365]
Bei befristeten Arbeitsverhältnissen hat die Meldung ebenfalls drei Monate vor dessen Beendigung zu erfolgen.
Liegen zwischen der Kenntnis von der Beendigung und dessen Zeitpunkt weniger als drei Monate, so ist die Meldung bei der Arbeitsagentur innerhalb von drei Tagen abzugeben. Auch dies gilt unabhängig davon, ob Kündigungsschutzklage eingereicht wurde oder der Arbeitgeber die Weiterbeschäftigung in Aussicht gestellt hat.
Dabei reicht zunächst eine telefonische oder schriftliche Anzeige bei der Arbeitsagentur aus, mit der die persönlichen Daten und der Beendigungszeitpunkt übermittelt werden, wenn parallel dazu eine terminliche Vereinbarung getroffen wird, bei der dann die persönliche Meldung nachgeholt wird.
Achtung: Aus Beweisgründen sollte aber diese Meldung gegenüber der Arbeitsagentur (möglichst schriftlich oder als ausgedruckte E-Mail) dokumentiert werden können.
Wer sich nicht rechtzeitig gemeldet hat, muss Minderungen seines Arbeitslosengeldes hinnehmen. Dies regelt § 159 Abs. 1 Nr. 7 i. V. m. Abs. 6 SGB III. Es wird eine Sperrzeit von einer Woche verhängt.
Risikolage: Wer als Arbeitnehmer also beispielsweise eine rückdatierte Kündigung des Arbeitgebers hinnimmt, muss mit dieser Sanktion rechnen, wenn bis zum Beendigungszeitpunkt weniger als drei Monate verbleiben. Gleiches gilt, wenn sich der Arbeitnehmer auf eine rückdatierte Aufhebungs- oder Abwicklungsvereinbarung einlässt.

---

365 Vgl. Bauer/Krets, NJW 2003, 537, 541.

8. Steuerrechtliche Optionen/ Aufbesserung der Altersvorsorge

8.1 Grundsätze

8.1.1 Steuerschuld

Grundsätzlich gilt, dass alle Einnahmen, die einem Arbeitnehmer aus einem Arbeitsverhältnis zufließen, als steuerpflichtiger Arbeitslohn zu behandeln sind. Hierzu gehören auch »Entschädigungen« (steuerrechtlicher Begriff für Abfindungen), die dem Arbeitnehmer (oder seinem Rechtsnachfolger, z. B. Erben) als Ersatz dafür zufließen, dass ihm nunmehr wegen der Aufgabe oder der Nichtausübung seiner bisherigen Tätigkeit Arbeitsvergütung entgeht.
Dabei ist im Einzelnen wegen der unterschiedlichen steuerlichen Auswirkungen zwischen folgenden Leistungen abzugrenzen:

- normal zu besteuernder Arbeitslohn nach § 19 EStG, ggf. i. V. m. § 24 Nr. 2 EStG
- steuerbegünstigte Entschädigungen nach § 24 Nr. 1 i. V. m. § 34 Abs. 1 und 2 EStG
- u. U. steuerbegünstigte Leistungen für eine mehrjährige Tätigkeit i. S. d. § 34 EStG

Alle diese Leistungen sind »veranlasst« durch die aufgenommene nicht selbständige Tätigkeit und damit als Einnahme aus nicht selbständiger Tätigkeit durch den Arbeitnehmer zu versteuern.
Hierzu zählen auch so genannte geldwerte Vorteile, wie z. B. die Weiternutzung einer Dienstwohnung oder eines Dienstwagens über den Zeitpunkt der Beendigung des Arbeitsverhältnisses hinaus oder andere Dienstleistungen.
Demgegenüber stellt die Abfindung für den Arbeitgeber eine Betriebsausgabe dar, die seinen sonst zu versteuernden Gewinn mindert.

8.1.2 Steuerfreibeträge

Nach dem bereits durch diverse Steuergesetze die früher gültigen Steuerfreibeträge für Abfindungen stetig reduziert wurden, ist seit 2006 jegliche steuerliche Privilegierung durch Freibeträge entfallen.

8.1.3 Wahl des Auszahlungszeitpunkts

Die möglichen eher geringen Steuerersparnisse nehmen in dem Maße zu, in dem das nicht begünstigte zu versteuernde Einkommen unter den Betrag fällt, der mit dem Spitzensteuersatz zu versteuern ist. Deshalb kann es Sinn machen, den Zeitpunkt der Abfindungszahlung zu verschieben, wenn im nachfolgenden Jahr geringere Einkünfte zu erwarten sind. Allerdings ist dabei immer zu beachten, dass, wenn der gesamte Betrag der (steuerpflichtigen) Abfindung im Folgejahr zufließt, dann auch in diesem Jahr das Zusammenballungsprinzip nur unter der Voraussetzung angewendet wird, wenn zusammen mit der Abfindung und den sonstigen Einkünften im Folgejahr, in dem veranlagt wird, keine niedrigeren (Gesamt-) Einnahmen erzielt werden, als dies bei Fortsetzung des Arbeitsverhältnisses (ohne die Abfindung) geschehen wäre[366].
Von dieser Ausnahme abgesehen erkennt die Finanzverwaltung das Hinausschieben der Fälligkeit als Gestaltungsmittel an. Es ist also steuerwirksam zulässig, die Fälligkeit der Abfindung auf einen späteren Veranlagungszeitraum zu verschieben.[367]
Achtung: Wer von dieser Option Gebrauch machen will, muss eine präzise Fälligkeitsregelung vereinbaren, die eine Leistung des Arbeitgebers vor dem gewollten Zeitpunkt verhindert. Nach § 271 Abs. 2 BGB darf nämlich eine Leistung vor der Fälligkeit bewirkt werden, sodass etwa die Festlegung, dass die Auszahlung der Abfindung mit dem »regulären Gehaltslauf des auf den Beendigungsmonat folgenden Kalendermonats« (das war im Fall der Januar des Folgejahres) laut BAG nicht deutlich genug gewesen sei.[368] Es muss also neben der Fälligkeit auch festgelegt werden, dass die Zahlung nicht **vor** dem erwünschten Datum – meist also nicht vor Abschluss des laufenden Jahres – erfolgen darf.

---

366 BFH vom 8.4.2014 – IX R 33/13, NWB 2014, 2458.

367 BFH vom 11.11.2009 – IX R 1/09, NZA-RR 2010, 150.

368 BAG vom 23.6.2016 – 8 AZR 757/14, NZA 2016, 1459 mit der Folge, dass ein durch verfrühte Zahlung entstandener vierstelliger Steuerschaden nicht erstattet werden musste.

Gewisse steuerliche Effekte lassen sich auch dadurch erzielen, dass steuerrelevante Werbungskosten in dem Jahr des Zuflusses der Abfindung getätigt werden.
Wer etwa daran denkt, sich nach Verlust des Arbeitsplatzes selbstständig zu machen, hat es natürlich auch in der Hand, dafür erforderliche Investitionen so zu tätigen, dass sie tendenziell steuermindernd in dem Jahr erfolgen, in dem durch die Abfindung höhere Beträge zufließen. Gleiches gilt für den Fall, dass eine eigenfinanzierte Berufsbildung aufgenommen wird.
In jedem Fall ist bei solchen Steuersparüberlegungen eine seriöse Beratung im Hinblick auf steuerliche Risiken geboten.

8.2 Steuerermäßigung/Fünftelungsregelung

Bei Abfindungen bleibt als Mittel der Steuerermäßigung zugunsten des Arbeitnehmers die sogenannte **Fünftelungsregelung**.

8.2.1 Anwendungsbereich der Fünftelungsregelung

Die Steuerermäßigung erfasst solche Abfindungszahlungen, die als Ersatz für entgangene oder noch entgehende Einnahmen gewährt werden. Dabei muss die Auflösung des Arbeitsverhältnisses vom Arbeitgeber »veranlasst« sein.[369] Hier gilt eine Vermutung, dass eine solche Veranlassung stets vorliegt, wenn der Arbeitgeber eine Abfindung zahlt.[370] Eine Steuerermäßigung entfällt daher nur, wenn es an einer vom Arbeitgeber veranlassten oder ihm zuzurechnenden Drucksituation fehlt, sondern vielmehr der Arbeitnehmer freiwillig die Ursachen, die zum Aufhebungsvertrag führen, in Gang gesetzt hat. Selbst wenn der Arbeitnehmer die Initiative für den Aufhebungsvertrag ergreift, damit aber eine jedenfalls auch vom Arbeitgeber (mit-)verursachte Konfliktsituation beseitigt werden soll, ist die Steuerermäßigung zu gewähren[371]. Inzwischen wird sogar auf die Feststellung einer »Drucksituation« verzichtet, da im Regelfall davon auszugehen ist, dass der Arbeitnehmer nicht aus eigenem Antrieb die Auflösung seines Arbeitsverhältnisses herbeiführt.[372] Sicherheits-

369 KR-Vogt, §§ 24, 34 EStG Rn. 14.
370 BFH vom 10.11.2004 – XI R 64/03, BStBl. II 05, 181.
371 vgl. FG Münster vom 17.3.2017 – 1 K 3037/14 E, NZA 2018, 990.
372 So jetzt BFH vom 13.3.2018 – IX R 16/17, NZA-RR 2018, 511.

halber sollte aber im Zusammenhang mit dem Beendigungstatbestand im Aufhebungsvertrag stets der Hinweis auf die »**arbeitgeberseitige Veranlassung**« aufgenommen werden.

An der Veranlassung in diesem Sinne fehlt es z. B., wenn die Abfindung bei Auslaufen eines befristeten Vertrages gezahlt wird. Hier beruht das Ende des Arbeitsverhältnisses auf der ursprünglichen vertraglichen Regelung.[373] Anderes gilt, wenn zwischen den Parteien streitig ist, ob die ursprüngliche Befristungsabrede überhaupt wirksam ist. Wird daraufhin eine Abfindung gezahlt, die dazu dient, diese Meinungsverschiedenheit zu überbrücken, dürfte demgegenüber die Steuerermäßigung greifen.[374] Gleiches muss gelten, wenn die Parteien das befristete Arbeitsverhältnis vor dem Zeitpunkt des vertraglich vorgesehenen Beendigungsdatums einvernehmlich gegen Zahlung einer Abfindung auflösen.

Die Steuerermäßigung nach §§ 24, 34 EStG entfällt, wenn die Zahlung zur Erfüllung bereits entstandener oder fortbestehender Ansprüche erfolgt.[375] Bei einer Abfindung, die unabhängig von solchen Ansprüchen vereinbart wird, liegt aber steuerrechtlich eine neue Rechts- oder Billigkeitsgrundlage vor, so dass die Fünftelungsregelung greift.

Entschädigungen müssen sich also auf den Ausgleich von Einbußen beziehen, die dem Arbeitnehmer entstehen, weil das Arbeitsverhältnis aufgelöst wird.

Nach § 24 Nr. 1a EStG sind aber unabhängig von der Aufgabe einer Tätigkeit, die § 24 Nr. 1b EStG regelt, auch Steuerbegünstigungen möglich, wenn die Entschädigung als Ausgleich für entgangene oder entgehende Einnahmen gezahlt wird. Hierunter können dann etwa Ausgleichszahlungen bei einer vom Arbeitgeber erklärten Änderungskündigung oder auch nach einvernehmlich vereinbarter Vertragsänderung fallen, wenn der Arbeitnehmer zu in der Regel dann verschlechterten Bedingungen (z. B. Reduzierung der Arbeitszeit) das Arbeitsverhältnis fortsetzt[376] oder eine konzerninterne Versetzung erfolgt. Diese Voraussetzung dürfte erfüllt sein, wenn das neue an anderer Stelle im Konzern aufgenommene Arbeitsverhältnis nicht nur als bloße Fortsetzung des bisherigen Arbeitsverhältnisses, sondern als neue arbeitsvertragliche Beziehung zu beurteilen ist.

In allen Zweifelsfällen sollte unbedingt fachkundiger steuerrechtlicher Rat eingeholt werden.

---

373 BFH vom 18. 9. 1991 – XI R 8/90, BStBl. II 1992, 34.

374 Küttner-Seidel, Außerordentliche Einkünfte, Rn. 6f.

375 Vgl. KR-Vogt, §§ 24, 34 EStG Rn. 17.

376 BFH vom 25. 8. 2009 – IX R 3/09, NZA-RR 2010, 257.

8.2.2 Zusammenballungsprinzip

Grundsätzlich gilt, dass Entschädigungen nur dann tarifbegünstigt sein können, wenn sie dem steuerpflichtigen Arbeitnehmer innerhalb eines einzigen Veranlagungszeitraums, der einem Kalenderjahr entspricht, zufließen. Hierfür wird der Begriff der Zusammenballung verwendet.[377]
Über verschiedene Jahre gestaffelte Leistungen, z. B. aufgrund eines Sozialplans gewährte Zahlungen zur Aufstockung von Arbeitslosengeldbeträgen können zum Wegfall der Steuerermäßigung führen.[378] Ratenzahlungen auf die Gesamtabfindung sind also nur dann steuerunschädlich, wenn sie dem Arbeitnehmer innerhalb eines Veranlagungszeitraums zugehen.[379] Das Zusammenballungsprinzip gilt selbst dann, wenn sich die Abfindungszahlung auf der Basis unterschiedlicher Rechtsgrundlagen zusammensetzt (z. B. Abfindung wegen des Verlusts des Arbeitsplatzes, wegen Verzichts auf Weiterbeschäftigung in einer Transfergesellschaft und wegen vorzeitigem Ausscheiden vor Ablauf der Kündigungsfrist). Auch hier ist eine steuerliche Begünstigung nur möglich, wenn alle Beträge in einem Veranlagungszeitraum ausbezahlt werden.[380]

8.2.2.1 Zufluss geldwerter Vorteile

Wird zwischen den Parteien eines Aufhebungsvertrages vereinbart, dass bestimmte Sachleistungen weiterhin in Anspruch genommen werden können und z. B. Dienstwagen oder Firmentelefon weiterhin unentgeltlich benutzt werden können, ohne dass der Arbeitnehmer nach seinem Ausscheiden noch irgendeine Dienstleistung für den Arbeitgeber erbringen muss, wird auch dies steuerlich als Teil der Entlassungsentschädigung behandelt.
Fließen solche Leistungen über den Veranlagungszeitraum hinaus, wird damit die Steuerbegünstigung gem. § 34 EStG in Frage gestellt. In der Konsequenz bedeutet dies, dass auch bereits gewährte Steuerbegünstigungen gem. § 34 EStG »infiziert« werden und nachträglich der vollen Besteuerung unterworfen werden können.[381] Allerdings hat der BFH entschieden, dass die Überlassung des Firmenwagens für noch 15 Monate

---

377 Vgl. z. B. BFH vom 4. 3. 1998 – XI R 46/97, NZA-RR 1998, 418 f.

378 Küttner-Seidel, Außerordentliche Einkünfte, Rn. 20; siehe aber die Hinweise unter 8.2.2.2, Seite 189 auf die differenzierte Rspr. des BFH im Einzelfall.

379 Küttner-Seidel, Außerordentliche Einkünfte, Rn. 12.

380 BFH vom 6. 12. 2021 – IX R 10/21.

381 Vgl. Schreiben des Bundesministeriums der Finanzen vom 24. 5. 2004 (Koordinierter Ländererlass), Az. IV A 5-S 2290 – 20/04 (Zweifelsfragen im Zusammenhang mit der ertragssteuerlichen Behandlung von Entschädigungszahlungen), Rn. 9; s. auch Strohner/Schmidt-Keßeler, S. 699.

nach der Beendigung des Arbeitsverhältnisses bei Fortzahlung der Leasing-Kosten etc. durch den Arbeitgeber steuerunschädlich ist, weil diese Zusatzleistungen auf sozialer Fürsorge im weiteren Sinne beruhen soll.[382] Gleiches wurde entschieden für die Gewährung einer über den Veranlagungszeitraum hinausreichenden Finanzierung einer Outplacement-Beratung durch den Arbeitgeber.[383]

Diese von dem strikten Zusammenballungsprinzip abweichende Rechtsprechung hat sich auch durchgesetzt bei der Verabredung monatlicher Zusatzleistungen zum Arbeitslosengeld und Aufzahlungen zum Ausgleich von Verlusten bei der Altersversorgung, allerdings immer nur dann, wenn diese »Nebenleistungen« betragsmäßig deutlich unter der Abfindung als Hauptleistung liegen.[384] So hat der BFH jüngst Ausnahmen vom Zusammenballungsprinzip zugelassen, wenn die weiteren Teilzahlungen nicht mehr als 10 % der Hauptleistung ausmachen oder diese Teilzahlung niedriger ist als die durch das Fünftelungsprinzip erzielte Steuerersparnis oder – etwa bei Zuzahlungen zum Arbeitslosengeld – auf sozialer Fürsorge beruhen oder eine plötzliche Notsituation des Gläubigers des Abfindungsanspruchs eintritt, sodass zur Existenzsicherung eine Vorauszahlung ausnahmsweise geboten ist.[385] Es bleiben Unsicherheiten, wie die Steuerbehörden im Einzelfall reagieren. Die gesonderte Regelung solcher geldwerten Vorteile in Form der Weitergewährung von Sachleistungen im Aufhebungsvertrag sollte daher gut überlegt werden, wobei das steuerliche Risiko sich minimiert, wenn die zusätzlichen Leistungen im Verhältnis zur Abfindung eher einen geringeren Anteil – bis zu 10 % – ausmachen. Wer ganz sicher gehen will, sollte, wenn solche risikobehafteten »Fürsorgeleistungen« verhandelt werden, diese Überlegungen für seine Verhandlungstaktik aufgreifen, um stattdessen die Abfindung entsprechend »aufzurunden«.

Bei der Fortführung einer verbilligten Nutzung einer Dienstwohnung nach Beendigung des Arbeitsverhältnisses soll sich dies allerdings nur dann steuerschädlich auswirken, wenn die Mietverbilligung frei vereinbar ist und sich dem Grunde nach als geldwerter Vorteil aus dem früheren Arbeitsverhältnis darstellt.[386]

Geldwerte Vorteile, die der Arbeitgeber trotz Ausscheidens weiter gewährt, »infizieren« jedoch Steuerbegünstigungen nicht, wenn sie schon

382 Vgl. BFH vom 3.7.2002 – XI R 80/00, NJW 2003, 991; Simon-Widmann, AnwBl. 2003, 49, 52.

383 BFH vom 14.8.2001 – XI R 51/95, BStBl. II 2002, S. 180.

384 Vgl. die Nachweise bei Küttner-Seidel, Außerordentliche Einkünfte, Rn. 14f.

385 BFH vom 13.10.2015 – IX R 46/14, NZA-RR 2016, 92.

386 Vgl. BMF vom 24.5.2004, a.a.O., Rn. 16.

aufgrund des früher bestehenden Arbeitsverhältnisses begründet waren und sie nicht wegen dessen Beendigung gezahlt werden. Als Beispiele sind hier zu nennen die Weitergewährung von Arbeitgeberdarlehen, Zusatzzahlungen bzw. die befristete Übernahme für über den Arbeitgeber abgeschlossene Versicherungen, Deputatlieferungen wie z. B. Freitrunk, Firmenrabatte und Sondertarife.[387]

8.2.2.2 Zusätzliche Leistungen mit Fürsorgecharakter

Dort wo aufgrund einer betriebsbedingten Beendigung des Arbeitsverhältnisses eine Abfindung vereinbart wird, zusätzlich aber Ausgleichszahlungen bei längerer Arbeitslosigkeit etwa durch Sozialplan[388] vorgesehen sind, können solche Aufstockungsbeträge zum Arbeitslosengeld steuerunschädlich sein. Sie sind dann nicht zusammen mit der bei der Entlassung gezahlten Abfindung als einheitliche Leistung zu bewerten. Die Aufstockungsleistungen würden nicht unmittelbar für entgehende Einnahmen entschädigen sollen, sondern wären Ausfluss einer fortdauernden Fürsorgepflicht des Arbeitgebers.

So hat der Bundesfinanzhof Folgendes entschieden: Wenn aus Gründen der sozialen Fürsorge für eine Übergangszeit Entschädigungsleistungen gewährt werden, die zur Erleichterung des Arbeitsplatz- oder Berufswechsels oder als Anpassung an eine dauerhafte Berufsaufgabe und Arbeitslosigkeit gewährt werden, sind diese unschädlich für die steuerliche Beurteilung der Hauptleistung (Abfindung) als ermäßigt zu besteuernde Entschädigung.[389]

Eine ursprünglich beabsichtigte Zusammenballung von Einkünften wird aus Billigkeitserwägungen auch dann von der Finanzverwaltung unterstellt, wenn es planwidrig zu einer Entschädigungsleistung in mehreren Veranlagungszeiträumen gekommen ist, etwa weil versehentlich die Abfindung ursprünglich zu niedrig bemessen wurde oder der Arbeitnehmer aufgrund einer Rechtsstreitigkeit eine höhere Abfindung durchsetzte.[390]

8.2.2.3 Höhe der Gesamteinnahmen im Veranlagungszeitraum

Die Zusammenballung erfordert nicht nur den Zufluss der Beträge innerhalb eines Veranlagungszeitraums. Vielmehr müssen diese auch zusammen mit den anderen in diesem Zeitraum erzielten Einkünften die

---

387 Vgl. BMF vom 24. 5. 2004, a. a. O., Rn. 15.

388 Vgl. BFH vom 4. 2. 1998 – XI B 108/97, StRK EStG 1975 § 24 Nr. 1 R.46.

389 BFH vom 3. 7. 2002, a. a. O.; BFH vom 24. 1. 2002 – XI R 43/99, NJW 2002, 2047.

390 Küttner-Seidel, Außerordentliche Einkünfte, Rn. 16; BFH vom 14. 4. 2005 – XI R 11/04, LSK 2005, 470452.

Einkünfte übersteigen, die der Arbeitnehmer bei Fortsetzung des Arbeitsverhältnisses erzielt hätte.[391] Begründet wird dies damit, dass die Steuerbegünstigung nur dort gelten soll, wo so genannte progressionsbedingte Härten auftreten. Vermindert sich aber im Veranlagungszeitraum trotz Abfindung der Gesamtbetrag der Einkünfte, so tritt eine Progressionssteigerung gerade nicht ein.[392]
Bei der Ermittlung der Gesamteinkünfte wird allerdings tatsächlich bezogenes Arbeitslosengeld, das im Veranlagungszeitraum an den Arbeitnehmer geht, mitgerechnet.[393] Auch Renteneinkünfte sind in die Vergleichsberechnung einzubeziehen, sodass erleichterte Voraussetzungen für die Anwendung des Fünftelungsprinzips eintreten.[394]
Wie der Bundesfinanzhof[395] entschieden hat, ist für die Prüfung der Zusammenballung das Ergebnis des Vorjahres dann nicht heranzuziehen, wenn die dortige Einnahmesituation durch außergewöhnliche Ereignisse geprägt war. Ein solcher Fall kann beispielsweise vorliegen, wenn der Beschäftigte in diesem Jahr außergewöhnlich hohe Provisionen erhalten hat. Dann ist es vielmehr angemessen, für die Ermittlung des Durchschnittseinkommens auf weiter zurückliegende »normale« Jahre abzustellen.

8.2.3 Durchführung der Fünftelungsregelung

Die Fünftelungsregelung wird wie folgt durchgeführt: Die aufgrund der Abfindung (= Entlassungsentschädigung) erzielten außerordentlichen Einkünfte werden auf Antrag ermäßigt besteuert. Dabei ist zunächst die Einkommensteuer zu ermitteln ohne Berücksichtigung der außerordentlichen Einkünfte, also ohne die Abfindung. Diesem verminderten Einkommen ist ein Fünftel der außerordentlichen Einkünfte durch die Abfindung hinzuzurechnen. Für die sich daraus ergebende Summe wird anhand der Progressionstabelle die Einkommensteuer ermittelt.
Die Differenz zwischen beiden Steuerbeträgen ist mit 5 zu multiplizieren. Aus diesem Rechenvorgang ergibt sich der Betrag der Einkommensteuer, der auf die Abfindung entfällt.

---

391 Vgl. BFH vom 4. 3. 1998 – XI R 46/97, NZA-RR 1998, 418f.

392 Vgl. Hümmerich/Spirolke, NJW 1999, 1666.

393 Vgl. Einzelheiten und Berechnungsbeispiele im BMF-Schreiben vom 18. 12. 1998, Rn. 15.

394 BFH vom 13. 3. 2018 – IX R 16/17, NJW 2018, 2919.

395 BFH vom 27. 1. 2010 – IX R 31/09, NZA-RR 2010, 486.

Beispiel:
Ein verheirateter Arbeitnehmer hat wegen einer vom Arbeitgeber veranlassten Aufhebung des Arbeitsverhältnisses zum 31.12.2021 im Dezember 2021 eine Entlassungsentschädigung von € 28000,00 erhalten. Der Jahresarbeitslohn 2021 betrug € 35000,00. Die Werbungskosten überstiegen den Arbeitnehmerpauschbetrag von € 1000,00 (Stand 2021 nicht. Die abziehbaren Sonderausgaben und sonstigen Abzüge betrugen – unterstellt – € 5000,00. Der/die Ehepartner/in hatte keine eigenen Einkünfte. Die Ehegatten beantragten für den steuerpflichtigen Teil der Entlassungsentschädigung eine Steuerermäßigung nach § 34 Abs. 1 EStG.

Folge:
Die Entschädigung von € 28000,00 stellt außerordentliche Einkünfte dar.

I. Berechnung des zu versteuernden Einkommens ohne Fünftelungsregelung

	Steuerpflichtiger	Ehepartner	Gesamt
Einkünfte aus nichtselbständiger Arbeit			
Bruttoarbeitslohn ohne begünstigte Versorgungsbezüge	35000	0	
Entschädigungen (Abfindung)	28000	0	
– Werbungskosten ggf. Arbeitnehmer-Pauschbetrag	1000	0	
Einkünfte ohne begünstigte Versorgungsbezüge	62000	0	
Einkünfte	62000	0	62000
Summe/Gesamtbetrag der Einkünfte	62000	0	62000
– Vorsorgepauschale			4475
– Zuwendungen und Beiträge zusammen			525
zu versteuerndes			
Einkommen			57000
Berechnung der Steuer			
Tarifliche / festzusetzende Einkommensteuer lt. Splittingtarif		9774	
(Grundlage Steuertabelle für 2013)			

	Steuer-pflichtiger	Ehe-partner	Gesamt
Abrechnung			
Festzusetzende Einkommensteuer	9774		
Einkommensteuer		0	
Festzusetzender Solidaritätszuschlag	537		
Solidaritätszuschlag			
Steuerschuld			10311

II. Berechnung der Einkommensteuer nach § 34 Abs. 1 EStG (mit Fünftelungsregelung) => Die Zusammenballung der Einkünfte wird unterstellt.

	Steuer-pflichtiger	Besteue-rungs-grundl.	Steuer-beträge
1. Ermittlung des Steuerbetrags ohne Einkünfte nach § 34 Abs. 1 EStG			
Zu versteuerndes Einkommen	57000		
– Einkünfte nach § 34 Abs. 1 EStG (Abfindung)	28000		
Verbleibendes zu versteuerndes Einkommen I		29000	
Steuer ohne Einkünfte nach § 34 Abs. 1 EStG			2138
2. Ermittlung des Steuerbetrags mit 1/5 der Einkünfte nach § 34 Abs. 1 EStG			
Zu versteuerndes Einkommen	57000		
– Einkünfte nach § 34 Abs. 1 EStG	28000		
+ 1/5 Einkünfte nach § 34 Abs. 1 EStG	5600		
Verbleibendes zu versteuerndes Einkommen II		34600	
Steuer mit 1/5 der Einkünfte nach § 34 Abs. 1 EStG			3526
3. Ermittlung des Unterschiedsbetrags nach § 34 Abs. 1 EStG			

	Steuerpflichtiger	Besteuerungsgrundl.	Steuerbeträge
Steuer mit 1/5 der Einkünfte nach § 34 Abs. 1 EStG		3526	
– Steuer ohne Einkünfte nach § 34 Abs. 1 EStG		2138	
Unterschiedsbetrag		1388	
Verfünffachter Unterschiedsbetrag nach § 34 Abs. 1 EStG			6940
4. Festzusetzende Einkommensteuer			
Steuer ohne Einkünfte nach § 34 Abs. 1 EStG		2138	
+ verfünffachter Unterschiedsbetrag nach § 34 Abs. 1 EStG	6940		
Tarifliche / festzusetzende Einkommensteuer		9078	
Festzusetzender Solidaritätszuschlag			
Solidaritätszuschlag		500	
			9578

III. Differenz zwischen I. und II. / Vorteil Fünftelungsregelung € 733

Die Fünftelungsregelung führt allerdings nur dann zu Vorteilen, wenn der betreffende Arbeitnehmer nicht dem Spitzensteuersatz unterliegt. Auch ansonsten gilt, dass bei durchschnittlichen bis höheren Steuersätzen die Anwendung der Fünftelungsregelung nur noch zu vergleichsweise geringer Steuerentlastung führt.

8.3 Schadensersatz statt Abfindung

Schadensersatz- und Schmerzensgeldzahlungen sind im Gegensatz zu Abfindungen vom Grundsatz her nicht zu versteuern. Sofern aber eine Entschädigung in unmittelbarem Zusammenhang mit einem Anspruch auf Leistungsentgelt steht, ist solche Art Schadensersatz als Einkommen zu versteuern.[396] Macht der Arbeitnehmer nun im Zusammenhang mit einer Kündigungsschutzklage Schmerzensgeldansprüche geltend, etwa weil aus dem Arbeitsverhältnis heraus (z. B. durch Mobbing) bei ihm eine erhebliche Gesundheitsbeschädigung eingetreten sei, so könnte, wenn zugleich Schmerzensgeldklage erhoben wurde, eine hierauf bezogene Leistung ggf. als steuerfrei anerkannt werden.

Auch der Entschädigungsanspruch für Verstöße gegen Benachteiligungsverbote aus dem AGG z. B. bei Diskriminierungen wegen Alters, Behinderung, sexueller Identität, Geschlecht, ethnischer Herkunft etc., der sich aus § 15 Abs. 2 AGG ergeben kann, ist als Schadensersatz nicht steuerpflichtig.[397] Dagegen sind Schadensersatzleistungen nach § 15 Abs. 1 AGG, die dem Ausgleich entgangener Einnahmen dienen, zu versteuern.[398]

Dies könnte dazu verleiten, Abfindungsleistungen ohne realen Hintergrund einfach in Schmerzensgeldzahlungen o. Ä. »umzuetikettieren«.

Ohne sorgfältige Dokumentation der schuldhaften Verletzungshandlung seitens des Arbeitgebers oder ihm zuzurechnender Mitarbeiter einerseits und einer entsprechenden auch ärztlich nachgewiesenen Gesundheitsbeschädigung beim Schmerzensgeld fordernden Arbeitnehmer andererseits, dürfte die Deklaration als (steuerfreies) Schmerzensgeld durchaus zweifelhaft sein.[399] Eine Anerkennung durch die Finanzämter dürfte im Übrigen voraussetzen, dass eine solche Schmerzensgeldzahlung in einem Aufhebungsvertrag oder gerichtlichen Vergleich getrennt von einer etwaigen Abfindungszahlung wegen Beendigung des Arbeitsverhältnisses ausgewiesen wird.[400] Sind allerdings solche Voraussetzungen erfüllt, kann sich hieraus eine steuerlich günstige »Gestaltungsmöglichkeit« ergeben.[401]

Bei der Höhe des vereinbarten Schmerzensgeldes/Schadensersatzes nach dem AGG sollte berücksichtigt werden, dass die Rechtsprechung bislang ausgesprochen mäßige Schadensersatzzahlungen zuerkannt hat, so dass unrealistische Beträge eher das Misstrauen der Steuerbehörden auslösen dürften.

---

396 BFH vom 10. 12. 1998 – V R 58/97, BFH-NV 1999, 987; BFH vom 7. 7. 2005 – V R 34/03, BFH-NV 2005, 2138.

397 Wenn die Diskriminierung wesentlicher Bestandteil etwa des Arbeitsgerichtsprozesses war und im Vergleich eine Entschädigungszahlung vereinbart wurde: FG Rheinland-Pfalz vom 21. 3. 2017 – 5 K 1594/14, NZA-RR 2018, 54; siehe auch Küttner-Thomas, Stichwort Arbeitsentgelt, Rn. 54.

398 FG Rheinland-Pfalz a. a. O.; Sartorius/Groß, a. a. O.; OFD NRW, Vfg. vom 1. 2. 2018, zit. nach NZA 2018, 990.

399 Vgl. Zimmerling, FA 2006, 136 ff.

400 Bauer/Günther, NJW 2007, 113 ff.

401 Bejahend Meier, NZA 2018, 1120.

Wird die Zahlung von Schadensersatz von beiden Arbeitsvertragsparteien in Betracht gezogen, besteht eine weitere Möglichkeit darin, den Komplex des Schadensersatzes vertraglich völlig gesondert und unabhängig von den Bedingungen des Ausscheidens, die im Aufhebungsvertrag niedergelegt sind, zu regeln. Weniger problematisch dürften Konstellationen sein, in denen Schadensersatz- bzw. Schmerzensgeldansprüche gerichtlich geltend gemacht wurden und in daraufhin geschlossenen gerichtlichen Vergleichen betragsmäßig festgehalten wurden.

8.4 Anwaltshonorare als anerkannte Werbungskosten

Lassen sich im Zusammenhang mit der Aufhebung eines Arbeitsverhältnisses betroffene Arbeitnehmer anwaltlich vertreten, stellt sich die Frage, ob die dafür erforderlichen Honoraraufwendungen steuerlich abzugsfähig sind.
Dies ist in der Regel zu bejahen. Nach § 9 EStG sind Werbungskosten Aufwendungen zum Erwerb sowie zur Sicherung und Erhaltung der Einnahmen.
Das bedeutet, dass ein Arbeitnehmer, der sich gegen eine Kündigung im Rahmen eines Kündigungsschutzprozesses wehrt und deshalb Anwaltskosten aufwenden muss, diese aufbringt, um seine Einnahmen zu »sichern«. Würde er die Kündigung nicht anfechten, ginge sein Anspruch auf Arbeitsentgelt unwiderruflich verloren. Diese Grundsätze müssen auch gelten, wenn es um das Verhandeln eines Anwalts im Zusammenhang mit Aufhebungsverhandlungen geht. Hat der Arbeitgeber für diese Tätigkeit die entscheidende Ursache gesetzt, etwa indem er deutliche Trennungsabsichten formuliert hat, dürfte auch hier das Tätigwerden des Anwalts zunächst darauf gerichtet sein, diese Trennungsabsichten zurückzuweisen bzw. den Versuch zu unternehmen, den dadurch eintretenden Einnahmeverlust zu kompensieren. Beschränkt sich die anwaltliche Tätigkeit allerdings von vornherein – etwa im Zusammenhang mit einer gewünschten Eigenkündigung des Arbeitnehmers – auf den Abschluss eines Aufhebungsvertrages im ganz überwiegenden Eigeninteresse des Arbeitnehmers, kann der Werbungskostenabzug ausnahmsweise problematisch sein. Es kommt also letztlich auf die Lebensumstände an, die maßgebend waren, um einen Anwalt einzuschalten.[402]

402 Vgl. Hümmerich, FA 2000, 2.

Wenn es auch an höchstrichterlichen Entscheidungen hierzu fehlt, wird im Regelfall davon auszugehen sein, dass nicht nur die aus Anlass von Kündigungsschutzprozessen zu zahlenden Anwaltsgebühren im Rahmen der Werbungskosten abzugsfähig sind, sondern dies auch im Zusammenhang mit dem Verhandeln eines Aufhebungsvertrages gilt.
Unter den Begriff der Werbungskosten fallen auch Kostennoten, die im Rahmen einer Honorarvereinbarung nicht auf den Grundsätzen des Rechtsanwaltsvergütungsgesetzes (RVG) beruhen, sondern aufgrund einer Gebührenvereinbarung darüber hinausgehen. Ein Werbungskostenabzug ist demgegenüber ausgeschlossen, wenn der Arbeitnehmer rechtsschutzversichert ist und seine anwaltlichen Kosten von der Rechtsschutzversicherung voll übernommen werden.
Zu den Werbungskosten gehören im Übrigen nicht nur die reinen Anwaltskosten, sondern ggf. auch Reisekosten, die dem Arbeitnehmer entstehen, wenn er z. B. im Zusammenhang mit dem Kündigungsschutzprozess zum nicht an seinem Wohnsitz gelegenen Arbeitsgericht anreisen muss und hierfür Fahrt- und ggf. sogar Übernachtungskosten entstehen.

8.5 Verbesserung der Versorgungssituation bei der Rente

Wie oben (Kapitel 5.4, Seite 133) bereits ausführlich dargestellt, kann es in der Situation des Aushandelns einer Aufhebungsvereinbarung sinnvoll sein, genau zu prüfen, ob nicht Zahlungen, die sonst als Teil der Abfindung fließen würden, zur Aufbesserung der Rente und/oder der betrieblichen Altersversorgung eine gute Alternative darstellen.
Die steuerlichen Voraussetzungen sind jedenfalls in aller Regel durchaus attraktiv.

8.5.1 Steuerliche Wirkung von Rentenausgleichszahlungen

Durch Einmalzahlungen in die Rentenversicherung im Zusammenhang mit einer Aufhebungsvereinbarung können Steuern gespart werden. Trotz der oben beschriebenen Fünftelungsregelung (vgl. 8.2, Seite 185) steigt durch höhere Abfindungsleistungen der Progressionssatz für die Bemessung der Einkommensteuer. Demgegenüber gilt, dass Rentenversicherungsbeiträge, die der Arbeitgeber einzahlt, um hierdurch Rentenminderungen bei vorzeitiger Inanspruchnahme der Altersrente abzumildern oder zu ver-

meiden, nach § 3 Nr. 28 EStG **steuerbefreit in Höhe der Hälfte** der vom Arbeitgeber eingezahlten Beiträge sind.[403] Die Steuerfreistellung ist dabei auf die Hälfte der zusätzlichen Rentenversicherungsbeiträge begrenzt, da auch sonst Pflichtbeiträge des Arbeitgebers zur gesetzlichen Rentenversicherung nur in Höhe des halben Gesamtbetrags steuerfrei sind.
Voraussetzung hierfür ist, dass die Zahlungen des Arbeitgebers direkt den Rentenversicherungsträgern oder bei berufsständischen Versorgungen direkt der entsprechenden Einrichtung zufließen.[404]
Die die Hälfte übersteigenden zusätzlich zu leistenden Rentenversicherungsbeiträge – die weitere Hälfte – können darüber hinaus als Teil der Entschädigung i. S. v. § 24 Nr. 1 EStG gewertet werden, da sie im Zusammenhang mit der Auflösung des Arbeitsverhältnisses stehen. In welchem Umfang hier konkret weitere steuerliche Ersparnisse eintreten, hängt u. a. davon ab, ob die bei der Veranlagung zur Einkommensteuer absetzbaren **Höchstbeträge für Vorsorgeaufwendungen** im fraglichen Jahr ausgeschöpft werden oder nicht. Diese Höchstbeträge belaufen sich unter Einschluss der ohnehin gezahlten regelmäßigen Rentenversicherungsbeiträge in 2021 bei Ledigen auf € 25 787,– pro Jahr, bei zusammen veranlagten Ehegatten bzw. eingetragenen Lebenspartnern auf € 51 574,– pro Jahr (vgl. § 10 Abs. 3 EStG). Bei 92 % in 2021 können Ledige also € 23 724,–, Partner zusammen € 47 448,– als **Sonderausgaben** geltend machen. Darüber hinaus läuft hier eine bis 2024 geltende Übergangsregelung, in der jedes Jahr der Prozentsatz der absetzbaren Altersversorgungsbeiträge um 2 % jährlich ansteigt, sodass sich der 2021 ansetzbare Anteil von 92 % für jedes weitere Jahr um 2 % erhöht. Danach sind in 2025 die 100 % erreicht. Bei dieser Berechnung ist allerdings zu berücksichtigen, dass der ansetzbare Gesamtbetrag um den steuerfreien Arbeitgeberanteil zur gesetzlichen Rentenversicherung zu kürzen ist.
Für die Frage, ob und in welchem Umfang der Sonderausgabenbezug für Vorsorgeaufwendungen ausgeschöpft werden kann, sind die im fraglichen Jahr gezahlten Beiträge der Altersversorgung dazu zu addieren (gesetzliche Rentenbeiträge einschließlich Arbeitgeberanteil, evtl. Beiträge zu freiwilligen Versorgungssystemen, z. B. Riester- oder Rürup-Rente); bei Partnern/Eheleuten wären bei der Prüfung die von beiden eingezahlten Beiträge zu berücksichtigen.

---

403 Vgl. Schreiben des BMF vom 24. 5. 2004, Rn. 21.

404 Dies gilt aufgrund von EU-Regelungen auch für Beiträge in vergleichbare ausländische Vorsorgesysteme: Positiv ausgeurteilt bei Zahlungen in das sog. Obligatorium einer schweizerischen Pensionskasse – so BFH vom 17. 5. 2017 – X R 10/15, NZA-RR 2017, 658.

Theoretisch ist auch zulässig, dass der Arbeitgeber die Zuschüsse zur Rentenversicherung in über mehrere Jahre gestreckten Teilbeträgen leistet, ohne dass dies für die Frage der Zusammenballung relevant wäre.[405] Dies rechtssicher zu vereinbaren und in der Umsetzung praxistauglich zu gestalten, dürfte angesichts der hohen Komplexität und vor dem Hintergrund eines nie auszuschließenden Insolvenzrisikos kaum gelingen. Die **Empfehlung** lautet daher, den ohnehin schon schwierigen Aushandlungs- und Gestaltungsprozess für eine Umwandlung von Teilen der Abfindung in steuerbegünstigte Beiträge zur Altersversorgung durch solche Konstruktionen nicht noch übermäßig zu verkomplizieren und mit zusätzlichen Risiken zu belasten.

Insgesamt lassen sich also steuerliche Vorteile realisieren, bei deren Bewertung allerdings folgende Aspekte zu berücksichtigen sind:

- Die spätere Rente fällt durch die Einmalzahlung in die Rentenversicherung höher aus, so dass hierdurch auf die insgesamt höhere Rente auch insgesamt höhere Einkommensteuern entfallen. Allerdings ist aufgrund in aller Regel niedrigerer Alterseinkünfte die Steuerlast im Alter geringer, als dies zum Zeitpunkt der Abfindungszahlung (bei noch vollem Einkommen im Jahr der Zahlung der Abfindung) der Fall sein dürfte. Ist die Rente erhöht, fällt auch ins Gewicht, dass Rentensteigerungen sich dann auf die bereits erzielte höhere Rente beziehen, also in Relation höher ausfallen.
- Erhöhte Renten bedeuten allerdings auch erhöhte Beiträge in der weiter zu leistenden Kranken- und Pflegeversicherung, zurzeit in Höhe von etwas über 10 %.

Insgesamt eine sehr schwer zu durchschauende und von vielen Umständen des konkreten Einzelfalles abhängige Ausgangslage. In jedem Fall sollten dafür kompetente Beratungsdienste in Anspruch genommen werden, in erster Linie durch mit dieser Materie vertrauten Steuerberatern sowie wegen der Auswirkung auf die Rentenleistungen bei der Deutschen Rentenversicherung[406] oder bei entsprechend geschulten Rentenberatern.[407]

8.5.2 Günstige Rahmenbedingungen

Sozialversicherungsbeiträge nach § 187a SGB VI sind in besonderer Weise geschützt. Sie sind sicher vor einer Pfändung (vgl. § 187a Abs. 3 Satz 3 SGB

405 Schreiben des BMF vom 24. 5. 2004, Rn. 22.

406 *www.deutsche-rentenversicherung.de* bzw. telefonisch unter der Hotline 0800/100048025.

407 *www.rentenberater.de* – Achtung: Rentenberater erheben Gebühren.

VI, § 851 Abs. 1 ZPO), d.h. weder eine Pfändung noch eine Abtretung kann vor Rentenbeginn erfolgen. Darüber hinaus sind die Zahlungen an die Rentenversicherung auch vor dem Zugriff geschützt, wenn später Arbeitslosengeld II in Anspruch genommen werden muss, weil nach Auslaufen des Anspruchs auf Arbeitslosengeld I ein nahtloser Übergang in die (ggf. auch vorgezogene) Rente nicht möglich ist. Die Zahlung von Arbeitslosengeld II (= »Hartz IV«) setzt aber voraus, dass bei Antragsstellung kein nennenswertes Vermögen mehr vorhanden ist. Nach § 12 Abs. 2 Nr. 1 SGB II sind dabei nur anrechnungsfrei € 9750,00 (bei Personen, die vor dem 1. 1. 1958 geboren sind). Noch vorhandene Abfindungsbeträge, die diese in § 12 SGB II geregelten Freibeträge übersteigen, verhindern den Bezug von Arbeitslosengeld II. Etwas anderes gilt, wenn entsprechende Beiträge für die gesetzliche Rentenversicherung aufgewandt worden sind, da diese nicht auf das Arbeitslosengeld II angerechnet werden dürfen.
Die vorstehenden Grundsätze gelten im Übrigen auch für Einzahlungen des Arbeitgebers in Direktversicherungen und Pensionskassen; dazu im nächsten Abschnitt.

8.6 Zusatzleistungen für die Betriebliche Altersversorgung

Steuerliche Vorteile können sich auch einstellen, wenn zusätzliche Leistungen für eine bestehende betriebliche Altersversorgung aufgewendet werden, wobei dies aber nicht einheitlich für alle Durchführungswege der betrieblichen Altersversorgung gilt.

8.6.1. Änderungen durch das Betriebsrentenstärkungsgesetz

Mit dem seit 2018 geltenden Betriebsrentenstärkungsgesetz[408] wurden umfangreiche Veränderungen in der betrieblichen Altersversorgung eingeführt, die darzustellen den Rahmen dieses Buches sprengen würden.
Für die Situation einer Aufhebungsverhandlung ist von zentraler Bedeutung: Bei Auflösung des Arbeitsverhältnisses können Beiträge bis zur Höhe von 4 % der Beitragsbemessungsgrenze in der Rentenversicherung **steuerfrei in die Erhöhung der Betrieblichen Altersversorgung** eingezahlt werden, multipliziert mit der Anzahl von Jahren, in denen das betreffende Arbeitsverhältnis bestanden hat, maximal begrenzt auf

408 Gesetz vom 17. 8. 2017, BGBl. I S. 3214.

10 Kalenderjahre; vgl. § 3 Nr. 63 Satz 3 EStG. Die jährlich neu festgesetzte Beitragsbemessungsgrenze für die Renten- und Arbeitslosenversicherung beträgt im Jahre 2021 für die alten Bundesländer € 85 200,– p.a., für die neuen Bundesländer € 80 400,– 69 600,–.

> **Beispiel:**
> Ein Beschäftigter wünscht bei seinem Ausscheiden nach 15-jährigen Bestehen des Arbeitsverhältnisses eine namhafte Aufstockung seiner betrieblichen Altersversorgung und ist bereit, dafür Teile seiner Abfindung, die z. B. € 75 000,– beträgt, einzusetzen. 4 % der Beitragsbemessungsgrenze sind € 3120,–, multiplizierbar im vorliegenden Fall mit 10 Kalenderjahren. Es können also – **steuerfrei!** – € 31 200,– in den Aufbau der betrieblichen Altersversorgung gesteckt werden. Der verbleibende Rest von »nur noch« € 43 800,– wird nach den oben dargestellten Bedingungen (Fünftelungsprinzip) zu versteuern sein. Der Gesamtbetrag von € 75 000,– bleibt dabei – wie immer – als Abfindung sozialversicherungsfrei.

Die Aufstockung der betrieblichen Altersversorgung muss dann aber erkennbar aus der Abfindung finanziert werden, denn ansonsten gilt, dass die in den obigen Grenzen mögliche Steuerfreiheit keine Sozialabgabenfreiheit nach sich zieht. Wer also außerhalb der Abfindungslösung Einmalbeiträge leistet, muss hierfür Sozialabgaben leisten.
Wichtig: Dies beschränkt sich auf die Durchführungswege der Zahlung von Beiträgen in einen **Pensionsfonds**, in eine **Pensionskasse** oder in eine **Direktversicherung.**
Grundsätzlich gilt, dass Abfindungen nicht dadurch sozialversicherungspflichtig werden, dass Beiträge daraus für die Altersversorgung Verwendung finden.[409]

8.6.2 Direktversicherung aufgrund einer Zusage vor dem 1. 1. 2005

Die vorstehende Veränderung der Förderung von Aufstockungsbeträgen aus der Abfindung gilt aber nach § 52 Abs. 4 S. 15 EStG nicht, wenn es um eine abgeschlossene Altersversorgung geht, die noch unter § 40b EStG in der am 31. 12. 2004 geltenden Fassung fällt und hierauf mindestens ein Beitrag vor dem 1. 1. 2018 gezahlt und **nicht auf die Steuerfreiheit der nach dem 1. 1. 2005 fälligen Beträge verzichtet wurde**.

409 Vgl. Rundschreiben der Spitzenverbände der Sozialversicherungsträger vom 25. 9. 2008 unter *www.deutsche-rentenversicherung.de.*

Mit Wirkung ab 1. 1. 2005 wurde das Prinzip der Lohnsteuerpauschalierung nämlich aufgehoben, um einheitlich die nachgelagerte Besteuerung von Altersversorgungsleistungen einzuführen.
Besteht für den Arbeitnehmer eine solche ältere z. B. Direktversicherung, die der Arbeitgeber für ihn abgeschlossen hat, gilt der generelle Steuervorteil, dass die Beiträge des Arbeitgebers zur Direktversicherung nur mit einem Pauschalsteuersatz von 20 % der Beitragsleistungen besteuert werden (vgl. § 40b Abs. 1 EStG a. F.).
Dadurch ergibt sich eine Steuervergünstigung, wenn der persönliche Steuersatz des Arbeitnehmers den Pauschalsteuersatz übersteigt. Wer also bei Direktversicherungen eine lebenslange monatliche Rente oder einen Auszahlungsplan mit Restverrentung vereinbart hat und später zusammen mit anderen Kapitaleinkünften noch erhebliche Einkünfte erzielt, dürfte durch die Verzichtserklärung mit der Fortsetzung der Pauschalbesteuerung durchaus Steuerersparnisse erzielen. Stichtag für die Abgabe der Verzichtserklärung war bei am 1. 1. 2005 bestehenden Arbeitsverhältnissen der 30. 6. 2005, bei späterem Arbeitgeberwechsel der Zeitpunkt vor der ersten Beitragszahlung durch den neuen Arbeitgeber.
Im laufenden Arbeitsverhältnis gilt die Anwendung des Pauschalsteuersatzes bei Beiträgen bis zu einer Höchstgrenze von jährlich € 1800,00. Dieser Höchstbetrag gilt jedoch nicht, wenn ein Arbeitgeber für einen Arbeitnehmer im Zusammenhang mit der Beendigung des Arbeitsverhältnisses (zusätzliche) Versicherungsbeiträge zur Direktversicherung leistet. Dann ist nach § 40b Abs. 2 Satz 3 EStG a. F. der Höchstbetrag mit der Anzahl der Jahre der Betriebszugehörigkeit zu multiplizieren. Der so errechnete Betrag ist allerdings um die im Jahr der Beendigung des Arbeitsverhältnisses und in den sechs vorangegangenen Jahren erbrachten Beiträge und Zuwendungen zur Direktversicherung zu vermindern. Bis zu diesem so errechneten Betrag lässt sich also mit dem Vorteil der Pauschalversteuerung die Direktversicherung aufstocken.
Gerade bei langjährigen Beschäftigungsverhältnissen, die aufgelöst werden, besteht eine Möglichkeit, die Beendigung des Arbeitsverhältnisses im Rahmen einer Nachversicherung steuerlich günstig zu gestalten. Dies kann auch Bestandteil einer umfassenden Abfindungsvereinbarung sein. Zwar ist in solchen Fällen der Arbeitgeber entgegen der üblichen Bruttobetrachtung als Schuldner der pauschalen Lohnsteuer mit der Lohnsteuer in Höhe von 20 % belastet, die sonst vom Arbeitnehmer zu tragen wäre. Die Beteiligten können dies jedoch im Rahmen einer wirtschaftlichen Gesamtbewertung bei Aushandlung der Abfindung in ihre Erwägungen einbeziehen.

Tipp:
Sollte die Aufbesserung der betrieblichen Altersversorgung im Zusammenhang mit einer Auflösung des Arbeitsverhältnisses geprüft werden, sollte man zunächst mit dem Träger dieser Versorgung klären, welcher Rechtsrahmen gilt und welche Optionen aufgrund dessen bestehen.

Dabei ist wichtig, nicht nur die steuerrechtliche Seite prüfen zu lassen, sondern auch die Frage, **ob sozialversicherungsrechtliche Beiträge** anfallen, da diese eigenen Regeln unterliegen. Hier gilt aber der bereits zitierte Grundsatz, dass Abfindungsleistungen nicht etwa deshalb der Beitragspflicht in der Sozialversicherung unterfallen, weil Teile davon zur Anhebung der gesetzlichen oder privaten/betrieblichen Altersversorgung genutzt werden.[410]
Zwar gibt es Rechtsprechung dazu, Beträge zur vorzeitigen Kapitalabfindung von Anwartschaften auf betriebliche Altersversorgung für die Sozialversicherungen zu verbeitragen.[411] Der hier vorgeschlagene Weg soll jedoch nicht die Betriebliche Altersversorgung vorzeitig beenden, sondern die späteren Leistungen bei Eintritt des Versorgungsfalls erhöhen. Da dies aus den Mitteln der vereinbarten Abfindung fließt bzw. einen Teil davon bildet, erfolgt insoweit kein Zufluss im Sinne eines zu verbeitragenden Arbeitsentgelts gem. § 1 Abs. 1 der Sozialversicherungsentgeltverordnung (SvEV). Zudem findet bei späterem Erhalt der Versorgungsbeiträge eine nachlaufende Verbeitragung durch Erhebung von Krankenkassenbeiträgen statt. Sollte der Bezugspunkt der Aufstockungsleistung zur Abfindung klar sein, bleibt es dabei, dass es nach diesseitiger Rechtsauffassung um die Abfindung für den Verlust des Arbeitsplatzes geht, die grundsätzlich **nicht** zum beitragspflichtigen Entgelt in der Sozialversicherung gehört.

Wichtig:
Sollten die Sozialversicherungsträger zu einer anderen Rechtsauffassung kommen, sind notfalls Rechtsmittel einzulegen.

410 Siehe oben Kap. 5.4, S. 133ff.

411 Widersprüchlich bzw. unterschiedliche Rechtslage: Vor Eintritt des Versorgungsfalls gezahltes Kapital aus Unterstützungskasse ist nicht beitragspflichtig, so BSG vom 25.8.2004 – B 12 KR 30/03 R; dagegen beitragspflichtig ist die Abfindung einer Anwartschaft aus einer Direktversicherung, so BSG vom 25.4.2012 – B 12 KR 26/10 R; abweichend bei Aufkündigung einer Direktversicherung und Auszahlung des Rückkaufwerts, so LSG Baden-Württemberg vom 24.3.2015 – L 11 R 1130/14 – alle bei juris.

9. Kernpunkte eines Aufhebungsvertrages

Haben sich Arbeitnehmer und Arbeitgeber auf eine Aufhebung des Arbeitsverhältnisses zu bestimmten Bedingungen – sei es ohne, vor oder nach einer Kündigung – geeinigt und dabei auch Einvernehmen über die materiellen Ausgleichsregelungen erzielt, muss zwischen den Parteien ein Aufhebungsvertrag geschlossen werden. Dies hat entsprechend der gesetzlichen Regelung in § 623 BGB schriftlich zu geschehen. Unter den folgenden Anmerkungen sind die gebräuchlichsten Klauseln eines Aufhebungsvertrages dargestellt, ergänzt in Kapitel 10 mit weiteren, in der Regel nur gelegentlich vorkommenden Fallgestaltungen.[412]

9.1 Zeitpunkt und Grund der Beendigung

Grundsätzlich kann im Rahmen der Vertragsfreiheit in einem Aufhebungsvertrag der Zeitpunkt der rechtlichen Beendigung des Arbeitsverhältnisses frei gewählt werden.
Wird allerdings kein ausdrücklicher Beendigungszeitpunkt aufgenommen, so gilt im Zweifelsfall, wenn es keine anderen Anhaltspunkte gibt, die sofortige Aufhebung des Arbeitsverhältnisses als vereinbart.[413]
Zulässig ist also die Beendigung mit einem x-beliebigen Datum in der Zukunft, während eine Rückwirkung meist unzulässig ist.[414]

---

412 Dabei ist der Katalog an angebotenen Klauseln in diesem Kapitel 9 und dem Kapitel 10 weder abschließend noch vollständig, da in der Praxis immer wieder neue Fallgestaltungen auftreten, die spezifischen Regelungsbedarf erfordern.

413 HK-ArbR/Däubler, § 611, 611a BGB Rn. 591.

414 APS-Rolfs, AufhebVtr, Rn. 39; Ausnahme möglich, wenn Arbeitsverhältnis nicht aufgenommen oder wieder außer Vollzug gesetzt wurde, BAG vom 10.12.1998 – 8 AZR 324/97, NZA 1999, 422 und vom 17.12.2009 – 6 AZR 242/09, NZA 2010, 273.

Achtung: Jede nicht der konkreten Kündigungsfrist des Arbeitnehmers – sei es aus Vertrag, Gesetz oder Tarifvertrag – entsprechende Wahl eines kürzeren Beendigungszeitpunktes löst umfangreiche negative Folgen im Bereich der Arbeitsförderung aus (z. B. Sperrzeit), wenn Leistungen aus der Arbeitslosenversicherung in Anspruch genommen werden sollen.
Wie im Kapitel 7 im Einzelnen erläutert wird, verursacht eine Auflösung des Arbeitsverhältnisses vor Ablauf der jeweils gültigen Kündigungsfrist gem. § 159 SGB III eine **Sperrzeit** für den Bezug von Arbeitslosengeld mit einer Dauer von (im Regelfall) zwölf Wochen. Bei Zahlung einer Abfindung kann in einem solchen Fall als weitere Sanktion ein **Ruhenstatbestand** eingreifen; vgl. § 158 SGB III. Hier kann es zu einer sehr unerfreulichen faktischen Anrechnung der Abfindung auf das Arbeitslosengeld kommen.
Vorsicht ist auch geboten bei einer rückdatierten Aufhebungsvereinbarung, die scheinbar die vorgesehene Kündigungsfrist berücksichtigt. Abgesehen davon, dass eine solche vertragliche Vereinbarung ohnehin nur dort in Betracht kommt, wo sich beide Vertragsparteien kennen und sich gegenseitig vertrauen und darüber hinaus um die Risiken einer solchen Regelung wissen, führt eine immerhin denkbare spätere Aufdeckung der Rückdatierung durch die Arbeitsagentur nicht etwa automatisch zur Nichtigkeit einer entsprechenden Vereinbarung. Wenn nämlich nur eine der beiden Parteien nicht vordergründig die Arbeitsagentur täuschen wollte, sondern primär das Ziel verfolgte, das Arbeitsverhältnis auch tatsächlich zu beenden, führt dies nicht zu einer Sittenwidrigkeit der rückdatierten Vereinbarung.[415] Wenn allerdings beide Parteien den Vertrag so abgefasst haben, dass dem Arbeitnehmer in auffälliger Weise beim Bezug von Arbeitslosengeld »geholfen« werden sollte, kann im Einzelfall sogar der gesamte Aufhebungsvertrag nichtig sein.[416]

Achtung:
Alle etwaigen Überlegungen zu einer Rückdatierung stoßen auf ein weiteres Problem. Durch die Hartz-Gesetze ist eine **Pflicht zur unverzüglichen Meldung** bereits vor Beendigung des Arbeitsverhältnisses eingeführt worden. Nach § 38 Abs. 1 SGB III müssen sich Arbeitnehmer nach Zugang der

415 Vgl. LAG Baden-Württemberg vom 25. 4. 1991 – 13 Sa 115/90, LAGE Nr. 5 zu § 611 BGB Aufhebungsvertrag, ebenso die Entscheidung des gleichen Gerichts vom 22. 5. 1991 – 12 Sa 160/90, LAGE Nr. 4 zu § 611 BGB Aufhebungsvertrag.

416 Vgl. LAG Hamm vom 27. 11. 1997 – 8 Sa 1263/97, LAGE Nr. 22 zu § 611 BGB Aufhebungsvertrag: Allerdings hier besondere Fallkonstellation durch Vorspiegelung eines betriebsbedingten Beendigungstatbestands und Ausfertigung einer ausschließlich für das Arbeitsamt bestimmten Vertragsurkunde.

Kündigung, nach Abschluss eines Aufhebungsvertrages oder bei Auslaufen einer Befristung spätestens drei Monate vor der Beendigung persönlich bei der Agentur für Arbeit oder, wenn Leistungen nach dem SGB II in Frage kommen, beim sogenannten Jobcenter als arbeitsuchend melden.

Liegen zwischen der Kenntnis des Beendigungszeitpunkts und dessen Eintreten weniger als drei Monate, so hat die Meldung bei der Arbeitsagentur innerhalb von drei Tagen zu erfolgen. Zur **Fristwahrung** reicht es allerdings aus, die persönlichen Daten und den Beendigungszeitpunkt zunächst (etwa telefonisch oder per Mail) anzuzeigen, wenn die persönliche Meldung nach entsprechender terminlicher Vereinbarung nachgeholt wird.

Hält sich der Arbeitnehmer nicht an diese Meldepflicht, tritt eine einwöchige Sperrfrist nach § 159 Abs. 6 SGB III ein.

Die Minderung des Arbeitslosengeldes tritt selbst dann ein, wenn sich der Arbeitnehmer im Rahmen einer Kündigungsschutzklage gegen die Kündigung zur Wehr setzt. Hintergrund der Regelung ist die gesetzgeberisch verfolgte Absicht, schon die Kündigungsfrist für Vermittlungsbemühungen zu nutzen, damit es gar nicht erst zum Eintritt der Arbeitslosigkeit kommt.

Der Arbeitnehmer wird in aller Regel bei Verhängung einer Sperrfrist oder bei Minderung des Arbeitslosengeldes nicht nachträglich durchsetzen können, dass die Abfindung den dadurch verschlechterten Rahmenbedingungen beim Arbeitslosengeld nachträglich angepasst wird. Vielmehr wird die Arbeitsverwaltung auf Kosten des Arbeitnehmers aufgrund der aufgedeckten Rückdatierung vom tatsächlichen Zeitpunkt des Abschlusses der Vereinbarung ausgehen und entsprechende Sanktionen wegen fehlender Berücksichtigung der Kündigungsfrist nach § 158 SGB III verhängen.[417] Hinzu kommt die Sanktion des § 159 Abs. 6 SGB III wegen ggf. nicht rechtzeitig erfolgter Anzeige der Beendigung (siehe oben). Allenfalls kann sich eine nachträgliche Anpassungspflicht daraus ergeben, wenn der Arbeitgeber jeglichen Hinweis auf drohende sozialversicherungsrechtliche Folgen unterließ,[418] sodass meist empfohlen wird, eine Haftungsfreistellung des Arbeitgebers durch den Verzicht auf Aufklärungspflichten im Wege einer entsprechenden Vertragsklausel im Aufhebungsvertrag zu formulieren.[419] Ferner kann nachträglich das Be-

417 Vgl. LAG Baden-Württemberg vom 25. 5. 1991, a. a. O.

418 Vgl. LAG Hamburg vom 20. 8. 1992 – 2 Sa 16/92, LAGE Nr. 9 zu § 611 BGB Aufhebungsvertrag (sehr streitig).

419 Küttner-Kreitner, Sperrzeit, Rn. 2.

endigungsdatum korrigiert werden, wenn beide Seiten versehentlich ein der richtigen arbeitsvertraglichen Kündigungsfrist nicht entsprechendes Enddatum zugrunde gelegt haben.[420] Der Arbeitgeber, der aus betriebsbedingten Gründen eine Auflösung des Arbeitsverhältnisses initiierte, handelt nämlich treuwidrig, wenn er den Arbeitnehmer an einer irrtümlich zu kurz festgelegten Kündigungsfrist festhalten will.[421]

Achtung: Im Regelfall gilt allerdings der **Grundsatz**, dass sich jede Seite beim Abschluss von Aufhebungsverträgen selbst um die Folgen zu kümmern hat,[422] so dass Schadensersatzansprüche wegen unterlassener Aufklärung über die Konsequenz der Nichteinhaltung von Kündigungsfristen praktisch kaum durchsetzbar sind.

Grundsätzlich ist also darauf zu achten, dass bei Aufhebungsvereinbarungen die gültigen Kündigungsfristen tatsächlich eingehalten werden.

Neben dem Zeitpunkt sollte auch der Grund der Beendigung angegeben werden.

Handelt es sich um einen Aufhebungsvertrag im Zusammenhang mit einer Kündigung ist zu empfehlen, dies in den Wortlaut aufzunehmen, etwa durch folgende Formulierung:

Das Arbeitsverhältnis der Parteien endet aufgrund fristgerechter, ordentlicher Kündigung mit Schreiben des Arbeitgebers vom 27.12.2022 zum 30.6.2023.

In dieser Formulierung wird eine sechsmonatige Kündigungsfrist unterstellt bzw. eingehalten, wie sie nach mindestens 15-jähriger Betriebszugehörigkeit gem. § 622 Abs. 2 Nr. 6 BGB gilt.

Im Gegensatz zur Verkürzung der Kündigungsfrist z. B. im Falle der Rückdatierung ist aber jede Beendigung, die **nach Ablauf** der eigentlich maßgebenden Kündigungsfrist liegt, also zur Verlängerung des Arbeitsverhältnisses führt, unschädlich. Wenn also in dem oben erwähnten Fall der 30.9.2020 als Beendigungsdatum gewählt würde, hätte die Arbeitsverwaltung hier keine Beanstandungsmöglichkeiten.

Liegt allerdings keine Kündigung vor und wird auch keine im Vorfeld eines abzuschließenden Aufhebungsvertrages ausgesprochen, könnte die Formulierung sinngemäß wie folgt lauten:

420 Vgl. LAG Berlin vom 28.4.2000 – 6 Sa 329/00, NZA-RR 2001, 85.

421 LAG Berlin vom 28.4.2000, a.a.O.

422 BAG vom 11.12.2001 – 3 AZR 339/00, NZA 2002, 1150.

Die Parteien sind sich einig, dass das Arbeitsverhältnis einvernehmlich unter Einhaltung der ordentlichen Kündigungsfrist[423] auf Veranlassung des Arbeitgebers zum 30.6.2023 enden wird.

Zur Erläuterung des Beendigungstatbestandes im Aufhebungsvertrag gehört nicht nur die Frage, ob dieser nach vorheriger Kündigung oder ausschließlich statt einer Kündigung aufgrund einvernehmlich zu Ende geführter Aufhebungsverhandlungen zustande gekommen ist. Hierher gehört möglichst auch die Angabe des Kündigungsgrundes im engeren Sinne. So sollte bei betriebsbedingter Kündigung die Klausel noch wie folgt ergänzt werden:

Das Arbeitsverhältnis der Parteien endet aufgrund fristgerechter, ordentlicher Kündigung aus betriebsbedingten Gründen mit Schreiben des Arbeitgebers vom 27.12.2022 zum 30.6.2023.

Oder wenn bei vergleichbarer Sachlage keine Kündigungserklärung abgegeben wird:

Die Parteien sind sich einig, dass das Arbeitsverhältnis einvernehmlich unter Einhaltung der ordentlichen Kündigungsfrist[424] auf Veranlassung des Arbeitgebers aus betriebsbedingten Gründen zum 30.6.2023 enden wird.

Wollen die Parteien darüber hinaus besonders unterstreichen, dass der Aufhebungsvertrag nur deshalb abgeschlossen wurde, um einer Kündigung zum gleichen Zeitpunkt zuvorzukommen, sollte auch dies unbedingt in der zuletzt erwähnten Klausel aufgenommen werden. Solche Konstellationen treten z. B. ein, wenn es etwa für den Arbeitnehmer sinnvoller ist, das Arbeitsverhältnis durch Aufhebungsvertrag zu beenden, weil dies bei weiteren Bewerbungen generell als die für den Arbeitnehmer günstigere Variante wahrgenommen wird und dadurch eine entsprechend erwünschte Beendigungsklausel im Arbeitszeugnis ermöglicht wird. Die Klausel würde sodann lauten:

Die Parteien sind sich einig, dass das Arbeitsverhältnis zur Vermeidung einer ansonsten unumgänglichen betriebsbedingten Kündigung, die zum gleichen Zeitpunkt wirksam geworden wäre, einvernehmlich unter Einhaltung

423 Hier könnte auch stattdessen die Formulierung »fristgerecht« verwendet werden.
424 Hier könnte auch stattdessen die Formulierung »fristgerecht« verwendet werden.

der ordentlichen Kündigungsfrist[425] auf Veranlassung des Arbeitgebers zum 30.6.2023 enden wird.

Bei Abschluss eines Aufhebungsvertrages ohne Kündigung ist es zur Vermeidung von Sperrzeiten ferner ratsam, die betriebsbedingten Gründe näher festzulegen. Zwar ist eine solche **Konkretisierung der betriebsbedingten Gründe** nicht zwingend erforderlich. Dies kann indes bei späteren Nachfragen z. B. der Arbeitsagentur über den Grund des Ausscheidens insoweit nützlich sein und der Klarheit dienen, wenn aus der Sicht beider Seiten der Lebenssachverhalt, der zur Vertragsauflösung geführt hat, schriftlich im Aufhebungsvertrag festgehalten und damit späterem Streit entzogen wird.
Eine **Dokumentation** des zur Aufhebung führenden **Lebenssachverhalts** bereits im Aufhebungsvertrag kann sich als richtig erweisen, um den wichtigen Grund für die Aufhebung des Arbeitsverhältnisses festzuhalten. § 159 Abs. 1 Satz 2 SGB III verlangt, dass der/die Arbeitslose die für die Beurteilung eines wichtigen Grundes maßgebenden Tatsachen darzulegen und nachzuweisen hat »wenn diese Tatsachen in ihrer Sphäre oder in ihrem Verantwortungsbereich liegen« Gleiches soll gelten, wenn sich der bzw. die Arbeitslose später auf Gründe beruft, die zu überprüfen die Arbeitsagentur zunächst keine Veranlassung hat.[426] Ein solcher Nachweis wird durch eine entsprechende Dokumentation bereits im Aufhebungsvertrag geführt oder jedenfalls deutlich erleichtert werden können. Eine entsprechende ergänzende Formulierung könnte beispielsweise lauten:

Der Arbeitsplatz fällt aufgrund notwendiger betrieblicher Umstrukturierungsmaßnahmen ersatzlos weg. Andere vergleichbare und freie Arbeitsplätze sind nicht vorhanden. Eine Sozialauswahl war insofern nicht durchzuführen.

Dabei gilt der Grundsatz, dass je mehr die betrieblichen Verhältnisse dafür hergeben, umso konkreter sollte der Lebenssachverhalt auch im Text der Aufhebungsvereinbarung geschildert werden.
Oder zur Untermauerung, dass die Grundsätze der Sozialauswahl auch ohne Kündigung beachtet wurden:

425 Hier könnte auch stattdessen die Formulierung »fristgerecht« verwendet werden.
426 Vgl. Bauer/Krets, NJW 2003, 537, 542.

Auch bei Durchführung einer Sozialauswahl musste das Arbeitsverhältnis beendet werden, da alle anderen vergleichbaren Arbeitnehmer sozial schutzwürdiger sind.

Sind verhaltens- oder personenbedingte Gründe der Anlass für die Beendigung des Arbeitsverhältnisses, kann es aus Arbeitnehmersicht, wenn gleichzeitig eine Aufhebung gegen Zahlung einer Abfindung stattfindet, allerdings schädlich sein, Hinweise hierauf in die Vereinbarung oder in sonstige Papiere aufzunehmen. Insbesondere bei verhaltensbedingten Gründen kann dies von der Agentur für Arbeit als Anlass für eine vom Arbeitnehmer verschuldete Beendigung des Arbeitsverhältnisses gewertet werden mit der möglichen Folge der Verhängung einer Sperrfrist. Zumindest die ohne Ausspruch einer z. B. betriebsbedingten Kündigung einvernehmlich zustande gekommene Aufhebungsvereinbarung dürfte dann auch nicht durch einen wichtigen Grund i. S. v. § 159 Abs. 1 SGB III gerechtfertigt sein (siehe Kapitel 7, Seite 159f.).
In solchen Fällen muss also stets mit negativen arbeitsförderungsrechtlichen Konsequenzen von Seiten der Arbeitsagentur gerechnet werden. Besteht parallel allerdings ein möglicher betrieblicher Hintergrund für die Aufhebung des Arbeitsverhältnisses, ist es aus der Perspektive des Arbeitnehmers sachgerecht, auf solche Umstände für die Bezeichnung des Beendigungstatbestandes zurückzugreifen. Hier könnte es sich dann auch anbieten, die etwas allgemeinere Formulierung »aus **betrieblichen** Gründen« statt »aus betriebsbedingten Gründen« zu wählen. Darüber hinaus sollte in solchen Problemlagen überlegt werden, die Abfindungshöhe eher »unauffällig« festzulegen. Soweit diese die in § 1a Abs. 2 KSchG definierte Höhe (0,5 Monatsgehalt pro Beschäftigungsjahr) nicht überschreitet und der Ausspruch einer betriebsbedingten Kündigung vom Arbeitgeber konkret in Aussicht gestellt wurde, ist wegen der Parallele zu § 1a KSchG in der Regel nicht mit einer Sperrzeit zu rechnen.[427]

427 BSG vom 12. 7. 2006 – B 11a AL 47/05, NZA 2006, 1359 – zu weiteren möglichen Überlegungen in diesem Zusammenhang siehe unter 7.4, Seite 168; siehe im Übrigen die entsprechend geänderten Fachlichen Weisungen der BA, gültig ab 18. 1. 2021 zu § 159 SGB III, 159.1.2.1.1.

9.2 Festlegungen zur Abfindung

Haben sich die Parteien auf eine Abfindung geeinigt, ist der entsprechende Betrag in der Aufhebungsvereinbarung festzuhalten. Wollen die Parteien dem Arbeitnehmer dabei die steuerlichen Vorteile zufließen lassen, ist anzuraten bei einer Aufhebungsvereinbarung die bereits oben erwähnte Formulierung »auf Veranlassung des Arbeitgebers« aufzunehmen.[428] Damit kann sich der Arbeitnehmer steuerliche Vorteile, insbesondere die Anwendung der sogenannten Fünftelungsregelung nach §§ 24, 34 EStG sichern (siehe dazu unter 8.2, Seite 185 mit Berechnungsbeispielen).

9.2.1 Netto und Brutto

Wird keine eindeutige anders lautende Regelung getroffen, handelt es sich bei der Abfindung stets um einen **Bruttobetrag.**[429] Dies beruht darauf, dass der **Arbeitnehmer Steuerschuldner** auch der Abfindung ist (vgl. § 38 Abs. 2 EStG). Auch eine im Aufhebungsvertrag aufgenommene Klausel »brutto = netto« oder »brutto für netto«, die sich gelegentlich in Aufhebungsverträgen findet, hilft da nicht weiter. Nach Auffassung des BAG kann selbst einer solchen Formulierung nicht zweifelsfrei entnommen werden, ob der Arbeitgeber oder der Arbeitnehmer die fälligen Steuern zu tragen hat, so dass es bei dem gesetzlichen Prinzip bleibt, dass der Arbeitnehmer die entsprechende Einkommensteuer zu tragen hat.[430] Eine typische Formulierung hierzu lautet:

Für den Verlust des Arbeitsplatzes zahlt der Arbeitgeber an den Arbeitnehmer in entsprechender Anwendung der §§ 9, 10 KSchG eine Abfindung in Höhe von € 20 000,00 (i.W.: Euro zwanzigtausend).

Nur wenn völlig unzweifelhaft eine Nettoabrede getroffen wurde, trifft die Steuerschuld den Arbeitgeber. Wenn dies als Teil der Verständigung gewollt wird, wäre es daher ratsam, neben dem Zusatz »netto« diese Rechtsfolge ausdrücklich in die Vereinbarung aufzunehmen, etwa durch folgende Formulierung:

---

428 Bei einer vorliegenden schriftlichen Kündigung des Arbeitgebers ist dies naturgemäß entbehrlich.

429 So LAG Berlin vom 21.2.1994 – 9 Sa 126/93, LAGE Nr. 14 zu § 611 BGB Aufhebungsvertrag m.w.N.

430 Vgl. BAG vom 21.11.1985 – 2 AZR 6/85, RzK I 9j Nr. 2.

Für den Verlust des Arbeitsplatzes zahlt der Arbeitgeber an den Arbeitnehmer in entsprechender Anwendung der §§ 9, 10 KSchG eine Abfindung in Höhe von € … netto ohne Abzüge, wobei der Arbeitgeber die anfallenden Steuern übernimmt und diese an das Finanzamt abführt.

In der Praxis kommen solche Nettovereinbarungen sehr selten vor. Der Grund dafür ist, dass die Unternehmen Abfindungen nach dem Umfang ihrer wirtschaftlichen Belastung einkalkulieren und sich bei Übernahme der Steuerlast, die abhängig ist von den jeweiligen persönlichen Kennziffern des Arbeitnehmers (Steuersatz, Steuerklasse) die zu übernehmende Zahlungsverpflichtung nicht genau taxieren lässt. Auch Abfindungen in Sozialplänen sind durchweg als Bruttobeträge ausgewiesen. Die steuerlichen Folgen einer Brutto-Abfindung sind im Übrigen in Kapitel 8 erläutert.
Stehen Schadensersatzansprüche des Arbeitnehmers etwa wegen Diskriminierung oder »Mobbing« konkret im Raum (etwa durch entsprechenden Vortrag im Prozess oder in der außergerichtlichen Korrespondenz), so sind als Schadensersatz dafür vereinbarte Zahlungen steuerfrei, da sie nichts mit dem Ausgleich für wegfallende Verdienstansprüche (=Abfindung) zu tun haben. Dann ist allerdings in der Vereinbarung bzw. dem Vergleich die darauf bezogene Zahlung getrennt von einer etwaigen Abfindungszahlung wegen Beendigung des Arbeitsverhältnisses auszuweisen.[431]
Liegt eine solche Konstellation vor, könnte folgende Formulierung Verwendung finden:

Die Parteien sind sich einig, dass dem Arbeitnehmer für seine gesundheitlichen Beeinträchtigungen (alternativ z. B.: für die Diskriminierung wegen seiner Herkunft, seines Geschlechts, seines Alters o. Ä.), die sich aus innerbetrieblichen Auseinandersetzungen ergeben haben, Schadensersatz zusteht. Dieser Anspruch wird beziffert auf € … netto und wird zusätzlich zu der in Ziff. …[432] vereinbarten Abfindung geleistet.

9.2.2 Vererblichkeit

Für viele insbesondere ältere Arbeitnehmer stellt sich die Frage, ob die Abfindung an die Erben weitergeht, wenn der begünstigte Arbeitnehmer

431 Bauer/Günther, NJW 2007, 113 ff.
432 Bezugnahme hier auf die konkrete Ziffer im Aufhebungsvertrag, der die Abfindung regelt.

den Zeitpunkt des in der Aufhebungsvereinbarung festgelegten Auszahlungszeitpunkts nicht mehr erlebt. Das BAG hat dies verneint, wenn der Arbeitnehmer zum Zeitpunkt des vertraglich vereinbarten Endes des Arbeitsverhältnisses bereits gestorben ist.[433] Zur Begründung hat es darauf verwiesen, dass sich die mit einem Aufhebungsvertrag verbundenen Risiken allein nach den vereinbarten Vertragsbedingungen beurteilen.[434] Diese Auffassung ist kritisch zu hinterfragen, wenn die Abfindung vor allem den Verlust des Arbeitsplatzes entschädigen und einen etwa entstehenden zukünftigen Verdienstausfall zumindest teilweise ausgleichen soll.[435] Zu empfehlen ist vor dem Hintergrund dieser Rechtsprechung dringend eine **ausdrückliche Regelung für die Absicherung** dieses Risikos in die Aufhebungsvereinbarung aufzunehmen, die lauten könnte:

Der Anspruch auf die vereinbarte Abfindung entsteht mit Abschluss dieser Vereinbarung und ist ab diesem Zeitpunkt vererblich.

Eine solche Regelung soll allerdings dann vergeblich sein, wenn die Arbeitgeberin den entsprechenden Aufhebungsvertrag erst nach dem Tod des Arbeitnehmers durch Unterschrift annimmt.[436]

9.2.3 Fälligkeit

Üblicherweise wird angenommen, dass der Abfindungsanspruch des Arbeitnehmers zum Beendigungsdatum fällig wird.[437] Dies ist allerdings keineswegs zwingend. Das Gesetz bestimmt in § 271 BGB, dass eine Leistung sofort fällig ist, wenn kein besonderer Fälligkeitszeitpunkt vereinbart ist. Einigkeit besteht allerdings darüber, dass die Parteien des Aufhebungsvertrages frei entscheiden können, ob die Abfindung sofort oder erst zum Zeitpunkt des Ausscheidens – so die übliche Praxis – fällig wird.[438] Auch hier besteht also Regelungsbedarf, der durch folgenden Satz erfüllt wird:

433 Vgl. BAG vom 16.5.2000 – 9 AZR 277/99, NZA 2000, 1236; BAG vom 26.8.1997 – 9 AZR 227/96, NZA 1998, 643; BAG vom 22.5.2003 – 2 AZR 250/02, BB 2004, 894ff.

434 Ebenda.

435 Boemke/Danko, DB 2006, 2461f.

436 So LAG Baden-Württemberg vom 15.12.2021 – 2 Sa 11/21, NZA-RR 2022, S. 124 mit der Begründung, durch den Tod des Arbeitnehmers könne dessen mit dem Aufhebungsvertrag verbundene »Leistung« (Aufgabe des Arbeitsplatzes) nicht mehr erbracht werden.

437 BAG vom 15.7.2004 – 2 AZR 630/03, NZA 2005, 292.

438 Vgl. BAG vom 26.8.1997 – 9 AZR 227/96, NZA 1998, 643.

Die Abfindung ist fällig zum 31.1.2023 und wird zu diesem Zeitpunkt an den Arbeitnehmer[439] ausgezahlt (es folgt ggf. die Angabe der Kontoverbindung, wenn die Abfindung etwa nicht auf dem der Arbeitgeberseite bekannten Konto eingehen soll).

9.2.4 Verhinderung vorzeitiger Zahlung

Eine besondere Thematik besteht darin, dass nach § 271 Abs. 2 BGB der Schuldner (in unserer Konstellation der Arbeitgeber) auch schon vor vereinbarter Fälligkeit leisten darf, es sei denn, dies ist vertraglich klar ausgeschlossen. So hat das BAG einen beim Arbeitnehmer durch verfrühte Zahlung (vor Beginn des vorgesehenen steuerlich »günstigeren« Kalenderjahres) eingetretenen Steuerschaden nicht für ersatzpflichtig gehalten, weil das Verbot vorzeitiger Zahlung nicht eindeutig genug geregelt gewesen wäre.[440] Um hier ausreichende Klarheit zu schaffen, empfiehlt sich die Aufnahme folgender Formulierung:

Die Abfindung ist fällig zum 31.1.2023 und wird zu diesem Zeitpunkt, **nicht jedoch vor dem 2.1.2023** an den Arbeitnehmer ausgezahlt.

9.3 Zusatzregelung über Ausgleichszahlung zur Vermeidung von Rentenminderungen

Wie im Einzelnen in Kap. 8.5 dargelegt, gibt es gute Gründe dafür, mindestens bei höheren Abfindungen über die Verwendung eines Teils davon als Mittel zur Stärkung der eigenen Altersversorgung nachzudenken. Dies hat zum einen in der Regel steuerliche Vorteile, zum anderen verspricht es mehr Sicherheit im Alter. Je nach individueller Bewertung stellen sich auch Zinsvorteile ein.

Wird dies ernsthaft erwogen, ist zu beachten, dass zu deren Wirksamkeit der Rentenversicherungsträger erwartet, dass hierauf ein unmittelbarer Rechtsanspruch formuliert ist. Darüber hinaus ist für die Steuerfreiheit des hälftigen Arbeitgeberanteils an der Ausgleichszahlung wichtig, dass dieser unmittelbar an den Rentenversicherungsträger leistet. Vorsorge ist

---

439 Statt des Arbeitnehmers kann auch dessen Bevollmächtigter als Empfänger angegeben werden, was beispielsweise sinnvoll ist, wenn dieser die pünktliche Auszahlung und Abrechnung kontrollieren soll.

440 BAG vom 23.06.2016 – 8 AZR 757/14, NZA 2016, 1459.

auch dafür zu treffen, dass dieser Betrag bei Vererblichkeit der Abfindung den Erben nicht verloren geht, wenn der Abfindungsberechtigte vor dem Zahlungszeitpunkt versterben sollte – eine Rentenverbesserung dann also ihren Sinn verlieren würde. Gleiches gilt, wenn der Berechtigte – aus welchen Gründen auch immer – nach seinem Ausscheiden doch über den vollen Abfindungsbetrag verfügen will.
Diese Prämissen beachtend, könnte eine vertragliche Formulierung wie folgt lauten:

Der Arbeitgeber wird ferner im Zusammenhang mit der Beendigung des Arbeitsverhältnisses als Ausgleichszahlung für Rentenminderungen, die bei einer vorzeitigen Inanspruchnahme einer Rente wegen Alters entstehen (§ 187a SGB VI), einen Betrag in Höhe von EUR … (in Worten … Euro) direkt zugunsten des Arbeitnehmers auf dessen persönliches Rentenkonto bei der Deutschen Rentenversicherung unter Angabe der Versichertennummer, Vor- und Zunamen des Arbeitnehmers sowie dem Verwendungszweck »RM« (=Rentenminderung) leisten. Der Arbeitnehmer kann durch schriftliche Erklärung spätestens 14 Tage vor Beendigung des Arbeitsverhältnisses entscheiden, dass dieser Betrag ganz oder teilweise zur Erhöhung der Abfindung eingesetzt wird. Im Falle des Todes des Arbeitnehmers vor dem 31.06.2023 [*hier den vereinbarten Ausscheidenszeitpunkt einsetzen*] gilt auch die Einmalzahlung in voller Höhe als Abfindung gemäß diesem Vergleich mit den entsprechenden steuerlichen Auswirkungen, wobei die Forderung in diesem Fall als eine Stunde vor dem Eintritt des Todes entstanden und ab diesem Zeitpunkt als vererbbar gilt.
Die Zahlung an die Deutsche Rentenversicherung wird der Arbeitgeber im Dezember 2023 [*also* sinnvollerweise *im Monat vor dem Ausscheiden*] vornehmen.

9.4 Die Fortzahlung der Vergütung

Auch wenn es eine Selbstverständlichkeit ist, dass bis zum vorgesehenen Beendigungszeitpunkt alle Vergütungsbestandteile weiterzuzahlen sind, empfiehlt sich doch eine entsprechende Festlegung im Aufhebungsvertrag. Dabei sollte darauf geachtet werden, dass im Aufhebungsvertrag alle Vergütungsfragen geregelt werden, insbesondere solche, die wegen ihrer Variabilität streitig werden könnten, wie z. B. Zusatzvergütungen, Jahresleistungen, Tantiemen, Boni, Provisionen etc.

9.4.1 Laufende Leistungen

Hinsichtlich der laufenden regelmäßigen Leistungen können folgende Klauseln verwendet werden:

Das Arbeitsverhältnis wird bis zum Beendigungszeitpunkt ordnungsgemäß abgerechnet und die sich daraus ergebenden Nettobeträge an den Arbeitnehmer ausgezahlt.

oder

Bis zum Beendigungszeitpunkt werden dem Arbeitnehmer die vertragsgemäßen Bezüge in Höhe von ... € brutto monatlich ausgezahlt.

Solche Klauseln, die die ordnungsgemäße Abwicklung des Arbeitsverhältnisses bis zum vereinbarten Beendigungszeitpunkt zum Inhalt haben, enthalten allerdings aus sich heraus keinen vollstreckungsfähigen Inhalt. Sie dienen aber dazu, denkbare Einwendungen gegen die noch bis zum Vertragsschluss bestehenden Ansprüche des Arbeitnehmers abzuschneiden.[441]

9.4.2 Einmal- und Sonderzahlungen

Ein besonderes Regelungsbedürfnis besteht oft bei Einmalzahlungen. Hierunter versteht man Zuwendungen, die zusätzlich zum laufenden Gehalt zu bestimmten Anlässen gezahlt werden.

9.4.2.1 Gratifikationen

Hierzu zählen vor allem Gratifikationen wie Urlaubs- und Weihnachtsgeld, Jubiläumszahlungen, 13. und 14. Gehälter usw.
Bei solchen Zahlungen, deren Rechtsgrund sich nicht aus dem Gesetz, sondern aus Tarifvertrag, Betriebsvereinbarung, dem Arbeitsvertrag, einer betrieblichen Übung oder einer Gesamtzusage ergeben kann, ist genau zu prüfen, ob sie im Falle der Beendigung des Arbeitsverhältnisses ganz oder anteilig geschuldet sind. So sind beispielsweise Urlaubsgeldzahlungen regelmäßig zum 31. Mai eines Jahres, Weihnachtsgelder zum 30. November eines Jahres fällig. Was, wenn der Arbeitnehmer auf-

441 Zutreffend Hümmerich, 4, Rn. 643.

grund einer Kündigung und/oder eines Aufhebungsvertrages vor diesem Termin ausscheidet?

Hier muss durch Auslegung ermittelt werden, was mit der Einmalzahlung gewollt ist. Hängt der Anspruch davon ab, dass das Arbeitsverhältnis während des gesamten Bezugszeitraums besteht, kann der Anspruch bei vorherigem Ausscheiden des Arbeitnehmers wegfallen. Dies muss auch nicht in jedem Fall einen Verstoß gegen den Gleichbehandlungsgrundsatz darstellen.[442] Auch ist umstritten, ob Gratifikationen nicht sogar rückzahlbar sein können, wenn der Arbeitnehmer in einer bestimmten Zeit nach ihrer Auszahlung aus dem Arbeitsverhältnis ausscheidet und der Arbeitsvertrag entsprechende Rückzahlungsklauseln enthält. Nach der Rechtsprechung soll es zulässig sein, bei Gratifikationen über € 100,00 bis unter ein Brutto-Monatsgehalt[443] durch spezielle vertragliche oder tarifvertragliche Regelungen eine Bindung derart vorzunehmen, dass bei vorzeitiger Beendigung des Arbeitsverhältnisses sogar bis zum 31. März des Folgejahres eine Rückzahlung zu erfolgen hat,[444] bei Gratifikationen, die die Höhe eines Monatsgehalts erreichen bzw. übersteigen, sogar bis zum 30. Juni des Folgejahres.[445] In solchen Fällen ist es dann Verhandlungssache, ob trotz einer wegen der Beendigung nicht mehr einhaltbaren Bindungsdauer gleichwohl die Zahlung der entsprechenden Gratifikation erfolgen soll, d.h. im Aufhebungsvertrag vereinbart werden soll oder nicht. Gleiches gilt für einen etwaigen Verzicht auf die Rückzahlung. Auch kann – gedanklich-rechnerisch – der Verlust der Gratifikation aufgrund eines Ausscheidens vor dem Fälligkeitszeitpunkt als Argument für eine entsprechende Anhebung der Abfindungssumme genutzt werden.

Bei der ersten Alternative könnte der Passus im Aufhebungsvertrag beispielsweise lauten:

Das Weihnachtsgeld[446] für das Jahr 20... wird ungekürzt zusammen mit der letzten fälligen Gehaltszahlung ausgezahlt.[447]

---

442 Vgl. BAG vom 8.3.1995 – 10 AZR 208/94, NZA 1996, 418f.

443 BAG vom 9.6.1993 – 10 AZR 529/92, NZA 1993, 935.

444 BAG vom 9.6.1993, a.a.O.; BAG vom 28.4.2004 – 10 AZR 356/03, NZA 2004, 925.

445 BAG vom 24.10.2007 – 10 AZR 825/06, NZA 2008, 40; vgl. zusammenhängend HK-ArbR/Boemke/Ulrici, Anh. zu §§ 307–309 BGB Rn. 52ff.

446 Weihnachtsgeld ist hier nur als Beispiel angeführt – es kann sich auch um jede andere Art der Gratifikation oder Bonifikation handeln.

447 Als Fälligkeitszeitpunkt kann natürlich auch der Zeitpunkt der regulären Fälligkeit des Weihnachtsgeldes gewählt werden, in der Regel der 30. November eines Jahres.

Und für den Fall des Verzichts auf die Rückzahlung:

Trotz des Ausscheidens vor dem Stichtag wird auf eine Rückzahlung des Weihnachtsgeldes/Bonus/Gratifikation verzichtet.

Typischerweise wird in solchen Fällen eine sogenannte **ratierliche Kürzung der Gratifikation** entsprechend dem Beendigungszeitpunkt vorgenommen. Scheidet beispielsweise der Arbeitnehmer zum 30. September eines Jahres aus, kann ihm dann entsprechend die Jahresleistung in Höhe von $^{9}/_{12}$ der Gesamtleistung zugesagt werden. Die Klausel würde dann lauten:

Das Weihnachtsgeld[448] für das Jahr 20… wird zu $^{9}/_{12}$ mit der letzten fälligen Gehaltszahlung ausgezahlt.[449]

Wird vereinbart, dass ungeachtet der vorzeitigen Beendigung die **Gratifikation** voll ausgezahlt werden soll, ist Folgendes zu formulieren:

Das Weihnachtsgeld[450] für das Jahr 20… wird ungekürzt mit der letzten fälligen Gehaltszahlung ausgezahlt.[451]

Eine Klausel gleichen Wortlauts empfiehlt sich zur **Klarstellung** auch dort, wo dem Arbeitnehmer das Weihnachtsgeld, das 13. Gehalt oder eine andere Gratifikation ausschließlich als zusätzliche Vergütung für die bislang erbrachte Arbeit, also als Rechtsanspruch und Gegenleistung für erbrachte Arbeitsleistung zusteht.[452] Ergibt die Auslegung einen solchen Charakter der Gratifikationsleistung – anders bewertet werden nach der Rechtsprechung allein solche Sonderzuwendungen, die keinerlei Entgeltcharakter haben, also mit denen nur die **zukünftige »Betriebstreue«** belohnt und die als Anreiz für weiteres Andauern des Beschäftigungsver-

448 Siehe Fußnote 31.

449 Statt der Quote kann es sich zur Vermeidung von Streitigkeiten auch empfehlen, den bei ihrer Anwendung genau errechneten Euro-Betrag in die Vereinbarung einzufügen.

450 Siehe Fußnote 31.

451 Statt der Quote kann es sich zur Vermeidung von Streitigkeiten auch empfehlen, den bei ihrer Anwendung genau errechneten Euro-Betrag in die Vereinbarung einzufügen.

452 Vgl. BAG vom 18.1.2012 – 10 AZR 612/10, NZA 2012, 561.

hältnisses dienen sollen –[453], so bleibt in jedem Fall diese zusätzliche Vergütung trotz Beendigung für das Jahr des Ausscheidens weiter geschuldet und zwar entsprechend dem Verhältnis der tatsächlichen Arbeitsleistung zur Gesamtdauer des Bezugszeitraums (in der Regel ein volles Kalenderjahr) in Form einer Zwölftelung.[454]
Dann ist die obige Regelung dazu geeignet, diesen Rechtsanspruch klarzustellen und damit einem etwaig sich später anschließenden Streit zu entziehen – dies ist schließlich die Funktion vertraglicher Regelungen, eindeutige Rechtsfolgen herbeizuführen.
Im umgekehrten Fall eines fehlenden Rechtsanspruches auf die Gratifikation schadet es daher auch nicht Folgendes klarzustellen:

Die Gratifikation[455] ist für das Jahr ... wegen des Ausscheidens aus dem Arbeitsverhältnis nicht geschuldet.

Vorsicht: Werden – ggf. anteilig – zu beanspruchende Gratifikationen oder andere **Gehaltsansprüche** nicht gesondert ausgewiesen und bezahlt, sondern in die eigentliche Abfindungssumme mit eingebunden, entsteht ein zusätzliches, sowohl steuerliches als auch sozialversicherungsrechtliches Risiko. Es handelt sich dann steuerrechtlich um die Abgeltung »erdienter« Ansprüche, sodass jedenfalls die darauf entfallenden Beträge voll der üblichen Lohnsteuer unterliegen, falls die Finanzverwaltung diese Vorgehensweise beanstandet.
Sozialversicherungsrechtlich sind solche geschuldeten Gehaltsbestandteile, mit denen zustehendes Arbeitsentgelt abgegolten werden sollen, nicht beitragsfrei. Hier nützt die Deklarierung als eigentlich beitragsfreie Abfindung nichts, da solche Beträge ganz normal der Beitragspflicht zur Renten-, Kranken- und Arbeitslosenversicherung unterliegen.[456] Es ist insoweit u. U. eine Abtrennung des eigentlichen Abfindungsbetrages von dem verdeckten, der Beitragspflicht unterliegenden Arbeitsentgelt vorzunehmen.[457]
Eine solche Umwandlung« von (echten) Gehaltsansprüchen in Abfindungsbeträge kann insbesondere dann für die Steuerbehörden und die Sozialversicherungsträger möglicherweise offenkundig werden, wenn im

453 Vgl. BAG vom 7.11.1991 – 6 AZR 489/89, BB 1992, 142; BAG vom 18.1.2012 – 10 AZR 612/10, NZA 2012, 561.
454 Vgl. BAG vom 8.11.1978 – 5 AZR 358/77, AP Nr. 100 zu § 611 BGB Gratifikation.
455 Um welche Gratifikation es sich konkret handelt, ist dabei anzugeben.
456 Vgl. BSG vom 21.2.1990 – 12 RK 65/87, BB 1990, 1704.
457 Siehe Küttner-Voelzke, Abfindung, Rn. 53.

Zusammenhang mit der Abfindung über eine übliche, allgemeine Erledigungsklausel (siehe dazu im Einzelnen unter 9.8, Seite 235) hinaus gesondert ein Verzicht auf konkrete Gehaltsbestandteile erklärt wird, etwa durch Formulierungen wie:

Der Arbeitnehmer verzichtet für das laufende Jahr auf das anteilige/volle 13. Gehalt/Jubiläumsgeld/andere Gratifikation o. Ä.

»Umwandlungen«, die scheinbar der Optimierung der Abfindung dienen, sind also risikobehaftet. Dieses Risiko kann sich auch erst längere Zeit nach Abschluss des Aufhebungsvertrages realisieren, etwa nach einer späteren Steuerprüfung. Die finanziellen Folgen sind dann vom Arbeitnehmer allein zu bewältigen (nachträglich ungünstigere Versteuerung, zusätzliche Verbeitragung in der Sozialversicherung).
Vereinzelt wurde allerdings entschieden, dass die »Einarbeitung« von Gehaltsbestandteilen in eine Abfindung rechtswidrig ist und daher dem betroffenen Arbeitnehmer trotz der erhöhten Abfindung die vorenthaltenen Sonderzahlungen zu leisten sind.[458]

9.4.2.2 Jahresabschlussvergütungen

Ähnlich wie bei den Gratifikationen für erbrachte Arbeitsleistungen ist die Rechtslage bei den sogenannten Jahresabschlussvergütungen. Handelt es sich um eine echte Gewinnbeteiligung (Tantieme), so bleibt der Anspruch hierauf bestehen, auch wenn der Arbeitnehmer vor Beendigung des Referenzzeitraums – in der Regel definiert durch die Festlegung des Geschäftsjahres – ausscheidet, es sei denn, die Parteien des Arbeitsvertrages haben wirksam, z. B. bereits im Arbeitsvertrag vereinbart, dass bei vorzeitigem Ausscheiden der Anspruch entfällt.[459] Um die Gewinnbeteiligung zu sichern, könnte folgende Klausel verwendet werden:

Der für das laufende Jahr nach den betrieblichen Regeln/Vereinbarungen bestehende Anspruch des Arbeitnehmers auf eine Gewinnbeteiligung für das Jahr ... wird trotz vorzeitigen Ausscheidens des Arbeitnehmers in voller Höhe ausbezahlt. Die Auszahlung ist spätestens drei Monate nach Feststellung der Bilanz vorzunehmen.

---

458 So ArbG Frankfurt vom 27. 10. 1999 – 7 Ca 2961/99, FA 2000, 95.

459 Vgl. BAG vom 27. 4. 1982 – 3 AZR 814/79, AP Nr. 16 zu § 620 BGB Probearbeitsverhältnis; BAG vom 4. 9. 1985 – 5 AZR 655/84, NZA 1986, 225; BAG vom 25. 4. 1991 – 6 AZR 532/89, NZA 1991, 763 f.

Noch besser wäre es allerdings, wenn eine solche Tantieme bereits **betragsmäßig** im Zuge der Verhandlungen über die Aufhebung **festgelegt** würde, da dann spätere Auseinandersetzungen über die Grundlagen der Berechnung der Gewinnbeteiligung vermieden werden. Eine Schätzung des Tantiemeanspruchs könnte sich beispielsweise orientieren am Durchschnitt der Tantiemen der letzten Jahre, wobei hier ein Zeitraum von drei bis fünf Jahren zugrunde gelegt werden kann, um einen repräsentativen Durchschnitt zu ermitteln. Darüber wäre dann in den Verhandlungen Einigkeit zu erzielen. Gelingt dies, könnte eine Klausel wie folgt lauten:

Die Tantieme/Gewinnbeteiligung für das Jahr 20… wird festgelegt auf € … brutto. Angesichts dieser Regelung verzichtet der Arbeitnehmer für diesen Zeitraum auf eine weitere Abrechnung der Tantieme/Gewinnbeteiligung entsprechend den hierzu bestehenden Regelungen.

Will der Arbeitgeber sichergehen, dass im Zweifelsfall auch keine weitergehenden Beträge nach Offenlegung der Bilanz geltend gemacht werden können, kann dem noch hinzugefügt werden:

Auf ggf. weitergehende Tantiemeansprüche/Gewinnbeteiligungsansprüche verzichtet der Arbeitnehmer, der Arbeitgeber nimmt diesen Verzicht an.

Fehlt es an einer solchen ggf. »aufstockenden« Einigung, ist die Gewinnbeteiligung ratierlich nach dem auf den Zeitraum der Beschäftigung entfallenden Gewinnanteil zu kürzen.[460]
Eine dies klarstellende Klausel könnte dann lauten:

Der für das laufende Jahr in Höhe von … % des Jahresgewinns bestehende Anspruch auf Gewinnbeteiligung wird wegen vorzeitigen Ausscheidens zum … zu …/12 ausbezahlt. Die Auszahlung ist spätestens drei Monate nach Feststellung der Bilanz vorzunehmen.

Da der Arbeitgeber verpflichtet ist, Auskunft zu erteilen über den Umfang des Anspruchs,[461] ist es sinnvoll diese Verpflichtung im Aufhebungsvertrag im Anschluss an eine der beiden zuletzt genannten Klauseln wie folgt festzuhalten:

---

460 Küttner-Griese, Einmalzahlungen, Rn. 10.

461 Vgl. Küttner-Kreitner, Auskunftspflichten Arbeitgeber, Rn. 5, für den Fall der Umsatzbeteiligung etc.

Die Bilanz[462] ist dem Arbeitnehmer unverzüglich nach ihrer Feststellung unaufgefordert zur Verfügung zu stellen.

So wird von vornherein abgesichert, dass die Höhe der auszuzahlenden Gewinnbeteiligung auch überprüft werden kann.
Handelt es sich um eine Jahresabschlussvergütung, die lediglich als Pauschalbetrag gewährt wird, und die unabhängig von der jeweiligen Arbeitsleistung mehr oder weniger in das Ermessen der Geschäftsleitung gestellt ist, wird vertreten, dass Arbeitnehmer, die vor dem regulären Auszahlungszeitpunkt ausscheiden, wirksam vom Bezug dieser Sondervergütung ausgeschlossen werden können. Bei solchen Konstellationen ist dieser Gesichtspunkt nach Möglichkeit in die Verhandlungen um die Höhe der Abfindung einzubeziehen oder der Betrag als – gesonderte – Pauschalsumme im Aufhebungsvertrag festzulegen.

9.4.2.3 Umsatzbeteiligungen und Provisionen

Bei reinen Umsatzbeteiligungen und Provisionen handelt es sich um Arbeitsentgelt im engeren Sinne, welches nicht nachträglich einseitig entzogen werden kann.[463] Bei Provisionen ist zusätzlich zu berücksichtigen, dass auch bei Beendigung des Arbeitsverhältnisses noch Provisionsansprüche entstehen können, die auf Geschäften beruhen, die der Arbeitnehmer vor seinem Ausscheiden abgeschlossen, vermittelt oder eingeleitet und so vorbereitet hat, dass sie noch auf seine Tätigkeit zurückzuführen sind. Kommen solche Geschäfte innerhalb einer angemessenen Frist[464] nach Beendigung des Vertragsverhältnisses zustande, so steht dem Arbeitnehmer die Provision nach der Vorschrift des § 87 Abs. 3 HGB gleichwohl zu. Aufgrund der Tatsache, dass es hier möglich ist, abweichende Regelungen vertraglich zu vereinbaren, deren Inhalt oft erst durch Auslegung ermittelt werden kann, ist es im Interesse beider Seiten geboten, für Klarstellung im Aufhebungsvertrag zu sorgen, bis zu welchem Zeitpunkt Provisionserlöse abgerechnet und dem Arbeitnehmer zufließen werden. Eine entsprechende Klausel könnte lauten:

---

462 Bzw. hier Hinweis aufnehmen auf andere zur Berechnung des Anspruchs erforderliche Unterlagen bzw. Auskünfte.

463 Vgl. BAG vom 12. 1. 1973 – 3 AZR 211/72, AP Nr. 4 zu § 87a HGB.

464 Eine Frist kann in Einzelfällen bis zur Dauer von zwei Jahren noch »angemessen« sein: vgl. v. Gamm, NJW 1979, 2489, 2492 unter Hinweis auf BGH vom 30. 1. 1964 – VII ZR 83/62.

Die bis zum Zeitpunkt der Beendigung des Arbeitsverhältnisses aufgrund zustande gekommener Geschäfte mit den vom Arbeitnehmer betreuten Kunden entstandenen Provisionsansprüche stehen dem Arbeitnehmer auch dann zu, wenn der Provisionsanspruch erst nach dem Beendigungszeitpunkt fällig geworden ist. Bei nach dem Beendigungszeitpunkt bis zum … 2023[465] mit bisher vom Arbeitnehmer betreuten Kunden zustande gekommenen Geschäften wird aufgrund der vermuteten Mitwirkung des Arbeitnehmers an deren Zustandekommen ein Provisionsanteil in Höhe von 50 %[466] ausgezahlt.

Alternativ wäre es denkbar, einen kürzeren Zeitraum für nachlaufende Provisionsansprüche zu wählen, dann aber diese in Anwendung des Grundgedankens des § 87 Abs. 3 HGB zu 100 % dem ausgeschiedenen Arbeitnehmer zugutekommen zu lassen, weil dieser maßgeblich durch seine Akquisitionstätigkeit für das Zustandekommen des Geschäfts gesorgt hat.
In beiden Fällen sollte der Abrechnungsanspruch gegenüber dem Arbeitgeber wie folgt im Aufhebungsvertrag durch einen ergänzenden Passus abgesichert werden.

Der Arbeitgeber rechnet über die entstehende Provision auch nach Beendigung des Arbeitsverhältnisses monatlich ab und erteilt gem. § 87c Abs. 2 HGB für alle provisionspflichtigen Geschäfte gleichzeitig einen Buchauszug.

Sind regelmäßig Aufwendungen z. B. für Reisen geltend zu machen (= Spesen), und werden hierfür ggf. Spesenvorschüsse gezahlt, so sollte Folgendes geregelt werden:

Bis zum Beendigungszeitpunkt noch ausstehende Reisekosten/Spesen sind bis spätestens zum … abzurechnen. Sofern sich im Hinblick auf gezahlte Reisekosten-/Spesenvorschüsse eine Überzahlung ergibt, müssen diese bis spätestens zum … zurückbezahlt werden.

---

465 Zeitpunkt nach Beendigung des Arbeitsverhältnisses verhandelbar, z. B. für einen Zeitraum von zwölf Monaten danach.

466 Die andere Hälfte könnte dann z. B. an den Nachfolger des Arbeitnehmers fließen; vgl. § 87 Abs. 3 HGB.

9.5 Freistellung

Wie in Kapitel 6 (Seite 143) im Einzelnen ausgeführt wurde, hat der Arbeitnehmer bis zur rechtlichen Beendigung des Arbeitsverhältnisses **keinen Rechtsanspruch auf bezahlte Freistellung.** Dennoch spielt bei der konkreten Auseinandersetzung um die einzelnen Bedingungen eines Aufhebungsvertrags die Frage, ob und in welcher konkreten Ausgestaltung diese Problematik vertraglich gelöst wird, eine große Rolle. In jedem Fall ist die Vergütung während einer Freistellungphase fortzuzahlen, unabhängig davon, ob die Freistellung widerruflich oder unwiderruflich erfolgt ist.

9.5.1 Einvernehmen über unwiderrufliche Freistellung

Nach neuer Rechtslage ist es ohne negative Konsequenzen möglich, die **unwiderrufliche Freistellung** zu vereinbaren (siehe Ausführungen unter 6.2, Seite 145). Hierfür bietet sich folgende Klausel an:

Die Parteien sind sich darüber einig, dass der Arbeitnehmer bis zum Beendigungszeitpunkt unwiderruflich von der Erbringung seiner Arbeitsleistung freigestellt wird.

Dabei sind aber noch folgende Probleme zu lösen:

9.5.2 Urlaubsabgeltung

Wird eine unwiderrufliche Freistellung vereinbart, sollten die damit zusammenhängenden Themen wie die (selbstverständliche) Pflicht zur Fortzahlung der geschuldeten Vergütung und die von der Rechtsprechung anerkannte Anrechnung von Urlaubsansprüchen auf Zeiten der unwiderruflichen Freistellung mitgeregelt werden. Eine Formulierung könnte wie folgt aussehen:

Der Arbeitnehmer wird ab sofort/nach Erledigung der (ggf. näher zu beschreibenden) Restarbeiten ab dem ... von seiner Verpflichtung zur Arbeitsleistung unter Fortzahlung der Vergütung sowie unter Anrechnung etwaiger ihm noch zustehender (Rest-)Urlaubsansprüche bzw. Freizeitausgleichsansprüche[467] unwiderruflich freigestellt.

467 Freizeitausgleichsansprüche können etwa bestehen aufgrund eines Arbeitszeitguthabens wegen geleisteter Mehrarbeit oder aus einem Gleitzeitkonto.

9.5.3 Anrechnung anderweitigen Verdienstes bei unwiderruflicher Freistellung

Sollen ferner die möglichen Probleme um die Anrechnung anderweitiger Einkünfte und wegen des ggf. weiter bestehenden Wettbewerbsverbots mitgelöst werden, kann ergänzend folgende Klausel Verwendung finden – und zwar in beiden in Frage kommenden Varianten alternativ:

Während der Freistellung ist anderweitiger Verdienst (nicht) anzurechnen. Das vertragliche Wettbewerbsverbot ist zu beachten/wird mit Abschluss dieser Vereinbarung aufgehoben.

Achtung: Bei gleichzeitig vereinbarter Sprinterklausel (siehe Kapitel 10.4, Seite 246) ist nach der Rechtsprechung des BAG[468] eine solche Klausel zur Nichtanrechnung von besonderer Bedeutung. Fehlt sie nämlich, ist im Fall vorzeitiger Aufnahme einer anderweitigen Erwerbstätigkeit davon auszugehen, dass ab deren Beginn doch eine Anrechnung auf den eigentlich fortzuzahlenden Entgeltanspruch erfolgt und auch der Urlaubsanspruch so behandelt wird, dass er zu Beginn der Freistellungsphase »verrechnet« wird, also dann die Wahl des Urlaubszeitpunkts, die eigentlich dem Arbeitnehmer zusteht, entfällt.
Kann keine Einigung über die Anrechenbarkeit von anderweitigen Einkünften erzielt werden, so kann eine vermittelnde Regelung ggf. weiterhelfen. Eine solche Regelung könnte lauten:

Während der Freistellung ist anderweitiger Verdienst nicht anzurechnen, soweit er Einkünfte aus selbstständiger Tätigkeit oder aus einer geringfügigen Beschäftigung gemäß § 8 Abs. 1 SGB IV oder einer bereits bestehenden Nebenbeschäftigung betrifft. Das vereinbarte Wettbewerbsverbot ist zu beachten/wird mit Abschluss dieser Vereinbarung aufgehoben.

Achtung: Auch bei Aufnahme einer selbstständigen Tätigkeit ist das vertragliche Wettbewerbsverbot zu beachten, wenn es nicht ausdrücklich aufgehoben wird.

---

468 BAG vom 23.2.2021 – 5 AZR 314/20, NZA 2021, S. 778 Rn. 27.

9.5.4 Einseitige Freistellung durch den Arbeitgeber

Eine Freistellung kann vom Arbeitgeber auch einseitig ausgesprochen werden. Eine einseitige Erklärung zur unwiderruflichen Freistellung könnte wie folgt lauten:

Bis zur Beendigung des Arbeitsverhältnisses werden Sie hiermit ab sofort/ab dem … von der Verpflichtung zur Arbeitsleistung unter Fortzahlung der Vergütung unter Anrechnung Ihnen noch zustehender (Rest-)Urlaubsansprüche bzw. Freizeitausgleichsansprüche unwiderruflich freigestellt.

Im Hinblick auf die jüngste Rechtsprechung des BAG dürfte eine solche Regelung im Hinblick auf die Anrechenbarkeit anderweitigen Verdienst für Arbeitnehmer eher ungünstig sein (siehe Kapitel 9.5.3).

9.5.5 Widerrufliche Freistellung

Bei einer nur widerruflich gewollten Freistellung könnte eine entsprechende Formulierung lauten:

Der Arbeitnehmer wird ab sofort bis zum Beendigungszeitpunkt widerruflich unter Fortzahlung der Vergütung von seiner Verpflichtung zur Arbeitsleistung freigestellt. Der Arbeitgeber behält sich vor, den Arbeitnehmer während der Restlaufzeit zeitweilig oder fortdauernd an seinem Arbeitsplatz zu beschäftigen.

9.5.6 Kombination widerrufliche/unwiderrufliche Freistellung

Die Freistellung kann auch in einer Kombination zwischen widerruflicher und unwiderruflicher Freistellung erfolgen:

Bis zur Beendigung des Arbeitsverhältnisses werden Sie ab sofort/ab dem … von der Verpflichtung zur Arbeitsleistung freigestellt. Diese Freistellung ist bezogen auf die Dauer noch zustehender (Rest-)Urlaubsansprüche bzw. Freizeitausgleichsansprüche[469] unwiderruflich, sodann bis zum Beendigungszeitpunkt widerruflich, jeweils unter Fortzahlung der Vergütung. Nach dem Ablauf der unwiderruflichen Freistellung behalten wir uns als Arbeitgeber vor, Sie im

469 Freizeitausgleichsansprüche können etwa bestehen aufgrund eines Arbeitszeitguthabens wegen geleisteter Mehrarbeit oder aus einem Gleitzeitkonto.

Rahmen der Restlaufzeit des Vertrages zeitweilig oder fortdauernd an ihrem Arbeitsplatz zu beschäftigen.

Im Rahmen einer solchen Klausel sollte ferner der verbliebene Teil der Urlaubs- bzw. Freizeitausgleichsansprüche konkret berechnet und festgelegt werden. Für die Phase der widerruflichen Freistellung sollten denkbare Gründe für den Widerruf der Freistellung konkret benannt werden, etwa extreme Arbeitsspitzen oder plötzlicher Vertretungsbedarf durch Krankheit o. Ä. sowie angemessene Ankündigungsfristen festgelegt werden.
Dazu bietet sich folgende Klausel an:

Die Parteien sind sich einig, dass der Arbeitnehmer bis zum Beendigungszeitpunkt unter Fortzahlung der Vergütung von seiner Verpflichtung zur Arbeitsleistung freigestellt wird. Diese Freistellung erfolgt unwiderruflich für die Dauer des noch offenen Resturlaubs von 20 Tagen sowie für die restlichen aus dem Gleitzeitguthaben sich ergebenden Stunden im Umfang von …[470] Im Anschluss daran ist die Freistellung widerruflich, wobei sich der Widerruf auf Fälle außerordentlicher Arbeitsbelastung oder zusätzlichen Vertretungsbedarfs aufgrund unvorhergesehener Krankheitsfälle beschränkt. Für den Fall des Widerrufs ist eine Ankündigungsfrist von mindestens vier [oder mehr] Arbeitstagen bis zur Aufnahme des Arbeitsbeginns einzuhalten.

9.6 Urlaubsansprüche

Erfolgt keine Freistellung des Arbeitnehmers oder wird in einem solchen Fall keine Anrechnung auf den restlichen noch bestehenden Urlaub geregelt, bleibt zu klären, was aus dem verbleibenden Urlaubsanspruch wird. Ein solcher Klärungsbedarf besteht auch, wenn die Kündigungsfrist bzw. die dem möglichst entsprechende Restlaufzeit des Vertrages kürzer ist als der Umfang des verbliebenen Urlaubsanspruchs.
Urlaub soll tatsächlich genommen werden. Deshalb hat der Gesetzgeber in § 13 Abs. 1 Satz 1 BUrlG ausdrücklich geregelt, dass der Mindesturlaubsanspruch, der gem. § 3 BUrlG 24 Werktage[471] beträgt, unabdingbar ist.

470 Beide Positionen konkret nach Lage der Dinge ausfüllen.

471 Da § 3 Abs. 2 BUrlG als Werktage alle Kalendertage außer Sonn- und gesetzlichen Feiertagen zählt, bedeutet dies einen gesetzlich garantierten Mindesturlaub von vier Wochen pro Jahr.

Weder durch einen Aufhebungsvertrag noch durch einen gerichtlichen Vergleich oder ein anderes Rechtsgeschäft kann daher auf den gesetzlichen Mindesturlaubsanspruch wirksam verzichtet oder eine Abgeltung in finanzieller Form vereinbart werden.[472]
Auch zwischen beiderseits tarifgebundenen Vertragsparteien gilt, dass auf den tariflichen Jahresurlaub, der stets mehr Urlaubstage als der gesetzliche Mindestanspruch umfasst, nur mit Zustimmung der Tarifvertragsparteien gem. § 4 Abs. 4 TVG verzichtet werden kann. Die Möglichkeit, dass Gewerkschaft und Arbeitgeberverband im Einzelfall eine solche Erklärung abgeben, ist praktisch ausgeschlossen, so dass der tarifliche Urlaubsanspruch (Regelfall: 30 Arbeitstage) ebenfalls gesichert ist.
Besteht daher noch ein Urlaubsanspruch, der bis zum Beendigungszeitpunkt nicht oder nicht vollständig genommen werden konnte, wandelt sich dieser Urlaubsanspruch gem. § 7 Abs. 4 BUrlG in einen Abgeltungsanspruch um.
Achtung: Auch der Abgeltungsanspruch unterliegt den gleichen Voraussetzungen wie der eigentliche Urlaubsanspruch, an dessen Stelle er tritt. Er ist ebenfalls unabdingbar und kann daher nicht wirksam in die Abfindung eingerechnet werden. Für ihn gelten die gleichen Fristen wie für den Urlaubsanspruch. Das heißt, auch die Abgeltung muss im laufenden Kalenderjahr gefordert werden. Nur unter ganz bestimmten Voraussetzungen ist eine Übertragung des Urlaubs in das Folgejahr und dann auch nur bis zum 31.3. des Folgejahres gem. § 7 Abs. 3 Satz 3 BUrlG möglich, so dass bis zu diesem Zeitpunkt nicht genommener Urlaub verfällt. Da sich der Arbeitnehmer bis zu diesem Zeitpunkt konkret um Urlaub bemüht haben soll,[473] bedeutet dies für den Abgeltungsanspruch: Der Arbeitnehmer muss sich bis zum Jahresende bzw. bis zum Auslaufen seines Vertrages tatsächlich um Gewährung seines Urlaubs bemüht haben, den Arbeitgeber also bei mangelnder Reaktion durch Mahnung in Verzug gesetzt haben. Dies geschieht **nicht** mit Erhebung der Kündigungsschutzklage, sondern muss gesondert und fristgerecht erfolgen.[474]
In das Urlaubsrecht ist auch in diesem Punkt – wie oben in Kap. 4.6.3.3, Seite 122 ausgeführt – Bewegung geraten. Nach der Rechtsprechung von EuGH und BAG muss der Arbeitgeber den Arbeitnehmer tatsächlich in die Lage versetzen, den Urlaub auch wahrnehmen zu können. Dazu

472 Vgl. BAG vom 31.5.1990 – 8 AZR 132/89, NZA 1990, 935; BAG vom 20.1.1998 – 9 AZR 812/96, NZA 1998, 816.
473 Vgl. BAG vom 27.8.1986 – 8 AZR 582/83, NZA 1987, 313.
474 Vgl. BAG vom 17.1.1995 – 9 AZR 664/93, NZA 1995, 531; BAG vom 21.9.1999 – 9 AZR 705/98, AP Nr. 77 zu § 7 BUrlG Abgeltung.

gehört, dass er ihn über den möglichen Verfall seines Urlaubsanspruchs aufklärt und ihm tatsächlich die Möglichkeit gibt, den Urlaub auch zu nehmen.[475]

Nach Ablauf des Übertragungszeitraums war nach dem bisherigen Verständnis auch der Urlaubsanspruch für dauerhaft erkrankte Arbeitnehmer verfallen und damit auch der Urlaubsabgeltungsanspruch, der an dessen Stelle tritt. Nach der Entscheidung des EuGH vom 20. 1. 2009[476] ist dies unvereinbar mit der Europäischen Arbeitszeitrichtlinie. Das BAG hat sich dem angeschlossen.[477] Damit ist klargestellt, dass der Anspruch auf Abgeltung von Urlaubsansprüchen nicht erlischt, wenn der Beschäftigte bis zum Ende des Urlaubsjahres und/oder des Übertragungszeitraums erkrankt und deshalb wegen Arbeitsunfähigkeit an der Abnahme des Urlaubs gehindert war. Vielmehr verlängert sich diese Frist nach den obigen Ausführungen um 15 Monate nach Ablauf des auf das Urlaubsjahr nachfolgenden Jahres.[478] Allerdings bezieht sich dies automatisch nur auf gesetzliche Urlaubsansprüche, ob sich dies auch auf die weitergehenden etwa auf Tarifvertrag beruhenden Urlaubstage (meist 30 Arbeitstage als Urlaubsanspruch) erstreckt, ist durch Auslegung zu ermitteln.[479]

Wegen des höchstpersönlichen Charakters des Urlaubs – nur der konkrete Arbeitnehmer kann und soll sich erholen – war eine Vererblichkeit von bis zum Tod nicht genommenen Urlaubsansprüchen nach bundesdeutschem Rechtsverständnis ausgeschlossen. Nach Meinung des EuGH ist dies jedoch anders: Für den nicht genommenen Urlaub entsteht ein Abgeltungsanspruch, der auch nicht davon abhängt, dass der Betroffene im Vorfeld einen entsprechenden Antrag gestellt hat.[480]

Um Probleme mit Urlaub und Urlaubsabgeltung zu vermeiden, ist es nützlich, auch hierzu klarstellende Regelungen im Aufhebungsvertrag zu treffen. Falls Urlaubsabnahme noch bis zum Beendigungszeitpunkt möglich ist:

Der Arbeitnehmer wird den ihm im Umfang von … Arbeitstagen noch zustehenden Urlaub in der Zeit vom … bis … nehmen.

---

475 EuGH vom 6. 11. 2018 – C-684/16, NZA 2018, 1474; BAG vom 29. 9. 2020 – 9 AZR 266/20, NZA 2921, S. 413; ausführlich HK-ArbR/Holthaus, § 7 BurlG, Rn. 79.

476 EuGH vom 20. 1. 2009 – C-350/06, C-520/06, NZA 2009, 135.

477 BAG vom 24. 3. 2009 – 9 AZR 983/07, NZA 2009, 538.

478 BAG vom 24. 3. 2009, a. a. O.

479 BAG vom 24. 3. 2009, a. a. O.

480 Vgl. EuGH vom 12. 6. 2014 – C-118/13, NZA 2014, 651 ff.; positiv bewertend Schmidt, NZA 2014, 701 ff.

Falls demgegenüber der Urlaub schon zur Gänze genommen wurde, ist es sinnvoll Folgendes aufzunehmen:

Sämtliche dem Arbeitnehmer zustehenden Urlaubsansprüche wurden in Natura gewährt und genommen.[481]

Konnte der Urlaub ganz oder teilweise nicht während der Restlaufzeit des Arbeitsverhältnisses genommen werden, bietet sich folgende Regelung an:

Der Arbeitnehmer hat noch einen Urlaubsanspruch von ... Arbeitstagen, der bis zur Beendigung des Arbeitsverhältnisses nicht erfüllt werden konnte. Hierfür zahlt der Arbeitgeber eine Urlaubsabgeltung in Höhe von € ..., fällig am ...[482]

Diese Regelung ist auch dann empfehlenswert, wenn nunmehr nach lange andauernder Arbeitsunfähigkeit Ansprüche auf Urlaubsabgeltung verblieben sind.
Erhält der Arbeitnehmer nämlich eine Urlaubsabgeltung, die sich nach dem Entgelt, das der Arbeitnehmer während der Dauer des abzugeltenden Urlaubs zu beanspruchen hätte, bemisst, führt dies bei nachfolgender Arbeitslosigkeit dazu, dass für den abzugeltenden Zeitraum der Anspruch auf Arbeitslosengeld gem. § 143 Abs. 2 SGB III ruht. Das gilt auch, wenn die Urlaubsabgeltung tatsächlich nicht ausgezahlt wird, sondern hierauf nur ein Anspruch besteht. Das Ruhen des Arbeitslosengeldes tritt selbst dann ein, wenn der Arbeitnehmer seinen Abgeltungsanspruch nicht gegenüber dem Arbeitgeber – z. B. aus Unkenntnis – erhoben hat. Deswegen dürfte es im Regelfall unklug sein, die Urlaubsabgeltungsansprüche in die Abfindung einzurechnen. Vielmehr sollten sie gesondert abgerechnet und ausgezahlt werden.

Tipp:
Sozialversicherungspflicht für Urlaubsabgeltungsansprüche nach länger andauernder Arbeitsunfähigkeit kann vermieden werden, wenn der be-

481 Dies ist auch als sogenannter Tatsachenvergleich (wenn z. B. die Zahl der bereits genommenen Urlaubstage strittig ist) möglich: vgl. BAG vom 27. 7. 1967 – 5 AZR 112/67, AP Nr. 2 zu § 7 BUrlG Abgeltung.

482 Fälligkeitszeitpunkt ist hier sinnvollerweise gleichzeitig der Beendigungszeitpunkt bzw. der Zeitpunkt der letzten Gehaltszahlung.

troffene Beschäftigte weder im laufenden noch im vorangegangenen Kalenderjahr laufendes Arbeitsentgelt bezogen hat, sondern nur auf Krankengeldbeträge angewiesen bzw. bereits »ausgesteuert« war. Insoweit kann auch eine Verlegung des Fälligkeitszeitpunkts für die Auszahlung der Urlaubsabgeltung in bestimmten Fällen eine Beitragspflicht vermeiden helfen, da diese regelmäßig erst dann entsteht, wenn entsprechende Beträge tatsächlich fließen.[483]

Achtung:
Wirksam ist jedoch ein Tatsachenvergleich, in dem die Parteien festhalten, dass der Arbeitnehmer den ihm zustehenden Urlaub in Natura tatsächlich genommen hat. Eine weitere Überprüfung findet dann nicht statt.

9.7 Zeugnis und Zwischenzeugnis

Nach § 109 GewO kann ein Arbeitnehmer bei der Beendigung des Arbeitsverhältnisses ein Zeugnis verlangen, das sich auch auf Führung und Leistung erstreckt (sogenanntes qualifiziertes Zeugnis).[484] Dieser Anspruch besteht auch dann, wenn der Arbeitnehmer die aus seiner Sicht unwirksame Kündigung mit der Kündigungsschutzklage angreift, also seine Weiterbeschäftigung mit gerichtlicher Hilfe durchsetzen will. Dies beruht darauf, dass das Zeugnis schon »bei« und nicht erst »nach« Beendigung des Arbeitsverhältnisses verlangt werden kann und zwar nicht nur als Zwischen- sondern auch als Endzeugnis.[485]
Dabei kommt es nicht auf die Art der Beendigung an, sondern darauf, dass selbstverständlich auch bei Abschluss eines einvernehmlichen Aufhebungsvertrages der Anspruch auf Zeugniserteilung besteht.
Grundsätzlich ist der Zeugnisanspruch aber geltend zu machen, da es sich regelmäßig um eine sogenannte Holschuld handelt.[486]
Liegt zwischen Kündigung und/oder Abschluss des Aufhebungsvertrages und dem eigentlichen Beendigungszeitpunkt ein längerer Zeitraum, in

483 Kern, ArbRAktuell 2010, 161.
484 Rechtsgrundlage für den Zeugnisanspruch ist § 109 GewO, während § 630 BGB nur noch für Dienstverhältnisse gilt, die keine Arbeitsverhältnisse sind; vgl. ErfK-Müller-Glöge, § 630 BGB Rn. 2.
485 Vgl. BAG vom 27.2.1987 – 5 AZR 710/85, NZA 1987, 628f.
486 Vgl. BAG vom 8.3.1995 – 5 AZR 848/93, NZA 1995, 671.

welchem noch Arbeitsleistungen zu erbringen sind, ist es sinnvoll, vorab ein Zwischenzeugnis zu verlangen.[487]

Zu unterscheiden ist das sogenannte einfache Zeugnis, das sich auf Dauer und Art des Beschäftigungsverhältnisses bezieht und das die vom Arbeitnehmer abgeleisteten Tätigkeiten vollständig und genau zu beschreiben hat und das sogenannte qualifizierte Zeugnis, das sich darüber hinaus auch auf Führung und Leistung erstreckt.[488] Das qualifizierte Zeugnis ist zur Regel geworden und bildet den Ausgangspunkt mannigfaltiger – bei den Arbeitsgerichten sehr unbeliebter – Streitigkeiten. Während die Beschreibung der abgeleisteten Tätigkeiten meist noch einvernehmlich ermittelt werden kann, unterliegt die Führung und Leistung eines Arbeitnehmers einer subjektiven Bewertung, wofür dem Arbeitgeber ein Beurteilungsspielraum zur Verfügung steht.[489]

Der Arbeitgeber ist dabei einerseits an die Wahrheitspflicht gebunden, muss sich aber andererseits um eine objektivierende Darstellung bemühen, die zugleich wohlwollend und damit berufsfördernd zu sein hat.[490]

Auch besteht Einigkeit darüber, dass die Angaben im Zeugnis über die Art der Beendigung des Arbeitsverhältnisses, z. B. einvernehmliches Ausscheiden durch Aufhebungsvertrag, nur auf Wunsch des Arbeitnehmers in das Zeugnis aufzunehmen sind. Ferner ist der Arbeitgeber laut BAG nicht verpflichtet, eine Abschlussformulierung im Zeugnis zu verwenden, in der er sich für die Zusammenarbeit bedankt, das Ausscheiden bedauert und für die Zukunft alles Gute wünscht.[491]

Streit entsteht in der Regel vor allem um die sogenannte »Benotung«, wobei ein »befriedigend« eine nur unterdurchschnittliche Leistung zum Ausdruck bringt.[492] Die bestmögliche Bewertung enthält das Sprachungetüm »stets zur vollsten Zufriedenheit«, welches als Benotung »sehr gut« meint.[493] Dabei haben sich alle Beteiligten darauf einzustellen, dass die Zeugnissprache mittlerweile so »diplomatisch« angelegt ist, dass schon Auslassungen sonst üblicher Benotungen, z. B. über das betriebliche Zusammenwirken mit Vorgesetzten und Kollegen als sogenanntes »beredtes

---

487 Ähnliches gilt beim Ausscheiden eines langjährigen Vorgesetzten: vgl. BAG vom 1. 10. 1998 – 6 AZR 176/97, NZA 1999, 894.

488 Vgl. ErfK-Müller-Glöge, § 109 GewO Rn. 5.

489 Küttner-Poeche, Zeugnis, Rn. 28.

490 Vgl. ErfK-Müller-Glöge, § 109 GewO Rn. 27 m. w. N.

491 BAG vom 11. 12. 2012 – 9 AZR 227/11, NZA 2013, 324.

492 Vgl. LAG Frankfurt vom 10. 9. 1987 – 12/13 Sa 1766/86, LAGE Nr. 3 zu § 630 BGB.

493 Vgl. LAG Hamm vom 27. 2. 1997 – 4 Sa 1691/96, NZA-RR 1998, 151, 157.

Schweigen« gewertet wird[494] und damit Rückschlüsse auf Fehlverhalten oder diesbezüglich kritisch zu beurteilenden Eigenschaften zulassen soll. Auch gibt es sogenannte »verdeckte Codes« in Zeugnissen, die einem kundigen Leser eine negative Einschätzung über den zu beurteilenden Arbeitnehmer insgeheim vermitteln können. Am bekanntesten ist noch die Wendung »hat sich bemüht«, die im Klartext zum Ausdruck bringt, dass erhebliche bis gravierende Mängel im Leistungsverhalten vorliegen.[495] Bestimmte Formulierungen sollen verdeckt Einschätzungen über persönliche Charaktereigenschaften bis hin zur sexuellen Orientierung zulassen.[496]

Solche Codes sind unzulässig.[497] Es gilt aber, ihnen überhaupt auf die Spur zu kommen, was einem ungeübten Zeugnisbetrachter oft nicht leicht fällt.

Wichtig:
Über die Abfassung des Zeugnisses und dessen Inhalt ist unbedingt bereits im Stadium der Verhandlungen über einen Aufhebungsvertrag Einvernehmen zu erzielen. Es sollte vermieden werden, den Inhalt des Zeugnisses allein von der mehr oder weniger zufälligen – manchmal auch willkürlichen – Bewertung einer Seite abhängig zu machen. Das gelingt aber nur, wenn das Zeugnis selbst zum Gegenstand der Vereinbarungen über einen Aufhebungsvertrag gemacht wird. Besteht allerdings gegenüber den für die Abfassung des Zeugnisses zuständigen Vorgesetzten ein solches Vertrauen, dass das Zeugnis angemessen formuliert wird, kann es reichen, im Aufhebungsvertrag folgende Klausel zu vereinbaren:

Der Arbeitnehmer erhält ein wohlwollendes, berufsförderndes Zeugnis, das sich auf Führung und Leistung erstreckt.

Wenn es bei der Bewertung der Arbeitsleistung unterschiedliche Einschätzungen geben kann, ist es ggf. sinnvoll, die Benotung vorab festzulegen. Dies kann dann durch folgende Klausel geschehen:

Der Arbeitnehmer erhält ein wohlwollendes, berufsförderndes Zeugnis, das sich auf Führung und Leistung erstreckt und das Prädikat »stets zu unserer vollen[498] Zufriedenheit« ausweist.

494 Vgl. LAG Hamm, a. a. O., m. w. N.
495 Siewert, S. 119.
496 Siewert, S. 123 f.
497 ErfK-Müller-Glöge, § 109 GewO Rn. 36 ff.
498 Dies entspricht in der Zeugnissprache einem »gut«.

Da § 109 GewO den Arbeitgeber nur verpflichtet, Angaben zu Art und Dauer der Tätigkeit und auf Wunsch dies um Angaben zu Leistung und Verhalten zu ergänzen, gehört eine freundlich gestaltete Schlussformel nicht zum notwendigen Zeugnisinhalt. Gibt es also Streit um die vom Arbeitgeber formulierte Schlussformel – enthält sie beispielsweise keine Danksagung –, so ist es ohne vertragliche Festlegung nicht möglich, eine ergänzende Umformulierung zu verlangen. Vielmehr besteht nur Anspruch auf Erteilung eines Zeugnisses ohne Schlussformel.[499] Da positive Schlusssätze durchaus wichtig sind, wenn es um die durch ein entsprechendes Zeugnis vermittelten Bewerbungschancen geht, sollte die obige Formulierung um eine entsprechende Verpflichtung für eine umfassende Schlussformel ergänzt werden:

Der Arbeitnehmer erhält ein wohlwollendes, berufsförderndes Zeugnis, das sich auf Führung und Leistung erstreckt und das Prädikat »stets zu unserer vollen[500] Zufriedenheit« ausweist. Das Zeugnis wird ferner mit einer dieser Note entsprechenden Bedauerns-, Dankes- und Wünscheformel versehen.

Optimal ist es, wenn es gelingt, den gesamten Zeugnistext gemeinsam abzustimmen. Dies verhindert jeden späteren unerquicklichen Streit. Ist erst der Aufhebungsvertrag unterschrieben, ohne dass der Zeugnisinhalt konkret festgelegt wurde, ist »die Luft raus«. Eine Handhabe für eine möglichst wohlwollende Formulierung hat der Arbeitnehmer dann nicht mehr, vielmehr ist er dann in vielen Fällen auf ein langwieriges Zeugnisberichtigungsverfahren vor dem Arbeitsgericht angewiesen. Da kein Anspruch auf bestimmte »positive« Formulierungen besteht[501] und der Beurteilungsspielraum des Arbeitgebers nicht durch das Arbeitsgericht ersetzt werden kann, ist der Ausgang entsprechender Verfahren eher ungewiss.

Deshalb ist es zur Sicherung eines gemeinsam im Vorfeld abgestimmten, wohlwollend abgefassten Zeugnistextes sinnvoll, im Aufhebungsvertrag Folgendes festzuhalten:

---

499 Vgl. BAG vom 11.12.2012 – 9 AZR 227/11, NZA 2013, 324ff., ebenso LAG Düsseldorf vom 12.1.2021 – 3 Sa 800/20, NZA-RR 2021, S. 334: Kein Anspruch auf Schlussformel, wenn »berechtigte Interessen« des Arbeitgebers entgegenstehen. Anders LAG Mecklenburg-Vorpommern vom 2.4.2019 – 2 Sa 187/18, NZA-RR 2019, S. 519: Es besteht Anspruch auf eine übliche Schlussformel.

500 Dies entspricht in der Zeugnissprache einem »gut«.

501 ErfK-Müller-Glöge, § 109 GewO Rn. 30.

Der Arbeitnehmer erhält das als Anlage beigefügte qualifizierte und berufsfördernde Zeugnis.

Empfehlung: Nicht nur an das zum Ausscheiden fällige Endzeugnis denken, sondern zunächst – wegen der Notwendigkeit frühzeitiger qualifizierter Bewerbungen – ein sprachlich im Präsens abzufassendes Zwischenzeugnis abstimmen und ausfertigen lassen. Sodann ein darauf beruhendes, zum Beendigungsdatum fälliges und dann in der Vergangenheitsform vorzulegendes (Schluss-)Zeugnis vereinbaren. Dazu kann folgende Formulierung eingesetzt werden:

Der Arbeitnehmer erhält das als Anlage beigefügte qualifizierte und berufsfördernde Zwischenzeugnis und sodann unter dem Datum des Ausscheidens ein darauf beruhendes (Schluss-)Zeugnis, das zusätzlich versehen ist mit einer Schlussformel, die wie folgt lautet: »Das Arbeitsverhältnis wird im beiderseitigen Einvernehmen beendet.[502] Wir bedauern das Ausscheiden von Frau .../ Herrn ... und bedanken uns bei ihr/ihm für die geleisteten Dienste und wünschen ihr/ihm beruflich weiterhin viel Erfolg und persönlich alles Gute.«[503]

Das Zeugnis sowohl als Zwischen- oder auch bereits als (Schluss-)Zeugnis wäre in einem solchen Falle dem Aufhebungsvertrag als Anlage beizufügen und im Text der Vereinbarung darauf zu verweisen, dass der beigefügte Entwurf verbindlich ist.
Reicht die Zeit allerdings für eine gelegentlich langwierige Abstimmung über den Inhalt des Zeugnisses nicht, weil der Vergleich über die Aufhebung des Arbeitsverhältnisses unter zeitlich knapp bemessenen Umständen zustande kommen soll, kann das Problem so gelöst werden, dass vereinbart wird, dass das spätere Zeugnis auf einem vom Arbeitnehmer noch zu liefernden Entwurf beruhen soll. Dann hat es der Arbeitnehmer in der Hand, eine möglichst wahrheitsgemäße, aber jedenfalls positive Zeugnisfassung zu entwerfen, die der Arbeitgeber dann entsprechend der vertraglichen Verpflichtung im Aufhebungsvertrag übernimmt und unter dem Briefkopf seines Unternehmens ausstellt. Ein solcher Passus lautet:

---

502 Regelmäßig ist nur auf Wunsch des Arbeitnehmers eine Angabe über Grund und Art des Ausscheidens in das Zeugnis aufzunehmen; vgl. ErfK-Müller-Glöge, § 109 GewO Rn. 26 m. w. N.

503 Auch wenn eine Schlussformel üblich ist, besteht kein Anspruch auf den Ausspruch des Bedauerns, des Dankes und der guten Wünsche für die persönliche und berufliche Zukunft: vgl. BAG vom 11. 12. 2012 – 9 AZR 227/11, NZA 2013, 324.

Der Arbeitnehmer erhält ein wohlwollendes, qualifiziertes Zeugnis gemäß seinem Entwurf.

Will sich der Arbeitgeber insoweit nicht unwiderruflich jeglicher Zeugnisentwurfsfassung unterwerfen, etwa weil er befürchtet, dass er dann auch nicht wahrheitsgemäße Aussagen in das Zeugnis zu übernehmen hätte, kann der Passus noch durch folgenden Halbsatz ergänzt werden:

Der Arbeitnehmer erhält ein wohlwollendes, qualifiziertes Zeugnis gemäß seinem Entwurf, von dem der Arbeitgeber nur aus wichtigem Grund abweichen wird.

9.8 Erledigungsklausel

Mit Aufhebungsverträgen verfolgen üblicherweise beide Seiten das Ziel, eine abschließende Regelung zu treffen. Die Praxis bedient sich dazu sogenannter Erledigungsklauseln (auch als Ausgleichs- oder Generalklauseln bezeichnet).
Eine typische Formulierung einer solchen am Schluss eines Aufhebungsvertrages aufzuführenden Erledigungsklausel lautet wie folgt:

Mit der Erfüllung dieser Vereinbarung sind alle Ansprüche aus dem Anstellungsverhältnis und seiner Beendigung, gleich aus welchem Rechtsgrund, ob bekannt oder unbekannt, erledigt.

Bevor eine solche Klausel unbesehen in einen Aufhebungsvertrag übernommen wird, sollte genau geprüft werden, ob dies den beiderseitigen Interessenlagen entspricht.

9.8.1 Unverzichtbare Ansprüche

Zunächst muss bedacht werden, dass eine Reihe von Ansprüchen durch eine solche Klausel gar nicht berührt, also nicht »erledigt« werden können.
Wie bereits dargelegt, ist ein Verzicht auf bis zum Abschluss des Beschäftigungsverhältnisses entstehende Urlaubsansprüche ebenso wenig

möglich wie der auf den darauf beruhenden Urlaubsabgeltungsanspruch (siehe unter 4.6.3.3, Seite 122).

Grundsätzlich gilt, dass darüber hinaus ein Verzicht auf bereits entstandene Rechte aus einem Tarifvertrag nur zulässig ist, wenn die Tarifvertragsparteien dem zustimmen.

Dort wo Betriebsvereinbarungen Arbeitnehmern unmittelbar, d. h. normativ Rechte einräumen, ist ein Verzicht nur mit Zustimmung des Betriebsrats gem. § 77 Abs. 4 Satz 2 BetrVG zulässig.

Etwas anderes gilt bei Rechten aus Tarifvertrag oder Betriebsvereinbarung, wenn die Parteien sich über die tatsächlichen Voraussetzungen eines solchen Anspruchs gestritten haben, z. B. über den Umfang von Mehrarbeit, die Zahl der sogenannten Freizeittage zum Ausgleich von Arbeitszeitverkürzungen usw. Hierüber kann ein sogenannter Tatsachenvergleich geschlossen werden, der den Streit oder die Ungewissheit über die tatsächlichen Voraussetzungen eines unabdingbaren gesetzlichen bzw. auf Tarifvertrag oder Betriebsvereinbarung beruhenden Anspruchs beendet.[504]

Es kann also beispielsweise mit der Erledigungsklausel nicht vorab auf den gesetzlichen Urlaubsanspruch verzichtet werden. Möglich wäre aber ein Vergleich über die Tatsache, in welchem Umfang Urlaub bereits gewährt worden sein soll.

Im Aufhebungsvertrag müsste sodann zum Ausdruck kommen, um welchen Anspruch es geht, etwa dergestalt:

Die Parteien sind sich einig, dass der Arbeitnehmer im laufenden Jahr bereits 30 Urlaubstage erhalten hat, so dass der Urlaubsanspruch vollständig erfüllt ist.

Mit der allgemeinen Erledigungsklausel könnte diese Rechtswirkung nicht herbeigeführt werden.

Weiterhin ist es durch eine allgemeine Erledigungsklausel auch nicht möglich, auf die Geltendmachung des Kündigungsschutzes zu verzichten. Allerdings ist es nach bereits erfolgter Kündigung und Erhebung der Kündigungsschutzklage zulässig, dass sich der Arbeitnehmer im Rahmen des dann abgeschlossenen Aufhebungsvertrages verpflichtet, die nunmehr entbehrlich gewordene Klage zurückzunehmen oder für erledigt zu erklären.

---

504 BAG vom 5. 11. 1997 – 4 AZR 682/95, NZA 1998, 434, 435 m. w. N.; BAG vom 21. 12. 1972 – 5 AZR 319/72, BB 1973, 427; BAG vom 23. 8. 1994 – 3 AZR 825/93, NZA 1995, 421.

Ferner erfasst die allgemeine Erledigungsklausel keine Ansprüche aus der betrieblichen Altersversorgung. Es gilt die Auslegungsregel, wonach Ausgleichs- bzw. Erledigungsklauseln nicht die Ansprüche auf betriebliche Altersversorgung umfassen.[505] Grundsätzlich erfasst eine allgemeine Ausgleichsklausel keine Versorgungsansprüche eines vorzeitig ausscheidenden Arbeitnehmers, die erst in Zukunft fällig werden.[506] Unverfallbare Versorgungsanwartschaften sind im Übrigen nach der Regelung des § 3 BetrAVG besonders geschützt. Nur unter ganz präzise im Gesetz bestimmten Bedingungen kann überhaupt eine dann gesondert zu ermittelnde Abfindung solcher unverfallbaren Anwartschaften bei Beendigung des Arbeitsverhältnisses in Betracht kommen.[507]
Hat der Arbeitnehmer etwa ein Darlehen des Arbeitgebers erhalten und sind zum Zeitpunkt des Abschlusses des Aufhebungsvertrages noch nicht alle Rückzahlungsraten entrichtet worden, entfällt der Rückzahlungsanspruch grundsätzlich nicht.[508]
Auch der Zeugnisanspruch und der Anspruch auf Entgeltfortzahlung im Krankheitsfall zählen zu den Rechten, auf die mit einer allgemeinen Erledigungsklausel nicht wirksam verzichtet werden kann.

9.8.2 Verzichtbare Ansprüche

Auf alle anderen Ansprüche aus dem Arbeitsverhältnis kann aber wirksam verzichtet werden.
So erfasst die allgemeine Erledigungsklausel in aller Regel bis dahin entstandene Schadensersatzansprüche.[509]

---

505 Vgl. BAG vom 27. 2. 1990 – 3 AZR 213/88, NZA 1990, 689; BAG vom 17. 10. 2000 – 3 AZR 69/99, NZA 2001, 203: Danach gilt dieser Grundsatz auch dann, wenn im Wege des Schadensersatzes Versorgungsansprüche eingeklagt werden; siehe ebenso BAG vom 20. 4. 2010 – 3 AZR 225/08, NZA 2010, 883.

506 Vgl. LAG Köln vom 28. 4. 2000 – 11 Sa 143/00, NZA-RR 2000, 655.

507 Vgl. BGH vom 15. 7. 2002 – II ZR 192/00, NJW 2002, 3632: Jede Abfindung, die nicht dem Barwert der späteren Versorgungsleistung entspricht, ist unwirksam, auch wenn sie in einem Prozessvergleich getroffen wurde.

508 Vgl. BAG vom 19. 1. 2011 – 10 AZR 873/08, NZA 2011, 1159: anders, wenn durch die konkrete Ausgestaltung des Darlehens eine besonders enge Verknüpfung zum Arbeitsverhältnis besteht; vgl. ausführlich Bauer, C 476.

509 Anders LAG Düsseldorf vom 28. 8. 2001 – 16 Sa 610/01, MDR 2002, 160, wenn sich nach Abschluss der Aufhebungsvereinbarung herausstellt, dass der Arbeitnehmer in größerem Stil Betrugsdelikte auch zu Lasten des Arbeitgebers (Schaden ca. DM 180 000,00) begangen hat. Hier soll es eine Treu und Glauben widersprechende unzulässige Rechtsausübung darstellen, wenn sich der Arbeitnehmer auf die Erledigungsklausel beruft.

Darüber hinaus kann die Erledigungsklausel auch bereits entstandene Ansprüche z. B. auf Spesenersatz oder zurückliegende Ansprüche, z. B. auf zusätzliches Urlaubsgeld oder eine Tantieme o. Ä. erfassen, es sei denn, es handelt sich hierbei um durch Tarifvertrag oder Betriebsvereinbarung abgesicherte Ansprüche.

Das BAG hat in Abkehr von seiner früheren Rechtsprechung entschieden, dass eine solche Erledigungs- bzw. Ausgleichsklausel grundsätzlich auch Ansprüche aus einem Wettbewerbsverbot umfassen kann und zwar sowohl hinsichtlich der Frage, ob das Wettbewerbsverbot fortbesteht als auch hinsichtlich der Frage, ob noch Ansprüche auf sogenannte Karenzentschädigung geltend gemacht werden können. Jedenfalls gibt es insoweit eine Vermutung für die Miterledigung auch dann, wenn beide Seiten das Thema im Zusammenhang mit den Aufhebungsverhandlungen schlicht übersehen haben.[510]

Auf eine alles umfassende Erledigungsklausel sollte auch dort verzichtet werden, wo die nachträgliche Erstattung von Arbeitslosengeld aufgrund eines Forderungsübergangs auf die Agentur für Arbeit in Rede steht, es sei denn hierzu wurde eine spezifische Vereinbarung mit dem Arbeitgeber im Rahmen der Aufhebungsvereinbarung getroffen (siehe dazu im Einzelnen unter 10.11, Seite 261).

Vor Abschluss eines Aufhebungsvertrages ist daher genau zu prüfen, ob noch beiderseitige Ansprüche unerfüllt sind. Entweder sind dann diese noch offenen Punkte im Aufhebungsvertrag gesondert anzusprechen oder beide Seiten sollten auf die nach alledem nicht ungefährliche Erledigungsklausel verzichten. Auch kann es sich anbieten, da die andere Seite meist auf der Vereinbarung einer Erledigungsklausel beharrt, deren im Zweifelsfall eingeengten Anwendungsbereich bei der Formulierung selbst zum Ausdruck zu bringen. Soll also z. B. die Unantastbarkeit von Anwartschaften auf die Betriebliche Altersversorgung betont werden, könnte die allgemeine Erledigungsklausel um einen entsprechenden Passus ergänzt werden:

Mit der Erfüllung dieser Vereinbarung sind alle Ansprüche aus dem Anstellungsverhältnis und seiner Beendigung, gleich aus welchem Rechtsgrund, erledigt. Hiervon ausgenommen sind die Anwartschaften und Rechte aus der Betrieblichen Altersversorgung.

---

510 Vgl. BAG vom 31.7.2002 – 10 AZR 558/01, NZA 2003, 101; BAG vom 19.11.2003 – 10 AZR 174/03, AP Nr. 50 zu § 611 BGB Konkurrenzklausel.

9.8.3 Widerrufsrecht

Durch die sogenannte Schuldrechtsmodernisierung durch Gesetz vom 26.11.2001[511] wurde ein Widerrufsrecht für Verbraucherverträge im Gesetz verankert, sodass es nur konsequent wäre, dies auch auf arbeitsrechtliche Aufhebungsverträge zu erstrecken. Das BAG hat sich aber anders entschieden und lehnt höchstrichterlich die Anwendung dieser im Verbraucherrecht so wichtigen Schutzvorschrift auf Aufhebungsvereinbarungen ab.[512]
Das schließt natürlich nicht aus, ggf. ein vertragliches Rücktrittsrecht zu vereinbaren, wobei eine entsprechende Klausel lauten könnte:

Von dieser Vereinbarung kann jede Seite innerhalb einer Frist von zwei Wochen[513] nach deren Abschluss zurücktreten. Ein entsprechender Widerruf ist schriftlich gegenüber der anderen Seite zu erklären. Für die Rechtzeitigkeit der Erklärung kommt es auf den Zugang bei der anderen Seite (alternativ: auf den Nachweis der rechtzeitigen Absendung) an.

Natürlich kann das vertraglich eingeräumte Rücktrittsrecht bzw. das Recht zum Widerruf auch nur einer der beiden Vertragsparteien zugestanden werden, wie dies z. B. bei gerichtlichen Vergleichen durchaus nicht unüblich ist, wenn eine Seite im Gerichtstermin nicht persönlich anwesend, sondern nur durch einen Bevollmächtigten vertreten war.

---

511 BGBl. I. S. 3138.

512 BAG vom 27.11.2003 – 2 AZR 135/03, NZA 2004, 597; vgl. im Übrigen die Ausführungen unter 12.6, Seite 280.

513 Die vorgeschlagene Frist ist nur beispielhaft – sowohl eine längere als auch eine kürzere Frist können vertraglich festgelegt werden.

10. Weitere Regelungspunkte in Aufhebungsverträgen

In vielen Aufhebungsverträgen sind neben den Kernpunkten weitere spezifische Fragen klärungsbedürftig, die entsprechender vertraglicher Regelung bedürfen.

10.1 Insolvenzrisiko

Durch die Insolvenzordnung ergeben sich Risiken für Arbeitnehmer bei Abschluss von Aufhebungsverträgen, wenn vor Zahlung der Abfindung Insolvenz des Arbeitgebers eintritt.
Beruht die Abfindungsforderung auf einem vor Eröffnung des Insolvenzverfahrens abgeschlossenen Aufhebungsvertrag, Prozessvergleich oder einem Auflösungsurteil nach §§ 9, 10 KSchG, handelt es sich um eine einfache Insolvenzforderung gem. § 38 InsO. Auf diese entfällt in aller Regel – und dann auch erst nach Abschluss eines meist mehrere Jahre (!) andauernden Insolvenzverfahrens – nur eine ganz geringe Quote. Oft bleibt nach dem Ausgleich der Masseschulden gar nichts für die »einfachen« Insolvenzgläubiger übrig.
Ausgenommen hiervon sind lediglich Abfindungsansprüche aus einem Sozialplan, der mit dem Insolvenzverwalter selbst oder in einem Zeitraum von drei Monaten vor Stellung des Insolvenzantrages aufgestellt worden ist, wenn der Insolvenzverwalter (oder der Betriebsrat) diesen Sozialplan nicht widerrufen hat, wobei in der Praxis der Widerruf die Regel ist.
Wird in der Insolvenz zwischen Betriebsrat und Insolvenzverwalter ein Sozialplan aufgestellt, gilt eine summenmäßige Beschränkung der Abfindungshöhe auf durchschnittlich 2,5 Monatsverdienste pro betroffenen Arbeitnehmer. Noch einschneidender wird das Volumen des Sozialplans in der Insolvenz aber dadurch eingeschränkt, dass es höchstens ein Drittel der zur Verteilung verfügbaren Insolvenzmasse umfassen darf.

Ein Sozialplan, der in einem Zeitraum aufgestellt wurde, der mehr als drei Monate vor dem Zeitpunkt des Insolvenzantrages liegt, führt bezüglich daraus resultierender Abfindungen ebenfalls dazu, dass es sich (nur) um einfache Insolvenzforderungen handelt.

Es ist also ein großes Interesse an Absicherung vorhanden, wenn der Arbeitnehmer den Eindruck hat, sein Arbeitgeber könne schon in Kürze zahlungsunfähig werden. Die Insolvenz hätte dann zur Konsequenz, dass aufgrund des Aufhebungsvertrages das Arbeitsverhältnis unwiderruflich beendet wurde, die dafür als Ausgleich zu zahlende Abfindung aber als einfache Insolvenzforderung untergeht bzw. wertlos wird. Um dies zu vermeiden, kann im Aufhebungsvertrag zwischen den Parteien eine sogenannte auflösende Bedingung vereinbart werden. Eine solche Klausel ist in den Anfangstext des Aufhebungsvergleiches nach den Ziff. 1 und 2 aufzunehmen (siehe 9.1, Seite 203f. und 9.2, Seite 210ff.)

Sollte die vereinbarte Abfindung nicht bis zum … sowohl abgerechnet als auch der sich nach Abzug der anfallenden Steuern ergebende Betrag dem Arbeitnehmer unwiderruflich zugeflossen sein, gilt der Aufhebungsvertrag als nicht geschlossen. Das Arbeitsverhältnis wird sodann ungekündigt zu den zum jetzigen Zeitpunkt bestehenden vertraglichen Bedingungen fortgesetzt.

Das ist allerdings die einzige Chance, noch etwas »zu retten«. Wird nämlich nach Eintritt der Insolvenz der Aufhebungsvertrag oder auch der Prozessvergleich nicht erfüllt, lehnt das BAG ein Rücktrittsrecht ab. Begründung dafür ist, dass die Durchsetzbarkeit der Forderung – z. B. auf Zahlung der vereinbarten Abfindung – nicht mehr gegeben ist bzw. nach den Bestimmungen der Insolvenzordnung anfechtbar wäre.[514]

Die Variante mit der vorab geregelten auflösenden Bedingung bzw. dem vertraglich eingeräumten Rücktrittsrecht hat allerdings den Nachteil, dass der Arbeitnehmer im Falle der Nichtzahlung das Arbeitsverhältnis fortsetzen muss, was für ihn wenig interessant ist, wenn er inzwischen eine Tätigkeit bei einem anderen Arbeitgeber aufgenommen hat. Dann ist es vielmehr sinnvoller, die Abfindungsforderung z. B. durch eine Bankbürgschaft abzusichern. Zwar kann hier nicht völlig ausgeschlossen werden, dass ein späterer Insolvenzverwalter das Bürgschaftsgeschäft einer Anfechtung unterzieht. Dies ist jedoch nur möglich, wenn gerade durch den Abschluss dieses Geschäfts andere Gläubiger des in Insolvenz gegangenen

514 BAG vom 10.11.2011 – 6 AZR 357/10, NZA 2012, 205; BAG vom 11.7.2012 – 2 AZR 42/11, NZA 2012, 1316.

Unternehmens benachteiligt werden, was nicht ohne weiteres zutreffen muss.
Eine Bankbürgschaft oder auch eine Bürgschaftserklärung eines persönlich haftenden Gesellschafters o. Ä. wäre in einer gesonderten Erklärung außerhalb des Aufhebungsertrages festzuhalten. Die Bürgschaft bedarf zu ihrer Wirksamkeit der Schriftform und muss außer der Absicht, für eine fremde Schuld einzustehen, den Gläubiger (hier: der Arbeitnehmer), den Hauptschuldner (hier: der Arbeitgeber) und die verbürgte Hauptschuld (Abfindung) bezeichnen. Die Bürgschaft sollte als so genannte selbstschuldnerische Verpflichtung abgegeben werden, um dem Gläubiger im Falle der Nichtzahlung zu ersparen, zunächst gegen den Hauptschuldner gerichtlich vorzugehen.
Oft wird es bei Abschluss der Aufhebungsvereinbarung aus zeitlichen Gründen noch nicht gelungen sein, eine solche Bürgschaftserklärung z. B. einer Bank oder Sparkasse einzuholen. Dann ist es sinnvoll, in die Vereinbarung ein gesondertes Rücktrittsrecht einzubauen, falls nicht innerhalb einer bestimmten Frist die ordnungsgemäße Vorlage einer Bürgschaft nachgewiesen wird. Eine entsprechende Klausel würde lauten:

Der Arbeitgeber verpflichtet sich, für die Zahlung der Abfindung eine selbstschuldnerische Bürgschaft (einer Bank oder Sparkasse) beizubringen. Sollte eine entsprechende Bürgschaftsurkunde nicht bis zum … dem Arbeitnehmer im Original vorgelegt werden, ist der Arbeitnehmer berechtigt, vom Vertrag zurückzutreten. Das Arbeitsverhältnis wird dann ungekündigt zu den zum jetzigen Zeitpunkt bestehenden vertraglichen Bedingungen fortgesetzt.

Möglich wäre auch die Formulierung einer aufschiebenden Bedingung:

Der Arbeitgeber verpflichtet sich, für die Zahlung der Abfindung eine selbstschuldnerische Bürgschaft (einer Bank oder Sparkasse) beizubringen. Der Aufhebungsvertrag tritt nur in Kraft, wenn der Arbeitgeber bis zum … dem Arbeitnehmer eine entsprechende Bürgschaftsurkunde im Original vorlegt. Ist dies nicht der Fall, wird das Arbeitsverhältnis ungekündigt zu den zum jetzigen Zeitpunkt bestehenden vertraglichen Bedingungen fortgesetzt.

10.2 Betriebliche Altersversorgung

Rechte aus betrieblicher Altersversorgung bedürfen nicht zwingend einer Einbeziehung in den Aufhebungsvertrag. Es empfiehlt sich aber bei Bestehen einer Versorgungszusage vorsorglich für den Fall, dass eine allgemeine Erledigungsklausel (siehe die Ausführungen unter 9.8, Seite 235) vereinbart wird, folgendes festzuhalten:

Durch diese Vereinbarung werden die Ansprüche und Anwartschaften des Arbeitnehmers aus der Betrieblichen Altersversorgung nicht berührt.

Besteht bereits eine unverfallbare Anwartschaft, kann das gem. § 2 Abs. 6 BetrAVG gesetzlich bestehende Auskunftsrecht deklaratorisch im Aufhebungsvertrag wie folgt festgehalten werden:

Alsbald nach Beendigung des Arbeitsverhältnisses wird der Arbeitgeber dem Arbeitnehmer eine schriftliche Bestätigung darüber erteilen, ob für ihn die Voraussetzungen einer unverfallbaren Betrieblichen Altersversorgung erfüllt sind und in welcher Höhe Versorgungsleistungen bei Erreichen der in der Versorgungsordnung vorgesehenen Altersgrenze beansprucht werden können.

Solche Regelungen sind nur deklaratorischer Art, d.h. sie bestätigen nur ohnehin bestehende Verpflichtungen, so dass es den Parteien des Aufhebungsvertrages überlassen bleibt, der Vollständigkeit halber solche Klauseln hinzuzufügen.
Echter Regelungsbedarf besteht allerdings dann, wenn es um die Behandlung noch nicht unverfallbar gewordener Anwartschaften im Rahmen einer Aufhebungsvereinbarung geht.
Das ist der Fall, wenn der Arbeitnehmer nach § 1b BetrAVG zum Zeitpunkt seines Ausscheidens zwar das 21. Lebensjahr vollendet, die Versorgungszusage für ihn aber noch keine drei Jahre bestanden hat.
Hier können die Parteien vereinbaren, dass abweichend von § 1b BetrAVG unverfallbare Ansprüche bzw. Anwartschaften auf eine betriebliche Altersversorgung begründet werden.
Eine solche Vereinbarung bewirkt aber keinen Schutz bei Insolvenz des Arbeitgebers. Der zur Absicherung der Altersversorgungen gebildete Pensions-Sicherungs-Verein ist an solche Vereinbarungen nicht gebunden,[515] wohl aber der Arbeitgeber.

---

515 BAG vom 19.7.1983 – 3 AZR 397/81, DB 1983, 2255.

Fehlen also beispielsweise dem Arbeitnehmer an dem Erreichen der Unverfallbarkeitsgrenze von drei Jahren nur wenige Monate, so kann – gegenüber dem Arbeitgeber wirksam – Folgendes vereinbart werden:

Hinsichtlich der betrieblichen Altersversorgung wird der Arbeitnehmer so gestellt, dass diesbezüglich von einer Beendigung des Arbeitsverhältnisses mit Ablauf des 31. 12. 2023[516] ausgegangen wird.

Alternativ wäre es regelungsfähig und der Klarheit halber zu bevorzugen, nur den Anspruch als unverfallbar auszugestalten, ohne – wie im vorigen Beispiel – bei der Errechnung der Anwartschaften die insoweit verlängerte Beschäftigungszeit mit zu berücksichtigen:

Abweichend von § 1b BetrAVG sind sich die Parteien einig, dass zu Gunsten des Arbeitnehmers eine unverfallbare Anwartschaft auf betriebliche Altersversorgung besteht.

Soll darüber hinaus ein Teil der Abfindung in die betriebliche Altersversorgung eingezahlt werden, muss diese Regelung zu ihrer Wirksamkeit auch vor dem Ausscheiden des Arbeitnehmers aus dem Arbeitsverhältnis getroffen werden, üblicherweise also in einem Aufhebungsvertrag.
Folgendes könnte hierzu darin geregelt werden:

Der Arbeitgeber zahlt im Zusammenhang mit der Beendigung des Arbeitsverhältnisses eine einmalige Summe in Höhe von € … an die für den Arbeitnehmer bei der … Vers.-AG abgeschlossene Direktversicherung mit der Vers.-Nr. … (alternativ: an die Pensionskasse/den Pensionsfonds). Alle Rechte aus der bestehenden Versorgung gehen auf den Arbeitnehmer mit der Beendigung über. Dieser ist berechtigt, diese mit eigenen Beiträgen fortzuführen. Der Arbeitgeber ist verpflichtet, alle hierzu erforderlichen Erklärungen abzugeben.

Der finanzielle Wert solcher Regelungen sollte genau überprüft werden. Anwartschaften, um deren Unverfallbarkeit oder auch Aufbesserung es hier geht, unterliegen nicht der Anpassung an die Inflationsentwicklung. Je länger die Zeit bis zur gesetzlichen Altersgrenze im konkreten Einzelfall noch währt, desto geringer sind im Zweifelsfall die Anwartschaften zu bewerten. In den meisten Fällen dürfte es sinnvoller sein, den Gesichtspunkt des drohenden Verlustes in der betrieblichen Altersversorgung

516 Obwohl das Arbeitsverhältnis tatsächlich schon Monate vorher beendet wurde.

durch eine besser dotierte Abfindung auszugleichen, also diesen Aspekt als Argument für deren Anhebung zu nutzen oder aber in die ungleich sichere gesetzliche Rentenversicherung einzuzahlen.

10.3 Anrechnung anderweitigen Verdienstes; Wettbewerbsverbot

Grundsätzlich gilt, dass sich der Arbeitnehmer während des Bestehens seines Arbeitsverhältnisses anderweitig erzielten Verdienst anrechnen lassen muss, es sei denn, es handelt sich um Einkünfte aus einer bloßen Nebenbeschäftigung.

Diese **Anrechnung** ist auch während einer **Freistellungsphase** vorzunehmen, die sich an eine Kündigung oder den Abschluss eines Aufhebungsvertrages anschließt. Zwar wird vertreten, dass bei einvernehmlicher unwiderruflicher Freistellung auf eine Anrechnung stillschweigend verzichtet wird, weil der Arbeitgeber damit seine Gläubigerstellung aufgegeben hat, wenn gleichzeitig eine umfassende Erledigungsklausel vereinbart wurde.[517] Wie oben (vgl. die Ausführungen zu 9.8, Seite 235ff.) ausführlich dargelegt, kommen hier allerdings diverse rechtliche Varianten in Betracht.

Die Verwendung einer Sprinterklausel (siehe nachfolgend 10.4.) kann nach der Rechtsprechung des BAG bei Fehlen einer ausdrücklichen Abrede über die Anrechnung anderweitiger Einkünfte für eine konkludent vereinbarte Anrechnung sprechen.[518]

Es ist daher in jedem Fall anzuraten, eine klare Regelung zu treffen, wenn der Arbeitnehmer ohne Anrechnung während der Freistellungsphase hinzuverdienen darf. Im Anschluss an die Freistellungsklausel könnte eine solche Regelung wie folgt lauten:

Anderweitig während der Freistellung erzielte Einkünfte des Arbeitnehmers werden auf bis zum Beendigungszeitpunkt fällige Gehaltsbezüge nicht angerechnet.

---

517 So LAG Hamm vom 27.2.1991 – 2 Sa 1289/90, DB 1991, 1577.

518 BAG vom 23.2.2021 – 5 AZR 314/20, NZA 2021, 778, 779; zu beachten ist allerdings, dass das BAG im streitgegenständlichen Fall über eine Individualvereinbarung zu entscheiden hatte und daher eine Anwendbarkeit der §§ 305ff. BGB nicht in Betracht kam.

Ferner ist zu beachten, dass fraglich ist, ob der Arbeitnehmer bei unwiderruflicher Freistellung bis zur Beendigung des Arbeitsverhältnisses berechtigt ist, eine Wettbewerbstätigkeit auszuüben (vgl. § 60 HGB). Auch hier sollte durch den Vertrag denkbaren rechtlichen Unklarheiten begegnet werden.
Die oben aufgeführte Klausel könnte dazu noch um den nachfolgenden Satz ergänzt werden:

Der Arbeitgeber verzichtet dabei auf das Wettbewerbsverbot gem. § 60 HGB.

Will hingegen der Arbeitgeber den **Bestand des Wettbewerbsverbots** trotz ansonsten unbeschränkter Hinzuverdienstmöglichkeiten zweifelsfrei aufrechterhalten, wäre stattdessen folgende Formulierung anzubringen:

Unberührt hiervon besteht das Wettbewerbsverbot gem. § 60 HGB fort.

10.4 Vorzeitiges Ausscheiden und Anhebung der Abfindung/Sprinterklausel

Die vorstehend möglichen Regelungen zum anrechnungsfreien Hinzuverdienst bei Freistellung unter gleichzeitigem Verzicht auf das während des Arbeitsverhältnisses bestehende Wettbewerbsverbot sind nicht nur relativ umständlich, sie haben auch den Nachteil, dass die Vertragspartei, die auf die Aufnahme solcher Regelungen in den Aufhebungsvertrag nachdrücklich beharrt, damit zugleich signalisiert, dass bereits eine andere (Haupt-) Erwerbsquelle zur Verfügung stehen könnte. Dies birgt wiederum die Gefahr in sich, dass sich der Arbeitgeber überlegt, die weitere Entwicklung bis hin zur Auflösung des Arbeitsverhältnisses ohne Vereinbarung einfach »auszusitzen«, oder aber deutlich schlechtere Abfindungsangebote unterbreitet.
Das Gleiche könnte eintreten, wenn der Arbeitnehmer von sich aus auf eine **vorzeitige Beendigung** seines Arbeitsverhältnisses drängt, ohne dass ihm dies vom Arbeitgeber explizit angeboten wurde, etwa im Anschluss an eine bereits angedrohte oder ausgesprochene fristgerechte Kündigung aus betriebsbedingten Gründen. Zwar wäre eine vorzeitige Beendigung steuerlich unproblematisch. Selbst dann, wenn die Verkürzung zu einer – in der Summe nicht notwendigerweise offen zu legenden – Erhöhung der Abfindung führt, löst dieser Gesichtspunkt keine zusätzlichen steuer-

lichen Belastungen aus.[519] Auch wäre in einem solchen Fall der erhöhte Abfindungsbetrag nicht der Sozialversicherungspflicht unterworfen, da es sich auch bei den ersparten Gehältern bei vorzeitiger Beendigung des Arbeitsverhältnisses nicht um entgangenes Arbeitsentgelt handelt.[520]
Eine vorzeitige Beendigung unter Missachtung der für das Arbeitsverhältnis gültigen Kündigungsfristen führt allerdings im Hinblick auf das Arbeitslosengeld zu Sperr- und Ruhenszeiten (siehe dazu ausführlich unter Kapitel 7.2, Seite 160ff.). Ein verständiger Arbeitnehmer wird deshalb die vorzeitige Beendigung in aller Regel nur dann in Kauf nehmen oder von sich aus in die Abfindungsverhandlungen einführen, wenn eine anderweitige Beschäftigung entweder nahtlos gesichert ist oder jedenfalls als sehr wahrscheinlich gelten kann.
In solchen Fällen ist es daher eher ratsam, einen anderen Weg einzuschlagen, der auch aus Sicht beider Vertragsparteien interessengerecht sein dürfte, nämlich die fristgerechte Beendigung zu den geltenden Kündigungsfristen mit der **Option** zu verbinden, dass der Arbeitnehmer nach Abschluss des Aufhebungsvertrages vorzeitig, d. h. vor Ablauf der geltenden Kündigungsfrist **mit kurzer Ankündigungsfrist aus dem Arbeitsverhältnis ausscheiden** kann.
Aus der Sicht des Arbeitnehmers ist dies stets sinnvoll, wenn bereits ein anderer Arbeitgeber gefunden wurde oder aber die Aussichten auf dem Arbeitsmarkt als nicht ungünstig eingeschätzt werden. Für den Arbeitgeber schließlich ist eine solche Regelung durchaus attraktiv, da sich dadurch die Möglichkeit eröffnet, schon vor Ablauf der Kündigungsfrist ein »Personalproblem« endgültig lösen zu können. Als Anreiz für einen vorzeitigen Ausstieg wird daher in solchen Fällen regelmäßig vereinbart, dass die durch das vorzeitige Ausscheiden bis zum Beendigungszeitpunkt »ersparten« Gehaltsbezüge der Abfindung hinzugerechnet werden. In welchem Umfang dies geschieht, ist dann wiederum **Verhandlungssache**. Eine bloße Erhöhung um die mutmaßlichen **Netto**gehälter ist wenig nachvollziehbar, da Abfindungszahlungen faktisch voll zu versteuern sind, es also auf den Geldzuwachs **»brutto«** ankommt. Selbst bei der üblichen Abrechnung der »ersparten« Gehälter auf der Basis der reinen Bruttovergütung bliebe unberücksichtigt, dass der Arbeitgeber für den Zeitraum der vorzeitigen Beendigung die Arbeitgeberanteile zur Sozial-

519 Dies ist jedenfalls dann zu unterstellen, wenn durch den Aufhebungsvertrag als Ganzes deutlich wird, dass die Beendigung (auch die vorzeitige) vom Arbeitgeber gewollt und damit steuerrechtlich veranlasst ist; vgl. Hümmerich, 4, Rn. 618.

520 Vgl. BSG vom 28. 1. 1999 – B 12 KR 14/98 R, NZS 1999, 358; BSG vom 21. 2. 1990 – 12 RK 20/88, NZA 1990, 751, 752.

versicherung nicht mehr abführen muss, die er bei fristgerechter Auflösung noch an die Sozialversicherungsträger hätte entrichten müssen. Die Belastung des Arbeitgebers mit diesen Arbeitgeberanteilen zur Sozialversicherung wird je nach Einzelfall zwischen 20 und 25 % des vereinbarten Bruttogehalts taxiert. Diese Ersparnis könnte es mithin sogar argumentativ rechtfertigen, die zusätzliche Abfindung bei vorzeitigem Ausscheiden um einen etwas über den eingesparten Bruttogehältern liegenden Betrag zu erhöhen, üblich ist allerdings die Berücksichtigung in Höhe der eingesparten Bruttogehälter 1:1.

Allerdings geht das BAG neuerdings nach den Grundsätzen der ergänzenden Vertragsauslegung davon aus, dass trotz unwiderruflicher Freistellung eine Sprinterklausel doch zur Anrechnung anderweitig erzielten Verdienstes führt, wenn keine anderweitigen Regelungen getroffen wurden.[521]

Unabhängig von diesen im Rahmen von Verhandlungen zu erörternden Positionen könnte daher die **Option des vorzeitigen Ausscheidens** wie folgt vertraglich geregelt werden und zwar im Anschluss an die übliche Klausel der fristgerechten arbeitgeberseitigen veranlassten Beendigung (siehe auch unter 9.1, Seite 203):

Der Arbeitnehmer ist berechtigt, das Arbeitsverhältnis vorzeitig durch einseitige schriftliche Erklärung gegenüber dem Arbeitgeber mit einer Ankündigungsfrist von einer/zwei Woche(n) zu beenden. Die in Ziff. … (siehe hierzu unter 9.2, Seite 210) vereinbarte Abfindung erhöht sich dann um die Bruttovergütung (alternativ: zzgl. 10 %), die zwischen dem vorzeitigen Beendigungszeitpunkt und dem ursprünglichen Beendigungszeitpunkt angefallen wäre.[522] Bei vorzeitiger Beendigung wird die Gesamtabfindung mit Ablauf des Monats fällig, der dem Beendigungsmonat nachfolgt.[523]

Wichtig:
Die Erklärung zur vorzeitigen Beendigung hat so wie eine Kündigung in Schriftform zu erfolgen, da § 623 BGB Anwendung findet.

---

521 BAG vom 23.2.2021 – 5 AZR 314/20, NZA 2021, S. 778 Rn. 27; siehe oben Kap. 9.5.3., S. 187.

522 10 % sind ein Beispiel, es kann natürlich auch eine andere Größenordnung ausgehandelt werden.

523 Bei dieser Regelung des vorzeitigen Ausscheidens ist es sinnvoll, die Fälligkeitsregelung zu modifizieren und die Auszahlung nicht wie üblich zusammen mit dem letzten zu zahlenden Gehalt zu verbinden. Bei einer so kurzen Ankündigungsfrist dürfte es »technisch« oft nicht realisierbar sein, eine Auszahlung zum Monatsende auch tatsächlich zu gewährleisten.

10.5 Outplacement

Ein Anreiz zum vorzeitigen Ausscheiden kann auch dadurch geschaffen werden, dass in die Aufhebungsverhandlungen die Möglichkeit eines so genannten Outplacements für den betroffenen Arbeitnehmer einbezogen wird.

Unter diesen Begriff fällt die Beauftragung eines Arbeitsvermittlers bzw. eines Personalberaters mit dem Ziel, dem Arbeitnehmer qualifizierte Hilfe bei der Jobsuche anzubieten. Das Leistungsspektrum von Outplacement-Beratern reicht von der Erstellung eines Persönlichkeits- und Bewerbungsprofils bis hin zur Erarbeitung qualifizierter Bewerbungsunterlagen, dem »Coachen« bei und nach Bewerbungsgesprächen, der Vermittlung von Kontakten zu Arbeitskräfte suchenden Arbeitgebern usw. Gegenüber den oft sehr standardisierten Vermittlungsbemühungen der Arbeitsagentur steht hier also eine individuelle Hilfestellung im Vordergrund, die eine relativ hohe Erfolgsquote aufweisen soll. Allerdings hat Outplacement seinen Preis. Soll es sich um eine qualifizierte Personalberatung handeln, werden Kosten zwischen € 10 000,00 und € 25 000,00 (zzgl. MwSt.) und mehr veranschlagt.

Früher war es vor allem bei Führungskräften der Arbeitgeber, der mit der Beauftragung eines Outplacement-Beraters das Ziel verfolgte, eine adäquate und vor allem nahtlose Weiterbeschäftigung für den betroffenen Mitarbeiter zu finden, um eine »sanfte« Auflösung des Arbeitsverhältnisses in Form eines von allen Beteiligten getragenen Wechsel des Arbeitsplatzes zu ermöglichen. Nunmehr wird Outplacement zunehmend auch bei »normalen« Beschäftigungsverhältnissen als Erfolg versprechende Arbeitsvermittlung und Unterstützungsleistung im Sinne eines auf die betroffene Einzelperson bezogenen »**Coachings**« bemüht.

Übernimmt der Arbeitgeber – üblicherweise – die Kosten der Outplacement-Beratung, kann er die Aufwendungen hierfür als Betriebsausgaben geltend machen und von der Vorsteuerabzugsberechtigung Gebrauch machen. Erfolgt im umgekehrten Fall die Beauftragung durch den Arbeitnehmer, kann dieser zwar nicht die Möglichkeit des Vorsteuerabzuges nutzen,[524] die bei ihm anfallenden Rechnungsbeträge können aber als Werbungskosten im Rahmen des Lohnsteuerjahresausgleiches geltend gemacht werden.[525] Nach § 39a Abs. 1 Nr. 1 EStG könnte sogar vorab ein

524 Arbeitnehmer als Privatpersonen sind nicht vorsteuerabzugsberechtigt.

525 Als Werbungskosten gelten Aufwendungen des Arbeitnehmers zum Erwerb, zur Sicherung und Erhaltung seiner Einnahmen, § 9 Abs. 1 Satz 1 EStG.

entsprechender Freibetrag steuerlich geltend gemacht werden, was eine entsprechende Antragstellung beim zuständigen Finanzamt voraussetzt. Durch das Jahressteuergesetz 2020[526] ist zudem nunmehr in § 3 Nr. 19 EStG positiv geregelt, dass Weiterbildungsleistungen des Arbeitgebers steuerfrei sind. Dies umfasst eigene oder auf seine Veranlassung durch einen Dritten durchgeführte Beratungsleistungen zur beruflichen Neuorientierung (= »Outplacement-« oder neuerdings auch »Newplacement«-Beratung genannt). Damit haben sich viele Fragen zur vertraglichen Ausgestaltung und den möglichen steuerlichen Folgen erledigt, die noch in der Vorauflage relevant waren. Um von der Steuerfreiheit nach § 3 Nr. 19 EstG profitieren zu können, sollte auf eine eigene Beauftragung durch den Arbeitnehmer verzichtet werden. Wenn der Arbeitnehmer ganz eigene Vorstellungen hat, wie und mit wem die Outplacement-Beratung zur Optimierung seiner Arbeitsplatzsuche gestaltet werden soll, ist eine vorherige Einigung mit dem Arbeitgeber zu erzielen.
Die Vereinbarung über ein Outplacement kann wie folgt lauten:

Der Arbeitnehmer wird auf Veranlassung des Arbeitgebers eine Outplacement-Beratung bei der Beratungsfirma … zur beruflichen Neuorientierung wahrnehmen (ggf. befristet bis …). Die Kosten hierfür trägt der Arbeitgeber.

Damit auch eine qualitativ gute und zeitlich möglichst bis zum Vermittlungserfolg geführte Beratung finanziell abgesichert ist bzw. die eigenen Vorstellungen des Arbeitnehmers umgesetzt werden, kann alternativ der Kostenrahmen bestimmt oder auf ein konkretes Leistungsverzeichnis eines bestimmten Outplacement-Beraters zurückgegriffen werden. Die vorstehende Formulierung wäre dann wie folgt (alternativ zu ergänzen):

Dabei werden Beratungskosten bis zur Höhe von € 25 000,00 (Beispiel) netto übernommen.

bzw. alternativ:

Der Beratungsumfang ergibt sich aus dem Leistungsverzeichnis/Angebot der Beratungsfirma XY vom … (genaues Datum zur Konkretisierung anführen).

---

526 Jahressteuergesetz 2020 vom 21. 12. 2020, BGBl. 2020 Teil I S. 3096.

Soll dagegen der für die Outplacement-Beratung vorgesehene Betrag vom Arbeitnehmer finanziell ohne Beratungsleistung als weitere Abfindung vereinnahmt werden, so kommt in Betracht, eine entsprechende Option im Aufhebungsvertrag zu vereinbaren. Allerdings führt dies zur Versteuerung analog zur Abfindungsleistung und kann, wenn sich die entsprechende Entschädigungszahlung auf mehrere Veranlagungszeiträume erstrecken sollte, sogar den Wegfall der tarifbegünstigten Versteuerung der Abfindung zur Folge haben.[527]

10.6 Nachvertragliches Wettbewerbsverbot

Sobald ein Arbeitsverhältnis beendet ist, darf ein Arbeitnehmer Wettbewerbstätigkeit entfalten. Dies gilt selbst dann, wenn ein Arbeitnehmer der vorzeitigen Beendigung seines Arbeitsverhältnisses unter erheblicher Aufstockung seiner Versorgungsbezüge zugestimmt hat. Ist in einem solchen Fall kein wirksames nachvertragliches Wettbewerbsverbot vereinbart, ist der Arbeitnehmer frei, seine Kenntnisse und Erfahrungen ggf. im direkten Wettbewerb mit seinem früheren Arbeitgeber zu verwerten,[528] solange er dabei nicht die Verschwiegenheitspflicht verletzt.[529] Gestattet ist jede Form von Konkurrenztätigkeit, auch wenn sie den Arbeitgeber schwer treffen sollte.[530]

Um dies zu unterbinden, besteht die Möglichkeit, ein so genanntes nachvertragliches Wettbewerbsverbot zu vereinbaren. Dies geschieht oft zusammen mit der Eingehung des Arbeitsverhältnisses. Ein nachvertragliches Wettbewerbsverbot ist allerdings nur dann wirksam, wenn bestimmte Formvorschriften und von der Rechtsprechung definierte Voraussetzungen eingehalten werden.[531]

Solche Vereinbarungen unterliegen der Schriftform, d. h. sie bedürfen der Unterschrift beider Vertragsparteien, und zwar unabhängig davon, ob das

527 Vgl. BFH vom 14.8.2001 – XI R 22/00, DStR 2002, 257 (im Beispielsfall zahlte der Arbeitgeber für die Outplacement-Beratung DM 50 000,00 zzgl. MwSt.).

528 BAG vom 15.6.1993 – 9 AZR 558/91, NZA 1994, 502, 505.

529 Betriebs- und Geschäftsgeheimnisse (dazu zählen beispielsweise auch Kundenlisten) unterliegen auch nachvertraglich einem Verschwiegenheitsgebot: vgl. BAG vom 15.12.1987 – 3 AZR 474/86, DB 1988, 1020; BAG vom 15.6.1993, a. a. O.

530 BAG vom 15.6.1993, a. a. O.; BAG vom 19.5.1998 – 9 AZR 394/97, NZA 1999, 200.

531 ErfK-Oetker § 74HGB Rn. 2 ff.

Wettbewerbsverbot nun im Arbeitsvertrag enthalten oder in einem gesonderten Dokument festgeschrieben ist.
Oft ist eine solche Vereinbarung unabhängig von der Einhaltung der Schriftform aber unwirksam, so dass sie auch im Falle eines Aufhebungsvertrages keine Wirkung entfaltet. So ist vor allem dann von der Nichtigkeit einer Wettbewerbsabrede auszugehen, wenn überhaupt keine finanzielle Entschädigung (sogenannte Karenzentschädigung) für die Dauer des Wettbewerbsverbots vorgesehen ist. Das gilt auch, wenn erst mehrere Monate vor Beendigung des Arbeitsverhältnisses in einem Aufhebungsvertrag ein Wettbewerbsverbot vereinbart wurde. Eine für den Verlust des Arbeitsplatzes gezahlte Abfindung ist jedenfalls keine Karenzentschädigung i. S. v. § 74 Abs. 2 HGB.[532]
Grundsätzlich gilt nämlich, dass der Arbeitgeber für die Dauer des Wettbewerbsverbots, welches höchstens zwei Jahre umfassen darf, eine Entschädigung zahlen muss, die mindestens die Hälfte der vom Arbeitnehmer zuletzt erhaltenen Vergütungen ausmacht, vgl. § 74 Abs. 2 HGB. Eine Vereinbarung, die hinter diesem gesetzlichen Standard zurückbleibt, ist unverbindlich. In einem solchen Fall erwächst dem Arbeitnehmer ein **Wahlrecht**, ob er es bei der unverbindlichen Regelung belässt, also die Unterlassung von Wettbewerb gegen Zahlung einer untergesetzlichen Entschädigung akzeptiert oder ob er sich einseitig vom Wettbewerbsverbot lossagt, dann aber jeden Entschädigungsanspruch verliert.[533]
Bei wirksam vereinbarten Wettbewerbsverboten kann im Übrigen der Arbeitgeber durch schriftliche Erklärung gegenüber dem Arbeitnehmer hierauf verzichten. Das hat zur Konsequenz, dass der Arbeitnehmer sofort vom nachvertraglichen Wettbewerbsverbot befreit ist, der Arbeitgeber allerdings noch bis zum Ablauf eines Jahres nach Zugang seiner Erklärung beim Arbeitnehmer zur Zahlung von Wettbewerbsentschädigung verpflichtet ist. Erst nach Ablauf dieses Jahres ist er auch insoweit frei.[534]
Beträgt der Zeitraum bis zur Beendigung des Arbeitsverhältnisses mehr als ein Jahr, können die Parteien das Wettbewerbsverbot ohne Folgewirkungen nur dann beenden, wenn sie sich hierüber einig sind. Eine einvernehmliche Aufhebung des Wettbewerbsverbots ist jederzeit zulässig und bedarf keiner Schriftform.[535] Also **Vorsicht**: Das Wettbewerbsverbot kann bereits durch eine allgemeine Erledigungsklausel (wonach durch den Aufhebungsvertrag alle übrigen Ansprüche abgegolten sind) im Aufhebungs-

532 Vgl. BAG vom 3. 5. 1994 – 9 AZR 606/92, NZA 1995, 72.
533 Vgl. BAG vom 22. 5. 1990 – 3 AZR 647/88, NZA 1991, 263.
534 Vgl. ArbG Stuttgart vom 30. 11. 1995 – 5 Ca 7609/95, NZA-RR 1996, 165.
535 Vgl. BAG vom 10. 1. 1989 – 3 AZR 460/87, NZA 1989, 797.

vertrag beseitigt werden.[536] Zur Vermeidung von Auslegungsstreitigkeiten sollte aber stets eine gesonderte ausdrückliche Vereinbarung getroffen werden. Eine entsprechende Klausel könnte hier lauten:

Mit dieser Vereinbarung wird das nachvertragliche Wettbewerbsverbot aufgehoben.

Fehlt es an einer solchen Abrede, ist es bei unklarer Erledigungsklausel und/oder widersprüchlichem Verhalten auch möglich, dass das Wettbewerbsverbot bestehen bleibt. Sollte dies gewollt sein, muss für den Aufhebungsvertrag empfohlen werden, sich folgender Klausel zu bedienen:

Das vereinbarte nachvertragliche Wettbewerbsverbot wird durch den Abschluss dieses Aufhebungsvertrages nicht berührt.

Steuerliche Konsequenzen kann es allerdings haben, wenn ein Arbeitnehmer beim Ausscheiden aus dem Unternehmen bei gleichzeitiger Vereinbarung eines Wettbewerbsverbots hierfür eine Abfindung erhält. Insoweit handelt es sich dann bei der hierauf bezogenen Leistung nicht um eine Entlassungsentschädigung i. S. v. § 24 Nr. 1 EStG, sondern um eine wie üblich zu versteuernde Leistung i. S. v. § 22 Nr. 3 EStG.[537]
Zudem sind bei der steuerlichen Bewertung einer solchen Leistung alle Umstände im Rahmen einer Gesamtwürdigung einzubeziehen; ob nämlich eine im Aufhebungsvertrag vereinbarte Abfindung als Entschädigung für das Wettbewerbsverbot anzusehen ist oder ob diese nur die Gelegenheit bieten sollte, das Wettbewerbsverbot abzugelten.[538]

---

536 BAG vom 31.7.2002 – 10 AZR 558/01, NZA 2003, 101, wobei allerdings aus den Umständen vor oder bei Abschluss des Vergleichs oder dem Verhalten der Parteien danach auch eine andere Auslegung nicht ausgeschlossen ist; a. A. LAG Baden-Württemberg vom 22. 9. 1995 – 5 Sa 28/95, NZA-RR 1996, 163; siehe oben unter 9.8.2, Seite 237.

537 So BFH vom 21. 9. 1982 – VIII R 140/79, BStBl. II 1983, 289.

538 Zu den Einzelheiten vgl. Küttner-Loschelder, Wettbewerbsverbot, Rn. 48 m. w. N.

10.7 Rückzahlungsverpflichtungen bei vorangegangener Aus- und Fortbildung

Haben Arbeitgeber und Arbeitnehmer ausdrücklich vereinbart, dass Kosten für eine durchlaufene Aus- oder Fortbildungsmaßnahme bei vorzeitiger Beendigung des Arbeitsverhältnisses zurückzuzahlen sind, muss von der grundsätzlichen Zulässigkeit solcher Abreden ausgegangen werden. Allerdings kann eine solche Vereinbarung auch zu einer übermäßigen Beeinträchtigung des Grundrechts des Arbeitnehmers auf freie Wahl seines Arbeitsplatzes gem. Art. 12 Abs. 1 Satz 1 GG führen, etwa wenn für die Abwendung der Rückzahlungsverpflichtung nach Beendigung der Ausbildung übermäßig lange Fristen gelten sollen. Nach der Rechtsprechung des BAG betragen die Bindungsfristen bei solchen Ausbildungsmaßnahmen, die auch für den Arbeitnehmer einen echten geldwerten, d. h. beruflich nutzbaren Vorteil bieten und die nicht ausschließlich auf betriebliche Bedürfnisse ausgerichtet sind,[539] längstens 36 Monate (bei einer Lehrgangsdauer von sechs Monaten bis zu einem Jahr).[540] Es bedarf somit stets der genauen Prüfung des Einzelfalles, ob eine konkrete Rückzahlungsklausel gegen Treu und Glauben verstößt, also unwirksam ist oder nicht. Wegen zu langer Bindungsfrist unzulässige Klauseln können nach Inkrafttreten der Schuldrechtsreform nicht mehr auf das rechtlich noch erlaubte Maß zurückgeführt werden.[541]

Solche unwirksamen Klauseln sind nicht mehr anzuwenden, sodass eine Rückzahlungsverpflichtung entfällt.[542] Auch eine Teilung von Vertragsklauseln in einen noch zulässigen und einen klar unzulässigen Teil scheidet in aller Regel aus.[543]

Die Rückzahlungspflicht selbst entsteht – bei wirksamer Klausel – nicht nur durch Kündigung des Arbeitnehmers, sondern auch, wenn ausschließlich auf dessen Wunsch ein Aufhebungsvertrag in seinem Interesse zustande kommt.[544] Die Rückzahlung entfällt dagegen, wenn der Arbeitgeber betriebsbedingt kündigt oder der Arbeitnehmer aus wichtigem

---

539 Vgl. BAG vom 30. 11. 1994 – 5 AZR 715/93, AP Nr. 20 zu § 611 BGB Ausbildungsbeihilfe; Küttner-Poeche, Rückzahlungsklausel, Rn. 9.

540 Vgl. BAG vom 6. 9. 1995 – 5 AZR 174/94, AP Nr. 22 und 23 zu § 611 BGB Ausbildungsbeihilfe.

541 So genannte geltungserhaltende Reduktion: vgl. BAG vom 6. 9. 1995 – 5 AZR 241/94, NZA 1996, 314 (betraf die frühere Rechtslage).

542 BAG vom 11. 4. 2006 – 9 AZR 610/05, NZA 2006, 1042.

543 BAG vom 11. 4. 2006, a. a. O.

544 Vgl. LAG Köln vom 10. 9. 1992 – 5 Sa 476/92, BB 1993, 223.

Grund berechtigt ist, das Arbeitsverhältnis fristlos zu kündigen, wobei die Gründe hierfür aus der Sphäre des Arbeitgebers stammen müssen.[545] Das bedeutet, dass Arbeitnehmer für den Fall der Aufnahme von Aufhebungsverhandlungen zunächst juristisch klären sollten, ob die Rückzahlungsklausel überhaupt wirksam ist. Kommt es dann zum erfolgreichen Abschluss einer Aufhebungsvereinbarung mit allgemeiner Erledigungsklausel, ist es dem Arbeitgeber im Nachhinein verwehrt, seinen Rückzahlungsanspruch noch geltend zu machen. Hat der Arbeitgeber dies indes bedacht, wird er vermutlich die Rückzahlungsverpflichtung als Argument benutzen, Abfindungswünsche des Arbeitnehmers der Höhe nach zu begrenzen. Kommt es trotz dieser gegenläufigen Interessen zu einer abschließenden Verständigung, ist es sinnvoll, den Wegfall der Rückzahlungsverpflichtung auch vertraglich festzuhalten:

Die Rückzahlungsverpflichtung des Arbeitnehmers aus der Ausbildungsvereinbarung vom … entfällt mit Abschluss dieses Aufhebungsvertrages.

10.8 Dienstwagen

Insbesondere Außendienstmitarbeitern und Kundendiensttechnikern wird oft ein Dienstwagen zur Verfügung gestellt. Auch Führungskräfte und andere mit Leitungsfunktionen versehene Mitarbeiter werden häufiger mit Firmenfahrzeugen ausgestattet. In diesen Fällen ist typischerweise meist auch die private Nutzung des Kraftfahrzeugs gestattet. Dann wird die für private Zwecke mögliche Nutzung des Fahrzeuges Teil der geschuldeten Vergütung und zwar in Form einer so genannten Naturalentlohnung.[546]

Zu prüfen ist, was aus dem Dienstwagen wird, wenn im Vorfeld von Aufhebungsverhandlungen das Arbeitsverhältnis in die Krise gerät. Es ist davon auszugehen, dass bei entsprechendem arbeitgeberseitigem Verlangen die Herausgabe des Dienstfahrzeugs generell trotz Streits über die Kündigung auch vor dem Beendigungsdatum erfolgen muss, es sei denn, die Kündigung ist offensichtlich unwirksam und ein Urteil 1. Instanz zur Unwirksamkeit der Kündigung liegt vor.[547] Hat sich der Arbeitgeber

545 ErfK-Preis, § 611a BGB Rn. 445.

546 Vgl. BAG vom 23.6.1994 – 8 AZR 537/92, NJW 1995, 348.

547 So ausdrücklich LAG München vom 11.9.2002 – 9 Sa 315/02, NZA-RR 2002, 636.

die entschädigungslose Rückgabe für den Fall der Freistellung von den dienstlichen Verpflichtungen im Arbeitsvertrag vorbehalten, wird eine solche Klausel für wirksam erachtet.[548] Nach der Schuldrechtsmodernisierung ist der **Widerruf der Privatnutzung** aber nur noch zulässig, wenn die Widerrufsgründe im Arbeitsvertrag selbst angegeben sind.[549] Fehlt es an einer wirksamen Regelung, so ist die Naturalvergütung weiterhin auch für den Fall der Freistellung geschuldet. Wollen beide Parteien auf dieser Grundlage das Nutzungsrecht bestehen lassen, bietet sich folgende Formulierung an:

Der Arbeitnehmer kann das ihm überlassene Dienstfahrzeug weiterhin – auch während der Dauer der Freistellung – privat nutzen. Er ist verpflichtet, das Fahrzeug mit sämtlichen Papieren, Schlüsseln und sonstigem Zubehör – sowie eine ggf. überlassene Tankkarte am Tag der Beendigung des Arbeitsverhältnisses zurückzugeben.

Entzieht der Arbeitgeber dennoch dem Arbeitnehmer die Möglichkeit der – auch privaten Nutzung – des Dienstwagens, macht er sich schadensersatzpflichtig. Bei der Rückgabe des Fahrzeugs, die vom Arbeitgeber meist parallel zum Ausspruch einer Kündigung gefordert wird, sollte der Arbeitnehmer daher vorsorglich, wenn er den Wagen übergibt, dem Arbeitgeber gegenüber eine schriftliche Erklärung abgeben mit dem Inhalt, dass er sich deswegen entsprechende Ersatzansprüche vorbehält.

Bei Entzug der Privatnutzung ist hierfür eine **Nutzungsentschädigung** zu leisten. Deren Höhe soll sich nach der wohl maßgeblichen Entscheidung des BAG[550] auf den Geldbetrag beschränken, der in der Gehaltsabrechnung üblicherweise als Posten für die steuerliche Bewertung der privaten Nutzungsmöglichkeit ausgewiesen ist. Damit entfallen Abrechnungsmöglichkeiten auf der Basis der Tabellen Sanden/Danner/Küppersbusch oder der ADAC-Tabelle,[551] es sei denn, dem Arbeitnehmer gelingt es, einen höheren Schaden auch tatsächlich konkret zu beziffern und im Bestreitensfalle beweisen zu können.

Beschränkt sich der Ersatzanspruch des Arbeitnehmers nach der BAG-Rechtsprechung auf die steuerrechtlichen Pauschalwerte, so wird die so genannte **1 %-Methode** angewendet.[552] Das bedeutet, dass der Arbeit-

548 Vgl. ErfK-Preis, § 611a BGB Rn. 524.

549 LAG Niedersachsen vom 17.1.2006 – 13 Sa 1176/05, NZA-RR 2006, 289.

550 Vgl. BAG vom 27.5.1999 – 8 AZR 415/98, NJW 1999, 3507.

551 Anders noch BAG vom 23.6.1994 – 8 AZR 537/92, NJW 1995, 348.

552 Vgl. Abschnitt 31 Abs. 7 der Lohnsteuerrichtlinien.

nehmer 1 % des inländischen Listenpreises des Dienstwagens zugrunde legen kann, der sich nach dem Listenpreis des Kfz im Zeitpunkt der Erstzulassung zzgl. etwaiger Aufwendungen für Sonderausstattungen (jeweils inkl. MwSt.) bemisst. Diese 1 %-Neuwert und Listenpreis-Regelung gilt auch bei gebraucht erworbenen oder zwar neuen, aber mit erheblichen Rabattvorteilen erstandenen Fahrzeugen.
Bei Aufhebungsverhandlungen sind einige Lösungsvarianten denkbar.
Soll das Fahrzeug sofort herausgegeben werden, beispielsweise weil der Arbeitgeber das Fahrzeug aus betrieblichen Gründen schnell wieder einsetzen will, kann Folgendes vereinbart werden:

Der Arbeitnehmer ist verpflichtet, das dem Unternehmen gehörende Kfz mit dem amtlichen Kennzeichen ... einschließlich sämtlicher Fahrzeugpapiere und Schlüssel sowie sonstigem Zubehör unverzüglich, spätestens bis zum ... herauszugeben. Die Herausgabe hat am Sitz des Unternehmens stattzufinden.

Lässt sich der Arbeitnehmer hierauf – verständlicherweise – nicht ohne das Verlangen auf Schadensersatz ein, kann auch hierfür eine gesonderte Regelung mit Entschädigung getroffen werden. Dabei sollte deren Höhe betragsmäßig festgehalten werden und zwar mit folgendem, an die obige Klausel anschließendem Satz:

Als Entschädigung hierfür erhält der Arbeitnehmer eine Ausgleichszahlung in Höhe von € ...

Angesichts der Schwierigkeiten, ob und in welcher Höhe eine Entschädigung im Zweifelsfall geschuldet ist, wäre es natürlich auch denkbar, den vorzeitigen Verlust der Privatnutzungsmöglichkeit als Forderungsposten seitens des Arbeitnehmers in die Verhandlungen über die Abfindungshöhe einzubeziehen.
Gelegentlich ist der Arbeitnehmer an der Übernahme, d. h. dem käuflichen Erwerb des Fahrzeugs interessiert.
Da die Schenkung des Fahrzeugs beim Arbeitnehmer als geldwerter Vorteil zu versteuern wäre und dies im Übrigen auch auf wenig Interesse beim Arbeitgeber stoßen dürfte, sollten sich die Parteien auf eine Schätzung des Wertes durch einen anerkannten Sachverständigen einigen oder jedenfalls den so genannten Buchwert zugrunde legen. Eine entsprechende Klausel lautet:

Das Eigentum an dem Fahrzeug mit dem amtlichen Kennzeichen … wird auf den Arbeitnehmer Zug um Zug gegen Zahlung des Kaufpreises übertragen. Der Kaufpreis bemisst sich gemäß Sachverständigengutachten vom … (nach dem Buchwert) auf € … einschließlich Mehrwertsteuer.

Hat der Arbeitnehmer bei der Überlassung des Dienstwagens sein Privatfahrzeug abgeschafft und seinen Schadensfreiheitsrabatt bei seiner Kfz-Versicherung dem Unternehmen zugutekommen lassen, darf nicht vergessen werden, die Rückübertragung des Schadensfreiheitsrabattes im Aufhebungsvertrag ausdrücklich zu regeln. Dafür bietet sich folgende Formulierung an:

Der Arbeitgeber überträgt die auf den Namen des Arbeitnehmers abgeschlossene Kfz-Versicherung einschließlich des vom Arbeitnehmer eingebrachten Schadensfreiheitsrabattes an diesen zurück und wird hierzu unverzüglich alle erforderlichen Erklärungen gegenüber der Kfz-Versicherung abgeben und dem Arbeitnehmer hiervon Mitteilung machen.

10.9 Handy, Laptop, PC

Ist dem Arbeitnehmer ein Mobiltelefon überlassen worden, so gelten entsprechende Regelungen wie beim Dienstwagen. Eine Herausgabe wird der Arbeitnehmer im Zweifelsfall, wenn die Geräte im Eigentum des Unternehmens stehen, kaum verweigern können. Durfte er mit dem Handy allerdings auch privat telefonieren, ist Schadensersatz für die entgangene Privatnutzung geschuldet. Hier ist es sinnvoll, sich auf eine pauschale finanzielle Abgeltung zu verständigen.
Gleiches gilt für Laptop und PC, soweit diese für die Nutzung auch außerhalb des Betriebes durch den Arbeitgeber zur Verfügung gestellt wurden und auch hier einer privaten Nutzungsmöglichkeit unterfielen.
Wichtig kann es auch sein, sich im Rahmen des Ausscheidens die Weiternutzung der Mobil-Telefonnummer zusichern zu lassen, hängen doch viele Kontakte davon ab, dass die bekannten Erreichbarkeiten weiter zur Verfügung stehen. Dann könnte Folgendes geregelt werden:

Die Mobil-Nummer 01…/… wird dem Arbeitnehmer zur alleinigen Benutzung überlassen. Der Arbeitnehmer übernimmt mit dem Tag des Ausscheidens sämtliche Kosten für den Betrieb des Mobiltelefons.

10.10 Werkswohnung

Ist im Zusammenhang mit dem Arbeitsverhältnis zugleich eine Wohnung vermietet worden, sind bei Aufhebungsverhandlungen hierzu ebenfalls Regelungen zu treffen.
Dabei hängen die Gestaltungsmöglichkeiten oft davon ab, welchen Charakter das Rechtsverhältnis über die Wohnung hat.
Das Gesetz unterscheidet zwischen Werkmietwohnungen gem. § 576 BGB und Werkdienstwohnungen gem. § 576b BGB.
Bei der Werkmietwohnung liegen zwei getrennte Rechtsverhältnisse vor, nämlich Arbeitsvertrag und Mietvertrag jeweils unabhängig davon, dass das Mietverhältnis mit Rücksicht auf das bestehende Arbeitsverhältnis zustande gekommen ist. Bei Werkmietwohnungen ist ferner zu unterscheiden, ob es sich um ein übliches Werkmietwohnungsverhältnis oder um ein sogenanntes funktionsgebundenes Werkmietwohnungsverhältnis handelt. Letzteres ist gegeben, wenn wegen des Arbeitsverhältnisses die Überlassung von Wohnraum in unmittelbarer Beziehung oder Nähe zum Arbeitsplatz erforderlich ist, wobei beispielhaft auf Vermietungen an Hausmeister, Hausverwalter, Pförtner, Betriebshandwerker mit Rufbereitschaft usw. zu verweisen ist. Wird ein solches funktionsgebundenes Werkmietverhältnis begründet, gelten verkürzte Kündigungsfristen, falls der Wohnraum für einen anderen neuen funktionsgebundenen Mitarbeiter benötigt wird. Die Kündigungsfrist beträgt hier nach § 576 Abs. 1 Nr. 2 BGB nur einen Monat, wobei es sogar ausreicht, wenn die Kündigungserklärung spätestens am dritten Werktag des entsprechenden Kalendermonats dem Mieter/Arbeitnehmer zugeht. Außerdem hat in diesem Fall der Arbeitnehmer als Mieter kein Widerspruchsrecht. Handelt es sich um eine einfache bzw. normale Werkmietwohnung, gelten hingegen die längeren gesetzlichen Fristen des Mietrechts. Der Mietvertrag endet in beiden vorgenannten Fällen nicht automatisch mit dem Ende des Arbeitsvertrages, sondern es bedarf stets einer eigenen Kündigung des Mietverhältnisses.
Ein Werkdienstwohnungsvertrag liegt vor, wenn der Wohnraum selbst im Rahmen des Arbeitsverhältnisses (z. B. um die ständige Rufbereitschaft am Ort des Betriebes zu gewährleisten) überlassen wurde und neben dem Arbeitsvertrag kein gesonderter Mietvertrag abgeschlossen wurde. Nicht notwendig, aber regelmäßig ist hier die Überlassung der Wohnung Teil der Arbeitsvergütung. Dabei kann die Wohnung nicht selbständig unter Aufrechterhaltung des Arbeitsverhältnisses gekündigt werden, weil dies

eine unzulässige Teilkündigung darstellen würde.[553] Mit Beendigung des Arbeitsvertrages entfällt grundsätzlich das Nutzungsrecht an der Werkdienstwohnung. Ein Mieterschutz besteht mithin nicht. Das gilt nach dem ausdrücklichen Wortlaut des § 576b BGB aber nicht, wenn der Arbeitnehmer den Wohnraum ganz oder überwiegend mit eigenen Einrichtungsgegenständen ausgestattet hat (es sich also nicht um eine möblierte Wohnung bzw. ein möbliertes Zimmer handelt) oder er mit seinen Familienangehörigen in der überlassenen Wohnung einen eigenen Hausstand führt. In diesem Fall gelten die oben dargelegten Vorschriften für die so genannte funktionsgebundene Werkmietwohnung.
Praktischer Regelungsbedarf besteht insbesondere bei Beendigung des Arbeitsverhältnisses im Hinblick auf den konkreten Auszugstermin, Fragen der Nebenkostenabrechnung sowie die Behandlung von Schönheitsdekorationen und eventuellen Reparaturen. Auch kommt bei so genannten einfachen Dienstwohnungen auch eine Fortsetzung des Mietverhältnisses trotz Beendigung des Arbeitsverhältnisses in Betracht. Im Aufhebungsvertrag können also beispielsweise folgende Regelungen getroffen werden:

Der Arbeitnehmer verpflichtet sich, die ihm überlassene Wohnung in …, Straße …, Stockwerk … bis spätestens zum … vollständig geräumt an den Arbeitgeber zu übergeben. Eine Verpflichtung zur Schlussdekoration besteht nicht. Der Arbeitgeber wird über die Betriebs- und Heizkosten bis spätestens Ende des 1. Quartals des Folgejahres abschließend abrechnen.

Soll das Mietverhältnis weitergeführt werden, lässt sich folgende Regelung treffen:

Die Parteien sind sich einig, dass unabhängig von der Auflösung des Arbeitsverhältnisses ein Mietverhältnis über die bereits überlassene Wohnung in …, Straße …, Stockwerk … fortgesetzt wird. Der Mietzins beträgt € … zzgl. Vorauszahlungen auf die Betriebs- und Heizkosten gem. § 2 Betriebskostenverordnung (BetrKV) in Höhe von zurzeit € … Im Übrigen bleibt der Mietvertrag vom … aufrechterhalten.[554]

---

553 BAG vom 23. 8. 1989 – 5 AZR 569/88, NZA 1990, 191.

554 Sollte es sich um eine nicht eigenständig vermietete Werkdienstwohnung i. S. v. § 576b BGB handeln, wäre bei einer Fortsetzung der Überlassung des Wohnraums ein gesonderter Mietvertrag abzuschließen, dessen einzelne Regelungen hier nicht vorgezeichnet werden können.

10.11 Erstattung von Arbeitslosengeld bei »Gleichwohlgewährung« und sonstige Ansprüche

Wird dem Arbeitnehmer gekündigt, hat er sich bei Ablauf der Kündigungsfrist arbeitslos zu melden, um Arbeitslosengeld zu erlangen.[555] Es kann – wenn gerichtliche Auseinandersetzungen geführt werden – oft Monate, manchmal sogar Jahre dauern, bis sich herausstellt, dass der Arbeitgeber doch zur Gehaltszahlung verpflichtet war, weil die Kündigung zu Unrecht ausgesprochen wurde. Dennoch kann der Arbeitnehmer in solchen Fällen Arbeitslosengeld im Wege der sogenannten »**Gleichwohlgewährung**« nach § 143 Abs. 3 SGB III erhalten.

In Höhe des geleisteten Arbeitslosengeldes gehen dann die Ansprüche des Arbeitnehmers gegen seinen Arbeitgeber auf Zahlung des Entgelts im Wege des gesetzlichen Forderungsübergangs auf die Bundesagentur für Arbeit über, ohne dass es dazu einer ausdrücklichen Überleitungsanzeige bedarf.

Konsequenz dessen ist zunächst, dass nach Obsiegen mit der Kündigungsschutzklage Gehaltsansprüche nur abzüglich des genau zu beziffernden Arbeitslosengeldes eingeklagt werden dürfen. Vergleiche, in denen über solche Gehaltsansprüche verfügt wird, können unwirksam sein, wenn hierbei der Forderungsübergang nicht beachtet wurde.[556] Kommt es nun aufgrund einer gewonnenen Kündigungsschutzklage zu einer **Rückabwicklung**, soll nach ständiger Rechtsprechung des Bundessozialgerichts zwar die mit der ursprünglichen Bewilligung des Arbeitslosengeldes verbundene Kürzung (Minderung) der Anspruchsdauer entfallen, wenn und soweit der Arbeitgeber das ausgezahlte Arbeitslosengeld auch tatsächlich gegenüber dem Arbeitsamt erstattet.[557] Das gilt aber nicht für sonstige Wirkungen der Gleichwohlgewährung aufgrund der Bewilligung des Arbeitslosengeldes zu Beginn des Kündigungsschutzprozesses. So bleibt die »frühe Arbeitslosmeldung« erhalten, d. h. bezieht sich die Höchstdauer des Arbeitslosengeldes auf die zu diesem Zeitpunkt erreichte Beschäftigungsdauer und das gegebene Lebensalter. Auch kann das Arbeitslosengeld in der Höhe niedriger ausfallen, wenn der Bemessungszeitraum sich

---

555 Der Arbeitnehmer muss sich unabhängig davon bereits spätestens drei Monate vor dem Beendigungsdatum der Arbeitsvermittlung arbeitsuchend melden; vgl. § 38 Abs. 1 SGB III – Einzelheiten unter 7.9.4, Seite 181.

556 Vgl. Valgolio, RA 2001, 322, 323 f.; Schmidt, NZA 2002, 1380, 1381 m. w. N.

557 Vgl. BSG vom 11. 6. 1987 – 7 RAr 16/86, NZA 1988, 330, 332.

auf die letzten 52 Wochen vor der – unwirksamen – Kündigung bezieht und während dessen geringeres Arbeitsentgelt erzielt wurde.[558]
Deshalb ist eine Ausgleichsklausel in solchen Fällen schädlich, da für diese beschriebenen negativen Folgen der Arbeitgeber Schadensersatz schuldet, wenn er rechtswidrig und schuldhaft gekündigt hat. Eine Erledigungsklausel führt dann dazu, dass die Möglichkeit Schadensersatz durchzusetzen, versperrt ist. In solchen Fällen empfiehlt sich daher, wenn dies verhandlungstaktisch durchsetzbar ist, eine Klausel aufzunehmen, die zunächst die Rückzahlungsverpflichtung des Arbeitslosengeldes positiv regelt und dies wegen der anderen Wirkungen der »Gleichwohlgewährung« um weitere Punkte zu ergänzen:

Der Arbeitgeber ist verpflichtet, gegenüber der Bundesagentur für Arbeit die an diese übergegangenen Gehaltsansprüche in Höhe des gezahlten Arbeitslosengeldes vollständig zu erstatten.

Ferner sollte wegen der Schadensersatzproblematik Folgendes ergänzend angeführt werden:

Für Einbußen des Arbeitnehmers, die ihm bei weiterem Bezug von Entgeltersatzleistungen aus der Arbeitslosenversicherung deshalb entstehen, weil es förderungsrechtlich auf den Zeitpunkt der erstmaligen Arbeitslosmeldung ankommt, wird der Arbeitgeber im Umfang der eintretenden Einbußen Schadensersatz leisten, sobald ihm der Arbeitnehmer den entsprechenden Schaden nachgewiesen hat.

10.12 Arbeitspapiere und gegenseitige Informationspflichten bei Auskünften gegenüber Dritten

Mit dem Zeitpunkt der Beendigung des Arbeitsverhältnisses ist der Arbeitgeber verpflichtet, die sogenannten **Arbeitspapiere** herauszugeben. Es handelt sich dabei nicht mehr um die Lohnsteuerkarte oder ein Sozialversicherungsnachweisheft, da statt dieser Papiere nur noch eine elektronische Erfassung der Lohnsteuer stattfindet. Der Arbeitnehmer hat aber

558 BSG vom 11.6.1987 – 7 RAr 40/86, NZA 1988, 333, 335; krit. Schmidt, NZA 2002, 1380, 1382.

Anspruch auf einen »Ausdruck der elektronischen Lohnsteuerbescheinigung« für die im Jahr des Ausscheidens abgerechneten Bezüge, aus der auch die Steuer-Identifikationsnummer hervorgeht. Auf Verlangen des Arbeitnehmers oder der Arbeitsagentur ist aber eine Arbeitsbescheinigung nach § 312 Abs. 1 SGB III vom Arbeitgeber auszufüllen, aus der entsprechend einem von der Bundesagentur vorgeschriebenen Vordruck die Tatsachen anzugeben sind, die für die Entscheidung über Leistungen nach dem SGB III erheblich sind. Ferner ist der Arbeitgeber verpflichtet, eine Urlaubsbescheinigung über den im laufenden Kalenderjahr gewährten oder abgegoltenen Urlaub zu erteilen (vgl. § 6 Abs. 2 BUrlG). Da die ordnungsgemäße Erstellung der Arbeitspapiere einschließlich der elektronischen Verarbeitung ebenso zu den Pflichten des Arbeitgebers gehört wie deren Herausgabe, ist eine gesonderte Regelung im Aufhebungsvertrag nicht geboten. Es kann aber Sinn machen, auf die Herausgabe der Arbeitspapiere und deren Inhalt im Aufhebungsvertrag Bezug zu nehmen, wenn sich die Parteien zugleich verpflichten wollen, etwaige Auskünfte an Dritte, etwa an die Arbeitsagentur oder andere Behörden auf das zu beschränken, was im Aufhebungsvertrag und dem in diesem Zusammenhang erstellten Zeugnis enthalten ist.
Eine entsprechende Klausel könnte lauten:

Der Arbeitgeber verpflichtet sich, unverzüglich nach Beendigung des Arbeitsverhältnisses dem Arbeitnehmer die vollständigen Arbeitspapiere einschließlich eines Ausdrucks der elektronischen Lohnsteuerbescheinigung für das Austrittsjahr auszuhändigen und auf gesondertes Verlangen die Arbeitsbescheinigung nach § 312 SGB III unverzüglich ausgefüllt der Arbeitsagentur zuzuleiten. Im Übrigen verpflichten sich die Parteien, über den Inhalt dieser Aufhebungsvereinbarung Stillschweigen zu bewahren, soweit nicht Auskunftsverpflichtungen gegenüber Dritten aufgrund gesetzlicher Bestimmungen bestehen.

Die letztere Formulierung ist insbesondere dann sinnvoll, wenn im Vorfeld der Aufhebungsverhandlungen heftige Vorwürfe, ggf. mit kündigungsrechtlicher Relevanz ausgetauscht wurden und äußerer Auslöser der Aufhebungsverhandlungen waren. Gesetzliche Auskunftsansprüche bestehen insbesondere seitens der Arbeitsagentur, wenn der Arbeitnehmer nach Beendigung des Arbeitsverhältnisses Arbeitslosengeld beantragt. Wegen der außerordentlichen Komplexität der rechtlichen Bestimmungen dürfte es angesichts der einzuholenden Auskünfte einer sachgerechten Herangehensweise entsprechen, wenn sich Arbeitgeber und Arbeitnehmer gegenseitig darauf verständigen, entsprechende Aus-

künfte, die erteilt werden sollen, untereinander auszutauschen. Selbstverständlich sind beide Parteien dabei an die Wahrheitspflicht gebunden.
Wird der Inhalt eines Zeugnisses positiv geregelt, kann im Anschluss an die entsprechende Klausel im Aufhebungsvertrag Folgendes hinzugesetzt werden:

Im Übrigen werden Auskünfte gegenüber Dritten nur auf der Basis und gemäß dem Inhalt des vorgelegten Zeugnisses erteilt.

Die Arbeitgeber versuchen regelmäßig sehr weitreichende **Verschwiegenheitspflichten** durchzusetzen. Jedenfalls dann, wenn durch sogenannte »Catch-All-Klauseln« der Arbeitnehmer uneingeschränkt und unendlich zur Verschwiegenheit verpflichtet werden soll, sind solche Klauseln als unangemessene Benachteiligung unwirksam.[559]Die angenehme Rechtsfolge ist, dass sich der Arbeitgeber in späterer Zeit auf solche Klauseln nicht berufen kann.
Ob die konkrete Klausel, die in den Vertrag Eingang finden soll, wirksam ist oder nicht, bedarf stets einer Einzelfallbetrachtung. Dazu müsste dann Rechtsrat eingeholt werden.
In bestimmten Konstellationen ist es gerechtfertigt, bestimmte **Sprachregelungen** für Auskünfte nach außen zu verabreden, um möglichst negativen Gerüchten und Einschätzungen im Unternehmen, bei Dritten, etwa im Kundenkreis, vorzubeugen. Insbesondere bei Führungskräften (aber natürlich auch bei allen anderen Arbeitnehmern) kann dies angezeigt sein, um das weitere berufliche Fortkommen nicht zu gefährden. Keiner möchte, dass z. B. Vorwürfe mit arbeitsrechtlich relevantem Fehlverhalten »unter der Hand« kommuniziert werden. Um dem vorzubeugen, kann eine entsprechend abgestimmte Verlautbarung, die z. B. bei größeren Unternehmen auch in das eigene Intranet gestellt werden kann, sinnvoll sein. Solche Veröffentlichungen bedürfen aber der sorgfältigen Abstimmung. Der Autor empfiehlt, solche Absprachen gesondert vom Text der eigentlichen Aufhebungsvereinbarung, z. B. parallel in einem Sideletter zum Aufhebungsvertrag festzuhalten.
Soll dann diese Absprache die zu erteilenden Auskünfte verbindlich regeln, könnte zusätzlich die Formulierung im Aufhebungsvertrag noch wie folgt ergänzt werden:

559 LAG Köln vom 2. 12. 2019 – 2 SaGa 20/19, ArbRAktuell 2020, S. 395.

Im Übrigen werden Auskünfte gegenüber Dritten nur auf der Basis des vorgelegten Zeugnisses sowie der Verlautbarung zum Ausscheiden vom … (konkretes Datum einsetzen) erteilt.

10.13 Klagerücknahme und Kostenverteilung

Wenn zwischen den Parteien nach vorangegangener Kündigung noch ein Arbeitsrechtsstreit schwebt, der durch den Abschluss des Aufhebungsvertrages obsolet geworden ist, haben die Parteien die Möglichkeit, den Aufhebungsvertrag selbst vor Gericht als Vergleich zu protokollieren. Es wird dann in aller Regel eine Kostenverteilung entsprechend der gesetzlichen Regelung erfolgen, wonach jede Partei ihre außergerichtlichen Kosten selbst trägt. Dies ist die automatische Rechtsfolge aus § 12a Abs. 1 ArbGG, sofern das Verfahren noch in 1. Instanz anhängig ist. Die Gerichtskosten werden dann geteilt, so dass jede Seite die Hälfte übernimmt. Verzichten beide Parteien indes auf die gerichtliche Protokollierung des Aufhebungsvertrages als Vergleich, kann auch außergerichtlich der Aufhebungsvertrag durch beiderseitige Unterschrift entweder der Parteien selbst oder ihrer Bevollmächtigten wirksam zustande kommen. Dann macht es Sinn, dass die Arbeitnehmerseite die Verpflichtung übernimmt, die Kündigungsschutzklage (das andere in diesem Zusammenhang anhängige Verfahren) zurückzunehmen.
Dies wäre dann wie folgt zu formulieren:

Der Arbeitnehmer verpflichtet sich, die beim Arbeitsgericht (oder LAG/BAG) anhängige Klage unter der Geschäfts-Nr. … zurückzunehmen. Jede Partei trägt ihre außergerichtlichen Kosten selbst, die Gerichtskosten werden geteilt.[560]

10.14 Übernahme von Anwaltskosten

Haben die Parteien ihre Aufhebungsverhandlungen vorangebracht, kann es in manchen Fällen sinnvoll und durchsetzbar sein, den Arbeitgeber zur Erstattung der Anwaltskosten des Arbeitnehmers zu verpflichten, insbesondere dann, wenn der Arbeitnehmer nicht über eine Rechtsschutz-

560 Hierfür wird auch oft die Formulierung verwandt »Die Kosten werden gegeneinander aufgehoben«.

versicherung verfügt. Wenn sich der Arbeitgeber im Rahmen der Verhandlungen hierauf einlässt, wird er in aller Regel darauf bestehen, dass der Umfang der Kosten betragsmäßig festgelegt wird. Dies kann auch geschehen durch eine Festlegung des zugrunde zu legenden Streitwerts der Sache und des dabei gewünschten Gebührenansatzes. Eine solche Regelung könnte lauten:

Der Arbeitgeber erstattet die dem Arbeitnehmer entstandenen Anwaltskosten auf der Grundlage eines Gegenstandswertes von € .... Erstattet werden die 3,0-fachen Gebühren gemäß RVG zzgl. Auslagen und Mehrwertsteuer.

Zulässig ist naturgemäß auch die Verabredung eines Pauschalbetrages, der auch die gesetzlichen Gebühren übersteigen kann.

10.15 Salvatorische Klausel

Oft wird am Ende von Aufhebungsverträgen eine **Salvatorische Klausel** eingefügt. Diese besagt, dass der Aufhebungsvertrag auch dann Bestand hat, wenn einzelne seiner Regelungen gesetzeswidrig sein sollten. Dies macht vor dem Hintergrund von § 139 BGB Sinn, wonach das ganze Rechtsgeschäft als nichtig anzusehen wäre, auch wenn nur ein Teil des Rechtsgeschäfts nichtig ist, es sei denn, das Rechtsgeschäft wäre auch ohne den nichtigen Teil vorgenommen worden. Dies eröffnet Auslegungsspielräume, wobei auf den mutmaßlichen Parteiwillen abzustellen ist. Da Salvatorische Klauseln jedoch einschränkend auszulegen sind, wenn sich ein wesentlicher Vertragsbestandteil als nichtig herausstellen sollte,[561] wird sich in aller Regel auch im Falle der Teilnichtigkeit ein möglicherweise langwieriger Rechtsstreit um die Ermittlung des mutmaßlichen Parteiwillens bzw. die Auslegung des Aufhebungsvertrages kaum vermeiden lassen. Eine entsprechende Salvatorische Klausel könnte wie folgt lauten:

Im Falle der Unwirksamkeit einer Bestimmung dieses Aufhebungsvertrages führt dies nicht zur Unwirksamkeit der Vereinbarung insgesamt. Beide Seiten verpflichten sich in diesem Fall, anstelle der unwirksamen Bestimmung eine dieser Bestimmung wirtschaftlich möglichst nahekommende wirksame Regelung zu vereinbaren.

561 Vgl. BGH vom 8. 4. 1976 – I ZR 203/74, DB 1976, 2106.

11. Abfindung und Pfändungsschutz

Auch eine wegen des Verlustes des Arbeitsplatzes gezahlte Abfindung ist vollstreckungsrechtlich als Arbeitseinkommen zu bewerten. Die **Abfindung** ist daher **pfändbar**.[562]

Da es sich nicht um eine wiederkehrende Vergütung handelt, gelten auch die Pfändungsfreigrenzen des § 850c ZPO nicht. Ein Vollstreckungsschutz für Teilbeträge der Abfindung kann nur dadurch erlangt werden, dass beim zuständigen Vollstreckungsgericht ein Antrag nach § 850i Abs. 1 ZPO gestellt wird. Das Gericht kann dann dem Antragsteller so viel belassen, als er hiervon für einen »angemessenen Zeitraum« für seinen notwendigen Unterhalt »und den seiner Familie« benötigt und dies seinen früheren Einkünften aus laufenden Arbeitslohn entsprach. Dabei kann das Gericht frei die Gesamtumstände, also einerseits die Lebensverhältnisse und Verdienstmöglichkeiten des Schuldners, andererseits die Belange des Vollstreckungsgläubigers würdigen.

---

562 BAG vom 12.9.1979 – 4 AZR 420/77, DB 1980, 358.

12. Unwirksamkeit von Aufhebungsverträgen

Gelegentlich reut es die Arbeitsvertragsparteien, einen Aufhebungsvertrag unterzeichnet zu haben. Es beginnt dann die Suche nach Unwirksamkeitsgründen, die allerdings nur unter ausgesprochen engen Voraussetzungen zum Erfolg führen wird.

12.1 Unzulässige Regelungen

Aufhebungsverträge können nichtig sein, wenn ihr Zustandekommen als Umgehung des Kündigungsschutzgesetzes oder anderer Gesetze zu werten ist.[563] So ist ein Aufhebungsvertrag, den ein Arbeitnehmer bereits bei der Einstellung oder zu einem späteren Zeitpunkt unterzeichnet unwirksam. Er ist als Verstoß gegen das Teilzeit - und Befristungsgesetz (TzBfG) zu werten, da ein solcher Vertrag nicht auf die alsbaldige Beendigung gerichtet ist und daher in der Sache eine Befristung des Arbeitsverhältnisses unter Umgehung des TzBfG darstellt.[564] Auch ist eine Abmachung unwirksam, die vorsieht, dass dann, wenn der Arbeitnehmer nicht rechtzeitig aus dem Urlaub zurückkehrt, die Beendigung des Arbeitsverhältnisses eintritt. Dieser Wegfall des Kündigungsschutzes ist unzulässig.[565] Gleichfalls sind Aufhebungsverträge unwirksam, die dazu dienen sollen, dass bei bestimmten Verhaltensweisen automatisch eine Beendigung des Arbeitsverhältnisses eintritt. So sind Vereinbarungen nichtig, wonach das

563 Vgl. BAG vom 25.10.2006 – 8 AZR 917/06, NZA-RR 2008, 367.

564 Vgl. BAG vom 12.01.2000 – 7 AZR 48/99, AP Nr. 16 zu § 620 BGB Aufhebungsvertrag.

565 Vgl. BAG vom 19.12.1974 – 2 AZR 565/73, AP Nr. 3 zu § 620 BGB Bedingung; ähnlich BAG vom 25.6.1987 – 2 AZR 541/86, NZA 1988, 391 (Auslaufen des Arbeitsvertrages bei Urlaubsende mit der allein eingeräumten Option, dann am Tag nach Urlaubsende die Wiedereinstellung zu den alten Bedingungen beantragen zu können).

Arbeitsverhältnis automatisch enden soll, wenn ein ehemaliger Alkoholabhängiger wieder Alkohol zu sich nimmt.[566]
Gleiches gilt, wenn ein Ausbildungsverhältnis dann als aufgehoben gelten soll, wenn nicht bestimmte Noten in der Berufsschule erzielt werden.[567]
Auch das Überschreiten bestimmter vorab festgelegter Fehlzeitenquoten kann nicht als Anknüpfungspunkt in einem Aufhebungsvertrag wirksam zugrunde gelegt werden.[568]
Ferner können im Einzelfall Aufhebungsverträge unwirksam sein, weil die Vorschrift des § 613a BGB umgangen wird. Dies ist dann gegeben, wenn Arbeitnehmer als Voraussetzung für den Abschluss neuer Arbeitsverträge mit dem Erwerber – dort selbstverständlich zu schlechteren Bedingungen – zunächst gehalten sind, ihre bestehenden Arbeitsverträge mit ihrem bisherigen Arbeitgeber aufzukündigen. Dieser Praxis hat das BAG einen Riegel vorgeschoben.[569] So billigt das BAG zwar bei einem Betriebsübergang Verträge zum Übertritt in eine Beschäftigungs- und Qualifizierungsgesellschaft, wenn damit das endgültige Ausscheiden aus dem Unternehmen bezweckt wird.[570] Wird dieser Übertritt jedoch nur deshalb veranstaltet, um die Kontinuität des früheren Arbeitsverhältnisses zu unterbrechen und wird sogleich ein neuer Arbeitsvertrag mit einem Erwerber abgeschlossen, so führt dies in aller Regel wegen Umgehung der Schutzvorschrift des § 613a BGB zur Unwirksamkeit eines in diesem Zusammenhang vereinbarten Aufhebungsvertrages.[571]
Wenn es beide Seiten darauf anlegen, die Agentur für Arbeit zu täuschen und deshalb einen Aufhebungsvertrag zurückdatieren, wird dieser als sittenwidrig anzusehen sein.[572] Insgesamt bleibt festzuhalten, dass nur unter ausgesprochen engen Voraussetzungen von der Nichtigkeit eines Aufhebungsvertrages ausgegangen werden kann. Sind lediglich einzelne Klauseln des Aufhebungsvertrages unwirksam, kann dies nach der gesetzlichen Bestimmung des § 139 BGB zum Wegfall des gesamten Vertrages führen. Wird allerdings eine Salvatorische Klausel (siehe unter 10.15, Seite 266) vereinbart, so beschränkt sich die Unwirksamkeit auf die ent-

---

566 Vgl. LAG München vom 29.10.1987 – 4 Sa 783/87, DB 1988, 506.
567 Vgl. BAG vom 5.12.1985 – 2 AZR 61/85, NZA 1987, 20.
568 Vgl. LAG Baden-Württemberg vom 15.10.1990 – 15 Sa 92/90, BB 1991, 209.
569 Vgl. BAG vom 28.4.1987 – 3 AZR 75/86, AP Nr. 5 zu § 1 BetrAVG; ebenso BAG vom 10.12.1998 – 8 AZR 324/97, NZA 1999, 422.
570 BAG vom 23.11.2006 – 8 AZR 349/06, NZA 2007, 866.
571 BAG, a.a.O.; LAG Niedersachsen vom 18.2.2010 – 7 Sa 779/09, ArbRAktuell 2010, 326.
572 Vgl. LAG Baden-Württemberg vom 22.5.1991 – 12 Sa 160/90, LAGE Nr. 4 zu § 611 BGB Aufhebungsvertrag; HK-ArbR/Däubler, §§ 611, 611a BGB Rn. 602.

sprechende Klausel, während es bei der Aufhebung des Arbeitsverhältnisses aufgrund des im Übrigen dann wirksamen Aufhebungsvertrages verbleibt.

12.2 Verstoß gegen das Gebot fairen Verhandelns

Ein Aufhebungsvertrag ist unwirksam, wenn er unter Missachtung des Gebots fairen Verhandelns zustande gekommen ist. Bei dem Gebot zum fairen Verhandeln handelt es sich um eine durch die Aufnahme von Vertragsverhandlungen begründete Nebenpflicht, wonach auch im Rahmen von Aufhebungsverhandlungen wechselseitig Rücksicht genommen werden muss. Dieses Gebot hat das BAG in seinem Urteil vom 7.2.2019 entwickelt.[573] Mit dem Gebot des fairen Verhandelns soll ein Mindestmaß an Fairness im Vorfeld von Vertragsverhandlungen sichergestellt werden. In dem Sachverhalt, der dem Urteil des BAG zugrunde lag, hatte eine Reinigungshilfe einen Aufhebungsvertrag unterschrieben, mit dem das Arbeitsverhältnis einvernehmlich und ohne Zahlung einer Abfindung beendet werden sollte. Ein Vertreter des Arbeitgebers suchte die Arbeitnehmerin hierzu in ihrer Wohnung auf, ließ sie aufwecken, legte ihr den Aufhebungsvertrag vor und forderte eine sofortige Unterschrift. Die Arbeitnehmerin war zu diesem Zeitpunkt nach eigener Aussage erkrankt und stand unter dem Einfluss von Schmerzmitteln.
Nach dem BAG liegt ein Verstoß gegen das Gebot fairen Vorhandelns vor, wenn eine **psychische Drucksituation** geschaffen oder ausgenutzt wird, die eine freie und überlegte Entscheidung des Arbeitnehmers erheblich erschwert oder sogar unmöglich macht.[574] Dies ist etwa dann der Fall, wenn der Arbeitgeber besonders unangenehme Rahmenbedingungen für die Verhandlung schafft, die den Arbeitnehmer erheblich ablenken oder sogar einen Fluchtreflex auslösen können.[575]Es wurden insbesondere folgenden Situation als kritisch bewertet:

---

573 BAG vom 7.2.2019 – 6 AZR 75/18, NZA 2019, 688.

574 BAG vom 7.2.2019 – 6 AZR 75/18, NZA 2019, 688, 691; ob ein solches Ausnutzen im zugrunde liegenden Fall vorlag, konnte das BAG mangels ausreichender Feststellungen der Vorinstanz nicht beantworten.

575 BAG vom 7.2.2019 – 6 AZR 75/18, NZA 2019, 688, 691 f.

- Ausnutzung **objektiv erkennbarer krankheitsbedingter, körperlicher** oder **psychischer Schwäche sowie unzureichender Sprachkenntnisse** des Arbeitnehmers[576]
- Aufgezwungene Vertragsverhandlungen zu ungewöhnlichen Zeiten oder an ungewöhnlichen Orten im Sinne einer **Überrumpelungssituation**[577]
- Suggestion einer für dem Arbeitnehmer scheinbar unabweisbar negativen Rechtslage, um ihn zum Vertragsschluss zu bewegen[578]

Nach Stimmen in der Literatur gehört zu dem Gebot der Fairness ebenfalls, dass der Arbeitgeber bereits bei der Einladung zum Gespräch die geplante Themenstellung, den Zeitpunkt und die voraussichtliche Dauer des Gesprächs sowie die vorgesehenen Teilnehmer benennt.[579] Eine »kommunikative Überfallstrategie«, die als Überrumpelung zu bewerten ist, läuft Gefahr, bei gerichtlicher Überprüfung zur Unwirksamkeit dabei entstandener Vereinbarungen zu führen.[580] Ob die Gerichte sich diesem weiten Verständnis des Gebots fairen Verhandelns anschließen werden, wird die Zukunft zeigen. Dies wäre jedoch nur konsequent, um das Gebot der Fairness in der Praxis auch mit Leben zu füllen. Zumal Versuche in den unteren Instanzen erkennbar sind, die Vorgaben, die das BAG in seiner Entscheidung vom 7.2.2019 entwickelt hat, aufzuweichen.[581] Letztlich hat das BAG selbst seine ursprüngliche Linie nicht konsequent fortgeführt und es als noch zulässig angesehen, wenn in einem überraschend vom Arbeitgeber ohne thematische Vorankündigung angesetzten »Gespräch« durch einen für den Arbeitgeber anwesenden Rechtsanwalt weder der Bitte der Arbeitnehmerin nach Bedenkzeit oder der Möglichkeit der Einholung von Rechtsrat entsprochen wurde. Vielmehr soll der Rechtsanwalt jedes Verlassen des Raumes durch die Arbeitnehmerin (selbst ein Gang

---

576 BAG vom 7.2.2019 – 6 AZR 75/18, NZA 2019, 688, 691; ob ein solches Ausnutzen im zugrunde liegenden Fall vorlag, konnte das BAG mangels ausreichender Feststellungen der Vorinstanz nicht beantworten.

577 BAG vom 7.2.2019, a.a.O.

578 LAG Mecklenburg-Vorpommern vom 19.5.2020 – 5 Sa 173/19, NZA-RR 10/2020: Unzutreffende Behauptung einer Probezeit, die entspr. Kündigung erlaubt hätte und daher den Aufhebungsvertrag als »günstiger« erscheinen ließ

579 Zimmermann, Die Rechtspflicht des Arbeitgebers zu fairem Verhalten im Rahmen von ihm angeordneter Personalgespräche, AuR 2020, S. 13f.

580 ebenda

581 So etwa LAG Hamm vom 17.5.2021 – 18 Sa 1124/20 m. krit. Anm. v. Schindele, in: ArbRAktuell2021, S. 360 (trotz beim »Aufhebungsgespräch« einseitiger Anwesenheit eines Anwalts auf Arbeitgeberseite mit Drohung von fristloser Kündigung und Strafanzeige kein unfaires Verhandeln); Revision erfolglos: BAG vom 24.2.2022 – 6 AZR 333/21, NZA 2022, S. 779.

zur Toilette) als Zurückweisung des angebotenen Aufhebungsvertrages gekennzeichnet und gleichzeitig eine außerordentliche Kündigung angedroht haben![582]

Der ursprünglich verfolgte Ansatz aus der BAG-Rechtsprechung ist vor allem deshalb von Bedeutung, weil ein Widerrufsrecht nach § 312b BGB des Arbeitnehmers bei außerhalb der Geschäftsräume des Arbeitgebers geschlossenen Aufhebungsverträgen nach herrschender Ansicht nicht besteht.[583]

Das Gebot fairen Verhandelns schließt Lücken im Schutz des Arbeitnehmers vor zu missbilligenden Verhalten von Arbeitgebern, da es auch unterhalb der Schwelle der von §§ 105, 119, 123 BGB erfassten Willensmängel schützt, die in der Praxis selten vorkommen bzw. selten nachweisbar sind.[584] Trotz erkennbaren Zurückruderns des 6. Senats des BAG wird auch in der Entscheidung vom 24. 2. 2022 betont, dass den Tatgerichten ein erheblicher Beurteilungsspielraum zur Frage, ob die Rücksichtnahmepflichten eingehalten oder eine psychische Drucksituation geschaffen oder ausgenutzt wurde, zukommt und es letztlich darum geht, den Weg zu einem Vertragsschluss vor unfairer Verhandlungsführung zu schützen.[585] Es bleibt also festzuhalten, dass das BAG den Arbeitnehmern und ihren Interessenvertretungen ein längst überfälliges Instrument an die Hand geben hat, um gegen missbräuchliches Verhalten von einzelnen Arbeitgebern vorzugehen.

Liegt ein Verstoß gegen das Gebot fairen Verhandelns vor, ist der Vertragspartner so zu stellen, als hätte er den Vertrag nicht geschlossen (vgl. § 249 Abs. 1 BGB). Im Ergebnis besteht daher ein Anspruch auf Befreiung von dem abgeschlossenen Vertrag[586]. Der unter solchem Druck zustande gekommene Aufhebungsvertrag wäre damit unwirksam.

Tipp:
Da der Arbeitnehmer grundsätzlich die Beweislast für Nebenpflichtverletzungen des Arbeitgebers trägt, sollten sich Arbeitnehmer solchen »Ver-

---

582 BAG vom 24. 2. 2022 – 6 AZR 333/21, NZA 2022, S. 779, Rn. 28 ff.

583 Siehe hierzu Kapitel 12.7, Seite 282.

584 BAG vom 7. 2. 2019 – 6 AZR 75/18, NZA 2019, 688, 691.

585 BAG vom 24. 2. 2022 – 6 AZR 333/21, NZA 2022, S. 779, Rn. 19, 23. Kritisch, dass hier die allen verhandlungspsychologischen Erkenntnissen zuwiderlaufende These auftaucht, die Arbeitnehmerin hätte sich mit einem einfachen »Nein« der Situation entziehen können, sodass schon deswegen keine »unfaire Konstellation« vorgelegen habe; ebenda Rn 29.

586 LAG Mecklenburg-Vorpommern vom 19. 5. 2020 – 5 Sa 173/19, NZA-RR 10/2020.

handlungen« vorsichtshalber nach Möglichkeit entziehen, etwa alternative Verhandlungstermine und -orte vorschlagen. Zudem empfiehlt sich eine möglichst umfassende (schriftliche) Dokumentation der Verhandlungssituation, etwa durch Anfertigung eines Gedächtnisprotokolls, um die »unfaire« Verhandlungssituation glaubhaft zu machen.

12.3 Verletzung von Aufklärungspflichten

Wie aufgezeigt, kann die vorzeitige Beendigung eines Arbeitsverhältnisses für den Arbeitnehmer mit erheblichen Nachteilen verbunden sein. Da der Arbeitgeber als Nebenpflicht aus dem bestehenden Arbeitsverhältnis Aufklärungs- und Hinweispflichten wahrzunehmen hat, kann eine Verletzung dieser Pflichten im Einzelfall Schadensersatzansprüche auslösen.[587]

Die Rechtsprechung hat bislang das Bestehen einer Aufklärungspflicht aber nur in besonderen Fallkonstellationen anerkannt, denn grundsätzlich sind die Parteien selbst dafür verantwortlich, sich über die Konsequenzen ihres Handelns zu informieren. Dies gilt insbesondere dann, wenn die Initiative zum Abschluss des Aufhebungsvertrages vom Arbeitnehmer ausgeht.[588] In solchen Fällen können sich Auskunftspflichten des Arbeitgebers nur aus besonderen Umständen wie einem vorherigen Fehlverhalten oder bei absehbar schweren und atypischen Nachteilen für den Arbeitnehmer ergeben.[589]

Hinweispflichten des Arbeitgebers können dann bestehen, wenn die Initiative zum Abschluss von ihm ausgeht. Sie betreffen z. B. solche Aufhebungsverträge, die aufgrund ihrer Terminierung zu deutlichen Versorgungseinbußen führen. Insbesondere dann, wenn in zeitlicher Nähe zum möglichen Eintritt in den Ruhestand eine vorzeitige Vertragsbeendigung verhandelt wurde, ist anerkannt, dass der Arbeitnehmer ein legitimes Interesse an einem möglichst ungeschmälerten Rentenbezug hat, so dass demgegenüber das Interesse des Arbeitgebers an einer vorzeitigen Beendigung des Arbeitsverhältnisses zurückzutreten hat. Deshalb ist in solchen Fällen vom Arbeitgeber auf die versorgungsrechtlichen Nachteile

587 Vgl. BAG vom 10.3.1988 – 8 AZR 420/85, AP Nr. 99 zu § 611 BGB Fürsorgepflicht; ErfK-Preis, § 611a BGB Rn. 633f.
588 Vgl. BAG vom 11.12.2001 – 3 AZR 339/00, AP Nr. 2 zu § 1 BetrAVG Auskunft.
589 BAG vom 11.12.2001, a.a.O.

einer vorzeitigen Vertragsbeendigung hinzuweisen.[590] Dies gilt allerdings dann nicht, wenn die Initiative zum Abschluss des Aufhebungsvertrages vom Arbeitnehmer ausgeht.

Gesteigerte Hinweispflichten bestehen auch dann, wenn durch den Aufhebungsvertrag eine Zusatzversorgung in beträchtlicher Höhe geschmälert wird. Wenn dann noch die Höhe der angebotenen Abfindung in einem krassen Missverhältnis zu den Versorgungsrisiken steht, ist der Arbeitgeber gehalten, das Problembewusstsein des Arbeitnehmers zu wecken und so zu beraten, dass dieser sich bei der entsprechenden Versorgungseinrichtung sachgerecht erkundigt, um Missverständnisse vermeiden zu können. Ein lediglich pauschaler Hinweis, sich bei der Versorgungseinrichtung aufklären zu lassen, reicht in einer solchen Situation nicht. Vielmehr muss der Arbeitgeber den Arbeitnehmer auf atypische Risiken bei der beabsichtigten Beendigung des Arbeitsverhältnisses aufmerksam machen. Unklarheiten, ob entsprechende Hinweispflichten eingehalten wurden, gehen zu Lasten des aufklärungspflichtigen Arbeitgebers.[591] Auch wenn der Arbeitgeber freiwillig Auskünfte erteilt, auf die der Arbeitnehmer erkennbar seine Entscheidung stützt, wie beispielsweise in Form von Modellrechnungen zu den zu erwartenden Einnahmen, so müssen diese Auskünfte richtig sein. Anderenfalls haftet der Arbeitgeber auf Schadensersatz.[592] Vergleichbare Aufklärungspflichten sollen auch bestehen, wenn es um drohende sozialrechtliche Nachteile insbesondere beim Bezug von Arbeitslosengeld geht.[593]

Stellt der Arbeitnehmer Fragen nach dem Bezug von Arbeitslosengeld, reicht es aus, wenn der Arbeitgeber auf die Möglichkeit der Verhängung einer Sperrfrist hinweist und den Arbeitnehmer im Übrigen an die zuständigen Stellen verweist.[594] Werden Fragen des Arbeitnehmers dennoch durch den Arbeitgeber beantwortet, haftet der Arbeitgeber auf Schadensersatz, wenn seine Auskünfte unzutreffend sind und sich der Arbeitnehmer darauf verlassen hat.[595] Auch soll es zulässig sein, die Aufklärungspflichten durch Klauseln im Aufhebungsvertrag abzubedingen

---

590 Vgl. BAG vom 13.11.1984 – 3 AZR 255/84, AP Nr. 5 zu § 1 BetrAVG Zusatzversorgungskassen.

591 Vgl. BAG vom 17.10.2000 – 3 AZR 605/99, AP Nr. 116 zu § 611 BGB Fürsorgepflicht.

592 BAG vom 21.11.2000 – 3 AZR 13/00, AP Nr. 17 zu § 611 BGB Haftung des Arbeitgebers.

593 Vgl. BAG vom 10.3.1988 – 8 AZR 420/85, NZA 1988, 837.

594 HK-ArbR/Däubler, §§ 611, 611a BGB Rn. 623.

595 Vgl. BAG vom 3.7.1990 – 3 AZR 382/89, NZA 1990, 971.

bzw. im Aufhebungsvertrag aufzunehmen, dass der Arbeitnehmer über entsprechende Risiken belehrt worden sei.[596]

Diese Rechtsauffassung dürfte jedenfalls sich dort als problematisch erweisen, wo dem Arbeitnehmer keine ausreichende Zeit eingeräumt wurde, sich sachgerecht an anderer Stelle über mögliche Konsequenzen informieren zu können. In einem solchen Fall dürfte es zutreffend sein, dass der Arbeitgeber verpflichtet ist, den Arbeitnehmer direkt über die Auswirkungen des Aufhebungsvertrages auf den Anspruch auf Arbeitslosengeld aufzuklären, insbesondere, wenn es der Arbeitgeber ist, der aus betrieblichen Gründen massiv auf Abschluss eines Aufhebungsvertrages drängt.[597]

Hingegen wird eine Hinweispflicht des Arbeitgebers verneint, wenn durch den Abschluss eines Aufhebungsvertrages bestehender Sonderkündigungsschutz verloren geht.[598] Daher muss als **Grundsatz** festgehalten werden, dass die herrschende Meinung in Rechtsprechung und Literatur davon ausgeht, dass sich der **Arbeitnehmer** vor Abschluss eines Aufhebungsvertrages **selbst über die damit verbundenen Folgen zu informieren hat** und im Regelfall keine Pflicht des Arbeitgebers besteht, von sich aus auf Risiken von Aufhebungsverträgen hinzuweisen.[599] Dies gilt selbst dann, wenn der Arbeitgeber zum gleichen Zeitpunkt bereits weitere Entlassungen beabsichtigt, die dann zum Abschluss eines Sozialplanes mit höheren Abfindungsbeträgen führen.[600]

Nur ausnahmsweise wird es daher einem Arbeitnehmer gelingen, wegen eines für ihn im Ergebnis nachteiligen Aufhebungsvertrages Schadensersatz zu erlangen.

12.4 Anfechtung

Die zum Zustandekommen eines Aufhebungsvertrages führenden Willenserklärungen sind nach den allgemeinen Bestimmungen der §§ 119, 123 BGB anfechtbar. Die Anfechtung ist gegenüber dem Vertragspartner zu

596 Vgl. Hümmerich, 4, Rn. 440 ff.

597 Vgl. LAG Hamburg vom 20. 8. 1992 – 2 Sa 16/92, LAGE Nr. 9 zu § 611 BGB Aufhebungsvertrag.

598 HK-ArbR/Däubler, §§ 611, 611a BGB Rn. 624.

599 Vgl. BAG vom 23. 5. 1989 – 3 AZR 257/88, AP Nr. 28 zu § 1 BetrAVG Zusatzversorgungskassen; BAG vom 11. 12. 2001 – 3 AZR 339/00, NZA 2002, 1150 ff.: betraf unterlassene Information über Kürzung der betrieblichen Altersversorgung nach Aufhebungsvertrag.

600 Vgl. BAG vom 13. 11. 1996 – 10 AZR 340/96, NZA 1997, 390.

erklären und führt, wenn sie – im Ausnahmefall – erfolgreich ist, zur rückwirkenden Beseitigung des Aufhebungsvertrages gem. § 142 Abs. 1 BGB.

12.4.1 Wegen Irrtums

Eine Anfechtung kann sich darauf stützen, dass der Arbeitnehmer eine Erklärung dieses Inhalts (Erklärungsirrtum) gar nicht abgeben wollte oder sich über die Folgen eines Aufhebungsvertrages nicht bewusst war. Dies ist in aller Regel jedoch wenig Erfolg versprechend. Dem Arbeitnehmer steht z. B. kein Anfechtungsrecht nach § 119 BGB zu, wenn er sich über die steuerrechtlichen und/oder sozialrechtlichen Folgen der abgeschlossenen Vereinbarung getäuscht hat.[601] Selbst einer schwangeren Arbeitnehmerin, die nicht darüber informiert ist, dass ihr Aufhebungsvertrag zum Verlust des Mutterschutzes führt, wird ein Anfechtungsrecht nicht zugestanden.[602]
Auch eine Arbeitnehmerin, die von ihrer Schwangerschaft nichts wusste, wurde kein Anfechtungsrecht gegen den von ihr geschlossenen Aufhebungsvertrag eingeräumt.[603]
Im Ergebnis bleibt festzuhalten, dass ein sogenannter Inhaltsirrtum (eine Erklärung mit diesem Inhalt sollte nicht abgegeben werden) kein Anfechtungsrecht begründet.
Darüber hinaus ist die Anfechtung gem. § 121 Abs. 1 BGB auch unverzüglich zu erklären, sobald der Anfechtende von seinem Irrtum Kenntnis erlangt hat. Daher ist im Falle einer solchen Anfechtung große Eile geboten, um die noch eine wirksame Erklärung abgeben zu können.

12.4.2 Wegen arglistiger Täuschung

Ein Aufhebungsvertrag kann ferner dann anfechtbar sein, wenn eine der beiden Seiten durch arglistige Täuschung zu seinem Abschluss bestimmt worden ist. Die Täuschung muss sich auf objektiv nachprüfbare Umstände beziehen.[604] So kann eine Täuschung, also die willentliche Verursachung eines Irrtums, gegeben sein, wenn dem Arbeitnehmer vorgespiegelt wird, der Betrieb werde alsbald stillgelegt, stattdessen aber ein

601 Vgl. BAG vom 10. 3. 1988 – 8 AZR 420/85, NZA 1988, 837.

602 Vgl. BAG vom 16. 2. 1983 – 7 AZR 134/81, AP Nr. 22 zu § 123 BGB; kritisch HK-ArbR/Däubler, §§ 611, 611a BGB Rn. 611.

603 Vgl. BAG vom 6. 2. 1992 – 2 AZR 408/91, AP Nr. 13 zu § 119 BGB – so genannter unbeachtlicher Rechtsfolgenirrtum.

604 Vgl. BAG vom 5. 10. 1995 – 2 AZR 923/94, AP Nr. 40 zu § 123 BGB.

Betriebsübergang geplant.[605] Ebenfalls kann eine Täuschungshandlung vorliegen, wenn wahrheitswidrig behauptet wird, andere Beschäftigte hätten ebenfalls einen Aufhebungsvertrag abgeschlossen.
Arglistig ist ein solches Verhalten, wenn der Täuschende die Unrichtigkeit seiner Angaben kennt oder einfach ins Blaue hinein unrichtige Angaben aufstellt.[606] Schließlich setzt eine erfolgreiche Anfechtung voraus, dass durch die Irrtumserregung auch die Unterschrift unter den Aufhebungsvertrag ursächlich veranlasst wurde. Dies alles muss der betreffende Arbeitnehmer im Einzelnen beweisen können.

12.4.3 Wegen widerrechtlicher Drohung

Außerordentlich umstritten ist die Beurteilung der Fälle, bei denen der Arbeitgeber mit einer außerordentlichen oder ordentlichen Kündigung droht und der Arbeitnehmer unter diesem Eindruck einen Aufhebungsvertrag abschließt. Dies sind typischerweise Situationen, in denen dem Arbeitnehmer – meist »überfallartig« – ein Aufhebungsvertrag zur Unterschrift vorgelegt wird mit der ultimativen Aufforderung, diesen sofort zu akzeptieren, anderenfalls würde eine Kündigung ausgesprochen. Dies wird dann in der Praxis auch noch verbunden mit der Androhung weit reichender Schadensersatzansprüche oder strafrechtlichen Konsequenzen für den Fall, dass sich beide Seiten nicht »einigen« würden.
Bei der Beurteilung, ob die Drohung widerrechtlich ist, kommt es nach Auffassung des BAG nicht darauf an, ob sich in einem Kündigungsschutzprozess die angedrohte Kündigung als wirksam herausgestellt hätte. Vielmehr wird als Prüfungsmaßstab herangezogen, ob ein »verständiger Arbeitgeber die Kündigung ernsthaft in Erwägung gezogen hätte«.[607]
Ist der Sachverhalt unklar, kommt es darauf an, ob ein »verständiger Arbeitgeber« noch weitere Ermittlungen anstellen würde. Dann müsste das voraussichtliche Ergebnis dieser weiteren Ermittlungen auch eine Kündigung ermöglichen.[608] Es sollen bereits Unstimmigkeiten und Widersprüchlichkeiten in Spesenabrechnungen eines Außendienstmitarbeiters ausreichen, wenn eine Überprüfung nur schwer möglich ist, um aus-

---

605 Vgl. BAG vom 23.11.2006 – 8 AZR 349/06, NZA 2007, 866.
606 Vgl. APS-Rolfs, AufhebVtr, Rn. 95.
607 So das BAG für die außerordentliche Kündigung vom 30.1.1986 – 2 AZR 196/85, NZA 1988, 91; für die ordentliche Kündigung vom 16.1.1992 – 2 AZR 412/91, NZA 1992, 1023 sowie vom 30.9.1993 – 2 AZR 268/93, AP Nr. 37 zu § 123 BGB.
608 Vgl. BAG vom 30.1.1986 – 2 AZR 196/85, NZA 1988, 91.

zuschließen, die angedrohte Kündigung als widerrechtliche Drohung zu bewerten.[609] Eine Anfechtung ist damit in aller Regel ausgeschlossen. Immerhin wird ein hinreichender Kündigungsgrund nicht angenommen, wenn der Arbeitgeber wegen eines Verhaltens, das zunächst nur hätte abgemahnt werden dürfen, eine Kündigung androht.[610] Bei einer angedrohten Verdachtskündigung ist die Anfechtung zulässig, wenn hier der Arbeitgeber die gebotenen Schritte zur Aufklärung des Sachverhalts unterlassen hat.[611]

Zutreffend wird kritisiert, dass der Maßstab dessen, was ein »verständiger Arbeitgeber« veranlassen würde, für die Rechtsanwendung kaum praktikable Maßstäbe liefert.[612]

Sehr bedenklich ist es, wenn die Rechtsprechung in Einzelfällen akzeptiert, dass ein Aufhebungsvertrag wegen widerrechtlicher Drohung dann nicht mehr angefochten werden kann, wenn der betroffene Arbeitnehmer nachträglich nicht nachweisen kann, dass die Verdachtsmomente falsch sind, der Arbeitgeber aber in das ursprüngliche, zum Aufhebungsvertrag führende Gespräch mit Behauptungen hineingegangen ist, die jedenfalls zu diesem Zeitpunkt nicht dem objektiven Kenntnisstand des Arbeitgebers entsprachen.[613]

Die Drohung mit Schadensersatzforderungen des Arbeitgebers gegen den Beschäftigten kann dann zur Rechtswidrigkeit von Aufhebungsverträgen führen, wenn diese Ansprüche entweder völlig unbegründet sind oder in keinem direkten Zusammenhang mit dem Arbeitsverhältnis stehen.[614] In diesem Zusammenhang sollte auch die Rechtsprechung berücksichtigt werden, die im Hinblick auf Schuldanerkenntnisse entwickelt worden ist, die von Arbeitnehmern in einer besonderen Zwangssituation abgegeben wurden. So gibt es Fälle, in denen Arbeitnehmer, die der Kassen- oder Warenveruntreuung verdächtigt werden, in eine Zwangssituation gebracht werden, insbesondere ohne die Möglichkeit, eine Vertrauensperson bzw. einen Rechtsanwalt hinzuziehen zu können, und dann Schuldanerkenntnisse zur Unterschrift vorgelegt werden, mit denen auch solche Inventurdifferenzen ausgeglichen werden sollen, die auf ganz anderen Ursachen beruhen.[615] Bei einer Auszubildenden, die des Diebstahls über-

609 Vgl. LAG Düsseldorf vom 30.4.1991 – 16 Sa 98/91, LAGE Nr. 14 zu § 123 BGB.
610 Vgl. BAG vom 16.1.1992 – 2 AZR 412/91, NZA 1992, 1023.
611 Vgl. Küttner-Schmidt, Aufhebungsvertrag, Rn. 22.
612 Vgl. HK-ArbR/Däubler, §§ 611, 611a BGB Rn. 613.
613 Vgl. LAG Hessen vom 22.3.2010 – 17 Sa 1303/09, NZA-RR 2010, 341.
614 Vgl. HK-ArbR/Däubler, §§ 611, 611a BGB Rn. 615.
615 Vgl. LAG Thüringen vom 10.9.1998 – 5 Sa 104/97, NZA-RR 1999, 399ff. – Nichtigkeit eines Schuldanerkenntnisses über 80 000,00 DM wegen Sittenwidrigkeit.

führt wurde, wurde ein notarielles Schuldanerkenntnis, das nach einem mehr als drei Stunden währenden intensiven Verhör durch mehrere Personen und unmittelbar anschließender Fahrt zum Notar zustande gekommen war, als sittenwidrig angesehen.[616] Wird in einer solchen Situation also mit völlig unverhältnismäßigen Schadensersatzansprüchen gedroht, wäre es je nach Lage des Einzelfalles folgerichtig, nicht nur das Schuldanerkenntnis als unwirksam zu werten, sondern ebenfalls einen typischerweise in dieser Situation abgeschlossenen Aufhebungsvertrag.
Zurückhaltend ist die Rechtsprechung aber demgegenüber auch dann, wenn mit strafrechtlichen Folgen in Form einer Strafanzeige gedroht wird. Hier soll es für die Beurteilung der Widerrechtlichkeit darauf ankommen, ob ein auch »verständiger« Arbeitgeber eine Strafanzeige ernsthaft in Erwägung gezogen hätte.[617]
In der Mehrzahl der Fälle wird aber eine Anfechtung wegen Drohung nach der geltenden Rechtsprechung daran scheitern, dass nur unter Ausnahmebedingungen, die vom Arbeitnehmer zu beweisen wären, die Widerrechtlichkeit angenommen wird.
Die Frist zur Anfechtung wegen Drohung und Täuschung beträgt ein Jahr und beginnt mit der Entdeckung des Anfechtungsgrundes bzw. dem Ende der so genannten Zwangslage.

12.5 Rücktritt vom Aufhebungsvertrag

Ein gesetzliches Rücktrittsrecht bei Aufhebungsverträgen wird von der höchstrichterlichen Rechtsprechung nicht eingeräumt (vgl. hierzu 9.8.3, Seite 239). Allerdings kann der Arbeitnehmer dann vom Aufhebungsvertrag zurücktreten, wenn der Arbeitgeber mit der Abfindungszahlung in Verzug geraten ist und ihm vom Arbeitnehmer eine Nachfrist zur Zahlung gesetzt wurde.[618] Rechtsgrundlage hierfür bildet § 323 BGB, wonach bei ausbleibender Leistung, die auch nach entsprechender Fristsetzung nicht erfolgt, ein gesetzliches Rücktrittsrecht entsteht. Der Hauptanwendungsfall hierfür sollte eigentlich in der Insolvenz stattfinden. Hier wird bei vor der Insolvenzeröffnung geschlossenen Aufhebungsverträgen die Abfindung allerdings zur einfachen Insolvenzforderung nach § 38 InsO,

616 Vgl. OLG Düsseldorf vom 26. 3. 1999 – 22 U 193/98, NZA-RR 1999, 397.
617 Vgl. BAG vom 30. 1. 1986 – 2 AZR 196/85, NZA 1988, 91; BAG vom 6. 11. 1997 – 2 AZR 162/97, AP Nr. 45 zu § 242 BGB Verwirkung.
618 Vgl. Weber/Ehrich/Baumeister/Fröhlich, a. a. O., Teil 3, Rn. 75 m. w. N.

sodass – wenn überhaupt – nur noch mit minimalen Geldbeträgen entsprechend der vom Insolvenzverwalter festgelegten Quote (oft erst viele Jahre nach Eröffnung des Insolvenzverfahrens) gerechnet werden kann. Dann könnte es aus Arbeitnehmersicht Sinn machen, den Rücktritt zu erklären mit der Folge, dass das Arbeitsverhältnis fortzusetzen wäre, so dass jedenfalls noch ein Anspruch auf Insolvenzgeld (dreimonatige Überbrückungsleistung der Arbeitsagentur gem. § 183 SGB III) entstehen kann, sofern diese Leistung noch nicht in Anspruch genommen wurde. Aber: Das Rücktrittsrecht ist ausgeschlossen, wenn der Abfindungsanspruch nicht mehr durchsetzbar ist. Dies ist in der Insolvenz regelmäßig der Fall, etwa weil der Insolvenzverwalter gar nicht mehr leisten darf (wegen der Benachteiligung anderer Gläubiger).[619] In solchen Fällen wäre dann zu prüfen, ob Schadensersatzansprüche gegen die früheren Firmenverantwortlichen (z. B. Geschäftsführer einer GmbH) möglich sind, weil diese es etwa unterlassen haben, den Arbeitnehmer bei Abschluss des Aufhebungsvertrages auf die drohende Zahlungsunfähigkeit hinzuweisen.[620] Abfindungsforderungen, die auf einen nach Eröffnung des Insolvenzverfahrens mit dem Insolvenzverwalter abgeschlossenen Aufhebungsvertrag beruhen, sind allerdings bevorrechtigte Masseforderungen nach § 55 InsO.[621] Sie werden daher vorrangig vor den einfachen Insolvenzforderungen befriedigt. Hier bietet sich ein Rücktritt also nicht an.
Durch den Rücktritt lebt im Übrigen das Arbeitsverhältnis nicht zum ursprünglichen Beendigungszeitpunkt wieder auf, sondern es kommt hier auf den Zeitpunkt der Rücktrittserklärung durch den Arbeitnehmer an, wobei diese Erklärung zu bewerten ist als Angebot zur Fortsetzung des Arbeitsverhältnisses mit dem Arbeitgeber.[622]

12.6 Wegfall der Geschäftsgrundlage/Anspruch auf Wiedereinstellung

Fällt zwischen dem Abschluss des Aufhebungsvertrages und dem vorgesehenen Beendigungszeitpunkt der tragende Grund für die Beendigung

619 BAG vom 10. 11. 2011 – 6 AZR 357/10, NZA 2012, 205; HK-ArbR/Schulze, § 55 InsO Rn. 8.

620 LAG Mecklenburg-Vorpommern vom 19. 1. 2005 – 2 Sa 444/04, BeckRS 2005, 30803726.

621 BAG vom 12. 6. 2002 – 10 AZR 180/01, NZA 2002, 974.

622 Vgl. Einzelheiten zu dem dann entstehenden Abwicklungsschuldverhältnis: ArbG Siegburg vom 9. 2. 2010 – 5 Ca 2017/09, NZA-RR 2010, 345.

unerwartet weg, kann eine Anpassung des Aufhebungsvertrages nach den Regeln über den Wegfall der Geschäftsgrundlage gem. § 313 BGB gerechtfertigt sein. Diese kann in der Weise erfolgen, dass eine Wiedereinstellung erfolgt, was dann gleichzeitig zum Wegfall der vereinbarten Abfindungsforderung führt.[623] Dafür reicht es nicht aus, dass bei Vertragsschluss einseitig gehegte Motive (Beispiel: Arbeitnehmer will sich nach Beendigung des Arbeitsverhältnisses selbständig machen, seine Pläne scheitern dann aber) nicht in Erfüllung gehen. Vielmehr müssen die **gemeinsamen Vorstellungen der Parteien** nachträglich durch die tatsächliche Entwicklung konterkariert worden sein.

So etwas kann z. B. dann vorliegen, wenn der Arbeitgeber eine endgültige Stilllegung des Betriebs oder Betriebsteils plant (oder Entsprechendes behauptet) und dann ein Erwerber nach Abschluss des Aufhebungsvertrages auf den Plan tritt, der entgegen den ursprünglichen Absichten den Betrieb oder Betriebsteil fortführt.

Auch bei krankheitsbedingter Auflösung kann ein Wiedereinstellungsanspruch entstehen, wenn eine erfolgreiche Ausheilung der bis dato zur Arbeitsunfähigkeit führenden Krankheit eintritt, wobei es allerdings das BAG nicht ausreichen lässt, wenn nur die bis dato negative Gesundheitsprognose erschüttert wird. Vielmehr muss dann für einen Wiedereinstellungsanspruch definitiv von einer positiven Gesundheitsprognose auszugehen sein.[624] Auch müssen die Ausheilung und die darauf gestützte Geltendmachung des Wiedereinstellungsanspruchs vor dem im Aufhebungsvertrag zugrunde gelegten Beendigungszeitpunkt erfolgen.[625] Schließlich ist der Arbeitnehmer, wenn er sich auf den Wegfall der Geschäftsgrundlage berufen will, für die Erfüllung der entsprechenden Tatbestandsvoraussetzungen darlegungs- und beweispflichtig.[626] Hat der Arbeitgeber im Übrigen im Vertrauen auf den Bestand des Aufhebungsvertrages bereits entsprechende Dispositionen getroffen (z. B. bei krankheitsbedingtem Ausscheiden den dann freien Arbeitsplatz neu besetzt) oder ist die unerwartete Fortführung des Betriebes nur möglich, weil Rationalisierungsmaßnahmen durchgeführt werden, zu denen auch ein Personalabbau gehört[627], scheidet ein Anspruch auf Anpassung des Aufhebungsvertrages im Sinne einer Wiedereinstellung regelmäßig aus.

623 BAG vom 8. 5. 2008 – 6 AZR 517/07, NZA 2008, 1148.
624 BAG vom 16. 9. 1999 – 2 AZR 639/98, NZA 1998, 1328.
625 BAG vom 27. 6. 2001 – 7 AZR 662/99, NZA 2001, 1135.
626 Vgl. Weber/Ehrich/Baumeister/Fröhlich, Teil 3, Rn. 102, 115.
627 BAG vom 27. 2. 1997 – 2 AZR 160/96, NZA 1997, 757.

Da bei Geltendmachung dieser Option außerordentlich hohe juristische Hürden zu überwinden sind und dies im Übrigen mit dem Risiko des Verlustes der Abfindung einhergeht, sollte hiervon nur nach gründlicher rechtlicher Beratung Gebrauch gemacht werden.
Der Wiedereinstellungsanspruch richtet sich auf Neubegründung des Arbeitsverhältnisses allerdings zu den Bedingungen, die sich aus der Dauer der bisherigen Betriebszugehörigkeit ergeben.[628] Dabei ist der Anspruch auf Wiedereinstellung dergestalt geltend zu machen, dass ein Antrag auf Annahme eines Angebots zum Abschluss eines Arbeitsvertrages zu den bisherigen Bedingungen gegenüber dem Arbeitgeber unterbreitet wird.

12.7 Widerrufsrecht bei Aufhebungsvereinbarungen

12.7.1 Unzulässige Rechtsausübung

Die höchstrichterliche Rechtsprechung hat es bislang abgelehnt, ein Widerrufsrecht wegen unzulässiger Rechtsausübung bei Aufhebungsverträgen anzuerkennen. Die Entscheidung des LAG Hamburg,[629] wonach es eine unzulässige Rechtsausübung darstellt, wenn eine Aufhebungsvereinbarung zustande kommt, bei der der Arbeitgeber den Arbeitnehmer ohne Vorwarnung zu einem Gespräch bittet und hierbei den Arbeitnehmer zur Unterschriftsleistung veranlasst, ohne ihm eine Bedenkzeit oder ein Rücktrittsrecht einzuräumen, ist vereinzelt geblieben. Das BAG hat diese Entscheidung aufgehoben und es als unschädlich angesehen, wenn der Arbeitnehmer ohne Vorwarnung zum Abschluss eines Aufhebungsvertrages veranlasst wird.[630]
Dabei hat es das BAG auch abgelehnt, eine abweichende Rechtsfortbildung vorzunehmen, weil sich der Arbeitnehmer beim Abschluss von Aufhebungsverträgen prinzipiell in einer Verhandlungsposition befindet, die das Bundesverfassungsgericht als strukturell unterlegen definiert.[631]
Nach Auffassung des BAG soll es beim Abschluss von Aufhebungsverträgen an einer strukturell ungleichen Verhandlungsstärke fehlen.[632] Begründet wird dies damit, dass es doch ausreiche, wenn der Arbeitnehmer

628 BAG vom 2.12.1999 – 2 AZR 757/98, NZA 2000, 531.
629 Vgl. LAG Hamburg vom 3.7.1991 – 5 Sa 20/91, NZA 1992, 309.
630 Vgl. BAG vom 30.9.1993 – 2 AZR 268/93, NZA 1994, 209.
631 Vgl. BVerfG vom 19.10.1993 – 1 BvR 567/89, NJW 1994, 36ff.
632 Vgl. BAG vom 14.2.1996 – 2 AZR 234/95, NZA 1996, 811.

ein »nein« zu der ihm angetragenen Vertragsaufhebung äußere.[633] Einige Fallkonstellationen, die mit der vom LAG Hamburg[634] beurteilten vergleichbar sind, können nach neuer Rechtsprechung des BAG allerdings die Unwirksamkeit des Aufhebungsvertrages wegen Verstoßes gegen das Gebot fairen Verhandelns zur Folge haben (siehe hierzu 12.2, Seite 270)

12.7.2 Verbraucherschutzrichtlinie

Mit der Schuldrechtsreform vom 26.11.2001[635] ist ein Widerrufsrecht für die sogenannten Haustürgeschäfte in das BGB aufgenommen worden (§§ 312ff. BGB, wobei in § 355 BGB im Einzelnen Ausgestaltung und Rechtsfolgen des Widerrufsrechts geregelt sind).
Mit der vor 14.6.2014 geltenden Gesetzeslage berechtigten bestimmte, sogenannte Haustürgeschäfte zum Widerruf. Dabei wurde durchaus vertreten, dass dieses Widerrufsrecht auch arbeitsrechtliche Aufhebungsverträge erfasst.[636] Mit der Neufassung von § 312b BGB[637] fallen Aufhebungsverträge, welche am Arbeitsplatz abgeschlossen wurden, nicht mehr in den Anwendungsbereich, da diese nur Verträge erfasst sind, die **außerhalb** der Geschäftsräume des Unternehmers bzw. Arbeitgebers, also nicht am Arbeitsplatz, geschlossen wurden.
Allerdings sind Arbeitnehmer Verbraucher i.S.v. § 13 BGB und fallen damit grundsätzlich unter den Schutzbereich der §§ 312ff. BGB.[638]
Daher liegt es nahe, bei Aufhebungsverträgen, welche zumindest vom Arbeitnehmer außerhalb seines Arbeitsplatzes unterschrieben werden, dem Arbeitnehmer ein Widerrufsrecht nach § 312b BGB einzuräumen. Im Ergebnis wird ein solches Widerrufsrecht für Aufhebungsverträge jedoch von der herrschenden Meinung verneint.[639] Im Kern wird hier argumentiert, dass Aufhebungsverträge nicht erfasst seien, da es in diesen Gesetzesbestimmungen darum gehe, dass Verbraucher vor Vertriebsgeschäften geschützt werden sollen. Ein Aufhebungsvertrag diene jedoch nicht dem Vertrieb von Waren und Dienstleistungen, sondern der Beendigung des Arbeitsverhältnisses.

---

633 Ebenda.
634 LAG Hamburg vom 3.7.1991 – 5 Sa 20/91, NZA 1992, 309.
635 BGBl. I S. 3138ff.
636 Hümmerich/Holthausen, NZA 2002, 173, 178; Grundstein, FA 2003, 41ff.
637 Art. 1 des VerbrRRUG vom 20.9.2013, BGBl. I. S. 3642.
638 BAG vom 25.5.2005 – 5 AZR 572/04, NZA 2005, 1111.
639 Vgl. BAG vom 7.2.2019 – 6 AZR 75/18, NZA 2019, 688; LAG Niedersachsen vom 7.11.2017 – 10 Sa 1159/16, NZA-RR 2018, 361; Bauer/Arnold/Zeh, NZA 2016, 449.

Da die meisten Aufhebungsverträge aber ohnehin innerhalb des Betriebs angebahnt werden, handelt es sich um eine Diskussion mit geringen praktischen Auswirkungen.[640]

12.7.3 Fehlende Vertretungsmacht

Ein Widerruf durch den Arbeitnehmer ist allerdings nach § 178 Satz 1 Hs. 1 BGB möglich, wenn der Arbeitgeber bei Abschluss des Aufhebungsvertrages – wie im Regelfall – vertreten wird, der Vertreter jedoch ohne entsprechende Vertretungsmacht handelt und der Arbeitnehmer das Fehlen der Vollmacht bei Vertragsschluss nicht kennt (§ 178 Satz 1 Hs. 2 BGB). Die Widerrufserklärung des Arbeitnehmers muss erkennen lassen, dass gerade wegen der fehlenden Vollmacht widerrufen wird.[641] Allerdings kann der Arbeitgeber den Vertrag bis zum Zugang der Widerrufserklärung noch genehmigen, sodass der Vertrag doch noch wirksam wird.

12.8 Unwirksamkeit einzelner Klauseln

Aufhebungsverträge können, ebenso wie Arbeitsverträge, Allgemeine Geschäftsbedingungen (AGB) darstellen. Sofern der Aufhebungsvertrag vom Arbeitgeber vorformuliert wurde, kommt eine Unwirksamkeit einzelner Klauseln als unangemessene Benachteiligung gem. § 307 BGB in Betracht. Nach der Rechtsprechung des BAG ist aber die eigentliche Beendigungsvereinbarung als selbständiges Rechtsgeschäft einer Inhaltskontrolle entzogen, da gerade die Beendigungsvereinbarung dem Aufhebungsvertrag seinen Rechtscharakter verleiht.[642] Eine Angemessenheitskontrolle etwa des Beendigungszeitpunkt bzw. der Abfindung scheidet damit aus.

Allerdings können sich die weiteren Regelungspunkte eines Aufhebungsvertrags als unwirksam erweisen. Ohne eine umfassende rechtliche Prüfung im Einzelfall lässt sich eine solche Unwirksamkeit jedoch nicht feststellen.

---

640 Einen Überblick über die möglichen Fallkonstellationen geben Bauer/Arnold/Zeh, a. a. O.

641 BAG vom 31. 1. 1996 – 2 AZR 91/95, NJW 1996, 2594, 2595.

642 BAG vom 27. 11. 2003 – 2 AZR 135/03, NJW 2004, 2401.

Anhang

A. Vertragsmuster

1. Aufhebungsvereinbarung über die Kernpunkte gemäß Kapitel 9

1.1 Beendigung

Das Arbeitsverhältnis der Parteien endet aufgrund fristgerechter, ordentlicher Kündigung mit Schreiben des Arbeitgebers vom 27.12.2022 zum 30.6.2023.

oder

Die Parteien sind sich einig, dass das Arbeitsverhältnis einvernehmlich unter Einhaltung der ordentlichen Kündigungsfrist auf Veranlassung des Arbeitgebers zum 30.6.2023 enden wird.

Bei betriebsbedingter Veranlassung:

Das Arbeitsverhältnis der Parteien endet aufgrund fristgerechter, ordentlicher Kündigung aus betriebsbedingten Gründen mit Schreiben des Arbeitgebers vom 27.12.2022 zum 30.6.2023.

oder

Die Parteien sind sich einig, dass das Arbeitsverhältnis einvernehmlich unter Einhaltung der ordentlichen Kündigungsfrist[643] auf Veranlassung des Arbeitgebers aus betriebsbedingten Gründen zum 30.6.2020 enden wird.

643 Hier könnte auch stattdessen die Formulierung »fristgerecht« verwendet werden.

Alternativformulierung:

Die Parteien sind sich einig, dass das Arbeitsverhältnis zur Vermeidung einer ansonsten unumgänglichen betriebsbedingten Kündigung, die zum gleichen Zeitpunkt wirksam geworden wäre, einvernehmlich unter Einhaltung der ordentlichen Kündigungsfrist auf Veranlassung des Arbeitgebers zum 30.6.2020 enden wird.

Ergänzung zu betriebsbedingten Gründen:

Der Arbeitsplatz fällt aufgrund notwendiger betrieblicher Umstrukturierungsmaßnahmen ersatzlos weg. Andere vergleichbare und freie Arbeitsplätze sind nicht vorhanden. Eine Sozialauswahl war insofern nicht durchzuführen.

oder

Auch bei Durchführung einer Sozialauswahl musste das Arbeitsverhältnis beendet werden, da alle anderen vergleichbaren Arbeitnehmer sozial schutzwürdiger sind.

1.2 Abfindung

Für den Verlust des Arbeitsplatzes zahlt der Arbeitgeber an den Arbeitnehmer in entsprechender Anwendung der §§ 9, 10 KSchG eine Abfindung in Höhe von € 20 000,00 (i.W.: EURO zwanzigtausend).

oder

Für den Verlust des Arbeitsplatzes zahlt der Arbeitgeber an den Arbeitnehmer in entsprechender Anwendung der §§ 9, 10 KSchG eine Abfindung in Höhe von € ... netto ohne Abzüge, wobei der Arbeitgeber die anfallenden Steuern übernimmt und diese an das Finanzamt abführt.

ggf. zusätzlich im Falle von Schadensersatzansprüchen

Die Parteien sind sich einig, dass dem Arbeitnehmer für seine gesundheitlichen Beeinträchtigungen (alternativ z.B.: wegen der Diskriminierung wegen seiner Herkunft, seines Geschlechts, seines Alters o.ä.), die sich aus innerbetrieblichen Auseinandersetzungen ergeben haben, Schadensersatz zusteht. Dieser Anspruch wird beziffert auf € … netto und wird zusätzlich zu der in Ziff. 1.2[644] vereinbarten Abfindung geleistet.

und

Der Anspruch auf die vereinbarte Abfindung entsteht mit Abschluss dieser Vereinbarung und ist ab diesem Zeitpunkt vererblich.

und

Die Abfindung ist fällig zum 31.01.2023 und wird zu diesem Zeitpunkt an den Arbeitnehmer[645] ausgezahlt (es folgt ggf. die Angabe der Kontoverbindung, wenn die Abfindung etwa nicht auf dem der Arbeitgeberseite bekannten Konto eingehen soll).

und

Die Abfindung ist fällig zum 31.01.2023 und wird zu diesem Zeitpunkt, **nicht jedoch vor dem 2.1.2023** an den Arbeitnehmer ausgezahlt

1.3 Bei Ausgleichzahlungen zur Vermeidung von Rentenansprüchen

Der Arbeitgeber wird ferner im Zusammenhang mit der Beendigung des Arbeitsverhältnisses als Ausgleichszahlung für Rentenminderungen, die bei einer vorzeitigen Inanspruchnahme einer Rente wegen Alters entstehen (§ 187a SGB VI), einen Betrag in Höhe von EUR … (in Worten … Euro) direkt zugunsten des Arbeitnehmers auf dessen persönliches Rentenkonto bei der Deutschen Rentenversicherung unter Angabe der Versichertennummer, Vor- und Zunamen des Arbeitnehmers sowie dem Verwendungszweck »RM« (=Rentenminderung) leisten. Der Arbeitnehmer kann durch schriftliche Erklärung spätestens 14 Tage vor Beendigung des Arbeitsverhältnisses entscheiden, dass dieser Betrag ganz oder teilweise zur Erhöhung der Abfindung eingesetzt wird. Im Falle des Todes des Arbeitnehmers vor dem *31.12.2020* [*hier den vereinbarten*

644 Bezugnahme auf die konkrete Ziffer im Vertrag, wo die Abfindung geregelt ist.

645 Statt des Arbeitnehmers kann auch dessen Bevollmächtigter angegeben werden, was beispielsweise sinnvoll ist, wenn dieser die pünktliche Auszahlung und Abrechnung kontrollieren soll.

Ausscheidenszeitpunkt einsetzen], gilt auch die Einmalzahlung in voller Höhe als Abfindung gemäß diesem Vergleich mit den entsprechenden steuerlichen Auswirkungen, wobei die Forderung in diesem Fall als eine Stunde vor dem Eintritt des Todes entstanden und ab diesem Zeitpunkt als vererbbar gilt.

Die Zahlung an die Deutsche Rentenversicherung wird der Arbeitgeber im Dezember 2020 [*also sinnvollerweise im Monat vor dem Ausscheiden*] vornehmen.

1.4 Abrechnung und Fortzahlung der Vergütung

Das Arbeitsverhältnis wird bis zum Beendigungszeitpunkt ordnungsgemäß abgerechnet und die sich daraus ergebenden Nettobeträge an den Arbeitnehmer ausgezahlt.

oder

Bis zum Beendigungszeitpunkt werden dem Arbeitnehmer die vertragsgemäßen Bezüge in Höhe von … € brutto monatlich ausgezahlt.

Zusätzlich

Das Weihnachtsgeld[646] für das Jahr 20… wird ungekürzt zusammen mit der letzten fälligen Gehaltszahlung ausgezahlt.[647]

oder

Trotz des Ausscheidens vor dem Stichtag wird auf eine Rückzahlung des Weihnachtsgeldes/Bonus/Gratifikation verzichtet.

oder

Das Weihnachtsgeld für das Jahr 20… wird trotz des Ausscheidens zu $^{9}/_{12}$ mit der letzten fälligen Gehaltszahlung ausgezahlt.

---

646 Weihnachtsgeld ist hier nur als Beispiel angeführt – es kann sich auch um jede andere Art der Gratifikation handeln.

647 Als Fälligkeitszeitpunkt kann natürlich auch der Zeitpunkt der regulären Fälligkeit des Weihnachtsgeldes gewählt werden, in der Regel der 30. 11. eines Jahres.

oder

Die Gratifikation[648] ist für das Jahr 20... wegen des Ausscheidens aus dem Arbeitsverhältnis nicht geschuldet.

oder

Der Arbeitnehmer verzichtet für das laufende Jahr auf das anteilige/volle 13. Gehalt/Jubiläumsgeld/andere Gratifikation o. Ä.

Zusätzlich

Der für das laufende Jahr nach den betrieblichen Regeln/Vereinbarungen bestehende Anspruch des Arbeitnehmers auf eine Gewinnbeteiligung für das Jahr 20... wird trotz vorzeitigen Ausscheidens des Arbeitnehmers in voller Höhe ausbezahlt. Die Auszahlung ist spätestens drei Monate nach Feststellung der Bilanz vorzunehmen.

oder

Die Tantieme/Gewinnbeteiligung für das Jahr 20 ... wird festgelegt auf € ... brutto. Angesichts dieser Regelung verzichtet der Arbeitnehmer für diesen Zeitraum auf eine weitere Abrechnung der Tantieme/Gewinnbeteiligung entsprechend den hierzu bestehenden Regelungen.

oder

Auf ggf. weitergehende Tantiemeansprüche/Gewinnbeteiligungsansprüche verzichtet der Arbeitnehmer, der Arbeitgeber nimmt diesen Verzicht an.

oder

Der für das laufende Jahr in Höhe von ... % des Jahresgewinns bestehende Anspruch auf Gewinnbeteiligung wird wegen vorzeitigen Ausscheidens zum ... zu .../12 ausbezahlt. Die Auszahlung ist spätestens drei Monate nach Feststel-

648 Um welche Gratifikation es sich hier konkret handelt, ist dabei anzugeben.

lung der Bilanz vorzunehmen.[649] Die Bilanz ist dem Arbeitnehmer unverzüglich nach ihrer Feststellung unaufgefordert zur Verfügung zu stellen.

Zusätzlich

Die bis zum Zeitpunkt der Beendigung des Arbeitsverhältnisses aufgrund zustande gekommener Geschäfte mit den vom Arbeitnehmer betreuten Kunden entstandenen Provisionsansprüche stehen dem Arbeitnehmer auch dann zu, wenn der Provisionsanspruch erst nach dem Beendigungszeitpunkt fällig geworden ist. Bei nach dem Beendigungszeitpunkt bis zum … 2023[650] mit bisher vom Arbeitnehmer betreuten Kunden zustande gekommenen Geschäften wird aufgrund der vermuteten Mitwirkung des Arbeitnehmers an deren Zustandekommen ein Provisionsanteil in Höhe von 50 %[651] ausgezahlt.

oder

Der Arbeitgeber rechnet über die entstehende Provision auch nach Beendigung des Arbeitsverhältnisses monatlich ab und erteilt gem. § 87c Abs. 2 HGB für alle provisionspflichtigen Geschäfte gleichzeitig einen Buchauszug.

Zusätzlich

Bis zum Beendigungszeitpunkt noch ausstehende Reisekosten/Spesen sind bis spätestens zum … abzurechnen. Sofern sich im Hinblick auf gezahlte Reisekosten-/Spesenvorschüsse eine Überzahlung ergibt, müssen diese bis spätestens zum … zurückbezahlt werden.

1.5 Freistellung

Die Parteien sind sich darüber einig, dass der Arbeitnehmer bis zum Beendigungszeitpunkt unwiderruflich von der Erbringung seiner Arbeitsleistung freigestellt wird.

oder

---

649 Oder andere für die Berechnung des Anspruchs erforderliche Unterlagen.

650 Zeitpunkt nach Beendigung des Arbeitsverhältnisses verhandelbar, z. B. für einen Zeitraum von zwölf Monaten danach.

651 Die andere Hälfte würde dann an den Nachfolger des Arbeitnehmers fließen; vgl. § 87 Abs. 3 Satz 2 HGB.

Der Arbeitnehmer wird ab sofort bis zum Beendigungszeitpunkt widerruflich unter Fortzahlung der Vergütung von seiner Verpflichtung zur Arbeitsleistung freigestellt. Der Arbeitgeber behält sich vor, den Arbeitnehmer während der Restlaufzeit zeitweilig oder fortlaufend an seinem Arbeitsplatz zu beschäftigen.

oder als einseitige Erklärung des Arbeitgebers

Bis zur Beendigung des Arbeitsverhältnisses werden Sie hiermit ab sofort/ab dem … von der Verpflichtung zur Arbeitsleistung unter Fortzahlung der Vergütung sowie unter Anrechnung noch zustehender (Rest-)Urlaubsansprüche bzw. Freizeitausgleichsansprüche[652] unwiderruflich freigestellt.

oder als Vertragsklausel bei unwiderruflich gewollter Freistellung:

Der Arbeitnehmer wird ab sofort/nach Erledigung der (ggf. näher zu beschreibenden) Restarbeiten ab … von seiner Verpflichtung zur Arbeitsleistung unter Fortzahlung der Vergütung unter Anrechnung etwaiger ihm noch zustehender (Rest-)Urlaubsansprüche bzw. Freizeitausgleichsansprüche[653] unwiderruflich freigestellt.

und/oder

Während der Freistellung ist anderweitiger Verdienst (nicht) anzurechnen. Das vereinbarte Wettbewerbsverbot ist zu beachten/wird mit Abschluss dieser Vereinbarung aufgehoben.

oder als vermittelnde Lösung

Während der Freistellung ist anderweitiger Verdienst nicht anzurechnen, soweit er Einkünfte aus selbstständiger Tätigkeit oder aus einer geringfügigen Beschäftigung gemäß § 8 Abs. 1 SGB IV oder einer bereits bestehenden Nebenbeschäftigung betrifft. Das vereinbarte Wettbewerbsverbot ist zu beachten/wird mit Abschluss dieser Vereinbarung aufgehoben.

---

652 Freizeitausgleichsansprüche können etwa bestehen aufgrund eines Arbeitszeitguthabens wegen geleisteter Mehrarbeit oder aus einem Gleitzeitkonto.

653 Freizeitausgleichsansprüche können etwa bestehen aufgrund eines Arbeitszeitguthabens wegen geleisteter Mehrarbeit.

Bei Kombination unwiderruflicher mit widerruflicher Freistellung könnte die Klausel lauten:

Bis zur Beendigung des Arbeitsverhältnisses werden Sie ab sofort/ab dem … von seiner Verpflichtung zur Arbeitsleistung freigestellt. Diese Freistellung ist bezogen auf die Dauer noch zustehender (Rest-)Urlaubsansprüche bzw. Freizeitausgleichsansprüche[654] unwiderruflich, sodann bis zum Beendigungszeitpunkt widerruflich, jeweils unter Fortzahlung der Vergütung. Nach dem Ablauf der unwiderruflichen Freistellung behalten wir uns als Arbeitgeber vor, Sie im Rahmen der Restlaufzeit des Vertrages zeitweilig oder fortdauernd an ihrem Arbeitsplatz zu beschäftigen.

Soll die Widerruflichkeit sich auf bestimmte betriebliche Tatbestände beschränken, wäre folgende Formulierung zu verwenden:

Die Parteien sind sich einig, dass der Arbeitnehmer bis zum Beendigungszeitpunkt unter Fortzahlung der Vergütung von seiner Verpflichtung zur Arbeitsleistung freigestellt wird. Diese Freistellung erfolgt unwiderruflich für die Dauer des noch offenen Resturlaubs von 20 Tagen sowie für die restlichen aus dem Gleitzeitguthaben sich ergebenden Stunden im Umfang von …[655] Im Anschluss daran ist die Freistellung widerruflich, wobei sich der Widerruf auf Fälle außerordentlicher Arbeitsbelastung oder zusätzlichen Vertretungsbedarfs aufgrund unvorhergesehener Krankheitsfälle beschränkt. Für den Fall des Widerrufs ist eine Ankündigungsfrist von mindestens vier [oder mehr] Arbeitstagen bis zur Aufnahme des Arbeitsbeginns einzuhalten.

1.6 Urlaubsansprüche

Der Arbeitnehmer wird den ihm im Umfang von … Arbeitstagen noch zustehenden Urlaub in der Zeit vom … bis … nehmen.

oder

Sämtliche dem Arbeitnehmer zustehende Urlaubsansprüche wurden in natura gewährt und genommen.[656]

654 Freizeitausgleichsansprüche können etwa bestehen aufgrund eines Arbeitszeitguthabens wegen geleisteter Mehrarbeit oder aus einem Gleitzeitkonto.

655 Beide Positionen konkret nach Lage der Dinge ausfüllen.

656 Dies ist auch als so genannter Tatsachenvergleich (wenn z. B. die Zahl der bereits genommenen Urlaubstage strittig ist) möglich: vgl. BAG vom 27. 7. 1967 – 5 AZR 112/67, DB 1967, 1859.

oder

Der Arbeitnehmer hat noch einen Urlaubsanspruch von ... Arbeitstagen, der bis zur Beendigung des Arbeitsverhältnisses nicht erfüllt werden konnte. Hierfür zahlt der Arbeitgeber eine Urlaubsabgeltung in Höhe von € ..., fällig am ...[657]

1.7 Zeugnis

Der Arbeitnehmer erhält ein wohlwollendes, berufsförderndes Zeugnis, das sich auf Führung und Leistung erstreckt.

oder

Der Arbeitnehmer erhält ein wohlwollendes, berufsförderndes Zeugnis, das sich auf Führung und Leistung erstreckt und das das Prädikat »stets zu unserer vollen[658] Zufriedenheit« ausweist.

oder

Der Arbeitnehmer erhält ein wohlwollendes, berufsförderndes Zeugnis, das sich auf Führung und Leistung erstreckt und das Prädikat »stets zu unserer vollen Zufriedenheit« ausweist. Das Zeugnis wird ferner mit einer dieser Note entsprechenden Bedauerns-, Dankes- und Wünscheformel versehen.

oder

Der Arbeitnehmer erhält das als Anlage beigefügte qualifizierte und berufsfördernde Zeugnis.

oder

Der Arbeitnehmer erhält ein wohlwollendes, qualifiziertes Zeugnis gemäß seinem Entwurf.

---

657 Fälligkeitszeitpunkt ist hier sinnvollerweise gleichzeitig der Beendigungszeitpunkt bzw. der Zeitpunkt der letzten Gehaltszahlung.

658 Dies entspricht in der Zeugnissprache einem »gut«.

oder

Der Arbeitnehmer erhält ein wohlwollendes, qualifiziertes Zeugnis gemäß seinem Entwurf, von dem der Arbeitgeber nur aus wichtigem Grund abweichen wird.

und/oder

Der Arbeitnehmer erhält das als Anlage beigefügte qualifizierte und berufsfördernde Zwischenzeugnis und sodann unter dem Datum des Ausscheidens ein darauf beruhendes (Schluss-)Zeugnis, das zusätzlich versehen ist mit einer Schlussformel, die wie folgt lautet: »Das Arbeitsverhältnis wird im beiderseitigen Einvernehmen beendet.[659] Wir bedauern das Ausscheiden von Frau .../ Herrn ... und bedanken uns bei ihr/ihm für die geleisteten Dienste und wünschen ihr/ihm bezüglich weiterhin viel Erfolg und persönlich alles Gute.[660]«

1.8 Erledigungsklausel

Mit der Erfüllung dieser Vereinbarung sind alle Ansprüche aus dem Anstellungsverhältnis und seiner Beendigung, gleich aus welchem Rechtsgrund, ob bekannt oder unbekannt, erledigt.

oder

Mit der Erfüllung dieser Vereinbarung sind alle Ansprüche aus dem Anstellungsverhältnis und seiner Beendigung, gleich aus welchem Rechtsgrund erledigt. Hiervon ausgenommen sind die Anwartschaften und Rechte aus der Betrieblichen Altersversorgung.

---

659 Regelmäßig ist nur auf Wunsch des Arbeitnehmers eine Angabe über Grund und Art des Ausscheidens in das Zeugnis aufzunehmen; vgl. ErfK-Müller-Glöge, § 109 GewO Rn. 26 m. w. N.

660 Eine Schlussformel ist üblich. Auf den Ausspruch des Bedauerns und des Dankes besteht aber kein Rechtsanspruch, vgl. BAG vom 11. 12. 2012 – 9 AZR 227/11, NZA 2013, 324.

1.9 Widerrufsrecht

Von dieser Vereinbarung kann jede Seite innerhalb einer Frist von zwei Wochen[661] nach deren Abschluss zurücktreten. Ein entsprechender Widerruf ist schriftlich gegenüber der anderen Seite zu erklären. Für die Rechtzeitigkeit der Erklärung kommt es auf den Zugang bei der anderen Seite (alternativ: auf den Nachweis der rechtzeitigen Absendung) an.

2. Weitere Regelungspunkte in Aufhebungsverträgen gemäß Kapitel 10

2.1 Sicherungsklausel/Insolvenzrisiko

Sollte die vereinbarte Abfindung nicht bis zum ... sowohl abgerechnet als auch der sich nach Abzug der anfallenden Steuern ergebende Betrag dem Arbeitnehmer unwiderruflich zugeflossen sein, gilt der Aufhebungsvertrag als nicht geschlossen. Das Arbeitsverhältnis wird sodann ungekündigt zu den zum jetzigen Zeitpunkt bestehenden vertraglichen Bedingungen fortgesetzt.

oder

Der Arbeitgeber verpflichtet sich, für die Zahlung der Abfindung eine selbstschuldnerische Bürgschaft (einer Bank oder Sparkasse) beizubringen. Sollte eine entsprechende Bürgschaftsurkunde nicht bis zum ... dem Arbeitnehmer im Original vorgelegt werden, ist der Arbeitnehmer berechtigt, vom Vertrag zurückzutreten. Das Arbeitsverhältnis wird dann ungekündigt zu den zum jetzigen Zeitpunkt bestehenden vertraglichen Bedingungen fortgesetzt.

oder

Der Arbeitgeber verpflichtet sich, für die Zahlung der Abfindung eine selbstschuldnerische Bürgschaft (einer Bank oder Sparkasse) beizubringen. Der Aufhebungsvertrag tritt nur in Kraft, wenn der Arbeitgeber bis zum ... dem Arbeitnehmer eine entsprechende Bürgschaftsurkunde im Original vorlegt. Ist dies nicht der Fall, wird das Arbeitsverhältnis ungekündigt zu den zum jetzigen Zeitpunkt bestehenden vertraglichen Bedingungen fortgesetzt.

661 Die vorgeschlagene Frist ist nur beispielhaft – sowohl eine längere als auch eine kürzere Frist kann vertraglich festgelegt werden.

2.2 Betriebliche Altersversorgung

Durch diese Vereinbarung werden die Ansprüche und Anwartschaften des Arbeitnehmers aus der Betrieblichen Altersversorgung nicht berührt.

Zusätzlich

Alsbald nach Beendigung des Arbeitsverhältnisses wird der Arbeitgeber dem Arbeitnehmer eine schriftliche Bestätigung darüber erteilen, ob für ihn die Voraussetzungen einer unverfallbaren Betrieblichen Altersversorgung erfüllt sind und in welcher Höhe Versorgungsleistungen bei Erreichen der in der Versorgungsordnung vorgesehenen Altersgrenze beansprucht werden können.

und/oder

Abweichend von § 1 BetrAVG sind sich die Parteien einig, dass zugunsten des Arbeitnehmers eine unverfallbare Anwartschaft auf betriebliche Altersversorgung besteht.

oder alternativ:

Hinsichtlich der Betrieblichen Altersversorgung wird der Arbeitnehmer so gestellt, dass diesbezüglich von einer Beendigung des Arbeitsverhältnisses mit Ablauf des 31.12.2023[662] ausgegangen wird.

Zusätzlich

Der Arbeitgeber zahlt im Zusammenhang mit der Beendigung des Arbeitsverhältnisses eine einmalige Summe in Höhe von € ... an die für den Arbeitnehmer bei der ... Vers.-AG abgeschlossene Direktversicherung mit der Vers.-Nr. ... (alternativ: an die Pensionskasse/den Pensionsfonds). Alle Rechte aus der bestehenden Versorgung gehen auf den Arbeitnehmer mit der Beendigung über. Dieser ist berechtigt, diese mit eigenen Beiträgen fortzuführen. Der Arbeitgeber ist verpflichtet, alle hierzu erforderlichen Erklärungen abzugeben.

662 Obwohl das Arbeitsverhältnis tatsächlich schon Monate vorher beendet wurde.

2.3 Anrechnung anderweitigen Verdienstes/ Wettbewerbsverbot

Anderweitig während der Freistellung erzielte Einkünfte des Arbeitnehmers werden auf bis zum Beendigungszeitpunkt fällige Gehaltsbezüge nicht angerechnet.

und

Der Arbeitgeber verzichtet dabei auf das Wettbewerbsverbot gem. § 60 HGB.

oder

Unberührt hiervon besteht das Wettbewerbsverbot gem. § 60 HGB fort.

2.4 Vorzeitiges Ausscheiden und Anrechnung der Abfindung/ Sprinterklausel

Der Arbeitnehmer ist berechtigt, das Arbeitsverhältnis vorzeitig durch einseitige schriftliche Erklärung gegenüber dem Arbeitgeber mit einer Ankündigungsfrist von einer/zwei Woche(n) zu beenden. Die in Ziff. …[663] vereinbarte Abfindung erhöht sich dann um die Bruttovergütung (alternativ: zzgl. 10 %), die zwischen dem vorzeitigen Beendigungszeitpunkt und dem ursprünglichen Beendigungszeitpunkt angefallen wäre.[664] Bei vorzeitiger Beendigung wird die Gesamtabfindung mit Ablauf des Monats fällig, der dem Beendigungsmonat nachfolgt.[665]

2.5 Outplacement

Der Arbeitnehmer wird auf Veranlassung des Arbeitgebers eine Outplacement-Beratung bei der Beratungsfirma … zur beruflichen Neuorientierung wahrnehmen (ggf. befristet bis …). Die Kosten hierfür trägt der Arbeitgeber.

---

663 S. unter 9.2, Seite 210.

664 10 % sind ein Beispiel, es kann natürlich auch eine andere Größenordnung ausgehandelt werden.

665 Bei dieser Regelung des vorzeitigen Ausscheidens ist es sinnvoll, die Fälligkeitsregelung zu modifizieren und die Auszahlung nicht wie üblich zusammen mit dem letzten zu zahlenden Gehalt zu verbinden. Bei einer so kurzen Ankündigungsfrist dürfte es »technisch« oft nicht realisierbar sein, eine Auszahlung zum Monatsende auch tatsächlich zu gewährleisten.

ergänzend

Dabei werden Beratungskosten bis zur Höhe von € 25 000,00 (Beispiel) netto übernommen.

– bzw. alternativ –

Der Beratungsumfang ergibt sich aus dem Leistungsverzeichnis/Angebot der Beratungsfirma XY vom … (genaues Datum zur Konkretisierung anführen).

2.6 Nachvertragliches Wettbewerbsverbot

Mit dieser Vereinbarung wird das nachvertragliche Wettbewerbsverbot aufgehoben.

oder

Das vereinbarte nachvertragliche Wettbewerbsverbot wird durch den Abschluss dieses Aufhebungsvertrages nicht berührt.

2.7 Rückzahlungsverpflichtungen bei vorangegangener Aus- und Fortbildung

Die Rückzahlungsverpflichtung des Arbeitnehmers aus der Ausbildungsvereinbarung vom … entfällt mit Abschluss dieses Aufhebungsvertrages.

2.8 Dienstwagen

Der Arbeitnehmer kann das ihm überlassene Dienstfahrzeug weiterhin – auch während der Dauer der Freistellung – privat nutzen. Er ist verpflichtet, das Fahrzeug mit sämtlichen Papieren, Schlüsseln und sonstigem Zubehör – sowie eine ggf. überlassene Tankkarte am Tag der Beendigung des Arbeitsverhältnisses zurückzugeben.

oder

Der Arbeitnehmer ist verpflichtet, das dem Unternehmen gehörende Kfz mit dem amtlichen Kennzeichen … einschließlich sämtlicher Fahrzeugpapiere und Schlüssel sowie sonstigem Zubehör unverzüglich, spätestens bis zum … herauszugeben. Die Herausgabe hat am Sitz des Unternehmens stattzufinden.

und

Als Entschädigung hierfür erhält der Arbeitnehmer eine Ausgleichszahlung in Höhe von € …

oder

Das Eigentum an dem Fahrzeug mit dem amtlichen Kennzeichen … wird auf den Arbeitnehmer Zug um Zug gegen Zahlung des Kaufpreises übertragen. Der Kaufpreis bemisst sich gemäß Sachverständigengutachten vom … (nach dem Buchwert) auf € … einschließlich Mehrwertsteuer.

Zur Rückübertragung des Schadenfreiheitsrabattes Folgendes:

Der Arbeitgeber überträgt die auf den Namen des Arbeitnehmers abgeschlossene Kfz-Versicherung einschließlich des vom Arbeitnehmer eingebrachten Schadensfreiheitsrabattes an diesen zurück und wird hierzu unverzüglich alle erforderlichen Erklärungen gegenüber der Kfz-Versicherung abgeben und dem Arbeitnehmer hiervon Mitteilung machen.

2.9 Handy/Laptop/PC

Der Arbeitnehmer ist verpflichtet, die nachfolgenden Gegenstände (Handy/Laptop/PC) an das Unternehmen unverzüglich, spätestens zum … herauszugeben. Die Herausgabe hat am Sitz des Unternehmens stattzufinden.

und/oder

Als Entschädigung hierfür erhält der Arbeitnehmer eine Ausgleichszahlung in Höhe von € …

und/oder

Die Mobil-Nummer 01…/… wird dem Arbeitnehmer zur alleinigen Benutzung überlassen. Der Arbeitnehmer übernimmt mit dem Tag des Ausscheidens sämtliche Kosten für den Betrieb des Mobiltelefons.

2.10 Werkswohnung

Der Arbeitnehmer verpflichtet sich, die ihm überlassene Wohnung in …, Straße …, Stockwerk … bis spätestens zum … vollständig geräumt an den Arbeitgeber zu übergeben. Eine Verpflichtung zur Schlussdekoration besteht nicht. Der Arbeitgeber wird über die Betriebs- und Heizkosten bis spätestens Ende des 1. Quartals des Folgejahres abschließend abrechnen.

oder

Die Parteien sind sich einig, dass unabhängig von der Auflösung des Arbeitsverhältnisses ein Mietverhältnis über die bereits überlassene Wohnung in …, Straße …, Stockwerk … fortgesetzt wird. Der Mietzins beträgt € … zzgl. Vorauszahlungen auf die Betriebs- und Heizkosten gem. § 2 BetrKV in Höhe von zurzeit … Im Übrigen bleibt der Mietvertrag vom … aufrechterhalten.[666]

2.11 Erstattung von Arbeitslosengeld bei »Gleichwohlgewährung« und sonstige Ansprüche

Der Arbeitgeber ist verpflichtet, gegenüber der Bundesagentur für Arbeit die an diese übergegangenen Gehaltsansprüche in Höhe des gezahlten Arbeitslosengeldes vollständig zu erstatten.

und ergänzend

Für Einbußen des Arbeitnehmers, die ihm bei weiterem Bezug von Entgeltersatzleistungen aus der Arbeitslosenversicherung deshalb entstehen, weil es förderungsrechtlich auf den Zeitpunkt der erstmaligen Arbeitslosmeldung ankommt, wird der Arbeitgeber im Umfang der eintretenden Einbußen Schadensersatz leisten, sobald ihm der Arbeitnehmer den entsprechenden Schaden nachgewiesen hat.

---

666 Sollte es sich um eine nicht eigenständig vermietete Werkdienstwohnung i. S. v. § 576b BGB handeln, wäre bei einer Fortsetzung der Überlassung des Wohnraums ein gesonderter Mietvertrag abzuschließen, dessen einzelne Regelungen hier nicht vorgezeichnet werden können.

2.12 Arbeitspapiere und gegenseitige Informationspflichten

Der Arbeitgeber verpflichtet sich, unverzüglich nach Beendigung des Arbeitsverhältnisses dem Arbeitnehmer die vollständigen Arbeitspapiere einschließlich eines Ausdrucks der elektronischen Lohnsteuerbescheinigung für das Austrittsjahr auszuhändigen und auf gesondertes Verlangen die Arbeitsbescheinigung nach § 312 SGB III unverzüglich ausgefüllt der Arbeitsagentur zuzuleiten. Im Übrigen verpflichten sich die Parteien über den Inhalt dieser Aufhebungsvereinbarung Stillschweigen zu bewahren, soweit nicht Auskunftsverpflichtungen gegenüber Dritten aufgrund gesetzlicher Bestimmungen bestehen.

ergänzend

Im Übrigen werden Auskünfte gegenüber Dritten nur auf der Basis und gemäß dem Inhalt des vorgelegten Zeugnisses erteilt.

zusätzlich

Im Übrigen werden Auskünfte gegenüber Dritten nur auf der Basis des vorgelegten Zeugnisses sowie der Verlautbarung zum Ausscheiden vom … (konkretes Datum einsetzen) erteilt.

2.13 Klagerücknahme und Kostenverteilung

Der Arbeitnehmer verpflichtet sich, die beim Arbeitsgericht (oder LAG/BAG) anhängige Klage unter der Geschäfts-Nr. … zurückzunehmen. Jede Partei trägt ihre außergerichtlichen Kosten selbst, die Gerichtskosten werden geteilt.[667]

2.14 Übernahme von Anwaltskosten

Der Arbeitgeber erstattet die dem Arbeitnehmer entstandenen Anwaltskosten auf der Grundlage eines Gegenstandswertes von € … Erstattet werden die 3,0-fachen Gebühren gemäß RVG zzgl. Auslagen und Mehrwertsteuer.

---

667 Hierfür wird auch oft die Formulierung verwandt »Die Kosten werden gegeneinander aufgehoben«.

2.15 Salvatorische Klausel

Im Falle der Unwirksamkeit einer Bestimmung dieses Aufhebungsvertrages führt dies nicht zur Unwirksamkeit der Vereinbarung insgesamt. Beide Seiten verpflichten sich in diesem Fall, anstelle der unwirksamen Bestimmung eine dieser Bestimmung wirtschaftlich möglichst nahekommende wirksame Regelung zu vereinbaren.

B. Gesetzliche Vorschriften

1. Kündigungsschutzgesetz (KSchG)

vom 10. August 1951 (BGBl. I S. 499), in der Fassung vom 25. August 1969 (BGBl. I S. 1317), zuletzt geändert durch Gesetz vom 14. Juni 2021 (BGBl. I S. 1762)

Erster Abschnitt
Allgemeiner Kündigungsschutz

§ 1 Sozial Ungerechtfertigte Kündigungen

(1) Die Kündigung des Arbeitsverhältnisses gegenüber einem Arbeitnehmer, dessen Arbeitsverhältnis in demselben Betrieb oder Unternehmen ohne Unterbrechung länger als sechs Monate bestanden hat, ist rechtsunwirksam, wenn sie sozial ungerechtfertigt ist.

(2) [1]Sozial ungerechtfertigt ist die Kündigung, wenn sie nicht durch Gründe, die in der Person oder in dem Verhalten des Arbeitnehmers liegen, oder durch dringende betriebliche Erfordernisse, die einer Weiterbeschäftigung des Arbeitnehmers in diesem Betrieb entgegenstehen, bedingt ist. [2]Die Kündigung ist auch sozial ungerechtfertigt, wenn

1. in Betrieben des privaten Rechts
   a) die Kündigung gegen eine Richtlinie nach § 95 des Betriebsverfassungsgesetzes verstößt,
   b) der Arbeitnehmer an einem anderen Arbeitsplatz in demselben Betrieb oder in einem anderen Betrieb des Unternehmens weiterbeschäftigt werden kann

   und der Betriebsrat oder eine andere nach dem Betriebsverfassungsgesetz insoweit zuständige Vertretung der Arbeitnehmer aus einem dieser Gründe der Kündigung innerhalb der Frist des § 102 Abs. 2 Satz 1 des Betriebsverfassungsgesetzes schriftlich widersprochen hat,
2. in Betrieben und Verwaltungen des öffentlichen Rechts

a) die Kündigung gegen eine Richtlinie über die personelle Auswahl bei Kündigungen verstößt,
b) der Arbeitnehmer an einem anderen Arbeitsplatz in derselben Dienststelle oder in einer anderen Dienststelle desselben Verwaltungszweigs an demselben Dienstort einschließlich seines Einzugsgebiets weiterbeschäftigt werden kann

und die zuständige Personalvertretung aus einem dieser Gründe fristgerecht gegen die Kündigung Einwendungen erhoben hat, es sei denn, daß die Stufenvertretung in der Verhandlung mit der übergeordneten Dienststelle die Einwendungen nicht aufrechterhalten hat.

[3]Satz 2 gilt entsprechend, wenn die Weiterbeschäftigung des Arbeitnehmers nach zumutbaren Umschulungs- oder Fortbildungsmaßnahmen oder eine Weiterbeschäftigung des Arbeitnehmers unter geänderten Arbeitsbedingungen möglich ist und der Arbeitnehmer sein Einverständnis hiermit erklärt hat. [4]Der Arbeitgeber hat die Tatsachen zu beweisen, die die Kündigung bedingen.

(3) [1]Ist einem Arbeitnehmer aus dringenden betrieblichen Erfordernissen im Sinne des Absatzes 2 gekündigt worden, so ist die Kündigung trotzdem sozial ungerechtfertigt, wenn der Arbeitgeber bei der Auswahl des Arbeitnehmers die Dauer der Betriebszugehörigkeit, das Lebensalter, die Unterhaltspflichten und die Schwerbehinderung des Arbeitnehmers nicht oder nicht ausreichend berücksichtigt hat; auf Verlangen des Arbeitnehmers hat der Arbeitgeber dem Arbeitnehmer die Gründe anzugeben, die zu der getroffenen sozialen Auswahl geführt haben. [2]In die soziale Auswahl nach Satz 1 sind Arbeitnehmer nicht einzubeziehen, deren Weiterbeschäftigung, insbesondere wegen ihrer Kenntnisse, Fähigkeiten und Leistungen oder zur Sicherung einer ausgewogenen Personalstruktur des Betriebes, im berechtigten betrieblichen Interesse liegt. [3]Der Arbeitnehmer hat die Tatsachen zu beweisen, die die Kündigung als sozial ungerechtfertigt im Sinne des Satzes 1 erscheinen lassen.

(4) Ist in einem Tarifvertrag, in einer Betriebsvereinbarung nach § 95 des Betriebsverfassungsgesetzes oder in einer entsprechenden Richtlinie nach den Personalvertretungsgesetzen festgelegt, wie die sozialen Gesichtspunkte nach Absatz 3 Satz 1 zueinander zu bewerten sind, so kann die Bewertung nur auf grobe Fehlerhaftigkeit überprüft werden.

(5) [1]Sind bei einer Kündigung auf Grund einer Betriebsänderung nach § 111 des Betriebsverfassungsgesetzes die Arbeitnehmer, denen gekündigt werden soll, in einem Interessenausgleich zwischen Arbeitgeber und Betriebsrat namentlich bezeichnet, so wird vermutet, dass die Kündigung durch dringende betriebliche Erfordernisse im Sinne des Absatzes 2 bedingt ist. [2]Die soziale Auswahl der Arbeitnehmer kann nur auf grobe

Fehlerhaftigkeit überprüft werden. [3]Die Sätze 1 und 2 gelten nicht, soweit sich die Sachlage nach Zustandekommen des Interessenausgleichs wesentlich geändert hat. [4]Der Interessenausgleich nach Satz 1 ersetzt die Stellungnahme des Betriebsrats nach § 17 Abs. 3 Satz 2.

§ 1a Abfindungsanspruch bei betriebsbedingter Kündigung

(1) [1]Kündigt der Arbeitgeber wegen dringender betrieblicher Erfordernisse nach § 1 Abs. 2 Satz 1 und erhebt der Arbeitnehmer bis zum Ablauf der Frist des § 4 Satz 1 keine Klage auf Feststellung, dass das Arbeitsverhältnis durch die Kündigung nicht aufgelöst ist, hat der Arbeitnehmer mit dem Ablauf der Kündigungsfrist Anspruch auf eine Abfindung. [2]Der Anspruch setzt den Hinweis des Arbeitgebers in der Kündigungserklärung voraus, dass die Kündigung auf dringende betriebliche Erfordernisse gestützt ist und der Arbeitnehmer bei Verstreichenlassen der Klagefrist die Abfindung beanspruchen kann.

(2) [1]Die Höhe der Abfindung beträgt 0,5 Monatsverdienste für jedes Jahr des Bestehens des Arbeitsverhältnisses. [2]§ 10 Abs. 3 gilt entsprechend. [3]Bei der Ermittlung der Dauer des Arbeitsverhältnisses ist ein Zeitraum von mehr als sechs Monaten auf ein volles Jahr aufzurunden.

§ 2 Änderungskündigung

[1]Kündigt der Arbeitgeber das Arbeitsverhältnis und bietet er dem Arbeitnehmer im Zusammenhang mit der Kündigung die Fortsetzung des Arbeitsverhältnisses zu geänderten Arbeitsbedingungen an, so kann der Arbeitnehmer dieses Angebot unter dem Vorbehalt annehmen, daß die Änderung der Arbeitsbedingungen nicht sozial ungerechtfertigt ist (§ 1 Abs. 2 Satz 1 bis 3, Abs. 3 Satz 1 und 2). [2]Diesen Vorbehalt muß der Arbeitnehmer dem Arbeitgeber innerhalb der Kündigungsfrist, spätestens jedoch innerhalb von drei Wochen nach Zugang der Kündigung erklären.

§ 3 Kündigungseinspruch

[1]Hält der Arbeitnehmer eine Kündigung für sozial ungerechtfertigt, so kann er binnen einer Woche nach der Kündigung Einspruch beim Betriebsrat einlegen. [2]Erachtet der Betriebsrat den Einspruch für begründet, so hat er zu versuchen, eine Verständigung mit dem Arbeitgeber herbeizuführen. [3]Er hat seine Stellungnahme zu dem Einspruch dem Arbeitnehmer und dem Arbeitgeber auf Verlangen schriftlich mitzuteilen.

§ 4 Anrufung des Arbeitsgerichts

[1]Will ein Arbeitnehmer geltend machen, dass eine Kündigung sozial ungerechtfertigt oder aus anderen Gründen rechtsunwirksam ist, so muss

er innerhalb von drei Wochen nach Zugang der schriftlichen Kündigung Klage beim Arbeitsgericht auf Feststellung erheben, dass das Arbeitsverhältnis durch die Kündigung nicht aufgelöst ist. [2]Im Falle des § 2 ist die Klage auf Feststellung zu erheben, daß die Änderung der Arbeitsbedingungen sozial ungerechtfertigt oder aus anderen Gründen rechtsunwirksam ist. [3]Hat der Arbeitnehmer Einspruch beim Betriebsrat eingelegt (§ 3), so soll er der Klage die Stellungnahme des Betriebsrats beifügen. [4]Soweit die Kündigung der Zustimmung einer Behörde bedarf, läuft die Frist zur Anrufung des Arbeitsgerichts erst von der Bekanntgabe der Entscheidung der Behörde an den Arbeitnehmer ab.

§ 5 Zulassung verspäteter Klagen

(1) [1]War ein Arbeitnehmer nach erfolgter Kündigung trotz Anwendung aller ihm nach Lage der Umstände zuzumutenden Sorgfalt verhindert, die Klage innerhalb von drei Wochen nach Zugang der schriftlichen Kündigung zu erheben, so ist auf seinen Antrag die Klage nachträglich zuzulassen. [2]Gleiches gilt, wenn eine Frau von ihrer Schwangerschaft aus einem von ihr nicht zu vertretenden Grund erst nach Ablauf der Frist des § 4 Satz 1 Kenntnis erlangt hat.

(2) [1]Mit dem Antrag ist die Klageerhebung zu verbinden; ist die Klage bereits eingereicht, so ist auf sie im Antrag Bezug zu nehmen. [2]Der Antrag muß ferner die Angabe der die nachträgliche Zulassung begründenden Tatsachen und der Mittel für deren Glaubhaftmachung enthalten.

(3) [1]Der Antrag ist nur innerhalb von zwei Wochen nach Behebung des Hindernisses zulässig. [2]Nach Ablauf von sechs Monaten, vom Ende der versäumten Frist an gerechnet, kann der Antrag nicht mehr gestellt werden.

(4) [1]Das Verfahren über den Antrag auf nachträgliche Zulassung ist mit dem Verfahren über die Klage zu verbinden. [2]Das Arbeitsgericht kann das Verfahren zunächst auf die Verhandlung und Entscheidung über den Antrag beschränken. [3]In diesem Fall ergeht die Entscheidung durch Zwischenurteil, das wie ein Endurteil angefochten werden kann.

(5) [1]Hat das Arbeitsgericht über einen Antrag auf nachträgliche Klagezulassung nicht entschieden oder wird ein solcher Antrag erstmals vor dem Landesarbeitsgericht gestellt, entscheidet hierüber die Kammer des Landesarbeitsgerichts. [2]Absatz 4 gilt entsprechend.

§ 6 Verlängerte Anrufungsfrist

[1]Hat ein Arbeitnehmer innerhalb von drei Wochen nach Zugang der schriftlichen Kündigung im Klagewege geltend gemacht, dass eine rechtswirksame Kündigung nicht vorliege, so kann er sich in diesem Verfahren

bis zum Schluss der mündlichen Verhandlung erster Instanz zur Begründung der Unwirksamkeit der Kündigung auch auf innerhalb der Klagefrist nicht geltend gemachte Gründe berufen. [2]Das Arbeitsgericht soll ihn hierauf hinweisen.

§ 7 Wirksamwerden der Kündigung

Wird die Rechtsunwirksamkeit einer Kündigung nicht rechtzeitig geltend gemacht (§ 4 Satz 1, §§ 5 und 6), so gilt die Kündigung als von Anfang an rechtswirksam; ein vom Arbeitnehmer nach § 2 erklärter Vorbehalt erlischt.

§ 8 Wiederherstellung der früheren Arbeitsbedingungen

Stellt das Gericht im Falle des § 2 fest, daß die Änderung der Arbeitsbedingungen sozial ungerechtfertigt ist, so gilt die Änderungskündigung als von Anfang an rechtsunwirksam.

§ 9 Auflösung des Arbeitsverhältnisses durch Urteil des Gerichts; Abfindung des Arbeitnehmers

(1) [1]Stellt das Gericht fest, daß das Arbeitsverhältnis durch die Kündigung nicht aufgelöst ist, ist jedoch dem Arbeitnehmer die Fortsetzung des Arbeitsverhältnisses nicht zuzumuten, so hat das Gericht auf Antrag des Arbeitnehmers das Arbeitsverhältnis aufzulösen und den Arbeitgeber zur Zahlung einer angemessenen Abfindung zu verurteilen. [2]Die gleiche Entscheidung hat das Gericht auf Antrag des Arbeitgebers zu treffen, wenn Gründe vorliegen, die eine den Betriebszwecken dienliche weitere Zusammenarbeit zwischen Arbeitgeber und Arbeitnehmer nicht erwarten lassen. [3]Arbeitnehmer und Arbeitgeber können den Antrag auf Auflösung des Arbeitsverhältnisses bis zum Schluß der letzten mündlichen Verhandlung in der Berufungsinstanz stellen.

(2) Das Gericht hat für die Auflösung des Arbeitsverhältnisses den Zeitpunkt festzusetzen, an dem es bei sozial gerechtfertigter Kündigung geendet hätte.

§ 10 Höhe der Abfindung

(1) Als Abfindung ist ein Betrag bis zu zwölf Monatsverdiensten festzusetzen.

(2) [1]Hat der Arbeitnehmer das fünfzigste Lebensjahr vollendet und hat das Arbeitsverhältnis mindestens fünfzehn Jahre bestanden, so ist ein Betrag bis zu fünfzehn Monatsverdiensten, hat der Arbeitnehmer das fünfundfünfzigste Lebensjahr vollendet und hat das Arbeitsverhältnis mindestens zwanzig Jahre bestanden, so ist ein Betrag bis zu achtzehn

Monatsverdiensten festzusetzen. [2]Dies gilt nicht, wenn der Arbeitnehmer in dem Zeitpunkt, den das Gericht nach § 9 Abs. 2 für die Auflösung des Arbeitsverhältnisses festsetzt, das in der Vorschrift des Sechsten Buches Sozialgesetzbuch über die Regelaltersrente bezeichnete Lebensalter erreicht hat.
(3) Als Monatsverdienst gilt, was dem Arbeitnehmer bei der für ihn maßgebenden regelmäßigen Arbeitszeit in dem Monat, in dem das Arbeitsverhältnis endet (§ 9 Abs. 2), an Geld und Sachbezügen zusteht.

§ 11 Anrechnung auf entgangenen Zwischenverdienst

Besteht nach der Entscheidung des Gerichts das Arbeitsverhältnis fort, so muß sich der Arbeitnehmer auf das Arbeitsentgelt, das ihm der Arbeitgeber für die Zeit nach der Entlassung schuldet, anrechnen lassen,

1. was er durch anderweitige Arbeit verdient hat,
2. was er hätte verdienen können, wenn er es nicht böswillig unterlassen hätte, eine ihm zumutbare Arbeit anzunehmen,
3. was ihm an öffentlich-rechtlichen Leistungen infolge Arbeitslosigkeit aus der Sozialversicherung, der Arbeitslosenversicherung, der Sicherung des Lebensunterhalts nach dem Zweiten Buch Sozialgesetzbuch oder der Sozialhilfe für die Zwischenzeit gezahlt worden ist. [2]Diese Beträge hat der Arbeitgeber der Stelle zu erstatten, die sie geleistet hat.

§ 12 Neues Arbeitsverhältnis des Arbeitnehmers; Auflösung des alten Arbeitsverhältnisses

[1]Besteht nach der Entscheidung des Gerichts das Arbeitsverhältnis fort, ist jedoch der Arbeitnehmer inzwischen ein neues Arbeitsverhältnis eingegangen, so kann er binnen einer Woche nach der Rechtskraft des Urteils durch Erklärung gegenüber dem alten Arbeitgeber die Fortsetzung des Arbeitsverhältnisses bei diesem verweigern. [2]Die Frist wird auch durch eine vor ihrem Ablauf zur Post gegebene schriftliche Erklärung gewahrt. [3]Mit dem Zugang der Erklärung erlischt das Arbeitsverhältnis. [4]Macht der Arbeitnehmer von seinem Verweigerungsrecht Gebrauch, so ist ihm entgangener Verdienst nur für die Zeit zwischen der Entlassung und dem Tag des Eintritts in das neue Arbeitsverhältnis zu gewähren. [5]§ 11 findet entsprechende Anwendung.

§ 13 Außerordentliche, sittenwidrige und sonstige Kündigungen

(1) [1]Die Vorschriften über das Recht zur außerordentlichen Kündigung eines Arbeitsverhältnisses werden durch das vorliegende Gesetz nicht berührt. [2]Die Rechtsunwirksamkeit einer außerordentlichen Kündigung kann jedoch nur nach Maßgabe des § 4 Satz 1 und der §§ 5 bis 7 geltend

gemacht werden. [3]Stellt das Gericht fest, dass die außerordentliche Kündigung unbegründet ist, ist jedoch dem Arbeitnehmer die Fortsetzung des Arbeitsverhältnisses nicht zuzumuten, so hat auf seinen Antrag das Gericht das Arbeitsverhältnis aufzulösen und den Arbeitgeber zur Zahlung einer angemessenen Abfindung zu verurteilen. [4]Das Gericht hat für die Auflösung des Arbeitsverhältnisses den Zeitpunkt festzulegen, zu dem die außerordentliche Kündigung ausgesprochen wurde. 5Die Vorschriften der §§ 10 bis 12 gelten entsprechend.

(2) Verstößt eine Kündigung gegen die guten Sitten, so finden die Vorschriften des § 9 Abs. 1 Satz 1 und Abs. 2 und der §§ 10 bis 12 entsprechende Anwendung.

(3) Im Übrigen finden die Vorschriften dieses Abschnitts mit Ausnahme der §§ 4 bis 7 auf eine Kündigung, die bereits aus anderen als den in § 1 Abs. 2 und 3 bezeichneten Gründen rechtsunwirksam ist, keine Anwendung.

§ 14 Angestellte in leitender Stellung

(1) Die Vorschriften dieses Abschnitts gelten nicht

1. in Betrieben einer juristischen Person für die Mitglieder des Organs, das zur gesetzlichen Vertretung der juristischen Person berufen ist,
2. in Betrieben einer Personengesamtheit für die durch Gesetz, Satzung oder Gesellschaftsvertrag zur Vertretung der Personengesamtheit berufenen Personen.

(2) [1]Auf Geschäftsführer, Betriebsleiter und ähnliche leitende Angestellte, soweit diese zur selbständigen Einstellung oder Entlassung von Arbeitnehmern berechtigt sind, finden die Vorschriften dieses Abschnitts mit Ausnahme des § 3 Anwendung. [2]§ 9 Abs. 1 Satz 2 findet mit der Maßgabe Anwendung, daß der Antrag des Arbeitgebers auf Auflösung des Arbeitsverhältnisses keiner Begründung bedarf.

Zweiter Abschnitt
Kündigungsschutz im Rahmen der Betriebsverfassung und Personalvertretung

§ 15 Unzulässigkeit der Kündigung

(1) [1]Die Kündigung eines Mitglieds eines Betriebsrats, einer Jugend- und Auszubildendenvertretung, einer Bordvertretung oder eines Seebetriebsrats ist unzulässig, es sei denn, daß Tatsachen vorliegen, die den Arbeitgeber zur Kündigung aus wichtigem Grund ohne Einhaltung einer Kündigungsfrist berechtigen, und daß die nach § 103 des Betriebsverfassungsgesetzes erforderliche Zustimmung vorliegt oder durch gerichtliche Ent-

scheidung ersetzt ist. [2]Nach Beendigung der Amtszeit ist die Kündigung eines Mitglieds eines Betriebsrats, einer Jugend- und Auszubildendenvertretung oder eines Seebetriebsrats innerhalb eines Jahres, die Kündigung eines Mitglieds einer Bordvertretung innerhalb von sechs Monaten, jeweils vom Zeitpunkt der Beendigung der Amtszeit an gerechnet, unzulässig, es sei denn, daß Tatsachen vorliegen, die den Arbeitgeber zur Kündigung aus wichtigem Grund ohne Einhaltung einer Kündigungsfrist berechtigen; dies gilt nicht, wenn die Beendigung der Mitgliedschaft auf einer gerichtlichen Entscheidung beruht.

(2) [1]Die Kündigung eines Mitglieds einer Personalvertretung, einer Jugend- und Auszubildendenvertretung oder einer Jugendvertretung ist unzulässig, es sei denn, daß Tatsachen vorliegen, die den Arbeitgeber zur Kündigung aus wichtigem Grund ohne Einhaltung einer Kündigungsfrist berechtigen, und daß die nach dem Personalvertretungsrecht erforderliche Zustimmung vorliegt oder durch gerichtliche Entscheidung ersetzt ist. [2]Nach Beendigung der Amtszeit der in Satz 1 genannten Personen ist ihre Kündigung innerhalb eines Jahres, vom Zeitpunkt der Beendigung der Amtszeit an gerechnet, unzulässig, es sei denn, daß Tatsachen vorliegen, die den Arbeitgeber zur Kündigung aus wichtigem Grund ohne Einhaltung einer Kündigungsfrist berechtigen; dies gilt nicht, wenn die Beendigung der Mitgliedschaft auf einer gerichtlichen Entscheidung beruht.

(3) [1]Die Kündigung eines Mitglieds eines Wahlvorstands ist vom Zeitpunkt seiner Bestellung an, die Kündigung eines Wahlbewerbers vom Zeitpunkt der Aufstellung des Wahlvorschlags an, jeweils bis zur Bekanntgabe des Wahlergebnisses unzulässig, es sei denn, daß Tatsachen vorliegen, die den Arbeitgeber zur Kündigung aus wichtigem Grund ohne Einhaltung einer Kündigungsfrist berechtigen, und daß die nach § 103 des Betriebsverfassungsgesetzes oder nach dem Personalvertretungsrecht erforderliche Zustimmung vorliegt oder durch eine gerichtliche Entscheidung ersetzt ist. [2]Innerhalb von sechs Monaten nach Bekanntgabe des Wahlergebnisses ist die Kündigung unzulässig, es sei denn, daß Tatsachen vorliegen, die den Arbeitgeber zur Kündigung aus wichtigem Grund ohne Einhaltung einer Kündigungsfrist berechtigen; dies gilt nicht für Mitglieder des Wahlvorstands, wenn dieser durch gerichtliche Entscheidung durch einen anderen Wahlvorstand ersetzt worden ist.

(3a) [1]Die Kündigung eines Arbeitnehmers, der zu einer Betriebs-, Wahl- oder Bordversammlung nach § 17 Abs. 3, § 17a Nr. 3 Satz 2, § 115 Abs. 2 Nr. 8 Satz 1 des Betriebsverfassungsgesetzes einlädt oder die Bestellung eines Wahlvorstands nach § 16 Abs. 2 Satz 1, § 17 Abs. 4, § 17a Nr. 4, § 63 Abs. 3, § 115 Abs. 2 Nr. 8 Satz 2 oder § 116 Abs. 2 Nr. 7 Satz 5 des Betriebsverfassungsgesetzes beantragt, ist vom Zeitpunkt der Einladung oder Antragstellung an bis zur Bekanntgabe des Wahlergebnisses unzulässig, es sei denn, dass Tatsachen vorliegen, die den Arbeitgeber zur Kündigung aus wichtigem Grund ohne Einhaltung einer Kündigungsfrist berechtigen; der Kündigungsschutz gilt für die ersten sechs in der Einladung oder die ersten drei in der Antragstellung aufgeführten Arbeitnehmer. [2]Wird ein Betriebsrat, eine Jugend- und Auszubildendenvertretung, eine Bordvertretung oder ein Seebetriebsrat nicht gewählt, besteht der Kündigungsschutz nach Satz 1 vom Zeitpunkt der Einladung oder Antragstellung an drei Monate.

(3b) [1]Die Kündigung eines Arbeitnehmers, der Vorbereitungshandlungen zur Errichtung eines Betriebsrats oder einer Bordvertretung unternimmt und eine öffentlich beglaubigte Erklärung mit dem Inhalt abgegeben hat, dass er die Absicht hat, einen Betriebsrat oder eine Bordvertretung zu errichten, ist unzulässig, soweit sie aus Gründen erfolgt, die in der Person oder in dem Verhalten des Arbeitnehmers liegen, es sei denn, dass Tatsachen vorliegen, die den Arbeitgeber zur Kündigung aus wichtigem Grund ohne Einhaltung einer Kündigungsfrist berechtigen. [2]Der Kündigungsschutz gilt von der Abgabe der Erklärung nach Satz 1 bis zum Zeitpunkt der Einladung zu einer Betriebs-, Wahl- oder Bordversammlung nach § 17 Absatz 3, § 17a Nummer 3 Satz 2, § 115 Absatz 2 Nummer 8 Satz 1 des Betriebsverfassungsgesetzes, längstens jedoch für drei Monate.

(4) Wird der Betrieb stillgelegt, so ist die Kündigung der in den Absätzen 1 bis 3a genannten Personen frühestens zum Zeitpunkt der Stilllegung zulässig, es sei denn, daß ihre Kündigung zu einem früheren Zeitpunkt durch zwingende betriebliche Erfordernisse bedingt ist.

(5) [1]Wird eine der in den Absätzen 1 bis 3a genannten Personen in einer Betriebsabteilung beschäftigt, die stillgelegt wird, so ist sie in eine andere Betriebsabteilung zu übernehmen. [2]Ist dies aus betrieblichen Gründen nicht möglich, so findet auf ihre Kündigung die Vorschrift des Absatzes 4 über die Kündigung bei Stilllegung des Betriebs sinngemäß Anwendung.

§ 16 Neues Arbeitsverhältnis; Auflösung des alten Arbeitsverhältnisses

[1]Stellt das Gericht die Unwirksamkeit der Kündigung einer der in § 15 Absatz 1 bis 3b genannten Personen fest, so kann diese Person, falls sie inzwischen ein neues Arbeitsverhältnis eingegangen ist, binnen einer Woche nach Rechtskraft des Urteils durch Erklärung gegenüber dem alten Arbeitgeber die Weiterbeschäftigung bei diesem verweigern. [2]Im übrigen finden die Vorschriften des § 11 und des § 12 Satz 2 bis 4 entsprechende Anwendung.

Dritter Abschnitt
Anzeigepflichtige Entlassungen

§ 17 Anzeigepflicht

(1) [1]Der Arbeitgeber ist verpflichtet, der Agentur für Arbeit Anzeige zu erstatten, bevor er

1. in Betrieben mit in der Regel mehr als 20 und weniger als 60 Arbeitnehmern mehr als 5 Arbeitnehmer,
2. in Betrieben mit in der Regel mindestens 60 und weniger als 500 Arbeitnehmern 10 vom Hundert der im Betrieb regelmäßig beschäftigten Arbeitnehmer oder aber mehr als 25 Arbeitnehmer,
3. in Betrieben mit in der Regel mindestens 500 Arbeitnehmern mindestens 30 Arbeitnehmer

innerhalb von 30 Kalendertagen entläßt. [2]Den Entlassungen stehen andere Beendigungen des Arbeitsverhältnisses gleich, die vom Arbeitgeber veranlaßt werden.

(2) [1]Beabsichtigt der Arbeitgeber, nach Absatz 1 anzeigepflichtige Entlassungen vorzunehmen, hat er dem Betriebsrat rechtzeitig die zweckdienlichen Auskünfte zu erteilen und ihn schriftlich insbesondere zu unterrichten über

1. die Gründe für die geplanten Entlassungen,
2. die Zahl und die Berufsgruppen der zu entlassenden Arbeitnehmer,
3. die Zahl und die Berufsgruppen der in der Regel beschäftigten Arbeitnehmer,
4. den Zeitraum, in dem die Entlassungen vorgenommen werden sollen,
5. die vorgesehenen Kriterien für die Auswahl der zu entlassenden Arbeitnehmer,
6. die für die Berechnung etwaiger Abfindungen vorgesehenen Kriterien.

[2]Arbeitgeber und Betriebsrat haben insbesondere die Möglichkeiten zu beraten, Entlassungen zu vermeiden oder einzuschränken und ihre Folgen zu mildern.

(3) [1]Der Arbeitgeber hat gleichzeitig der Agentur für Arbeit eine Abschrift der Mitteilung an den Betriebsrat zuzuleiten; sie muß zumindest die in Absatz 2 Satz 1 Nr. 1 bis 5 vorgeschriebenen Angaben enthalten. [2]Die Anzeige nach Absatz 1 ist schriftlich unter Beifügung der Stellungnahme des Betriebsrats zu den Entlassungen zu erstatten. [3]Liegt eine Stellungnahme des Betriebsrats nicht vor, so ist die Anzeige wirksam, wenn der Arbeitgeber glaubhaft macht, daß er den Betriebsrat mindestens zwei Wochen vor Erstattung der Anzeige nach Absatz 2 Satz 1 unterrichtet hat, und er den Stand der Beratungen darlegt. [4]Die Anzeige muß Angaben

über den Namen des Arbeitgebers, den Sitz und die Art des Betriebes enthalten, ferner die Gründe für die geplanten Entlassungen, die Zahl und die Berufsgruppen der zu entlassenden und der in der Regel beschäftigten Arbeitnehmer, den Zeitraum, in dem die Entlassungen vorgenommen werden sollen und die vorgesehenen Kriterien für die Auswahl der zu entlassenden Arbeitnehmer. [5]In der Anzeige sollen ferner im Einvernehmen mit dem Betriebsrat für die Arbeitsvermittlung Angaben über Geschlecht, Alter, Beruf und Staatsangehörigkeit der zu entlassenden Arbeitnehmer gemacht werden. [6]Der Arbeitgeber hat dem Betriebsrat eine Abschrift der Anzeige zuzuleiten. [7]Der Betriebsrat kann gegenüber der Agentur für Arbeit weitere Stellungnahmen abgeben. [8]Er hat dem Arbeitgeber eine Abschrift der Stellungnahme zuzuleiten.

(3a) [1]Die Auskunfts-, Beratungs- und Anzeigepflichten nach den Absätzen 1 bis 3 gelten auch dann, wenn die Entscheidung über die Entlassungen von einem den Arbeitgeber beherrschenden Unternehmen getroffen wurde. [2]Der Arbeitgeber kann sich nicht darauf berufen, daß das für die Entlassungen verantwortliche Unternehmen die notwendigen Auskünfte nicht übermittelt hat.

(4) [1]Das Recht zur fristlosen Entlassung bleibt unberührt. [2]Fristlose Entlassungen werden bei Berechnung der Mindestzahl der Entlassungen nach Absatz 1 nicht mitgerechnet.

(5) Als Arbeitnehmer im Sinne dieser Vorschrift gelten nicht

1. in Betrieben einer juristischen Person die Mitglieder des Organs, das zur gesetzlichen Vertretung der juristischen Person berufen ist,
2. in Betrieben einer Personengesamtheit die durch Gesetz, Satzung oder Gesellschaftsvertrag zur Vertretung der Personengesamtheit berufenen Personen,
3. Geschäftsführer, Betriebsleiter und ähnliche leitende Personen, soweit diese zur selbständigen Einstellung oder Entlassung von Arbeitnehmern berechtigt sind.

§ 18 Entlassungssperre

(1) Entlassungen, die nach § 17 anzuzeigen sind, werden vor Ablauf eines Monats nach Eingang der Anzeige bei der Agentur für Arbeit nur mit dessen Zustimmung wirksam; die Zustimmung kann auch rückwirkend bis zum Tage der Antragstellung erteilt werden.

(2) Die Agentur für Arbeit kann im Einzelfall bestimmen, daß die Entlassungen nicht vor Ablauf von längstens zwei Monaten nach Eingang der Anzeige wirksam werden.

(3) *(weggefallen)*

(4) Soweit die Entlassungen nicht innerhalb von 90 Tagen nach dem Zeitpunkt, zu dem sie nach den Absätzen 1 und 2 zulässig sind, durchgeführt werden, bedarf es unter den Voraussetzungen des § 17 Abs. 1 einer erneuten Anzeige.

§ 19 Zulässigkeit von Kurzarbeit

(1) Ist der Arbeitgeber nicht in der Lage, die Arbeitnehmer bis zu dem in § 18 Abs. 1 und 2 bezeichneten Zeitpunkt voll zu beschäftigen, so kann die Bundesagentur für Arbeit zulassen, daß der Arbeitgeber für die Zwischenzeit Kurzarbeit einführt.
(2) Der Arbeitgeber ist im Falle der Kurzarbeit berechtigt, Lohn oder Gehalt der mit verkürzter Arbeitszeit beschäftigten Arbeitnehmer entsprechend zu kürzen; die Kürzung des Arbeitsentgelts wird jedoch erst von dem Zeitpunkt an wirksam, an dem das Arbeitsverhältnis nach den allgemeinen gesetzlichen oder den vereinbarten Bestimmungen enden würde.
(3) Tarifvertragliche Bestimmungen über die Einführung, das Ausmaß und die Bezahlung von Kurzarbeit werden durch die Absätze 1 und 2 nicht berührt.

§ 20 Entscheidungen der Agentur für Arbeit

(1) [1]Die Entscheidungen der Agentur für Arbeit nach § 18 Abs. 1 und 2 trifft deren Geschäftsführung oder ein Ausschuß (Entscheidungsträger). [2]Die Geschäftsführung darf nur dann entscheiden, wenn die Zahl der Entlassungen weniger als 50 beträgt.
(2) [1]Der Ausschuß setzt sich aus dem Geschäftsführer, der Geschäftsführerin oder dem oder der Vorsitzenden der Geschäftsführung der Agentur für Arbeit oder einem von ihm oder ihr beauftragten Angehörigen der Agentur für Arbeit als Vorsitzenden und je zwei Vertretern der Arbeitnehmer, der Arbeitgeber und der öffentlichen Körperschaften zusammen, die von dem Verwaltungsausschuss der Agentur für Arbeit benannt werden. [2]Er trifft seine Entscheidungen mit Stimmenmehrheit.
(3) [1]Der Entscheidungsträger hat vor seiner Entscheidung den Arbeitgeber und den Betriebsrat anzuhören. [2]Dem Entscheidungsträger sind, insbesondere vom Arbeitgeber und Betriebsrat, die von ihm für die Beurteilung des Falles erforderlich gehaltenen Auskünfte zu erteilen.
(4) Der Entscheidungsträger hat sowohl das Interesse des Arbeitgebers als auch das der zu entlassenden Arbeitnehmer, das öffentliche Interesse und die Lage des gesamten Arbeitsmarktes unter besonderer Beachtung des Wirtschaftszweiges, dem der Betrieb angehört, zu berücksichtigen.

§ 21 Entscheidungen der Zentrale der Bundesagentur für Arbeit

[1]Für Betriebe, die zum Geschäftsbereich des Bundesministers für Verkehr oder des Bundesministers für Post und Telekommunikation gehören, trifft, wenn mehr als 500 Arbeitnehmer entlassen werden sollen, ein gemäß § 20 Abs. 1 bei der Zentrale der Bundesagentur für Arbeit zu bildender Ausschuß die Entscheidungen nach § 18 Abs. 1 und 2. [2]Der zuständige Bundesminister kann zwei Vertreter mit beratender Stimme in den Ausschuß entsenden. [3]Die Anzeigen nach § 17 sind in diesem Falle an die Zentrale der Bundesagentur für Arbeit zu erstatten. [4]Im übrigen gilt § 20 Abs. 1 bis 3 entsprechend.

§ 22 Ausnahmebetriebe

(1) Auf Saisonbetriebe und Kampagne-Betriebe finden die Vorschriften dieses Abschnitts bei Entlassungen, die durch diese Eigenart der Betriebe bedingt sind, keine Anwendung.

(2) [1]Keine Saisonbetriebe oder Kampagne-Betriebe sind Betriebe des Baugewerbes, in denen die ganzjährige Beschäftigung nach dem Dritten Buch Sozialgesetzbuch gefördert wird. [2]Das Bundesministerium für Arbeit und Soziales wird ermächtigt, durch Rechtsverordnung Vorschriften zu erlassen, welche Betriebe als Saisonbetriebe oder Kampagne-Betriebe im Sinne des Absatzes 1 gelten.

Vierter Abschnitt
Schlußbestimmungen

§ 23 Geltungsbereich

(1) [1]Die Vorschriften des Ersten und Zweiten Abschnitts gelten für Betriebe und Verwaltungen des privaten und des öffentlichen Rechts, vorbehaltlich der Vorschriften des § 24 für die Seeschiffahrts-, Binnenschiffahrts- und Luftverkehrsbetriebe. [2]Die Vorschriften des Ersten Abschnitts gelten mit Ausnahme der §§ 4 bis 7 und des § 13 Abs. 1 Satz 1 und 2 nicht für Betriebe und Verwaltungen, in denen in der Regel fünf oder weniger Arbeitnehmer ausschließlich der zu ihrer Berufsbildung Beschäftigten beschäftigt werden. [3]In Betrieben und Verwaltungen, in denen in der Regel zehn oder weniger Arbeitnehmer ausschließlich der zu ihrer Berufsbildung Beschäftigten beschäftigt werden, gelten die Vorschriften des Ersten Abschnitts mit Ausnahme der §§ 4 bis 7 und des § 13 Abs. 1 Satz 1 und 2 nicht für Arbeitnehmer, deren Arbeitsverhältnis nach dem 31. Dezember 2003 begonnen hat; diese Arbeitnehmer sind bei der Feststellung der Zahl der beschäftigten Arbeitnehmer nach Satz 2 bis zur Beschäftigung von in der Regel zehn Arbeitnehmern nicht zu berück-

sichtigen. [4]Bei der Feststellung der Zahl der beschäftigten Arbeitnehmer nach den Sätzen 2 und 3 sind teilzeitbeschäftigte Arbeitnehmer mit einer regelmäßigen wöchentlichen Arbeitszeit von nicht mehr als 20 Stunden mit 0,5 und nicht mehr als 30 Stunden mit 0,75 zu berücksichtigen.
(2) [1]Die Vorschriften des Dritten Abschnitts gelten für Betriebe und Verwaltungen des privaten Rechts sowie für Betriebe, die von einer öffentlichen Verwaltung geführt werden, soweit sie wirtschaftliche Zwecke verfolgen.

§ 24 Anwendung des Gesetzes auf Betriebe der Schifffahrt und des Luftverkehrs

(1) Die Vorschriften des Ersten und Zweiten Abschnitts finden nach Maßgabe der Absätze 2 bis 4 auf Arbeitsverhältnisse der Besatzung von Seeschiffen, Binnenschiffen und Luftfahrzeugen Anwendung.
(2) Als Betrieb im Sinne dieses Gesetzes gilt jeweils die Gesamtheit der Seeschiffe oder der Binnenschiffe eines Schifffahrtsbetriebs oder der Luftfahrzeuge eines Luftverkehrsbetriebs.
(3) Dauert die erste Reise eines Besatzungsmitglieds eines Seeschiffes oder eines Binnenschiffes länger als sechs Monate, so verlängert sich die Sechsmonatsfrist des § 1 Absatz 1 bis drei Tage nach Beendigung dieser Reise.
(4) [1]Die Klage nach § 4 ist binnen drei Wochen zu erheben, nachdem die Kündigung dem Besatzungsmitglied an Land zugegangen ist. [2]Geht dem Besatzungsmitglied eines Seeschiffes oder eines Binnenschiffes die Kündigung während der Fahrt des Schiffes zu, ist die Klage innerhalb von sechs Wochen nach dem Dienstende an Bord zu erheben. [3]Geht dem Besatzungsmitglied eines Seeschiffes die Kündigung während einer Gefangenschaft aufgrund von seeräuberischen Handlungen oder während bewaffneten Raubüberfällen auf Schiffe im Sinne von § 2 Nummer 11 oder 12 des Seearbeitsgesetzes zu oder gerät das Besatzungsmitglied während des Laufs der Frist nach Satz 1 oder 2 in eine solche Gefangenschaft, ist die Klage innerhalb von sechs Wochen nach der Freilassung des Besatzungsmitglieds zu erheben; nimmt das Besatzungsmitglied nach der Freilassung den Dienst an Bord wieder auf, beginnt die Frist mit dem Dienstende an Bord. [4]An die Stelle der Dreiwochenfrist in § 5 Absatz 1 und § 6 treten die in den Sätzen 1 bis 3 genannten Fristen.
(5) [1]Die Vorschriften des Dritten Abschnitts finden nach Maßgabe der folgenden Sätze Anwendung auf die Besatzungen von Seeschiffen. [2]Bei Schiffen nach § 114 Absatz 4 Satz 1 des Betriebsverfassungsgesetzes tritt, soweit sie nicht als Teil des Landbetriebs gelten, an die Stelle des Betriebsrats der Seebetriebsrat. [3]Betrifft eine anzeigepflichtige Entlassung

die Besatzung eines Seeschiffes, welches unter der Flagge eines anderen Mitgliedstaates der Europäischen Union fährt, so ist die Anzeige an die Behörde des Staates zu richten, unter dessen Flagge das Schiff fährt.

§ 25 Kündigung in Arbeitskämpfen

Die Vorschriften dieses Gesetzes finden keine Anwendung auf Kündigungen und Entlassungen, die lediglich als Maßnahmen in wirtschaftlichen Kämpfen zwischen Arbeitgebern und Arbeitnehmern vorgenommen werden.

§ 25a Berlin Klausel *(nicht abgedruckt)*

§ 26 Inkrafttreten *(nicht abgedruckt)*

2. Bürgerliches Gesetzbuch (BGB)

vom 18. August 1896 (RGBl. S. 195), in der Fassung der Bekanntmachung vom 2. Januar 2002 (BGBl. I, S. 42), zuletzt geändert durch Gesetz vom 21. Dezember 2021 (BGBl. I S. 5252)

– Auszug –

§ 13 Verbraucher

Verbraucher ist jede natürliche Person, die ein Rechtsgeschäft zu Zwecken abschließt, die überwiegend weder ihrer gewerblichen noch ihrer selbständigen beruflichen Tätigkeit zugerechnet werden können.

§ 14 Unternehmer

(1) Unternehmer ist eine natürliche oder juristische Person oder eine rechtsfähige Personengesellschaft, die bei Abschluss eines Rechtsgeschäfts in Ausübung ihrer gewerblichen oder selbständigen beruflichen Tätigkeit handelt.

(2) Eine rechtsfähige Personengesellschaft ist eine Personengesellschaft, die mit der Fähigkeit ausgestattet ist, Rechte zu erwerben und Verbindlichkeiten einzugehen.

§ 355 Widerrufsrecht bei Verbraucherverträgen

(1) [1]Wird einem Verbraucher durch Gesetz ein Widerrufsrecht nach dieser Vorschrift eingeräumt, so sind der Verbraucher und der Unternehmer an ihre auf den Abschluss des Vertrags gerichteten Willenserklärungen nicht mehr gebunden, wenn der Verbraucher seine Willenserklärung

fristgerecht widerrufen hat. [2]Der Widerruf erfolgt durch Erklärung gegenüber dem Unternehmer. [3]Aus der Erklärung muss der Entschluss des Verbrauchers zum Widerruf des Vertrags eindeutig hervorgehen. [4]Der Widerruf muss keine Begründung enthalten. [5]Zur Fristwahrung genügt die rechtzeitige Absendung des Widerrufs.

(2) Die Widerrufsfrist beträgt 14 Tage. Sie beginnt mit Vertragsschluss, soweit nichts anderes bestimmt ist.

(3) [1]Im Falle des Widerrufs sind die empfangenen Leistungen unverzüglich zurückzugewähren. [2]Bestimmt das Gesetz eine Höchstfrist für die Rückgewähr, so beginnt diese für den Unternehmer mit dem Zugang und für den Verbraucher mit der Abgabe der Widerrufserklärung. [3]Ein Verbraucher wahrt diese Frist durch die rechtzeitige Absendung der Waren. [4]Der Unternehmer trägt bei Widerruf die Gefahr der Rücksendung der Waren.

§ 611 Vertragstypische Pflichten beim Dienstvertrag

(1) Durch den Dienstvertrag wird derjenige, welcher Dienste zusagt, zur Leistung der versprochenen Dienste, der andere Teil zur Gewährung der vereinbarten Vergütung verpflichtet.

(2) Gegenstand des Dienstvertrags können Dienste jeder Art sein.

§§ 611a Arbeitsvertrag

(1) [1]Durch den Arbeitsvertrag wird der Arbeitnehmer im Dienste eines anderen zur Leistung weisungsgebundener, fremdbestimmter Arbeit in persönlicher Abhängigkeit verpflichtet. [2]Das Weisungsrecht kann Inhalt, Durchführung, Zeit und Ort der Tätigkeit betreffen. [3]Weisungsgebunden ist, wer nicht im Wesentlichen frei seine Tätigkeit gestalten und seine Arbeitszeit bestimmen kann. [4]Der Grad der persönlichen Abhängigkeit hängt dabei auch von der Eigenart der jeweiligen Tätigkeit ab. [5]Für die Feststellung, ob ein Arbeitsvertrag vorliegt, ist eine Gesamtbetrachtung aller Umstände vorzunehmen. [6]Zeigt die tatsächliche Durchführung des Vertragsverhältnisses, dass es sich um ein Arbeitsverhältnis handelt, kommt es auf die Bezeichnung im Vertrag nicht an.

(2) Der Arbeitgeber ist zur Zahlung der vereinbarten Vergütung verpflichtet.

§ 611b *(weggefallen)*

§ 612 Vergütung

(1) Eine Vergütung gilt als stillschweigend vereinbart, wenn die Dienstleistung den Umständen nach nur gegen eine Vergütung zu erwarten ist.

(2) Ist die Höhe der Vergütung nicht bestimmt, so ist bei dem Bestehen einer Taxe die taxmäßige Vergütung, in Ermangelung einer Taxe die übliche Vergütung als vereinbart anzusehen.
(3) *(weggefallen)*

§ 612a Maßregelungsverbot

Der Arbeitgeber darf einen Arbeitnehmer bei einer Vereinbarung oder einer Maßnahme nicht benachteiligen, weil der Arbeitnehmer in zulässiger Weise seine Rechte ausübt.

§ 613 Unübertragbarkeit

[1]Der zur Dienstleistung Verpflichtete hat die Dienste im Zweifel in Person zu leisten. [2]Der Anspruch auf die Dienste ist im Zweifel nicht übertragbar.

§ 613a Rechte und Pflichten bei Betriebsübergang

(1) [1]Geht ein Betrieb oder Betriebsteil durch Rechtsgeschäft auf einen anderen Inhaber über, so tritt dieser in die Rechte und Pflichten aus den im Zeitpunkt des Übergangs bestehenden Arbeitsverhältnissen ein. [2]Sind diese Rechte und Pflichten durch Rechtsnormen eines Tarifvertrags oder durch eine Betriebsvereinbarung geregelt, so werden sie Inhalt des Arbeitsverhältnisses zwischen dem neuen Inhaber und dem Arbeitnehmer und dürfen nicht vor Ablauf eines Jahres nach dem Zeitpunkt des Übergangs zum Nachteil des Arbeitnehmers geändert werden. [3]Satz 2 gilt nicht, wenn die Rechte und Pflichten bei dem neuen Inhaber durch Rechtsnormen eines anderen Tarifvertrags oder durch eine andere Betriebsvereinbarung geregelt werden. [4]Vor Ablauf der Frist nach Satz 2 können die Rechte und Pflichten geändert werden, wenn der Tarifvertrag oder die Betriebsvereinbarung nicht mehr gilt oder bei fehlender beiderseitiger Tarifgebundenheit im Geltungsbereich eines anderen Tarifvertrags dessen Anwendung zwischen dem neuen Inhaber und dem Arbeitnehmer vereinbart wird.
(2) [1]Der bisherige Arbeitgeber haftet neben dem neuen Inhaber für Verpflichtungen nach Absatz 1, soweit sie vor dem Zeitpunkt des Übergangs entstanden sind und vor Ablauf von einem Jahr nach diesem Zeitpunkt fällig werden, als Gesamtschuldner. [2]Werden solche Verpflichtungen nach dem Zeitpunkt des Übergangs fällig, so haftet der bisherige Arbeitgeber für sie jedoch nur in dem Umfang, der dem im Zeitpunkt des Übergangs abgelaufenen Teil ihres Bemessungszeitraums entspricht.
(3) Absatz 2 gilt nicht, wenn eine juristische Person oder eine Personenhandelsgesellschaft durch Umwandlung erlischt.

(4) Die Kündigung des Arbeitsverhältnisses eines Arbeitnehmers durch den bisherigen Arbeitgeber oder durch den neuen Inhaber wegen des Übergangs eines Betriebs oder eines Betriebsteils ist unwirksam. Das Recht zur Kündigung des Arbeitsverhältnisses aus anderen Gründen bleibt unberührt.
(5) Der bisherige Arbeitgeber oder der neue Inhaber hat die von einem Übergang betroffenen Arbeitnehmer vor dem Übergang in Textform zu unterrichten über:
1. den Zeitpunkt oder den geplanten Zeitpunkt des Übergangs,
2. den Grund für den Übergang,
3. die rechtlichen, wirtschaftlichen und sozialen Folgen des Übergangs für die Arbeitnehmer und
4. die hinsichtlich der Arbeitnehmer in Aussicht genommenen Maßnahmen.

(6) [1]Der Arbeitnehmer kann dem Übergang des Arbeitsverhältnisses innerhalb eines Monats nach Zugang der Unterrichtung nach Absatz 5 schriftlich widersprechen. [2]Der Widerspruch kann gegenüber dem bisherigen Arbeitgeber oder dem neuen Inhaber erklärt werden.

§ 614 Fälligkeit der Vergütung
[1]Die Vergütung ist nach der Leistung der Dienste zu entrichten. [2]Ist die Vergütung nach Zeitabschnitten bemessen, so ist sie nach dem Ablauf der einzelnen Zeitabschnitte zu entrichten.

§ 615 Vergütung bei Annahmeverzug und bei Betriebsrisiko
[1]Kommt der Dienstberechtigte mit der Annahme der Dienste in Verzug, so kann der Verpflichtete für die infolge des Verzugs nicht geleisteten Dienste die vereinbarte Vergütung verlangen, ohne zur Nachleistung verpflichtet zu sein. [2]Er muss sich jedoch den Wert desjenigen anrechnen lassen, was er infolge des Unterbleibens der Dienstleistung erspart oder durch anderweitige Verwendung seiner Dienste erwirbt oder zu erwerben böswillig unterlässt. [3]Die Sätze 1 und 2 gelten entsprechend in den Fällen, in denen der Arbeitgeber das Risiko des Arbeitsausfalls trägt.

§ 616 Vorübergehende Verhinderung
[1]Der zur Dienstleistung Verpflichtete wird des Anspruchs auf die Vergütung nicht dadurch verlustig, dass er für eine verhältnismäßig nicht erhebliche Zeit durch einen in seiner Person liegenden Grund ohne sein Verschulden an der Dienstleistung verhindert wird. [2]Er muss sich jedoch den Betrag anrechnen lassen, welcher ihm für die Zeit der Verhinderung

aus einer auf Grund gesetzlicher Verpflichtung bestehenden Kranken- oder Unfallversicherung zukommt.

§ 617 Pflicht zur Krankenfürsorge

(1) [1]Ist bei einem dauernden Dienstverhältnis, welches die Erwerbstätigkeit des Verpflichteten vollständig oder hauptsächlich in Anspruch nimmt, der Verpflichtete in die häusliche Gemeinschaft aufgenommen, so hat der Dienstberechtigte ihm im Falle der Erkrankung die erforderliche Verpflegung und ärztliche Behandlung bis zur Dauer von sechs Wochen, jedoch nicht über die Beendigung des Dienstverhältnisses hinaus, zu gewähren, sofern nicht die Erkrankung von dem Verpflichteten vorsätzlich oder durch grobe Fahrlässigkeit herbeigeführt worden ist. [2]Die Verpflegung und ärztliche Behandlung kann durch Aufnahme des Verpflichteten in eine Krankenanstalt gewährt werden. [3]Die Kosten können auf die für die Zeit der Erkrankung geschuldete Vergütung angerechnet werden. [4]Wird das Dienstverhältnis wegen der Erkrankung von dem Dienstberechtigten nach § 626 gekündigt, so bleibt die dadurch herbeigeführte Beendigung des Dienstverhältnisses außer Betracht.
(2) Die Verpflichtung des Dienstberechtigten tritt nicht ein, wenn für die Verpflegung und ärztliche Behandlung durch eine Versicherung oder durch eine Einrichtung der öffentlichen Krankenpflege Vorsorge getroffen ist.

§ 618 Pflicht zu Schutzmaßnahmen

(1) Der Dienstberechtigte hat Räume, Vorrichtungen oder Gerätschaften, die er zur Verrichtung der Dienste zu beschaffen hat, so einzurichten und zu unterhalten und Dienstleistungen, die unter seiner Anordnung oder seiner Leitung vorzunehmen sind, so zu regeln, dass der Verpflichtete gegen Gefahr für Leben und Gesundheit soweit geschützt ist, als die Natur der Dienstleistung es gestattet.
(2) Ist der Verpflichtete in die häusliche Gemeinschaft aufgenommen, so hat der Dienstberechtigte in Ansehung des Wohn- und Schlafraums, der Verpflegung sowie der Arbeits- und Erholungszeit diejenigen Einrichtungen und Anordnungen zu treffen, welche mit Rücksicht auf die Gesundheit, die Sittlichkeit und die Religion des Verpflichteten erforderlich sind.
(3) Erfüllt der Dienstberechtigte die ihm in Ansehung des Lebens und der Gesundheit des Verpflichteten obliegenden Verpflichtungen nicht, so finden auf seine Verpflichtung zum Schadensersatz die für unerlaubte Handlungen geltenden Vorschriften der §§ 842 bis 846 entsprechende Anwendung.

§ 619 Unabdingbarkeit der Fürsorgepflichten

Die dem Dienstberechtigten nach den §§ 617, 618 obliegenden Verpflichtungen können nicht im Voraus durch Vertrag aufgehoben oder beschränkt werden.

§ 619a Beweislast bei Haftung des Arbeitnehmers

Abweichend von § 280 Abs. 1 hat der Arbeitnehmer dem Arbeitgeber Ersatz für den aus der Verletzung einer Pflicht aus dem Arbeitsverhältnis entstehenden Schaden nur zu leisten, wenn er die Pflichtverletzung zu vertreten hat.

§ 620 Beendigung des Dienstverhältnisses

(1) Das Dienstverhältnis endigt mit dem Ablauf der Zeit, für die es eingegangen ist.
(2) Ist die Dauer des Dienstverhältnisses weder bestimmt noch aus der Beschaffenheit oder dem Zweck der Dienste zu entnehmen, so kann jeder Teil das Dienstverhältnis nach Maßgabe der §§ 621 bis 623 kündigen.
(3) Für Arbeitsverträge, die auf bestimmte Zeit abgeschlossen werden, gilt das Teilzeit- und Befristungsgesetz.

§ 621 Kündigungsfristen bei Dienstverhältnissen

Bei einem Dienstverhältnis, das kein Arbeitsverhältnis im Sinne des § 622 ist, ist die Kündigung zulässig,

1. wenn die Vergütung nach Tagen bemessen ist, an jedem Tag für den Ablauf des folgenden Tages;
2. wenn die Vergütung nach Wochen bemessen ist, spätestens am ersten Werktag einer Woche für den Ablauf des folgenden Sonnabends;
3. wenn die Vergütung nach Monaten bemessen ist, spätestens am fünfzehnten eines Monats für den Schluss des Kalendermonats;
4. wenn die Vergütung nach Vierteljahren oder längeren Zeitabschnitten bemessen ist, unter Einhaltung einer Kündigungsfrist von sechs Wochen für den Schluss eines Kalendervierteljahres;
5. wenn die Vergütung nicht nach Zeitabschnitten bemessen ist, jederzeit; bei einem die Erwerbstätigkeit des Verpflichteten vollständig oder hauptsächlich in Anspruch nehmenden Dienstverhältnis ist jedoch eine Kündigungsfrist von zwei Wochen einzuhalten.

§ 622 Kündigungsfristen bei Arbeitsverhältnissen

(1) Das Arbeitsverhältnis eines Arbeiters oder eines Angestellten (Arbeitnehmers) kann mit einer Frist von vier Wochen zum Fünfzehnten oder zum Ende eines Kalendermonats gekündigt werden.

(2) Für eine Kündigung durch den Arbeitgeber beträgt die Kündigungsfrist, wenn das Arbeitsverhältnis in dem Betrieb oder Unternehmen
1. zwei Jahre bestanden hat, einen Monat zum Ende eines Kalendermonats,
2. fünf Jahre bestanden hat, zwei Monate zum Ende eines Kalendermonats,
3. acht Jahre bestanden hat, drei Monate zum Ende eines Kalendermonats,
4. zehn Jahre bestanden hat, vier Monate zum Ende eines Kalendermonats,
5. zwölf Jahre bestanden hat, fünf Monate zum Ende eines Kalendermonats,
6. 15 Jahre bestanden hat, sechs Monate zum Ende eines Kalendermonats,
7. 20 Jahre bestanden hat, sieben Monate zum Ende eines Kalendermonats.

(3) Während einer vereinbarten Probezeit, längstens für die Dauer von sechs Monaten, kann das Arbeitsverhältnis mit einer Frist von zwei Wochen gekündigt werden.

(4) [1]Von den Absätzen 1 bis 3 abweichende Regelungen können durch Tarifvertrag vereinbart werden. [2]Im Geltungsbereich eines solchen Tarifvertrags gelten die abweichenden tarifvertraglichen Bestimmungen zwischen nichttarifgebundenen Arbeitgebern und Arbeitnehmern, wenn ihre Anwendung zwischen ihnen vereinbart ist.

(5) [1]Einzelvertraglich kann eine kürzere als die in Absatz 1 genannte Kündigungsfrist nur vereinbart werden,
1. wenn ein Arbeitnehmer zur vorübergehenden Aushilfe eingestellt ist; dies gilt nicht, wenn das Arbeitsverhältnis über die Zeit von drei Monaten hinaus fortgesetzt wird;
2. wenn der Arbeitgeber in der Regel nicht mehr als 20 Arbeitnehmer ausschließlich der zu ihrer Berufsbildung Beschäftigten beschäftigt und die Kündigungsfrist vier Wochen nicht unterschreitet.

[2]Bei der Feststellung der Zahl der beschäftigten Arbeitnehmer sind teilzeitbeschäftigte Arbeitnehmer mit einer regelmäßigen wöchentlichen Arbeitszeit von nicht mehr als 20 Stunden mit 0,5 und nicht mehr als 30 Stunden mit 0,75 zu berücksichtigen. [3]Die einzelvertragliche Vereinbarung längerer als der in den Absätzen 1 bis 3 genannten Kündigungsfristen bleibt hiervon unberührt.

(6) Für die Kündigung des Arbeitsverhältnisses durch den Arbeitnehmer darf keine längere Frist vereinbart werden als für die Kündigung durch den Arbeitgeber.

§ 623 Schriftform der Kündigung

Die Beendigung von Arbeitsverhältnissen durch Kündigung oder Auflösungsvertrag bedürfen zu ihrer Wirksamkeit der Schriftform; die elektronische Form ist ausgeschlossen.

§ 624 Kündigungsfrist bei Verträgen über mehr als fünf Jahre

[1]Ist das Dienstverhältnis für die Lebenszeit einer Person oder für längere Zeit als fünf Jahre eingegangen, so kann es von dem Verpflichteten nach dem Ablauf von fünf Jahren gekündigt werden. [2]Die Kündigungsfrist beträgt sechs Monate.

§ 625 Stillschweigende Verlängerung

Wird das Dienstverhältnis nach dem Ablauf der Dienstzeit von dem Verpflichteten mit Wissen des anderen Teiles fortgesetzt, so gilt es als auf unbestimmte Zeit verlängert, sofern nicht der andere Teil unverzüglich widerspricht.

§ 626 Fristlose Kündigung aus wichtigem Grund

(1) Das Dienstverhältnis kann von jedem Vertragsteil aus wichtigem Grund ohne Einhaltung einer Kündigungsfrist gekündigt werden, wenn Tatsachen vorliegen, auf Grund derer dem Kündigenden unter Berücksichtigung aller Umstände des Einzelfalles und unter Abwägung der Interessen beider Vertragsteile die Fortsetzung des Dienstverhältnisses bis zum Ablauf der Kündigungsfrist oder bis zu der vereinbarten Beendigung des Dienstverhältnisses nicht zugemutet werden kann.

(2) [1]Die Kündigung kann nur innerhalb von zwei Wochen erfolgen. [2]Die Frist beginnt mit dem Zeitpunkt, in dem der Kündigungsberechtigte von den für die Kündigung maßgebenden Tatsachen Kenntnis erlangt. [3]Der Kündigende muss dem anderen Teil auf Verlangen den Kündigungsgrund unverzüglich schriftlich mitteilen.

§ 627 Fristlose Kündigung bei Vertrauensstellung

(1) Bei einem Dienstverhältnis, das kein Arbeitsverhältnis im Sinne des § 622 ist, ist die Kündigung auch ohne die im § 626 bezeichnete Voraussetzung zulässig, wenn der zur Dienstleistung Verpflichtete, ohne in einem dauernden Dienstverhältnis mit festen Bezügen zu stehen, Dienste höherer Art zu leisten hat, die auf Grund besonderen Vertrauens übertragen zu werden pflegen.

(2) [1]Der Verpflichtete darf nur in der Art kündigen, dass sich der Dienstberechtigte die Dienste anderweit beschaffen kann, es sei denn, dass ein wichtiger Grund für die unzeitige Kündigung vorliegt. [2]Kündigt er ohne

solchen Grund zur Unzeit, so hat er dem Dienstberechtigten den daraus entstehenden Schaden zu ersetzen.

§ 628 Teilvergütung und Schadensersatz bei fristloser Kündigung

(1) [1]Wird nach dem Beginn der Dienstleistung das Dienstverhältnis auf Grund des § 626 oder des § 627 gekündigt, so kann der Verpflichtete einen seinen bisherigen Leistungen entsprechenden Teil der Vergütung verlangen. [2]Kündigt er, ohne durch vertragswidriges Verhalten des anderen Teiles dazu veranlasst zu sein, oder veranlasst er durch sein vertragswidriges Verhalten die Kündigung des anderen Teiles, so steht ihm ein Anspruch auf die Vergütung insoweit nicht zu, als seine bisherigen Leistungen infolge der Kündigung für den anderen Teil kein Interesse haben. [3]Ist die Vergütung für eine spätere Zeit im Voraus entrichtet, so hat der Verpflichtete sie nach Maßgabe des § 346 oder, wenn die Kündigung wegen eines Umstands erfolgt, den er nicht zu vertreten hat, nach den Vorschriften über die Herausgabe einer ungerechtfertigten Bereicherung zurückzuerstatten.

(2) Wird die Kündigung durch vertragswidriges Verhalten des anderen Teiles veranlasst, so ist dieser zum Ersatz des durch die Aufhebung des Dienstverhältnisses entstehenden Schadens verpflichtet.

§ 629 Freizeit zur Stellungssuche

Nach der Kündigung eines dauernden Dienstverhältnisses hat der Dienstberechtigte dem Verpflichteten auf Verlangen angemessene Zeit zum Aufsuchen eines anderen Dienstverhältnisses zu gewähren.

§ 630 Pflicht zur Zeugniserteilung

[1]Bei der Beendigung eines dauernden Dienstverhältnisses kann der Verpflichtete von dem anderen Teil ein schriftliches Zeugnis über das Dienstverhältnis und dessen Dauer fordern. [2]Das Zeugnis ist auf Verlangen auf die Leistungen und die Führung im Dienst zu erstrecken. [3]Die Erteilung des Zeugnisses in elektronischer Form ist ausgeschlossen. [4]Wenn der Verpflichtete ein Arbeitnehmer ist, findet § 109 der Gewerbeordnung Anwendung.

3. Betriebsverfassungsgesetz (BetrVG)

vom 15. Januar 1972 (BGBl. I, S. 13) in der Fassung der Bekanntmachung vom 25. September 2001 (BGBl. I, S. 2518), zuletzt geändert durch Gesetz vom 10. Dezember 2021 (BGBl. I S. 5162)

– Auszug –

§ 99 Mitbestimmung bei personellen Einzelmaßnahmen

(1) [1]In Unternehmen mit in der Regel mehr als zwanzig wahlberechtigten Arbeitnehmern hat der Arbeitgeber den Betriebsrat vor jeder Einstellung, Eingruppierung, Umgruppierung und Versetzung zu unterrichten, ihm die erforderlichen Bewerbungsunterlagen vorzulegen und Auskunft über die Person der Beteiligten zu geben; er hat dem Betriebsrat unter Vorlage der erforderlichen Unterlagen Auskunft über die Auswirkungen der geplanten Maßnahme zu geben und die Zustimmung des Betriebsrats zu der geplanten Maßnahme einzuholen. [2]Bei Einstellungen und Versetzungen hat der Arbeitgeber insbesondere den in Aussicht genommenen Arbeitsplatz und die vorgesehene Eingruppierung mitzuteilen. [3]Die Mitglieder des Betriebsrats sind verpflichtet, über die ihnen im Rahmen der personellen Maßnahmen nach den Sätzen 1 und 2 bekanntgewordenen persönlichen Verhältnisse und Angelegenheiten der Arbeitnehmer, die ihrer Bedeutung oder ihrem Inhalt nach einer vertraulichen Behandlung bedürfen, Stillschweigen zu bewahren; § 79 Abs. 1 Satz 2 bis 4 gilt entsprechend.

(2) Der Betriebsrat kann die Zustimmung verweigern, wenn

1. die personelle Maßnahme gegen ein Gesetz, eine Verordnung, eine Unfallverhütungsvorschrift oder gegen eine Bestimmung in einem Tarifvertrag oder in einer Betriebsvereinbarung oder gegen eine gerichtliche Entscheidung oder eine behördliche Anordnung verstoßen würde,
2. die personelle Maßnahme gegen eine Richtlinie nach § 95 verstoßen würde,
3. die durch Tatsachen begründete Besorgnis besteht, dass infolge der personellen Maßnahme im Betrieb beschäftigte Arbeitnehmer gekündigt werden oder sonstige Nachteile erleiden, ohne dass dies aus betrieblichen oder persönlichen Gründen gerechtfertigt ist; als Nachteil gilt bei unbefristeter Einstellung auch die Nichtberücksichtigung eines gleich geeigneten befristet Beschäftigten,
4. der betroffene Arbeitnehmer durch die personelle Maßnahme benachteiligt wird, ohne dass dies aus betrieblichen oder in der Person des Arbeitnehmers liegenden Gründen gerechtfertigt ist,
5. eine nach § 93 erforderliche Ausschreibung im Betrieb unterblieben ist oder
6. die durch Tatsachen begründete Besorgnis besteht, dass der für die personelle Maßnahme in Aussicht genommene Bewerber oder Arbeitnehmer den Betriebsfrieden durch gesetzwidriges Verhalten oder durch grobe Verletzung der in § 75 Abs. 1 enthaltenen Grundsätze,

insbesondere durch rassistische oder fremdenfeindliche Betätigung, stören werde.

(3) [1]Verweigert der Betriebsrat seine Zustimmung, so hat er dies unter Angabe von Gründen innerhalb einer Woche nach Unterrichtung durch den Arbeitgeber diesem schriftlich mitzuteilen. [2]Teilt der Betriebsrat dem Arbeitgeber die Verweigerung seiner Zustimmung nicht innerhalb der Frist schriftlich mit, so gilt die Zustimmung als erteilt.

(4) Verweigert der Betriebsrat seine Zustimmung, so kann der Arbeitgeber beim Arbeitsgericht beantragen, die Zustimmung zu ersetzen.

§ 102 Mitbestimmung bei Kündigungen

(1) [1]Der Betriebsrat ist vor jeder Kündigung zu hören. [2]Der Arbeitgeber hat ihm die Gründe für die Kündigung mitzuteilen. [3]Eine ohne Anhörung des Betriebsrats ausgesprochene Kündigung ist unwirksam.

(2) [1]Hat der Betriebsrat gegen eine ordentliche Kündigung Bedenken, so hat er diese unter Angabe der Gründe dem Arbeitgeber spätestens innerhalb einer Woche schriftlich mitzuteilen. [2]Äußert er sich innerhalb dieser Frist nicht, gilt seine Zustimmung zur Kündigung als erteilt. [3]Hat der Betriebsrat gegen eine außerordentliche Kündigung Bedenken, so hat er diese unter Angabe der Gründe dem Arbeitgeber unverzüglich, spätestens jedoch innerhalb von drei Tagen, schriftlich mitzuteilen. [4]Der Betriebsrat soll, soweit dies erforderlich erscheint, vor seiner Stellungnahme den betroffenen Arbeitnehmer hören. [5]§ 99 Abs. 1 Satz 3 gilt entsprechend.

(3) Der Betriebsrat kann innerhalb der Frist des Absatzes 2 Satz 1 der ordentlichen Kündigung widersprechen, wenn

1. der Arbeitgeber bei der Auswahl des zu kündigenden Arbeitnehmers soziale Gesichtspunkte nicht oder nicht ausreichend berücksichtigt hat,
2. die Kündigung gegen eine Richtlinie nach § 95 verstößt,
3. der zu kündigende Arbeitnehmer an einem anderen Arbeitsplatz im selben Betrieb oder in einem anderen Betrieb des Unternehmens weiterbeschäftigt werden kann,
4. die Weiterbeschäftigung des Arbeitnehmers nach zumutbaren Umschulungs- oder Fortbildungsmaßnahmen möglich ist oder
5. eine Weiterbeschäftigung des Arbeitnehmers unter geänderten Vertragsbedingungen möglich ist und der Arbeitnehmer sein Einverständnis hiermit erklärt hat.

(4) Kündigt der Arbeitgeber, obwohl der Betriebsrat nach Absatz 3 der Kündigung widersprochen hat, so hat er dem Arbeitnehmer mit der Kündigung eine Abschrift der Stellungnahme des Betriebsrats zuzuleiten.

(5) [1]Hat der Betriebsrat einer ordentlichen Kündigung frist- und ordnungsgemäß widersprochen, und hat der Arbeitnehmer nach dem Kündigungsschutzgesetz Klage auf Feststellung erhoben, dass das Arbeitsverhältnis durch die Kündigung nicht aufgelöst ist, so muss der Arbeitgeber auf Verlangen des Arbeitnehmers diesen nach Ablauf der Kündigungsfrist bis zum rechtskräftigen Abschluss des Rechtsstreits bei unveränderten Arbeitsbedingungen weiterbeschäftigen. [2]Auf Antrag des Arbeitgebers kann das Gericht ihn durch einstweilige Verfügung von der Verpflichtung zur Weiterbeschäftigung nach Satz 1 entbinden, wenn

1. die Klage des Arbeitnehmers keine hinreichende Aussicht auf Erfolg bietet oder mutwillig erscheint oder
2. die Weiterbeschäftigung des Arbeitnehmers zu einer unzumutbaren wirtschaftlichen Belastung des Arbeitgebers führen würde oder
3. der Widerspruch des Betriebsrats offensichtlich unbegründet war.

(6) Arbeitgeber und Betriebsrat können vereinbaren, dass Kündigungen der Zustimmung des Betriebsrats bedürfen und dass bei Meinungsverschiedenheiten über die Berechtigung der Nichterteilung der Zustimmung die Einigungsstelle entscheidet.

(7) Die Vorschriften über die Beteiligung des Betriebsrats nach dem Kündigungsschutzgesetz bleiben unberührt.

§ 103 Außerordentliche Kündigung und Versetzung in besonderen Fällen

(1) Die außerordentliche Kündigung von Mitgliedern des Betriebsrats, der Jugend- und Auszubildendenvertretung, der Bordvertretung und des Seebetriebsrats, des Wahlvorstands sowie von Wahlbewerbern bedarf der Zustimmung des Betriebsrats.

(2) [1]Verweigert der Betriebsrat seine Zustimmung, so kann das Arbeitsgericht sie auf Antrag des Arbeitgebers ersetzen, wenn die außerordentliche Kündigung unter Berücksichtigung aller Umstände gerechtfertigt ist. [2]In dem Verfahren vor dem Arbeitsgericht ist der betroffene Arbeitnehmer Beteiligter.

(2a) Absatz 2 gilt entsprechend, wenn im Betrieb kein Betriebsrat besteht.

(3) Die Versetzung der in Absatz 1 genannten Personen, die zu einem Verlust des Amtes oder der Wählbarkeit führen würde, bedarf der Zustimmung des Betriebsrats; dies gilt nicht, wenn der betroffene Arbeitnehmer mit der Versetzung einverstanden ist. [2]Absatz 2 gilt entsprechend mit der Maßgabe, dass das Arbeitsgericht die Zustimmung zu der Versetzung ersetzen kann, wenn diese auch unter Berücksichtigung der be-

triebsverfassungsrechtlichen Stellung des betroffenen Arbeitnehmers aus dringenden betrieblichen Gründen notwendig ist.

§ 105 Leitende Angestellte

Eine beabsichtigte Einstellung oder personelle Veränderung eines in § 5 Abs. 3 genannten leitenden Angestellten ist dem Betriebsrat rechtzeitig mitzuteilen.

4. Sozialgesetzbuch Drittes Buch (SGB III) – Arbeitsförderung

vom 24. März 1997 (BGBl. I S. 594), zuletzt geändert durch Gesetz vom 23. Mai 2022 (BGBl. I S. 760)

– Auszug –

§ 2 Zusammenwirken mit den Agenturen für Arbeit

(1) Die Agenturen für Arbeit erbringen insbesondere Dienstleistungen für Arbeitgeber, Arbeitnehmerinnen und Arbeitnehmer, indem sie

1. Arbeitgeber regelmäßig über Ausbildungs- und Arbeitsmarktentwicklungen, Ausbildungsuchende, Fachkräfteangebot und berufliche Bildungsmaßnahmen informieren sowie auf den Betrieb zugeschnittene Arbeitsmarktberatung und Vermittlung anbieten und
2. Arbeitnehmerinnen und Arbeitnehmer zur Vorbereitung der Berufswahl und zur Erschließung ihrer beruflichen Entwicklungsmöglichkeiten beraten, Vermittlungsangebote zur Ausbildungs- oder Arbeitsaufnahme entsprechend ihren Fähigkeiten unterbreiten sowie sonstige Leistungen der Arbeitsförderung erbringen.

(2) [1]Die Arbeitgeber haben bei ihren Entscheidungen verantwortungsvoll deren Auswirkungen auf die Beschäftigung der Arbeitnehmerinnen und Arbeitnehmer und von Arbeitslosen und damit die Inanspruchnahme von Leistungen der Arbeitsförderung einzubeziehen. [2]Sie sollen dabei insbesondere

1. im Rahmen ihrer Mitverantwortung für die Entwicklung der beruflichen Leistungsfähigkeit der Arbeitnehmerinnen und Arbeitnehmer zur Anpassung an sich ändernde Anforderungen sorgen,
2. vorrangig durch betriebliche Maßnahmen die Inanspruchnahme von Leistungen der Arbeitsförderung sowie Entlassungen von Arbeitnehmerinnen und Arbeitnehmern vermeiden,
3. Arbeitnehmer vor der Beendigung des Arbeitsverhältnisses frühzeitig über die Notwendigkeit eigener Aktivitäten bei der Suche nach einer

anderen Beschäftigung sowie über die Verpflichtung zur Meldung nach § 38 Abs. 1 bei der Agentur für Arbeit informieren, sie hierzu freistellen und die Teilnahme an erforderlichen Maßnahmen der beruflichen Weiterbildung ermöglichen.

(3) [1]Die Arbeitgeber sollen die Agenturen für Arbeit frühzeitig über betriebliche Veränderungen, die Auswirkungen auf die Beschäftigung haben können, unterrichten. [2]Dazu gehören insbesondere Mitteilungen über

1. zu besetzende Ausbildungs- und Arbeitsstellen,
2. geplante Betriebserweiterungen und den damit verbundenen Arbeitskräftebedarf,
3. die Qualifikationsanforderungen an die einzustellenden Arbeitnehmerinnen und Arbeitnehmer,
4. geplante Betriebseinschränkungen oder Betriebsverlagerungen sowie die damit verbundenen Auswirkungen und
5. Planungen, wie Entlassungen von Arbeitnehmerinnen und Arbeitnehmern vermieden oder Übergänge in andere Beschäftigungsverhältnisse organisiert werden können.

(4) [1]Die Arbeitnehmerinnen und Arbeitnehmer haben bei ihren Entscheidungen verantwortungsvoll deren Auswirkungen auf ihre beruflichen Möglichkeiten einzubeziehen. [2]Sie sollen insbesondere ihre berufliche Leistungsfähigkeit den sich ändernden Anforderungen anpassen.

(5) Die Arbeitnehmerinnen und Arbeitnehmer haben zur Vermeidung oder zur Beendigung von Arbeitslosigkeit insbesondere

1. ein zumutbares Beschäftigungsverhältnis fortzusetzen,
2. eigenverantwortlich nach Beschäftigung zu suchen, bei bestehenden Beschäftigungsverhältnissen frühzeitig vor dessen Beendigung,
3. eine zumutbare Beschäftigung aufzunehmen und
4. an einer beruflichen Eingliederungsmaßnahme teilzunehmen.

§ 38 Rechte und Pflichten der Ausbildung- und Arbeitsuchenden

(1) [1]Personen, deren Ausbildungs- oder Arbeitsverhältnis endet, sind verpflichtet, sich spätestens drei Monate vor dessen Beendigung bei der Agentur für Arbeit arbeitsuchend zu melden. [2]Liegen zwischen der Kenntnis des Beendigungszeitpunktes und der Beendigung des Ausbildungs- oder Arbeitsverhältnisses weniger als drei Monate, haben sie sich innerhalb von drei Tagen nach Kenntnis des Beendigungszeitpunktes zu melden. [3]Die Pflicht zur Meldung besteht unabhängig davon, ob der Fortbestand des Ausbildungs- oder Arbeitsverhältnisses gerichtlich geltend gemacht oder vom Arbeitgeber in Aussicht gestellt wird. [4]Die Pflicht zur Meldung gilt nicht bei einem betrieblichen Ausbildungsverhältnis. [5]Im

Übrigen gelten für Ausbildung- und Arbeitsuchende die Meldepflichten im Leistungsverfahren nach den §§ 309 und 310 entsprechend.
(1a) Die zuständige Agentur für Arbeit soll mit der nach Absatz 1 arbeitsuchend gemeldeten Person unverzüglich nach der Arbeitsuchendmeldung ein erstes Beratungs- und Vermittlungsgespräch führen, das persönlich oder bei Einvernehmen zwischen Agentur für Arbeit und der arbeitsuchenden Person auch per Videotelefonie erfolgen kann.
(2) Die Agentur für Arbeit hat unverzüglich nach der Meldung nach Absatz 1 auch Berufsberatung durchzuführen.
(3) [1]Ausbildung- und Arbeitsuchende, die Dienstleistungen der Bundesagentur in Anspruch nehmen, haben dieser die für eine Vermittlung erforderlichen Auskünfte zu erteilen, Unterlagen vorzulegen und den Abschluss eines Ausbildungs- oder Arbeitsverhältnisses unter Benennung des Arbeitgebers und seines Sitzes unverzüglich mitzuteilen. [2]Sie können die Weitergabe ihrer Unterlagen von deren Rückgabe an die Agentur für Arbeit abhängig machen oder ihre Weitergabe an namentlich benannte Arbeitgeber ausschließen. [3]Die Anzeige- und Bescheinigungspflichten im Leistungsverfahren bei Arbeitsunfähigkeit nach § 311 gelten entsprechend.
(4) [1]Die Arbeitsvermittlung ist durchzuführen
1. solange die oder der Arbeitsuchende Leistungen zum Ersatz des Arbeitsentgelts bei Arbeitslosigkeit oder Transferkurzarbeitergeld beansprucht oder,
2. bis bei Meldepflichtigen nach Absatz 1 der angegebene Beendigungszeitpunkt des Ausbildungs- oder Arbeitsverhältnisses erreicht ist.

[2]Im Übrigen kann die Agentur für Arbeit die Arbeitsvermittlung einstellen, wenn die oder der Arbeitsuchende die ihr oder ihm nach Absatz 2 oder der Eingliederungsvereinbarung oder dem Verwaltungsakt nach § 37 Absatz 3 Satz 4 obliegenden Pflichten nicht erfüllt, ohne dafür einen wichtigen Grund zu haben. [3]Die oder der Arbeitsuchende kann die Arbeitsvermittlung erneut nach Ablauf von zwölf Wochen in Anspruch nehmen.
(5) [1]Die Ausbildungsvermittlung ist durchzuführen,
1. bis die oder der Ausbildungsuchende in Ausbildung, schulische Bildung oder Arbeit einmündet oder sich die Vermittlung anderweitig erledigt oder
2. solange die oder der Ausbildungsuchende dies verlangt.

[2]Absatz 4 Satz 2 gilt entsprechend.

§ 155 Anrechnung von Nebeneinkommen

(1) [1]Übt die oder der Arbeitslose während einer Zeit, für die ihr oder ihm Arbeitslosengeld zusteht, eine Erwerbstätigkeit im Sinne des § 138 Absatz 3 aus, ist das daraus erzielte Einkommen nach Abzug der Steuern, der Sozialversicherungsbeiträge und der Werbungskosten sowie eines Freibetrags in Höhe von 165 Euro in dem Kalendermonat der Ausübung anzurechnen. [2]Handelt es sich um eine selbständige Tätigkeit, eine Tätigkeit als mithelfende Familienangehörige oder mithelfender Familienangehöriger, sind pauschal 30 Prozent der Betriebseinnahmen als Betriebsausgaben abzusetzen, es sei denn, die oder der Arbeitslose weist höhere Betriebsausgaben nach.

(2) Hat die oder der Arbeitslose in den letzten 18 Monaten vor der Entstehung des Anspruchs neben einem Versicherungspflichtverhältnis eine Erwerbstätigkeit (§ 138 Absatz 3) mindestens zwölf Monate lang ausgeübt, so bleibt das Einkommen bis zu dem Betrag anrechnungsfrei, der in den letzten zwölf Monaten vor der Entstehung des Anspruchs aus einer Erwerbstätigkeit (§ 138 Absatz 3) durchschnittlich auf den Monat entfällt, mindestens jedoch ein Betrag in Höhe des Freibetrags, der sich nach Absatz 1 ergeben würde.

(3) Leistungen, die eine Bezieherin oder ein Bezieher von Arbeitslosengeld bei beruflicher Weiterbildung

1. vom Arbeitgeber oder dem Träger der Weiterbildung wegen der Teilnahme oder
2. auf Grund eines früheren oder bestehenden Arbeitsverhältnisses ohne Ausübung einer Beschäftigung für die Zeit der Teilnahme

erhält, werden nach Abzug der Steuern, des auf die Arbeitnehmerin oder den Arbeitnehmer entfallenden Anteils der Sozialversicherungsbeiträge und eines Freibetrags von 400 Euro monatlich auf das Arbeitslosengeld angerechnet.

§ 156 Ruhen des Anspruchs bei anderen Sozialleistungen

(1) [1]Der Anspruch auf Arbeitslosengeld ruht während der Zeit, für die ein Anspruch auf eine der folgenden Leistungen zuerkannt ist:

1. Berufsausbildungsbeihilfe für Arbeitslose,
2. Krankengeld, Versorgungskrankengeld, Verletztengeld, Mutterschaftsgeld oder Übergangsgeld nach diesem oder einem anderen Gesetz, dem eine Leistung zur Teilhabe zugrunde liegt, wegen der keine ganztätige Erwerbstätigkeit ausgeübt wird,
3. Rente wegen voller Erwerbsminderung aus der gesetzlichen Rentenversicherung oder

4. Altersrente aus der gesetzlichen Rentenversicherung oder Knappschaftsausgleichsleistung oder ähnliche Leistungen öffentlich-rechtlicher Art.

[2]Ist der oder dem Arbeitslosen eine Rente wegen teilweiser Erwerbsminderung zuerkannt, kann sie ihr oder er sein Restleistungsvermögen jedoch unter den üblichen Bedingungen des allgemeinen Arbeitsmarktes nicht mehr verwerten, hat die Agentur für Arbeit die Arbeitslose oder den Arbeitslosen unverzüglich aufzufordern, innerhalb eines Monats einen Antrag auf Rente wegen voller Erwerbsminderung zu stellen. [3]Wird der Antrag nicht gestellt, ruht der Anspruch auf Arbeitslosengeld vom Tag nach Ablauf der Frist an bis zu dem Tag, an dem der Antrag gestellt wird.

(2) [1]Abweichend von Absatz 1 ruht der Anspruch

1. im Fall der Nummer 2 nicht, wenn für denselben Zeitraum Anspruch auf Verletztengeld und Arbeitslosengeld nach § 146 besteht,
2. im Fall der Nummer 3 vom Beginn der laufenden Zahlung der Rente an und
3. im Fall der Nummer 4
   a) mit Ablauf des dritten Kalendermonats nach Erfüllung der Voraussetzungen für den Anspruch auf Arbeitslosengeld, wenn der oder dem Arbeitslosen für die letzten sechs Monate einer versicherungspflichtigen Beschäftigung eine Teilrente oder eine ähnliche Leistung öffentlich-rechtlicher Art zuerkannt ist,
   b) nur bis zur Höhe der zuerkannten Leistung, wenn die Leistung auch während einer Beschäftigung und ohne Rücksicht auf die Höhe des Arbeitsentgelts gewährt wird.

[2]Im Fall des Satzes 1 Nummer 2 gilt § 145 Absatz 3 entsprechend.

(3) Die Absätze 1 und 2 gelten auch für einen vergleichbaren Anspruch auf eine andere Sozialleistung, den ein ausländischer Träger zuerkannt hat.

(4) Der Anspruch auf Arbeitslosengeld ruht auch während der Zeit, für die die oder der Arbeitslose wegen ihres oder seines Ausscheidens aus dem Erwerbsleben Vorruhestandsgeld oder eine vergleichbare Leistung des Arbeitgebers mindestens in Höhe von 65 Prozent des Bemessungsentgelts bezieht.

§ 157 Ruhen des Anspruchs bei Arbeitsentgelt und Urlaubsabgeltung

(1) Der Anspruch auf Arbeitslosengeld ruht während der Zeit, für die die oder der Arbeitslose Arbeitsentgelt erhält oder zu beanspruchen hat.

(2) [1]Hat die oder der Arbeitslose wegen Beendigung des Arbeitsverhältnisses eine Urlaubsabgeltung erhalten oder zu beanspruchen, so ruht der

Anspruch auf Arbeitslosengeld für die Zeit des abgegoltenen Urlaubs. [2]Der Ruhenszeitraum beginnt mit dem Ende des die Urlaubsabgeltung begründenden Arbeitsverhältnisses.

(3) [1]Soweit die oder der Arbeitslose die in den Absätzen 1 und 2 genannten Leistungen (Arbeitsentgelt im Sinne des § 115 des Zehnten Buches) tatsächlich nicht erhält, wird das Arbeitslosengeld auch für die Zeit geleistet, in der der Anspruch auf Arbeitslosengeld ruht. [2]Hat der Arbeitgeber die in den Absätzen 1 und 2 genannten Leistungen trotz des Rechtsübergangs mit befreiender Wirkung an die Arbeitslose, den Arbeitslosen oder an eine dritte Person gezahlt, hat die Bezieherin oder der Bezieher des Arbeitslosengeldes dieses insoweit zu erstatten.

§ 158 Ruhen des Anspruchs bei Entlassungsentschädigung

(1) [1]Hat die oder der Arbeitslose wegen der Beendigung des Arbeitsverhältnisses eine Abfindung, Entschädigung oder ähnliche Leistung (Entlassungsentschädigung) erhalten oder zu beanspruchen und ist das Arbeitsverhältnis ohne Einhaltung einer der ordentlichen Kündigungsfrist des Arbeitgebers entsprechenden Frist beendet worden, so ruht der Anspruch auf Arbeitslosengeld von dem Ende des Arbeitsverhältnisses an bis zu dem Tag, an dem das Arbeitsverhältnis bei Einhaltung dieser Frist geendet hätte. [2]Diese Frist beginnt mit der Kündigung, die der Beendigung des Arbeitsverhältnisses vorausgegangen ist, bei Fehlen einer solchen Kündigung mit dem Tag der Vereinbarung über die Beendigung des Arbeitsverhältnisses. [3]Ist die ordentliche Kündigung des Arbeitsverhältnisses durch den Arbeitgeber ausgeschlossen, so gilt bei

1. zeitlich unbegrenztem Ausschluss eine Kündigungsfrist von 18 Monaten,
2. zeitlich begrenztem Ausschluss oder Vorliegen der Voraussetzungen für eine fristgebundene Kündigung aus wichtigem Grund die Kündigungsfrist, die ohne den Ausschluss der ordentlichen Kündigung maßgebend gewesen wäre.

[4]Kann der Arbeitnehmerin oder dem Arbeitnehmer nur bei Zahlung einer Entlassungsentschädigung ordentlich gekündigt werden, so gilt eine Kündigungsfrist von einem Jahr. [5]Hat die oder der Arbeitslose auch eine Urlaubsabgeltung (§ 157 Absatz 2) erhalten oder zu beanspruchen, verlängert sich der Ruhenszeitraum nach Satz 1 um die Zeit des abgegoltenen Urlaubs. [6]Leistungen, die der Arbeitgeber für eine arbeitslose Person, deren Arbeitsverhältnis frühestens mit Vollendung des 50. Lebensjahres beendet wird, unmittelbar für deren Rentenversicherung nach § 187a Absatz 1 des Sechsten Buches aufwendet, bleiben unberücksichtigt. [7]Satz 6

gilt entsprechend für Beiträge des Arbeitgebers zu einer berufsständischen Versorgungseinrichtung.

(2) [1]Der Anspruch auf Arbeitslosengeld ruht nach Absatz 1 längstens ein Jahr. [2]Er ruht nicht über den Tag hinaus,

1. bis zu dem die oder der Arbeitslose bei Weiterzahlung des während der letzten Beschäftigungszeit kalendertäglich verdienten Arbeitsentgelts einen Betrag in Höhe von 60 Prozent der nach Absatz 1 zu berücksichtigenden Entlassungsentschädigung als Arbeitsentgelt verdient hätte,
2. an dem das Arbeitsverhältnis infolge einer Befristung, die unabhängig von der Vereinbarung über die Beendigung des Arbeitsverhältnisses bestanden hat, geendet hätte oder
3. an dem der Arbeitgeber das Arbeitsverhältnis aus wichtigem Grunde ohne Einhaltung einer Kündigungsfrist hätte kündigen können.

[3]Der nach Satz 2 Nummer 1 zu berücksichtigende Anteil der Entlassungsentschädigung vermindert sich sowohl für je fünf Jahre des Arbeitsverhältnisses in demselben Betrieb oder Unternehmen als auch für je fünf Lebensjahre nach Vollendung des 35. Lebensjahres um je 5 Prozent; er beträgt nicht weniger als 25 Prozent der nach Absatz 1 zu berücksichtigenden Entlassungsentschädigung. [4]Letzte Beschäftigungszeit sind die am Tag des Ausscheidens aus dem Beschäftigungsverhältnis abgerechneten Entgeltabrechnungszeiträume der letzten zwölf Monate; § 150 Absatz 2 Satz 1 Nummer 3 und Absatz 3 gilt entsprechend. [5]Arbeitsentgeltkürzungen infolge von Krankheit, Kurzarbeit, Arbeitsausfall oder Arbeitsversäumnis bleiben außer Betracht.

(3) Hat die oder der Arbeitslose wegen Beendigung des Beschäftigungsverhältnisses unter Aufrechterhaltung des Arbeitsverhältnisses eine Entlassungsentschädigung erhalten oder zu beanspruchen, gelten die Absätze 1 und 2 entsprechend.

(4) [1]Soweit die oder der Arbeitslose die Entlassungsentschädigung (Arbeitsentgelt im Sinne des § 115 des Zehnten Buches) tatsächlich nicht erhält, wird das Arbeitslosengeld auch für die Zeit geleistet, in der der Anspruch auf Arbeitslosengeld ruht. [2]Hat der Verpflichtete die Entlassungsentschädigung trotz des Rechtsübergangs mit befreiender Wirkung an die Arbeitslose, den Arbeitslosen oder an eine dritte Person gezahlt, hat die Bezieherin oder der Bezieher des Arbeitslosengeldes dieses insoweit zu erstatten.

§ 159 Ruhen bei Sperrzeit

(1) [1]Hat die Arbeitnehmerin oder der Arbeitnehmer sich versicherungswidrig verhalten, ohne dafür einen wichtigen Grund zu haben, ruht der

Anspruch für die Dauer einer Sperrzeit. [2]Versicherungswidriges Verhalten liegt vor, wenn

1. die oder der Arbeitslose das Beschäftigungsverhältnis gelöst oder durch ein arbeitsvertragswidriges Verhalten Anlass für die Lösung des Beschäftigungsverhältnisses gegeben und dadurch vorsätzlich oder grob fahrlässig die Arbeitslosigkeit herbeigeführt hat (Sperrzeit bei Arbeitsaufgabe),
2. die bei der Agentur für Arbeit als arbeitsuchend gemeldete (§ 38 Absatz 1) oder die arbeitslose Person trotz Belehrung über die Rechtsfolgen eine von der Agentur für Arbeit unter Benennung des Arbeitgebers und der Art der Tätigkeit angebotene Beschäftigung nicht annimmt oder nicht antritt oder die Anbahnung eines solchen Beschäftigungsverhältnisses, insbesondere das Zustandekommen eines Vorstellungsgespräches, durch ihr Verhalten verhindert (Sperrzeit bei Arbeitsablehnung),
3. die oder der Arbeitslose trotz Belehrung über die Rechtsfolgen die von der Agentur für Arbeit geforderten Eigenbemühungen nicht nachweist (Sperrzeit bei unzureichenden Eigenbemühungen),
4. die oder der Arbeitslose sich weigert, trotz Belehrung über die Rechtsfolgen an einer Maßnahme zur Aktivierung und beruflichen Eingliederung (§ 45) oder einer Maßnahme zur beruflichen Ausbildung oder Weiterbildung oder einer Maßnahme zur Teilhabe am Arbeitsleben teilzunehmen (Sperrzeit bei Ablehnung einer beruflichen Eingliederungsmaßnahme),
5. die oder der Arbeitslose die Teilnahme an einer in Nummer 4 genannten Maßnahme abbricht oder durch maßnahmewidriges Verhalten Anlass für den Ausschluss aus einer dieser Maßnahmen gibt (Sperrzeit bei Abbruch einer beruflichen Eingliederungsmaßnahme),
6. die oder der Arbeitslose sich nach einer Aufforderung der Agentur für Arbeit weigert, trotz Belehrung über die Rechtsfolgen an einem Integrationskurs nach § 43 des Aufenthaltsgesetzes oder an einem Kurs der berufsbezogenen Deutschsprachförderung nach § 45a des Aufenthaltsgesetzes teilzunehmen, der jeweils für die dauerhafte berufliche Eingliederung notwendig ist (Sperrzeit bei Ablehnung eines Integrationskurses oder einer berufsbezogenen Deutschsprachförderung),
7. die oder der Arbeitslose die Teilnahme an einem in Nummer 6 genannten Kurs abbricht oder durch maßnahmewidriges Verhalten Anlass für den Ausschluss aus einem dieser Kurse gibt (Sperrzeit bei Abbruch eines Integrationskurses oder einer berufsbezogenen Deutschsprachförderung),

8. die oder der Arbeitslose einer Aufforderung der Agentur für Arbeit, sich zu melden oder zu einem ärztlichen oder psychologischen Untersuchungstermin zu erscheinen (§ 309), trotz Belehrung über die Rechtsfolgen nicht nachkommt oder nicht nachgekommen ist (Sperrzeit bei Meldeversäumnis),
9. die oder der Arbeitslose der Meldepflicht nach § 38 Absatz 1 nicht nachgekommen ist (Sperrzeit bei verspäteter Arbeitsuchendmeldung).

[3]Die Person, die sich versicherungswidrig verhalten hat, hat die für die Beurteilung eines wichtigen Grundes maßgebenden Tatsachen darzulegen und nachzuweisen, wenn diese Tatsachen in ihrer Sphäre oder in ihrem Verantwortungsbereich liegen.

(2) [1]Die Sperrzeit beginnt mit dem Tag nach dem Ereignis, das die Sperrzeit begründet, oder, wenn dieser Tag in eine Sperrzeit fällt, mit dem Ende dieser Sperrzeit. [2]Werden mehrere Sperrzeiten durch dasselbe Ereignis begründet, folgen sie in der Reihenfolge des Absatzes 1 Satz 2 Nummer 1 bis 7 einander nach.

(3) [1]Die Dauer der Sperrzeit wegen Arbeitsaufgabe beträgt zwölf Wochen. [2]Sie verkürzt sich

1. auf drei Wochen, wenn das Arbeitsverhältnis innerhalb von sechs Wochen nach dem Ereignis, das die Sperrzeit begründet, ohne eine Sperrzeit geendet hätte,
2. auf sechs Wochen, wenn
   a) das Arbeitsverhältnis innerhalb von zwölf Wochen nach dem Ereignis, das die Sperrzeit begründet, ohne eine Sperrzeit geendet hätte oder
   b) eine Sperrzeit von zwölf Wochen für die arbeitslose Person nach den für den Eintritt der Sperrzeit maßgebenden Tatsachen eine besondere Härte bedeuten würde.

(4) [1]Die Dauer der Sperrzeit bei Arbeitsablehnung, bei Ablehnung einer beruflichen Eingliederungsmaßnahme, bei Abbruch einer beruflichen Eingliederungsmaßnahme, bei Ablehnung eines Integrationskurses oder einer berufsbezogenen Deutschsprachförderung oder bei Abbruch eines Integrationskurses oder einer berufsbezogenen Deutschsprachförderung beträgt

1. im Fall des erstmaligen versicherungswidrigen Verhaltens dieser Art drei Wochen,
2. im Fall des zweiten versicherungswidrigen Verhaltens dieser Art sechs Wochen,
3. in den übrigen Fällen zwölf Wochen.

[2]Im Fall der Arbeitsablehnung oder der Ablehnung einer beruflichen Eingliederungsmaßnahme nach der Meldung zur frühzeitigen Arbeitsuche

(§ 38 Absatz 1) im Zusammenhang mit der Entstehung des Anspruchs gilt Satz 1 entsprechend.
(5) Die Dauer einer Sperrzeit bei unzureichenden Eigenbemühungen beträgt zwei Wochen.
(6) Die Dauer einer Sperrzeit bei Meldeversäumnis oder bei verspäteter Arbeitsuchendmeldung beträgt eine Woche.

§ 160 Ruhen bei Arbeitskämpfen

(1) [1]Durch die Leistung von Arbeitslosengeld darf nicht in Arbeitskämpfe eingegriffen werden. [2]Ein Eingriff in den Arbeitskampf liegt nicht vor, wenn Arbeitslosengeld Arbeitslosen geleistet wird, die zuletzt in einem Betrieb beschäftigt waren, der nicht dem fachlichen Geltungsbereich des umkämpften Tarifvertrags zuzuordnen ist.
(2) Ist die Arbeitnehmerin oder der Arbeitnehmer durch Beteiligung an einem inländischen Arbeitskampf arbeitslos geworden, so ruht der Anspruch auf Arbeitslosengeld bis zur Beendigung des Arbeitskampfes.
(3) [1]Ist die Arbeitnehmerin oder der Arbeitnehmer durch einen inländischen Arbeitskampf arbeitslos geworden, ohne an dem Arbeitskampf beteiligt gewesen zu sein, so ruht der Anspruch auf Arbeitslosengeld bis zur Beendigung des Arbeitskampfes nur, wenn der Betrieb, in dem die oder der Arbeitslose zuletzt beschäftigt war,

1. dem räumlichen und fachlichen Geltungsbereich des umkämpften Tarifvertrages zuzuordnen ist oder
2. nicht dem räumlichen, aber dem fachlichen Geltungsbereich des umkämpften Tarifvertrages zuzuordnen ist und im räumlichen Geltungsbereich des Tarifvertrags, dem der Betrieb zuzuordnen ist,
   a) eine Forderung erhoben worden ist, die einer Hauptforderung des Arbeitskampfes nach Art und Umfang gleich ist, ohne mit ihr übereinstimmen zu müssen, und
   b) das Arbeitskampfergebnis aller Voraussicht nach in dem räumlichen Geltungsbereich des nicht umkämpften Tarifvertrages im Wesentlichen übernommen wird.

[2]Eine Forderung ist erhoben, wenn sie von der zur Entscheidung berufenen Stelle beschlossen worden ist oder auf Grund des Verhaltens der Tarifvertragspartei im Zusammenhang mit dem angestrebten Abschluss des Tarifvertrags als beschlossen anzusehen ist. [3]Der Anspruch auf Arbeitslosengeld ruht nach Satz 1 nur, wenn die umkämpften oder geforderten Arbeitsbedingungen nach Abschluss eines entsprechenden Tarifvertrags für die Arbeitnehmerin oder den Arbeitnehmer gelten oder auf sie oder ihn angewendet würden.

(4) Ist bei einem Arbeitskampf das Ruhen des Anspruchs nach Absatz 3 für eine bestimmte Gruppe von Arbeitslosen ausnahmsweise nicht gerechtfertigt, so kann der Verwaltungsrat bestimmen, dass ihnen Arbeitslosengeld zu leisten ist.
(5) [1]Die Feststellung, ob die Voraussetzungen nach Absatz 3 Satz 1 Nummer 2 Buchstabe a und b erfüllt sind, trifft der Neutralitätsausschuss (§ 380). [2]Er hat vor seiner Entscheidung den Fachspitzenverbänden der am Arbeitskampf beteiligten Tarifvertragsparteien Gelegenheit zur Stellungnahme zu geben.
(6) [1]Die Fachspitzenverbände der am Arbeitskampf beteiligten Tarifvertragsparteien können durch Klage die Aufhebung der Entscheidung des Neutralitätsausschusses nach Absatz 5 und eine andere Feststellung begehren. [2]Die Klage ist gegen die Bundesagentur zu richten. [3]Ein Vorverfahren findet nicht statt. [4]Über die Klage entscheidet das Bundessozialgericht im ersten und letzten Rechtszug. [5]Das Verfahren ist vorrangig zu erledigen. [6]Auf Antrag eines Fachspitzenverbandes kann das Bundessozialgericht eine einstweilige Anordnung erlassen.

§ 161 Erlöschen des Anspruchs

(1) Der Anspruch auf Arbeitslosengeld erlischt

1. mit der Entstehung eines neuen Anspruchs,
2. wenn die oder der Arbeitslose Anlass für den Eintritt von Sperrzeiten mit einer Dauer von insgesamt mindestens 21 Wochen gegeben hat, über den Eintritt der Sperrzeiten schriftliche Bescheide erhalten hat und auf die Rechtsfolgen des Eintritts von Sperrzeiten mit einer Dauer von insgesamt mindestens 21 Wochen hingewiesen worden ist; dabei werden auch Sperrzeiten berücksichtigt, die in einem Zeitraum von zwölf Monaten vor der Entstehung des Anspruchs eingetreten sind und nicht bereits zum Erlöschen eines Anspruchs geführt haben.

(2) Der Anspruch auf Arbeitslosengeld kann nicht mehr geltend gemacht werden, wenn nach seiner Entstehung vier Jahre verstrichen sind.

§ 312 Arbeitsbescheinigung

(1) [1]Der Arbeitgeber hat auf Verlangen der Arbeitnehmerin oder des Arbeitnehmers oder auf Verlangen der Bundesagentur alle Tatsachen zu bescheinigen, die für die Entscheidung über den Anspruch auf Arbeitslosengeld oder Übergangsgeld erheblich sein können (Arbeitsbescheinigung); dabei hat er den von der Bundesagentur hierfür vorgesehenen Vordruck zu benutzen. [2]In der Arbeitsbescheinigung sind insbesondere

1. die Art der Tätigkeit der Arbeitnehmerin oder des Arbeitnehmers,

2. Beginn, Ende, Unterbrechung und Grund für die Beendigung des Beschäftigungsverhältnisses und
3. das Arbeitsentgelt und die sonstigen Geldleistungen, die die Arbeitnehmerin oder der Arbeitnehmer erhalten oder zu beanspruchen hat,

anzugeben. [3]Die Arbeitsbescheinigung ist der Arbeitnehmerin oder dem Arbeitnehmer vom Arbeitgeber auszuhändigen.

(2) [1]Macht der Arbeitgeber geltend, die Arbeitslosigkeit sei die Folge eines Arbeitskampfes, so hat er dies darzulegen, glaubhaft zu machen und eine Stellungnahme der Betriebsvertretung beizufügen. [2]Der Arbeitgeber hat der Betriebsvertretung die für die Stellungnahme erforderlichen Angaben zu machen.

(3) Für Zwischenmeisterinnen, Zwischenmeister und andere Auftraggeber von Heimarbeiterinnen und Heimarbeitern sowie für Leistungsträger, Unternehmen und Stellen, die Beiträge nach diesem Buch für Bezieherinnen und Bezieher von Sozialleistungen, Krankentagegeld oder Leistungen für den Ausfall von Arbeitseinkünften im Zusammenhang mit einer nach den §§ 8 und 8a des Transplantationsgesetzes erfolgenden Spende von Organen und Geweben zu entrichten haben, gelten die Absätze 1 und 2 entsprechend.

(4) Nach Beendigung des Vollzuges einer Untersuchungshaft, Freiheitsstrafe, Jugendstrafe oder freiheitsentziehenden Maßregel der Besserung und Sicherung oder einer einstweiligen Unterbringung nach § 126a der Strafprozeßordnung hat die Vollzugsanstalt der oder dem Entlassenen eine Bescheinigung über die Zeiten auszustellen, in denen sie oder er innerhalb der letzten sieben Jahre vor der Entlassung als Gefangene oder Gefangener versicherungspflichtig war.

5. Sozialgesetzbuch Viertes Buch (SGB IV) – Gemeinsame Vorschriften für die Sozialversicherung

vom 12. November 2009 (BGBl. I S. 3710, 3973; 2011 I S. 363), zuletzt geändert durch Gesetz vom 10. Dezember 2021 (BGBl. I S. 5162)

– Auszug –

§ 7b Wertguthabenvereinbarung

Eine Wertguthabenvereinbarung liegt vor, wenn

1. der Aufbau des Wertguthabens auf Grund einer schriftlichen Vereinbarung erfolgt,

2. diese Vereinbarung nicht das Ziel der flexiblen Gestaltung der werktäglichen oder wöchentlichen Arbeitszeit oder den Ausgleich betrieblicher Produktions- und Arbeitszeitzyklen verfolgt,
3. Arbeitsentgelt in das Wertguthaben eingebracht wird, um es für Zeiten der Freistellung von der Arbeitsleistung oder der Verringerung der vertraglich vereinbarten Arbeitszeit zu entnehmen,
4. das aus dem Wertguthaben fällige Arbeitsentgelt mit einer vor oder nach der Freistellung von der Arbeitsleistung oder der Verringerung der vertraglich vereinbarten Arbeitszeit erbrachten Arbeitsleistung erzielt wird und
5. das fällige Arbeitsentgelt insgesamt 450 Euro monatlich übersteigt, es sei denn, die Beschäftigung wurde vor der Freistellung als geringfügige Beschäftigung ausgeübt.

§ 7c Verwendung von Wertguthaben

(1) Das Wertguthaben auf Grund einer Vereinbarung nach § 7b kann in Anspruch genommen werden

1. für gesetzlich geregelte vollständige oder teilweise Freistellungen von der Arbeitsleistung oder gesetzlich geregelte Verringerungen der Arbeitszeit, insbesondere für Zeiten,
   a) in denen der Beschäftigte eine Freistellung nach § 3 des Pflegezeitgesetzes oder nach § 2 des Familienpflegezeitgesetzes verlangen kann,
   b) in denen der Beschäftigte nach § 15 des Bundeselterngeld- und Elternzeitgesetzes ein Kind selbst betreut und erzieht,
   c) für die der Beschäftigte eine Verringerung seiner vertraglich vereinbarten Arbeitszeit nach § 8 oder § 9a des Teilzeit- und Befristungsgesetzes verlangen kann; § 8 des Teilzeit- und Befristungsgesetzes gilt mit der Maßgabe, dass die Verringerung der Arbeitszeit auf die Dauer der Entnahme aus dem Wertguthaben befristet werden kann,
2. für vertraglich vereinbarte vollständige oder teilweise Freistellungen von der Arbeitsleistung oder vertraglich vereinbarte Verringerungen der Arbeitszeit, insbesondere für Zeiten,
   a) die unmittelbar vor dem Zeitpunkt liegen, zu dem der Beschäftigte eine Rente wegen Alters nach dem Sechsten Buch bezieht oder beziehen könnte oder
   b) in denen der Beschäftigte an beruflichen Qualifizierungsmaßnahmen teilnimmt.

(2) Die Vertragsparteien können die Zwecke, für die das Wertguthaben in Anspruch genommen werden kann, in der Vereinbarung nach § 7b abweichend von Absatz 1 auf bestimmte Zwecke beschränken.

§ 7d Führung und Verwaltung von Wertguthaben

(1) Wertguthaben sind als Arbeitsentgeltguthaben einschließlich des darauf entfallenden Arbeitgeberanteils am Gesamtsozialversicherungsbeitrag zu führen. Die Arbeitszeitguthaben sind in Arbeitsentgelt umzurechnen.
(2) Arbeitgeber haben Beschäftigte mindestens einmal jährlich in Textform über die Höhe ihres im Wertguthaben enthaltenen Arbeitsentgeltguthabens zu unterrichten.
(3) Für die Anlage von Wertguthaben gelten die Vorschriften über die Anlage der Mittel von Versicherungsträgern nach dem Vierten Titel des Vierten Abschnitts entsprechend, mit der Maßgabe, dass eine Anlage in Aktien oder Aktienfonds bis zu einer Höhe von 20 Prozent zulässig und ein Rückfluss zum Zeitpunkt der Inanspruchnahme des Wertguthabens mindestens in der Höhe des angelegten Betrages gewährleistet ist. Ein höherer Anlageanteil in Aktien oder Aktienfonds ist zulässig, wenn
1. dies in einem Tarifvertrag oder auf Grund eines Tarifvertrages in einer Betriebsvereinbarung vereinbart ist oder
2. das Wertguthaben nach der Wertguthabenvereinbarung ausschließlich für Freistellungen nach § 7c Absatz 1 Nummer 2 Buchstabe a in Anspruch genommen werden kann.

§ 7e Insolvenzschutz

(1) Die Vertragsparteien treffen im Rahmen ihrer Vereinbarung nach § 7b durch den Arbeitgeber zu erfüllende Vorkehrungen, um das Wertguthaben einschließlich des darin enthaltenen Gesamtsozialversicherungsbeitrages gegen das Risiko der Insolvenz des Arbeitgebers vollständig abzusichern, soweit
1. ein Anspruch auf Insolvenzgeld nicht besteht und wenn
2. das Wertguthaben des Beschäftigten einschließlich des darin enthaltenen Gesamtsozialversicherungsbeitrages einen Betrag in Höhe der monatlichen Bezugsgröße übersteigt.

In einem Tarifvertrag oder auf Grund eines Tarifvertrages in einer Betriebsvereinbarung kann ein von Satz 1 Nummer 2 abweichender Betrag vereinbart werden.
(2) Zur Erfüllung der Verpflichtung nach Absatz 1 sind Wertguthaben unter Ausschluss der Rückführung durch einen Dritten zu führen, der im Fall der Insolvenz des Arbeitgebers für die Erfüllung der Ansprüche aus

dem Wertguthaben für den Arbeitgeber einsteht, insbesondere in einem Treuhandverhältnis, das die unmittelbare Übertragung des Wertguthabens in das Vermögen des Dritten und die Anlage des Wertguthabens auf einem offenen Treuhandkonto oder in anderer geeigneter Weise sicherstellt. Die Vertragsparteien können in der Vereinbarung nach § 7b ein anderes, einem Treuhandverhältnis im Sinne des Satzes 1 gleichwertiges Sicherungsmittel vereinbaren, insbesondere ein Versicherungsmodell oder ein schuldrechtliches Verpfändungs- oder Bürgschaftsmodell mit ausreichender Sicherung gegen Kündigung.

(3) Keine geeigneten Vorkehrungen sind bilanzielle Rückstellungen sowie zwischen Konzernunternehmen (§ 18 des Aktiengesetzes) begründete Einstandspflichten, insbesondere Bürgschaften, Patronatserklärungen oder Schuldbeitritte.

(4) Der Arbeitgeber hat den Beschäftigten unverzüglich über die Vorkehrungen zum Insolvenzschutz in geeigneter Weise schriftlich zu unterrichten, wenn das Wertguthaben die in Absatz 1 Satz 1 Nummer 2 genannten Voraussetzungen erfüllt.

(5) Hat der Beschäftigte den Arbeitgeber schriftlich aufgefordert, seinen Verpflichtungen nach den Absätzen 1 bis 3 nachzukommen und weist der Arbeitgeber dem Beschäftigten nicht innerhalb von zwei Monaten nach der Aufforderung die Erfüllung seiner Verpflichtung zur Insolvenzsicherung des Wertguthabens nach, kann der Beschäftigte die Vereinbarung nach § 7b mit sofortiger Wirkung kündigen; das Wertguthaben ist nach Maßgabe des § 23b Absatz 2 aufzulösen.

(6) Stellt der Träger der Rentenversicherung bei der Prüfung des Arbeitgebers nach § 28p fest, dass

1. für ein Wertguthaben keine Insolvenzschutzregelung getroffen worden ist,
2. die gewählten Sicherungsmittel nicht geeignet sind im Sinne des Absatzes 3,
3. die Sicherungsmittel in ihrem Umfang das Wertguthaben um mehr als 30 Prozent unterschreiten oder
4. die Sicherungsmittel den im Wertguthaben enthaltenen Gesamtsozialversicherungsbeitrag nicht umfassen,

weist er in dem Verwaltungsakt nach § 28p Absatz 1 Satz 5 den in dem Wertguthaben enthaltenen und vom Arbeitgeber zu zahlenden Gesamtsozialversicherungsbeitrag aus. Weist der Arbeitgeber dem Träger der Rentenversicherung innerhalb von zwei Monaten nach der Feststellung nach Satz 1 nach, dass er seiner Verpflichtung nach Absatz 1 nachgekommen ist, entfällt die Verpflichtung zur sofortigen Zahlung des Gesamtsozialversicherungsbeitrages. Hat der Arbeitgeber den Nachweis nach

Satz 2 nicht innerhalb der dort vorgesehenen Frist erbracht, ist die Vereinbarung nach § 7b als von Anfang an unwirksam anzusehen; das Wertguthaben ist aufzulösen.

(7) Kommt es wegen eines nicht geeigneten oder nicht ausreichenden Insolvenzschutzes zu einer Verringerung oder einem Verlust des Wertguthabens, haftet der Arbeitgeber für den entstandenen Schaden. Ist der Arbeitgeber eine juristische Person oder eine Gesellschaft ohne Rechtspersönlichkeit haften auch die organschaftlichen Vertreter gesamtschuldnerisch für den Schaden. Der Arbeitgeber oder ein organschaftlicher Vertreter haften nicht, wenn sie den Schaden nicht zu vertreten haben.

(8) Eine Beendigung, Auflösung oder Kündigung der Vorkehrungen zum Insolvenzschutz vor der bestimmungsgemäßen Auflösung des Wertguthabens ist unzulässig, es sei denn, die Vorkehrungen werden mit Zustimmung des Beschäftigten durch einen mindestens gleichwertigen Insolvenzschutz abgelöst.

(9) Die Absätze 1 bis 8 finden keine Anwendung gegenüber dem Bund, den Ländern, Gemeinden, Körperschaften, Stiftungen und Anstalten des öffentlichen Rechts, über deren Vermögen die Eröffnung des Insolvenzverfahrens nicht zulässig ist, sowie solchen juristischen Personen des öffentlichen Rechts, bei denen der Bund, ein Land oder eine Gemeinde kraft Gesetzes die Zahlungsfähigkeit sichert.

§ 7f Übertragung von Wertguthaben

(1) Bei Beendigung der Beschäftigung kann der Beschäftigte durch schriftliche Erklärung gegenüber dem bisherigen Arbeitgeber verlangen, dass das Wertguthaben nach § 7b

1. auf den neuen Arbeitgeber übertragen wird, wenn dieser mit dem Beschäftigten eine Wertguthabenvereinbarung nach § 7b abgeschlossen und der Übertragung zugestimmt hat,
2. auf die Deutsche Rentenversicherung Bund übertragen wird, wenn das Wertguthaben einschließlich des Gesamtsozialversicherungsbeitrages einen Betrag in Höhe des Sechsfachen der monatlichen Bezugsgröße übersteigt; die Rückübertragung ist ausgeschlossen.

Nach der Übertragung sind die mit dem Wertguthaben verbundenen Arbeitgeberpflichten vom neuen Arbeitgeber oder von der Deutschen Rentenversicherung Bund zu erfüllen.

(2) Im Fall der Übertragung auf die Deutsche Rentenversicherung Bund kann der Beschäftigte das Wertguthaben für Zeiten der Freistellung von der Arbeitsleistung und Zeiten der Verringerung der vertraglich vereinbarten Arbeitszeit nach § 7c Absatz 1 sowie auch außerhalb eines Arbeitsverhältnisses für die in § 7c Absatz 1 Nummer 2 Buchstabe a genannten

Zeiten in Anspruch nehmen. Der Antrag ist spätestens einen Monat vor der begehrten Freistellung schriftlich bei der Deutschen Rentenversicherung Bund zu stellen; in dem Antrag ist auch anzugeben, in welcher Höhe Arbeitsentgelt aus dem Wertguthaben entnommen werden soll; dabei ist § 7 Absatz 1a Satz 1 Nummer 2 zu berücksichtigen.
(3) Die Deutsche Rentenversicherung Bund verwaltet die ihr übertragenen Wertguthaben einschließlich des darin enthaltenen Gesamtsozialversicherungsbeitrages als ihr übertragene Aufgabe bis zu deren endgültiger Auflösung getrennt von ihrem sonstigen Vermögen treuhänderisch. Die Wertguthaben sind nach den Vorschriften über die Anlage der Mittel von Versicherungsträgern nach dem Vierten Titel des Vierten Abschnitts anzulegen. Die der Deutschen Rentenversicherung Bund durch die Übertragung, Verwaltung und Verwendung von Wertguthaben entstehenden Kosten sind vollständig vom Wertguthaben in Abzug zu bringen und in der Mitteilung an den Beschäftigten nach § 7d Absatz 2 gesondert auszuweisen.

§ 14 Arbeitsentgelt

(1) Arbeitsentgelt sind alle laufenden oder einmaligen Einnahmen aus einer Beschäftigung, gleichgültig, ob ein Rechtsanspruch auf die Einnahmen besteht, unter welcher Bezeichnung oder in welcher Form sie geleistet werden und ob sie unmittelbar aus der Beschäftigung oder im Zusammenhang mit ihr erzielt werden. Arbeitsentgelt sind auch Entgeltteile, die durch Entgeltumwandlung nach § 1 Absatz 2 Nummer 3 des Betriebsrentengesetzes für betriebliche Altersversorgung in den Durchführungswegen Direktzusage oder Unterstützungskasse verwendet werden, soweit sie 4 vom Hundert der jährlichen Beitragsbemessungsgrenze der allgemeinen Rentenversicherung übersteigen.
(2) Ist ein Nettoarbeitsentgelt vereinbart, gelten als Arbeitsentgelt die Einnahmen des Beschäftigten einschließlich der darauf entfallenden Steuern und der seinem gesetzlichen Anteil entsprechenden Beiträge zur Sozialversicherung und zur Arbeitsförderung. Sind bei illegalen Beschäftigungsverhältnissen Steuern und Beiträge zur Sozialversicherung und zur Arbeitsförderung nicht gezahlt worden, gilt ein Nettoarbeitsentgelt als vereinbart.
(3) Wird ein Haushaltsscheck (§ 28a Absatz 7) verwendet, bleiben Zuwendungen unberücksichtigt, die nicht in Geld gewährt worden sind.

6. Sozialgesetzbuch Sechstes Buch (SGB VI) – Gesetzliche Rentenversicherung

vom 19. Februar 2002 (BGBl. I S. 754, 1404, 3384), zuletzt geändert durch Gesetz vom 22. November 2021 (BGBl. I S. 4906)

– Auszug –

§ 187a Zahlung von Beiträgen bei vorzeitiger Inanspruchnahme einer Rente wegen Alters

(1) Bis zum Erreichen der Regelaltersgrenze können Rentenminderungen, die durch die vorzeitige Inanspruchnahme einer Rente wegen Alters entstehen, durch Zahlung von Beiträgen ausgeglichen werden. Die Berechtigung zu dieser Ausgleichszahlung setzt voraus, dass Versicherte zuvor im Rahmen der Auskunft über die Höhe der Beitragszahlung zum Ausgleich einer Rentenminderung bei vorzeitiger Inanspruchnahme einer Rente wegen Alters (§ 109 Absatz 5 Satz 4) erklärt haben, eine solche Rente in Anspruch nehmen zu wollen. Eine Ausgleichszahlung auf Grundlage einer entsprechenden Auskunft ist ab dem Zeitpunkt nicht mehr zulässig, ab dem Versicherte die Rente wegen Alters, für die die Auskunft erteilt worden ist, nicht beansprucht haben oder ab dem eine Rente wegen Alters ohne Rentenminderungen bezogen werden kann.

(1a) Grundlage für die Ausgleichszahlung ist die Auskunft nach § 109 Absatz 5 Satz 4. Ein berechtigtes Interesse im Sinne des § 109 Absatz 1 Satz 3 für diese Auskunft liegt nach Vollendung des 50. Lebensjahres vor.

(2) Beiträge können bis zu der Höhe gezahlt werden, die sich nach der Auskunft über die Höhe der zum Ausgleich einer Rentenminderung bei vorzeitiger Inanspruchnahme einer Rente wegen Alters als erforderliche Beitragszahlung bei höchstmöglicher Minderung an persönlichen Entgeltpunkten durch eine vorzeitige Inanspruchnahme einer Rente wegen Alters ergibt. Diese Minderung wird auf der Grundlage der Summe aller Entgeltpunkte ermittelt, die mit einem Zugangsfaktor zu vervielfältigen ist und die sich bei Berechnung einer Altersrente unter Zugrundelegung des beabsichtigten Rentenbeginns ergeben würde. Dabei ist für jeden Kalendermonat an bisher nicht bescheinigten künftigen rentenrechtlichen Zeiten bis zum beabsichtigten Rentenbeginn von einer Beitragszahlung nach einem vom Arbeitgeber zu bescheinigenden Arbeitsentgelt auszugehen. Der Bescheinigung ist das gegenwärtige beitragspflichtige Arbeitsentgelt aufgrund der bisherigen Beschäftigung und der bisherigen Arbeitszeit zugrunde zu legen. Soweit eine Vorausbescheinigung nicht vorliegt, ist von den durchschnittlichen monatlichen Entgeltpunkten der

Beitragszeiten des Kalenderjahres auszugehen, für das zuletzt Entgeltpunkte ermittelt werden können.
(3) Für je einen geminderten persönlichen Entgeltpunkt ist der Betrag zu zahlen, der sich ergibt, wenn der zur Wiederauffüllung einer im Rahmen des Versorgungsausgleichs geminderten Rentenanwartschaft für einen Entgeltpunkt zu zahlende Betrag durch den jeweiligen Zugangsfaktor geteilt wird. Teilzahlungen sind zulässig. Eine Erstattung gezahlter Beiträge erfolgt nicht.

7. Einkommensteuergesetz (EStG)

in der Fassung der Bekanntmachung vom 8. 10. 2009 (BGBl. I S. 3366), zuletzt geändert durch Gesetz vom 25. Juni 2021 (BGBl. I S. 2056)

– Auszug –

§ 24

Zu den Einkünften im Sinne des § 2 Absatz 1 gehören auch
1. Entschädigungen, die gewährt worden sind
   a) als Ersatz für entgangene oder entgehende Einnahmen oder
   b) für die Aufgabe oder Nichtausübung einer Tätigkeit, für die Aufgabe einer Gewinnbeteiligung oder einer Anwartschaft auf eine solche;
   c) als Ausgleichszahlungen an Handelsvertreter nach § 89b des Handelsgesetzbuchs;
2. Einkünfte aus einer ehemaligen Tätigkeit im Sinne des § 2 Absatz 1 Satz 1 Nummer 1 bis 4 oder aus einem früheren Rechtsverhältnis im Sinne des § 2 Absatz 1 Satz 1 Nummer 5 bis 7, und zwar auch dann, wenn sie dem Steuerpflichtigen als Rechtsnachfolger zufließen;
3. Nutzungsvergütungen für die Inanspruchnahme von Grundstücken für öffentliche Zwecke sowie Zinsen auf solche Nutzungsvergütungen und auf Entschädigungen, die mit der Inanspruchnahme von Grundstücken für öffentliche Zwecke zusammenhängen.

§ 34 Außerordentliche Einkünfte

(1) [1]Sind in dem zu versteuernden Einkommen außerordentliche Einkünfte enthalten, so ist die auf alle im Veranlagungszeitraum bezogenen außerordentlichen Einkünfte entfallende Einkommensteuer nach den Sätzen 2 bis 4 zu berechnen. [2]Die für die außerordentlichen Einkünfte anzusetzende Einkommensteuer beträgt das Fünffache des Unterschiedsbetrags zwischen der Einkommensteuer für das um diese Einkünfte ver-

minderte zu versteuernde Einkommen (verbleibendes zu versteuerndes Einkommen) und der Einkommensteuer für das verbleibende zu versteuernde Einkommen zuzüglich eines Fünftels dieser Einkünfte. [3]Ist das verbleibende zu versteuernde Einkommen negativ und das zu versteuernde Einkommen positiv, so beträgt die Einkommensteuer das Fünffache der auf ein Fünftel des zu versteuernden Einkommens entfallenden Einkommensteuer. [4]Die Sätze 1 bis 3 gelten nicht für außerordentliche Einkünfte im Sinne des Absatzes 2 Nummer 1, wenn der Steuerpflichtige auf diese Einkünfte ganz oder teilweise § 6b oder § 6c anwendet.

(2) Als außerordentliche Einkünfte kommen nur in Betracht:

1. Veräußerungsgewinne im Sinne der §§ 14, 14a Absatz 1, der §§ 16 und 18 Absatz 3 mit Ausnahme des steuerpflichtigen Teils der Veräußerungsgewinne, die nach § 3 Nummer 40 Buchstabe b in Verbindung mit § 3c Absatz 2 teilweise steuerbefreit sind;
2. Entschädigungen im Sinne des § 24 Nummer 1;
3. Nutzungsvergütungen und Zinsen im Sinne des § 24 Nummer 3, soweit sie für einen Zeitraum von mehr als drei Jahren nachgezahlt werden;
4. Vergütungen für mehrjährige Tätigkeiten; mehrjährig ist eine Tätigkeit, soweit sie sich über mindestens zwei Veranlagungszeiträume erstreckt und einen Zeitraum von mehr als zwölf Monaten umfasst.

(3) [1]Sind in dem zu versteuernden Einkommen außerordentliche Einkünfte im Sinne des Absatzes 2 Nummer 1 enthalten, so kann auf Antrag abweichend von Absatz 1 die auf den Teil dieser außerordentlichen Einkünfte, der den Betrag von insgesamt 5 Millionen Euro nicht übersteigt, entfallende Einkommensteuer nach einem ermäßigten Steuersatz bemessen werden, wenn der Steuerpflichtige das 55. Lebensjahr vollendet hat oder wenn er im sozialversicherungsrechtlichen Sinne dauernd berufsunfähig ist. [2]Der ermäßigte Steuersatz beträgt 56 Prozent des durchschnittlichen Steuersatzes, der sich ergäbe, wenn die tarifliche Einkommensteuer nach dem gesamten zu versteuernden Einkommen zuzüglich der dem Progressionsvorbehalt unterliegenden Einkünfte zu bemessen wäre, mindestens jedoch 14 Prozent. [3]Auf das um die in Satz 1 genannten Einkünfte verminderte zu versteuernde Einkommen (verbleibendes zu versteuerndes Einkommen) sind vorbehaltlich des Absatzes 1 die allgemeinen Tarifvorschriften anzuwenden. [4]Die Ermäßigung nach den Sätzen 1 bis 3 kann der Steuerpflichtige nur einmal im Leben in Anspruch nehmen. [5]Erzielt der Steuerpflichtige in einem Veranlagungszeitraum mehr als einen Veräußerungs- oder Aufgabegewinn im Sinne des Satzes 1, kann er die Ermäßigung nach den Sätzen 1 bis 3 nur für einen Veräußerungs- oder Aufgabegewinn beantragen. [6]Absatz 1 Satz 4 ist entsprechend anzuwenden.

8. Anlage 2 zu § 34 Gerichtskostengesetz (GKG)

Streitwert bis … Euro	Gebühr … Euro	Streitwert bis … Euro	Gebühr … Euro
500	38,00	50 000	601,00
1000	58,00	65 000	733,00
1500	78,00	80 000	865,00
2000	98,00	95 000	997,00
3000	119,00	110 000	1129,00
4000	140,00	125 000	1261,00
5000	161,00	140 000	1393,00
6000	182,00	155 000	1525,00
7000	203,00	170 000	1657,00
8000	224,00	185 000	1789,00
9000	245,00	200 000	1921,00
10 000	266,00	230 000	2119,00
13 000	295,00	260 000	2317,00
16 000	324,00	290 000	2515,00
19 000	353,00	320 000	2713,00
22 000	382,00	350 000	2911,00
25 000	411,00	380 000	3109,00
30 000	449,00	410 000	3307,00
35 000	487,00	440 000	3505,00
40 000	525,00	470 000	3703,00
45 000	563,00	500 000	3901,00

9. Anlage 2 zu § 13 Abs. 1 Rechtsanwaltsvergütungsgesetz (RVG)

Gegenstandswert bis … Euro	1,0 Gebühr … Euro	Gegenstandswert bis … Euro	1,0 Gebühr … Euro
500	49,00	50000	1279,00
1000	88,00	65000	1373,00
1500	127,00	80000	1467,00
2000	166,00	95000	1561,00
3000	222,00	110000	1655,00
4000	278,00	125000	1749,00
5000	334,00	140000	1843,00
6000	390,00	155000	1937,00
7000	446,00	170000	2031,00
8000	502,00	185000	2125,00
9000	558,00	200000	2219,00
10000	614,00	230000	2351,00
13000	666,00	260000	2483,00
16000	718,00	290000	2615,00
19000	770,00	320000	2747,00
22000	822,00	350000	2879,00
25000	874,00	380000	3011,00
30000	955,00	410000	3143,00
35000	1036,00	440000	3275,00
40000	1117,00	470000	3407,00
45000	1198,00	500000	3539,00

Stichwortverzeichnis